Business Capabilities

Dr. Wolf Pfannenstiel arbeitete nach Studium und Promotion in Informatik an der TU Berlin zunächst mehrere Jahre als Business-Analyst und Softwareproduktmanager, bevor er sich auf Enterprise Architecture Management spezialisierte. Business Capabilities nutzt er als konzeptionelles Werkzeug seit mehr als 15 Jahren erfolgreich in Projekten verschiedener Art und Branchen. Seit 2015 arbeitet er bei der Innovationeers GmbH als Enterprise- und Lösungsarchitekt und begleitet sowohl die Vorbereitung als auch die Umsetzung von Innovations- und Transformationsvorhaben bei Konzernen und großen Mittelständlern.

Wolf Pfannenstiel

Business Capabilities

Geschäftsfähigkeiten als effektives Werkzeug für die Gestaltung von Unternehmens- und IT-Architekturen

Wolf Pfannenstiel
wolf@business-capabilities.com

Lektorat: Christa Preisendanz
Lektoratsassistenz: Julia Griebel
Copy-Editing: Ursula Zimpfer, Herrenberg
Layout & Satz: Wolf Pfannenstiel
Herstellung: Stefanie Weidner, Frank Heidt
Umschlaggestaltung: Helmut Kraus, *www.exclam.de*
Druck und Bindung: BELTZ Grafische Betriebe GmbH, Bad Langensalza

Bibliografische Information der Deutschen Nationalbibliothek
Die Deutsche Nationalbibliothek verzeichnet diese Publikation in der Deutschen Nationalbibliografie; detaillierte bibliografische Daten sind im Internet über *http://dnb.d-nb.de* abrufbar.

ISBN:
Print 978-3-86490-964-1
PDF 978-3-96910-985-4
ePub 978-3-96910-986-1
mobi 978-3-96910-987-8

1. Auflage 2023

Wieblinger Weg 17
69123 Heidelberg

Hinweis:
Dieses Buch wurde mit mineralölfreien Farben auf FSC®-zertifiziertem Papier aus nachhaltiger Waldwirtschaft gedruckt. Der Umwelt zuliebe verzichten wir zusätzlich auf die Einschweißfolie. Hergestellt in Deutschland.

Schreiben Sie uns:
Falls Sie Anregungen, Wünsche und Kommentare haben,
lassen Sie es uns wissen: *hallo@dpunkt.de.*

5 4 3 2 1 0

Vorwort

Der erste Mal bin ich im Jahr 2006 mit *Business Capabilities* in Berührung gekommen, als ich beim Aufbau einer neuen IT-Architektur-Abteilung eines großen Logistik-Konzerns meine ersten Erfahrungen in der Disziplin des *Enterprise Architecture Management* machen durfte. Schon damals habe ich Business Capabilities (kurz Capabilities) als hilfreiches, fachlich ausgerichtetes Strukturierungsmittel kennengelernt, das sowohl die Architekturarbeit an sich erleichtert als auch die so wichtige Verständlichkeit von Architekturergebnissen verbessert. Seitdem haben sich Capabilities für mich zu einem Handwerkszeug entwickelt, das ich im Rahmen meiner Arbeit als Enterprise- und Lösungsarchitekt immer wieder aktiv einsetze.

Prominente und umfangreiche Rahmenwerke, wie beispielsweise TOGAF, nutzen das Konstrukt der Capabilities, doch in diesen Rahmenwerken findet sich typischerweise weder eine präzise, stringente Definition des Capabilities-Elements noch kommen sie durchgängig und konsistent zum Einsatz. Insbesondere das Thema der Modellierung von Capabilities kommt oftmals viel zu kurz, wenn es überhaupt adressiert wird. Der Nutzen von Capabilities ist jedoch eingeschränkt, wenn das eingesetzte Capability-Modell von unzureichender Qualität ist. Leider hapert es gerade bei der Qualität von Capability-Modellen häufig. Was manchmal als akademische Kleinlichkeit oder Pedanterie angesehen wird, würde ich in vielen Fällen eher als notwendige Präzision bezeichnen. Präzision hilft dabei, konsistente, gut verständliche Arbeitsergebnisse zu erstellen. Ungenauigkeit und fehlende Präzision führen oft zur Notwendigkeit, Ergebnisse zu interpretieren, und somit fast zwangsläufig zu Missverständnissen mit möglicherweise gravierenden Folgen. So ist der Anspruch an dieses Buch eine möglichst systematische und konsistente Betrachtung von Business Capabilities.

Vor etwa drei Jahren hatte ich die Idee, meine gesammelten Erfahrungen und das erworbene Wissen zum Thema Capabilities festzuhalten und anderen Menschen zugänglich zu machen. Ich fing an, eine erste Struktur für eine Dokumentation zu erstellen, und habe dann Stück für Stück die Inhalte zusammengetragen. Ich konnte nicht einschätzen, ob mein »Machwerk« von Interesse für einen Verlag sein könnte oder ob Lektorat und Reviewer vor Langeweile vom Stuhl kippen würden. Umso erfreuter bin ich, dass der dpunkt.verlag mein Buch verlegt. Ich danke insbesondere den anonymen Reviewern, die mir neben aller Kritik vor allem sehr wertvolle und wirklich motivierende Impulse gegeben haben, was ich zur Abrundung an Inhalten noch ergänzen sollte. Ich hoffe, mit diesem Buch eine kompakte und zugleich verständliche Informationsquelle für die Praxis geschaffen zu haben, die gleichermaßen als Einführung und Nachschlagewerk für das Thema Business Capabilities dienen kann. Wenn das Buch meiner Leserschaft gefällt und das Tor zum Einsatz von Business Capabilities öffnet oder einen bereits eingeschlagenen Weg in diese Richtung leichter macht, dann wäre ich darüber sehr glücklich, denn dann erfüllt das Buch seinen Zweck. Ich freue mich in diesem Zuge über Rückmeldungen und Berichte zu eigenen Erfahrungen und Projekten.

Ich verwende in diesem Buch so weit wie möglich deutsche Begrifflichkeiten. Ausnahme sind selbstverständlich etablierte, englische Fachbegriffe, zu denen auch der für dieses Buch zentrale Begriff »Business Capability« gehört. Zur Bezeichnung von Rollen, Akteuren, Personengruppen usw. verwende ich das generische Maskulinum. Selbstverständlich meine ich damit Menschen beliebigen Geschlechts.

Ich möchte dieses Vorwort dazu nutzen, Olaf Seemann meine Wertschätzung und meinen Dank auszudrücken. Er begleitet mich seit vielen Jahren sowohl als mein »Boss« als auch Kollege auf Augenhöhe. Ich danke ihm für die produktive Zusammenarbeit, die mir immer wieder die Möglichkeit geboten hat, Capabilities in vielen externen und internen Projekten einzusetzen. Gemeinsam teilen wir das Interesse an Capabilities und die Überzeugung ihrer Nützlichkeit. Ein herzlicher Dank geht auch an alle anderen ehemaligen und aktuellen Mitglieder des Teams bei den Innovationeers – insbesondere an Dr. Nelly Bubner und Daniel Hückelheim – für spannende Diskussionen, gemeinsame Modellierungen und Anwendungen von Capability-Modellen. Ebenso ist es mir ein Bedürfnis, mich bei meinem Kollegen Dr. Thomas von Lingen dafür zu bedanken, mir die organisatorische Seite der Unternehmensentwicklung nähergebracht zu haben. Ich schätze euch alle sehr.

Für ihr großes Verständnis und ihre unschätzbare emotionale Unterstützung danke ich von Herzen meiner Ehefrau, die insbesondere in der letzten Phase des Schreibens so manchen Abend und manches Wochenende auf gemeinsame Zeit mit mir verzichtet hat.

Ich widme dieses Buch meiner Tochter Samoa.

Wolf Pfannenstiel
Swisttal, Februar 2023

Inhaltsverzeichnis

Teil I

Business Capabilities verstehen und einordnen

1 Einführung

Kein Unternehmen kommt heute mehr ohne Informationstechnologie aus. Die IT-Applikationen und digitalen Werkzeuge sind geschäftskritische Bestandteile der Unternehmensarchitektur, ohne die im Tagesgeschäft so gut wie nichts mehr geht.

In vielen Unternehmen wächst die IT-Landschaft seit Jahrzehnten und hat typischerweise eine hohe Gesamtkomplexität erreicht. Nicht selten hat man es mit Hunderten oder noch mehr Systemen und Schnittstellen zu tun, die erst im Zusammenspiel einen effektiven Geschäftsbetrieb ermöglichen. Unter dieser Komplexität leidet oftmals die Fähigkeit, Änderungen an der IT-Landschaft leicht und flexibel vornehmen zu können. Gleichzeitig gibt es jedoch eine Reihe von Faktoren, die Unternehmen zu immer schnellerem Agieren zwingen. Zu diesen Faktoren gehören der stetige Wandel von Märkten und Kundenansprüchen, das rasante Fortschreiten der technologischen Entwicklung mit dem Druck der Digitalisierung und die fortlaufenden Änderungen zu beachtender Gesetze und Regularien, um nur einige zu nennen. Wenn sie weiterhin erfolgreich sein möchten, zwingen diese Veränderungen Unternehmen zu ebenso stetiger Anpassung der Unternehmensarchitektur – inkl. Änderungen an IT-Landschaften, Technologiewahl oder sogar am Geschäftsmodell selbst. Zahlreiche und komplexe Vorhaben sind die Folge, die in immer kürzerer Zeit auf immer mehr Anforderungen reagieren müssen. Dies impliziert auch einen höheren Anspruch an die zu bewältigenden Führungsaufgaben und Entscheidungsprozesse in Unternehmen. Das Management muss in hoher Taktung auf neue Impulse und äußere Anforderungen reagieren. Eine aktive Steuerung zur nachhaltigen Umsetzung von Vorhaben wird damit zunehmend schwieriger. Um große IT-Landschaften und die zu ihrer Weiterentwicklung notwendigen Vorhaben erfolgreich ausgestalten und steuern zu können, sind geeignete Methoden und Werkzeuge erforderlich.

Dieses Buch beschäftigt sich mit »Business Capabilities« (kurz Capabilities), die ein solches, vielseitig einsetzbares Werkzeug bei der Unternehmensentwicklung darstellen. Capabilities repräsentieren Geschäftsfähigkeiten, die ein Unternehmen zur Umsetzung seines Geschäftsmodells benötigt.

Im Rahmen des Enterprise Architecture Management (EAM) werden Capabilities bereits seit geraumer Zeit als Werkzeug verwendet, und in erfolgreichen EAM-Werkzeugen wie LeanIX sind sie integraler Teil des Metamodells [47]. Schon lange bezeichnet der Branchenverband bitkom Capabilities als Bindeglied zwischen Geschäftsprozessmanagement, IT-Architektur und Geschäftsstrategie [80].

In diesem Buch möchte ich zunächst eine leichtgewichtige und zugleich flexible Variante von Capabilities vorstellen, die sich in Unternehmen als ein zentraler, fachlich orientierter Ordnungsrahmen in verschiedenen Arten von einmaligen Vorhaben (z.B. Projekten) und regulären Linientätigkeiten einsetzen lassen. Neben der konzeptionellen Definition zeige ich die Einbettung von Capabilities in den Unternehmenskontext, stelle eine Reihe nützlicher Anwendungsfälle vor und präsentiere einige Fallstudien. Zudem enthält das Buch eine Anleitung zur Modellierung von Capabilities sowie einen Leitfaden für deren Einführung. Abschnitt 1.4 zeigt den Aufbau des Buchs ausführlich.

Auch wenn vermutlich die meisten bejahen würden, dass eine strukturierte und systematische Herangehensweise an komplexe Themen hilfreich ist, so steht man als Verwender des Begriffs »Methodik« in Unternehmen nicht selten im Verdacht, ein praxisferner, akademischer Theoretiker zu sein. Ich definiere in diesem Buch kein Rahmenwerk und keine Methode im engeren Sinne, möchte jedoch aufzeigen, dass die stringente Anwendung eines methodischen Werkzeugs nicht im Widerspruch zu effizientem, praxistauglichem Vorgehen stehen muss. Im Gegenteil, diese Stringenz verhilft zu mehr Einheitlichkeit, Transparenz und Verständnis, die allen Beteiligten zugutekommt.

1.1 Herausforderungen der Unternehmensentwicklung

Unternehmensentwicklung ist ein komplexes Unterfangen, für dessen Komplexität verschiedene Faktoren verantwortlich sind. Die folgenden Abschnitte führen einige dieser Faktoren als wesentliche Herausforderungen für Unternehmen auf. Einen Überblick darüber, wie Capabilities dabei helfen können, diese Herausforderungen zu meistern, gibt Abschnitt 1.3.

1.1.1 Transparenz

Unternehmen sind heute komplexe Gebilde, die aus einer Vielzahl abhängiger Elemente bestehen. Zu diesen Elementen gehören unter anderem die Geschäftsprozesse, Organisationseinheiten, Marktprodukte und IT-Applikationen. Die Weiterentwicklung eines Unternehmens erfordert die Veränderung der relevanten Unternehmenselemente, sodass das Unternehmen die gesetzten Ziele seiner Bemühungen zur Weiterentwicklung möglichst gut erreicht.

Die Disziplin der Unternehmensmodellierung beschäftigt sich damit, die wesentlichen Elemente von Unternehmen systematisch zu erfassen und miteinander in Beziehung zu setzen. Ein Modell des Unternehmens kann dabei helfen, Transparenz über den jeweiligen Status quo zu erlangen, Analysen zu erstellen und Handlungsbedarfe zu ermitteln [75]. Auch wenn Unternehmensmodellierung ein nützliches Unterfangen ist, so ist diese Aufgabe sowohl komplex als auch zeitaufwendig. Bei den meisten Unternehmen fehlen daher umfängliche Unternehmensmodelle. Gleichzeitig geht damit allerdings auch ein Mangel an Transparenz einher, der insbesondere bei der Umsetzung komplexer Veränderungsvorhaben äußerst hinderlich ist. Plant man ein Vorhaben und kennt dabei die betroffenen Unternehmenselemente sowie deren Abhängigkeiten nicht, so sind spät entdeckte Hindernisse und unerwartete Schwierigkeiten vorprogrammiert. Benötigt wird insbesondere ein übergreifend gültiger Ordnungsrahmen, der eine fachlich orientierte, funktionale Einordnung von Unternehmenselementen ermöglicht.

Statt eines systematischen, wiederverwendbaren Ordnungsrahmens nutzen die Linien-, Vorhaben- oder Themenverantwortlichen in Unternehmen jedoch oftmals eigene Strukturierungs- und Beschreibungsmittel, die ad hoc definiert und nicht ausreichend systematisch aufgebaut sind. Eine Wiederverwendung dieser Mittel ist weder vorgesehen noch wäre sie sinnvoll möglich. Ergebnistypen und Darstellungen sind über organisatorische bzw. Vorhaben hinweg nur schwer vergleichbar. Damit ist es insbesondere für das Management schwierig, einen übergreifenden Überblick zu gewinnen.

Capabilities für sich alleine modellieren ein Unternehmen nicht erschöpfend, können jedoch für viele Zwecke als übergreifend nutzbarer Ordnungsrahmen dienen, der die Vergleichbarkeit von Ergebnistypen erhöht und sich somit auch zur Verbesserung der Transparenz im Unternehmen eignet.

1.1.2 Rasanter Wandel

Unternehmen haben es mit einer Reihe von exogenen (von außen kommenden) und endogenen (von innen stammenden) Einflüssen zu tun, die ständig neue Änderungen erforderlich machen. Relevant sind hier beispielsweise die folgenden Faktoren:

- Prozesse und IT-Applikationen müssen sich immer wieder an die sich ändernden Gesetze und Regularien anpassen.
- Reorganisationen in Unternehmen sind nicht selten und bedeuten immer Anpassungen von Verantwortlichkeiten, Rollen und Zugehörigkeiten, die auch mit Veränderungen von Tätigkeiten des Personals verbunden sind.
- Die schnell voranschreitende technologische Entwicklung bietet einerseits fortwährend neue Chancen, bedingt jedoch andererseits auch die schnelle Alterung des eingesetzten Technologieportfolios, die zum Handeln zwingt, möchte die Unternehmung nicht ebenso fortwährend (weitere) technische Schulden aufbauen.
- Die Kundschaft wird zunehmend anspruchsvoller und fordert neue, innovative Produkte mit digitalem Zugang und digitalem Mehrwert.

- Mitbewerbern, die digitale oder andere Innovationen bieten, muss das Unternehmen etwas entgegensetzen, um nicht den Anschluss am Markt zu verlieren.

Die Liste der Einflussfaktoren ließe sich leicht noch erweitern und detaillieren. Quintessenz an dieser Stelle ist, dass Unternehmen sich immer schneller verändern müssen und gleichzeitig die Komplexität von Produkten, Technologien, Regularien usw. immer größer wird.

Die Steuerung des Unternehmens gerät im Angesicht dieses rasanten Wandels zur Herausforderung. Es ist schwer, überhaupt noch Konstanten zu identifizieren, die eine halbwegs stabile Orientierung über die Zeit bieten. Prozesse, Produkte, IT-Applikationen, Organisationseinheiten – all diese Elemente scheinen ungeeignet, da sie sich zu schnell verändern (müssen) und eher »bewegliches Ziele« denn stabiler Ordnungsrahmen sind.

Capabilities können als stabiler konzeptioneller Ordnungsrahmen mit einem fachlich-funktionalen Fokus eine feste Größe im sonst so raschen Wandel des Unternehmens sein. Gut modelliert, kann ein Capability-Modell ein zentrales Orientierungsmittel sein, mit dessen Hilfe Veränderungen transparent gemacht, geplant und umgesetzt werden können.

1.1.3 Digitale Komplexität

Der Begriff »Digitalisierung« gehört zurzeit zweifelsohne zu einem der am häufigsten verwendeten Schlagworte, wenn man über Unternehmensentwicklung spricht. Die Digitalisierung ist allerdings kein neues Phänomen. Schon seit Jahrzehnten erzeugt die technische Entwicklung neue Potenziale, und Unternehmen nutzen diese, um Prozesse zu automatisieren und effizienter zu machen.

Es lassen sich einige wesentliche Faktoren identifizieren, die gerade in den vergangenen Jahren das digitale Potenzial deutlich vergrößert haben:

Miniaturisierung – Die Miniaturisierung erlaubt die Ausstattung von immer mehr »Dingen« mit leistungsfähigen IT-Komponenten (Hard- und Software) und ist die Basis für den Ausbau des »Internet of Things« (IoT) [32]. Selbst Autoschlüssel, Spülmaschinen oder Spielzeuge sind heute internetfähig und verbinden sich mit zentralen Komponenten in der Cloud, um Informationen auszutauschen oder digitale Dienste aufzurufen.

Konnektivität – Die verbesserte Konnektivität ermöglicht die Übertragung von mehr und mehr Daten über weitere Entfernungen in kürzerer Zeit. Insbesondere 5G als neue Übertragungstechnologie verspricht sehr kurze Latenzzeiten, durch die sich anspruchsvolle Echtzeitanforderungen einer vernetzten Welt erfüllen lassen.

Leistungsfähigkeit – Die erhöhten Rechen- und Speicherkapazitäten erlauben eine immer komplexer werdende Verarbeitung und Speicherung von immer mehr Daten in akzeptabler Zeit und zu vertretbaren Kosten.

Die Digitalisierung ermöglicht es also immer besser, Prozesse und Transaktionen auf elektronische Weise statt auf physischer Ebene durchzuführen. Produkte und Dienstleistungen lassen sich im digitalen Raum stärker kombinieren und integrieren. Die Ortsgebundenheit von Produkten und Leistungen nimmt immer stärker ab und verschwindet zum Teil gänzlich.

Mit der stärkeren Digitalisierung und Vernetzung nimmt auch die Komplexität der IT auf Realisierungsseite insgesamt zu. So werden die Architekturen »großflächiger«, da sie mehr und mehr Bestandteile des Geschäftsmodells und der Unternehmen abdecken müssen. Zudem erhöht sich der Grad an Integration der Architekturbestandteile. Gleichzeitig erfordert der Markt differenziertere Produkte, die dennoch für die Anwenderschaft einfach zu handhaben und zu bedienen sind. Zwischen IT und Fachseiten gibt es weiterhin sehr unterschiedliche Perspektiven, doch durch die Digitalisierung und die digitalen Geschäftsmodelle rücken sie immer näher aneinander. Bei der Unternehmensentwicklung ist ein Einklang beider Seiten – das sogenannte *Business-IT-Alignment* – zu berücksichtigen und herzustellen.

Capabilities fokussieren auf die Geschäftsfähigkeiten im Sinne des »Was«. Sie sind daher zunächst unabhängig von ihrer (technischen oder anderweitigen) Realisierung. Mit einer Zuordnung zu technischen Architekturbestandteilen einerseits (Technologien usw.) und fachlich geprägten Architekturelementen andererseits (Produkte usw.) eignen sich Capabilities ideal als Brücke zwischen Geschäftsmodell/Fachlichkeit und IT.

1.1.4 Methodik

Im besten Fall findet die Unternehmensentwicklung im Einklang mit der Unternehmensstrategie statt. Neben der Umsetzung strategischer Ziele gibt es, wie in Abschnitt 1.1.2 dargelegt, eine Reihe von Auslösern für Aktivitäten der Unternehmensentwicklung. Maßnahmen können von punktuellen Aufgaben in der Linienorganisation über kleinere und mittelgroße Projekte bis hin zu großen Transformationsprogrammen reichen. Abschnitt 1.1.1 hat als Gemeinsamkeit aller dieser Vorhaben aufgezeigt, dass man sie beschreiben muss, um sie einordnen, planen, umsetzen und steuern zu können.

In den vorangegangenen Abschnitten war an einigen Stellen die Rede von benötigten fachlich-funktionalen »Ordnungsrahmen« zur Beschreibung der relevanten Unternehmenselemente, um Transparenz zu gewinnen und Betrachtungskontexte nach fachlichen Gesichtspunkten zu strukturieren. Der Duden definiert den Begriff »Ordnungsrahmen« recht allgemein als »für einen bestimmten Bereich vorgegebene, festgelegte Strukturen und Regeln« [20]. In Wikipedia heißt es: »Ein Ordnungsrahmen strukturiert ein System, indem es seine einzelnen Elemente umfasst und anhand ihrer Beziehungen zueinander anordnet« [97].

Oftmals fehlt es in Unternehmen an passenden und einheitlich genutzten Ordnungsrahmen mit fachlich-funktionaler Orientierung. Für einen solchen Ordnungsrahmen lassen sich folgende Anforderungen definieren:

Flexible Einsetzbarkeit – Die Einsetzbarkeit darf sich nicht auf einige wenige, spezielle Anwendungsfälle beschränken. Je höher die Wiederverwendbarkeit ist, umso nützlicher ist der Ordnungsrahmen und umso eher etabliert er sich in der Organisation. Die Anwendungsfälle müssen insbesondere zur Unterstützung von Entscheidungs- und Steuerungsaufgaben geeignet sein. Der Einsatz muss in verschiedenen kleineren und großen Vorhaben und Betrachtungskontexten möglich sein.

Hohe allgemeine Verständlichkeit – Der Ordnungsrahmen muss für alle Beteiligten möglichst leicht verständlich sein. Idealerweise hat er eine Brückenfunktion zwischen Fachlichkeit und IT.

Zeitliche Stabilität – Es ist eine hohe zeitliche Stabilität erforderlich, um als fester Ankerpunkt gegenüber den vielen veränderlichen Größen im Unternehmen dienen zu können.

Angemessener Definitions-/Pflegeaufwand – Der Ordnungsrahmen sollte mit überschaubarem Aufwand zu modellieren sein. Konkret heißt das, dass in Vorhaben der Zeitanteil zur Erstellung des Ordnungsrahmens angemessen und vertretbar sein muss. Die Erstellung ausführlicher Unternehmensmodelle sprengt üblicherweise den Rahmen dessen, was in Vorhaben möglich und realistisch ist.

Capabilities erfüllen alle diese Anforderungen, wie Kapitel 2 ausführlich zeigen wird.

Fachlich-funktionale Ordnungsrahmen können Teil von vollständigen Rahmenwerken (»Frameworks«) sein, wie etwa im Kompendium für *Enterprise Architecture Frameworks* von Dirk Matthes dargestellt [55]. Typischerweise ist eine ganze Reihe abhängiger Bausteine wie Metamodelle, Ebenen-/Schichtenmodelle, Methoden, bewährte Praktiken, Reifegradmodelle, Techniken, Werkzeuge usw. Bestandteil solcher Rahmenwerke. Ihr Einsatz bringt daher nicht selten eine beachtliche Grundkomplexität mit sich. Oftmals schaffen es solche Rahmenwerke im Unternehmen nicht weit über einige zentrale Abteilungen (wie z.B. die Architekturabteilung) hinaus, da sie schlicht zu komplex, zu umfangreich und auch nicht flexibel genug einsetzbar sind. Als Beispiel sei »The Open Group Architecture Framework« (TOGAF) genannt, das eine Fülle sehr guter Ansätze und die jahrelange Erfahrung vieler kompetenter Beitragender enthält, dessen Umfang und Komplexität in Summe jedoch nahezu erschlagend ist [88]. (Eine nähere Betrachtung von TOGAF ist Gegenstand von Anhang B.2.) Gerade für kleinere und mittelgroße Vorhaben sind solche Rahmenwerke daher in aller Regel zu komplex und aufwendig zu adaptieren. Doch ganz ohne Ordnungsrahmen geht es auch nicht, also statt eines komplexen Rahmenwerks besser einen einfachen Ordnungsrahmen wie das Capability-Konstrukt wählen.

1.1.5 Entscheidungs- und Steuerungsfähigkeit

Die zuvor geschilderten Probleme der fehlenden Transparenz und des hohen Veränderungsdrucks bewirken (oder verstärken zumindest) einen weitverbreiteten Mangel an Entscheidungs- und Steuerungsfähigkeit, den man in Unternehmen nicht selten vorfindet. Dieser Mangel betrifft aus der Natur der Sache heraus vor allem die Führungskräfte, die sich oft einem erhöhten Handlungsdruck ausgesetzt sehen.

Aufgabe der Führungskräfte ist es, Veränderungsimpulse schnell in den Unternehmenskontext einzuordnen und daraus Handlungen abzuleiten. Die dazu notwendige Entscheidungsfähigkeit hängt auch von einer möglichst großen Objektivierung der Entscheidungskriterien ab. Hierbei hilft eine gemeinsame Verständnisbasis der Situation und der Handlungsmöglichkeiten. Ziel ist es, (wieder) mehr Freiräume für die Unternehmensentwicklung zu schaffen.

Capabilities können bei der Definition und Bewertung von Entscheidungskriterien helfen. Entscheidungskriterien lassen sich auch direkt an Capabilities knüpfen und können so auch einen Rahmen für die Entscheidungsfindungen bieten. Capability-Modelle sind somit ein geeignetes Werkzeug zur Unterstützung von Entscheidungsfindungen und helfen damit auch bei der Verbesserung der Steuerungsfähigkeit.

1.1.6 Agilität

Die zuvor genannten Herausforderungen verlangen von Unternehmen eine höhere Flexibilität in ihrer Entwicklung. Das Unternehmen und seine Teams müssen schnell auf Veränderungen und neue Anforderungen reagieren können. Eine frühzeitige Rückmeldung seiner Kundschaft auf neue Produkte, Dienstleistungen und die Interaktion am Markt sind hilfreich, um schnell und kundenorientiert mit Anpassungen reagieren zu können. Zu langfristige Planungen und zu starre Anforderungs- und Entwicklungsprozesse stehen jedoch oftmals der benötigten Flexibilität im Wege. Diese Erkenntnis ist nicht neu und hat in den letzten Jahrzehnten eine ganze Reihe *agiler Methoden* als Antwort hervorgebracht, um Unternehmen zu mehr Agilität zu verhelfen [63]. Richtig angewendet, bieten agile Methoden Unternehmen eine gute Lösung, sich von zu starren Planungs- und Veränderungsmustern zu lösen [96, 51].

Wie Abschnitt 4.4 beleuchten wird, vertragen sich Capabilities als konzeptionelles Werkzeug sehr gut mit agilen Ansätzen.

1.2 Business Capabilities im Überblick

Bisher wurden einige der Herausforderungen skizziert, vor denen Unternehmen heute bei ihrer Entwicklung stehen. Die hier vorgestellten Capabilities sind ein flexibles und leichtgewichtiges Konstrukt, das als konzeptionelles Werkzeug und fachlich-funktionaler Ordnungsrahmen einen wertvollen Beitrag zur Bewältigung der oben genannten Herausforderungen leisten kann.

Um erfolgreich am Markt agieren zu können, braucht ein Unternehmen bestimmte Fähigkeiten, die mithilfe von Informationstechnologie effizient unterstützt oder sogar erst ermöglicht werden. Diese Fähigkeiten lassen sich durch das Konstrukt der Capabilities auf systematische Weise repräsentieren. Abbildung 1–1 zeigt ein erstes Beispiel eines Capability-Modells mit drei Ebenen.

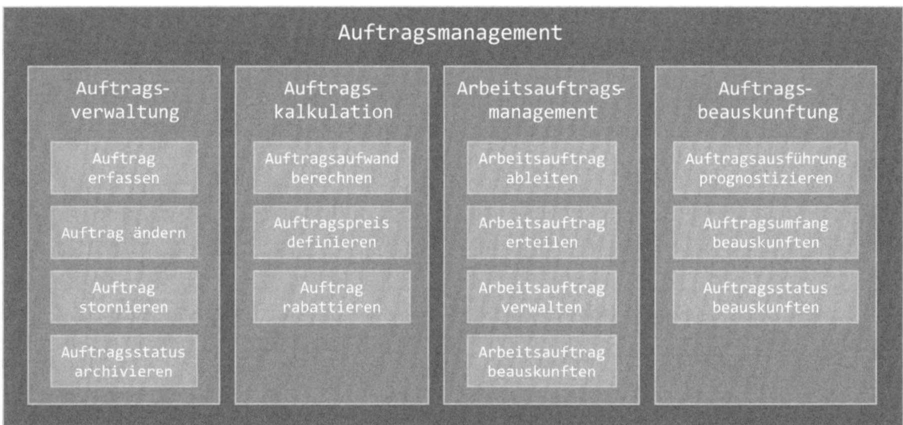

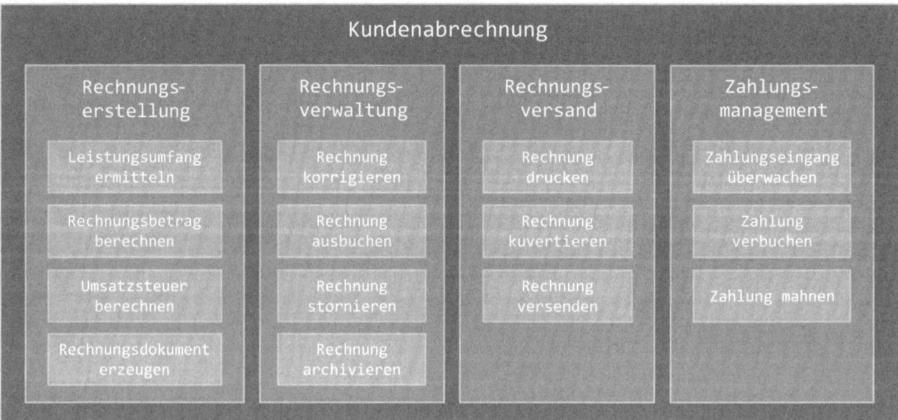

Abb. 1–1: Beispiel eines Capability-Modells

Das Beispiel umfasst die typischen Fähigkeiten, die ein Unternehmen für das Management von Aufträgen und die Abrechnung gegenüber seinen Kunden benötigt.

Im Kontext von Veränderungsvorhaben der IT-Landschaft ist ein wesentlicher Aspekt die Unterstützung des Geschäfts durch die IT. Der »Leitfaden Enterprise Architecture Management« des bitkom e.V. sieht Capabilities als Bindeglied zwischen dem Geschäftsprozessmanagement, der IT-Architektur und den strategischen Anforderungen eines Unternehmens [80]. Diese Sichtweise passt sehr gut zu der in diesem Buch verwendeten Definition von Capabilities. Abbildung 1–2 zeigt schematisch, wie Capabilities als ein stabiler, fachlich-funktionaler Ordnungsrahmen ein konzeptionelles Fundament im Unternehmen darstellen können.

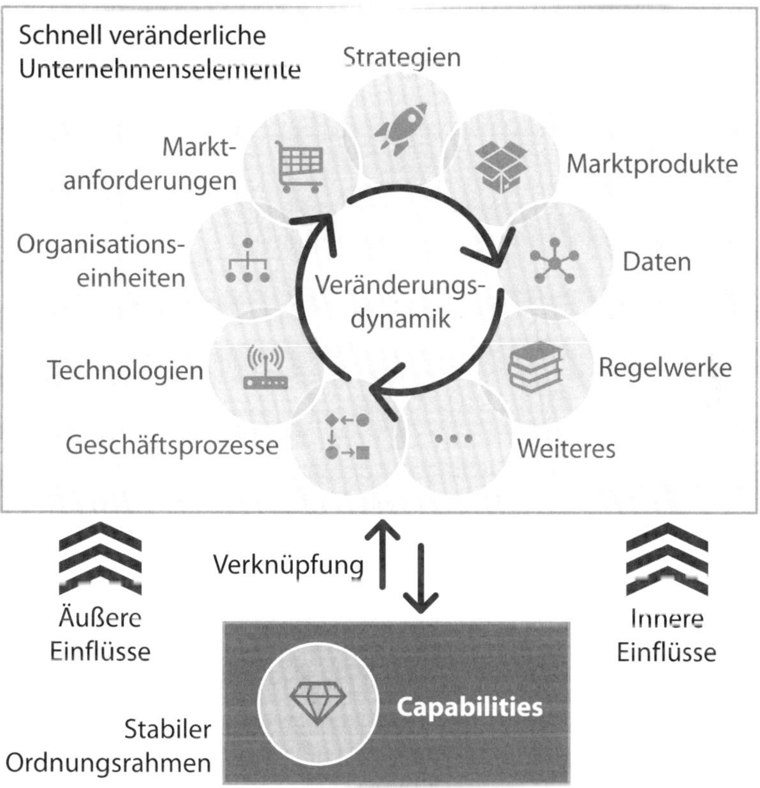

Abb. 1–2: Capabilities als stabiler Ordnungsrahmen

Viele Elemente der Unternehmensarchitektur ändern sich durch äußere und innere Einflüsse häufig. Verändert sich das Geschäftsmodell nicht, so bleiben hingegen die benötigten Fähigkeiten des Unternehmens – und somit das zugehörige Capability-Modell – stabil.

Passend modelliert und eingesetzt, bieten Capabilities ein ausdrucksstarkes, flexibles Arbeitsmittel zur Umsetzung verschiedener Anwendungsfälle. Diese Anwendungsfälle reichen von Aufgabenstellungen der Enterprise- und Lösungsarchitekten über die von Business-Analysten bis hin zu Projekt- und Programmleitern sowie Führungskräften in Linienorganisationen.

1.3 Nutzen von Capability-Modellen

Capabilities sind für Unternehmen und Vorhaben verschiedener Größen geeignet, entfalten ihren Nutzen jedoch gerade bei größeren Vorhaben in besonderer Weise, da sie ein geeignetes Strukturierungsmittel zur Reduktion bzw. Beherrschung von Komplexität sind. Abbildung 1–3 illustriert die flexible Wahl von Ausschnitten eines Gesamtmodells von Capabilities, um eine Fokussierung auf die relevanten Unternehmensteile und die benötigte Abstraktionsstufe des jeweiligen Betrachtungskontexts zu erreichen.

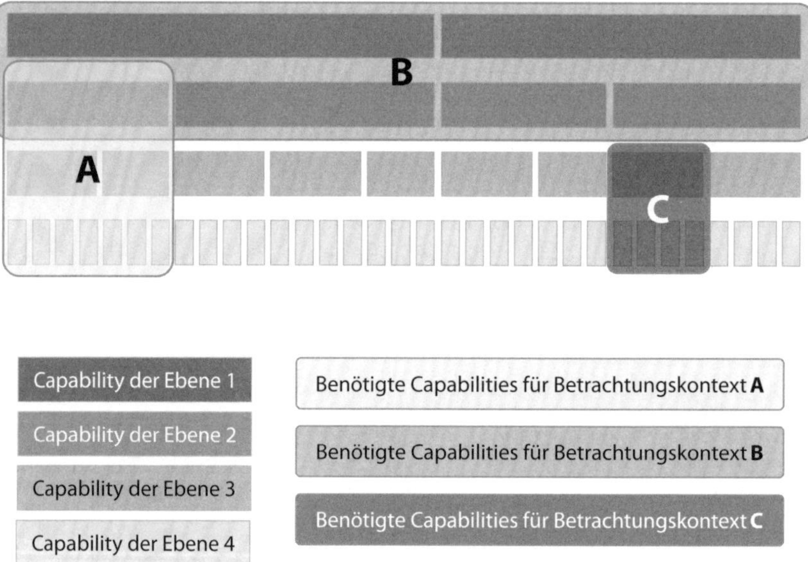

Abb. 1–3: Flexible Wahl von fachlicher Abdeckung und Granularität

Die »horizontale« Ausdehnung bestimmt den fachlichen Abdeckungsgrad, wobei man hier die volle Flexibilität von einzelnen Detail-Capabilities bis hin zum Gesamtunternehmen mit dem vollständigen Capability-Modell nutzen kann. Die »vertikale« Ausdehnung bestimmt den gewünschten Detailgrad, der je nach Bedarf von den Haupt-Capabilities auf oberster Ebene bis hinunter auf die tiefste Detailebene mit einer sehr feinen Granularität reichen kann.

Capabilities sind ein mächtiges und flexibles Arbeitsmittel für verschiedene konzeptionelle und architekturbezogene Aufgabenstellungen, das in vielen Anwendungsfällen sinnvoll zum Einsatz kommen kann [64]. Kapitel 5 beschreibt eine Reihe solcher Anwendungsfälle für Capabilities im Detail.

Capabilities sprechen die Sprache der Fachseiten, da sie für sich genommen weitestgehend von IT-Aspekten befreit sind. Sie sind ideal zur Kommunikation zwischen Fachseiten und der IT-Organisation geeignet; sie schlagen die Brücke zwischen Geschäft und IT, indem sie eine gemeinsame Sprache etablieren.

Die folgende Aufzählung fasst einige der wesentlichen Nutzeneffekte von Capability-Modellen zusammen, ohne näher auf diese einzugehen:

- Verständliches Hilfsmittel zur Schaffung von Transparenz über verschiedene Aspekte des Unternehmens
- Einfach visualisierbarer Überblick über benötigte Fähigkeiten im Kontext eines Betrachtungsgegenstandes (z.B. eines Projekts, einer Marktproduktstrategie o.Ä.)
- Gemeinsame, fachlich einheitliche Sicht auf Vorhaben (z.B. Umfänge, Status usw. im Rahmen des Projektportfoliomanagements)
- Übersichtliche Visualisierung von Sachverhalten und Abhängigkeiten mit einem fachlich gehaltvollen Ordnungsrahmen
- Stabiler Ordnungsrahmen für fachlich-funktionale Beschreibungen und Dokumentation
- Funktional vollständige Checkliste zum Überprüfen bzgl. Vollständigkeit/Abdeckung (fachliche Bebauung, Projektabdeckung u.a.)
- Beherrschung von Komplexität durch Capability-basierte Aufteilung des Problems in kleinere Teile (funktionale Dekomposition)
- Gemeinsames, einheitliches Verständnis über einen Betrachtungsgegenstand (insbesondere Umfang, Struktur, Semantik und Begrifflichkeiten)
- Basis zur einheitlichen Kommunikation zwischen Vorhaben, Anspruchs- und Fachgruppen usw.
- Vermeidung von Missverständnissen und von uneinheitlicher Begriffsnutzung
- Einfache Vergröberung oder Detaillierung des Betrachtungsgegenstandes durch hierarchische Struktur (»hinein-/herauszoomen«)
- Hilfreiches Werkzeug zum Herbeiführen von Managemententscheidungen und Gewinnung von Führungskräften als Sponsoren für Maßnahmen und Vorhaben
- Potenzial zur Überwindung von Silos durch Fokus auf Fähigkeiten ohne organisatorische Abgrenzung
- Funktional ausgeprägtes Gestaltungselement für die Unternehmens- und Lösungsarchitektur (Entwurf, Bewertung, Migration usw.)
- Leicht verständliche Basis für Analysen, Reifegradmessungen und Einschätzungen

Bei allen bisher benannten Vorteilen des Capabilities-Konstrukts muss man allerdings auch festhalten, dass Capabilities kein »Wundermittel« sind, mit dessen Einsatz ein Unternehmen alle Herausforderungen quasi automatisch meistert. Dieses Buch soll helfen, Capabilities möglichst nutzbringend einzusetzen.

1.4 Inhalt und Zielgruppen des Buchs

Das Buch besteht aus drei Hauptteilen mit insgesamt acht Kapiteln, die Capabilities an sich und den Umgang mit ihnen ausführlich beschreiben. Der Anhang bietet eine vertiefte Betrachtung von Capabilities im Kontext verschiedener Unternehmenselemente und methodischer Rahmenwerke.

- Teil I legt die Grundlagen zum Verständnis von Capabilities und deren Einordnung in den jeweiligen Unternehmenskontext.
    - Kapitel 2 bietet eine Definition von Capabilities mit wichtigen Eigenschaften von Capability-Modellen als Basis für die nachfolgenden Kapitel. Es ist daher für jeden Leser der weiteren Kapitel wichtig, um ein grundlegendes Verständnis zu erlangen, wie Capabilities in diesem Buch verstanden werden und welche ihre zentralen Eigenschaften sind. Das Kapitel enthält auch einen Abschnitt zur Abgrenzung der Capability-Definition von ausgewählten anderen Definitionen aus der Literatur.
    - Den Kontext im Unternehmen, in den sich Capabilities einfügen (müssen), um Nutzen zu entfalten, beschreibt Kapitel 3. Dazu werden insbesondere verschiedene Unternehmenselemente betrachtet, die man mit Capabilities auf sinnvolle Weise in Beziehung setzen kann. Beispiele sind Organisationseinheiten, Marktprodukte, Applikationen oder Technologien. Diese Elemente bilden zusammen mit den Capabilities und ihren Beziehungen zueinander ein mächtiges Beschreibungs- und Gestaltungsmittel für Unternehmen.
    - Capabilities sind als konzeptionelles Werkzeug schon seit geraumer Zeit im Einsatz und Bestandteil verschiedener methodischer Rahmenwerke. Kapitel 4 gibt einen Überblick über vier prominente Rahmenwerke und nimmt für diese jeweils eine Einordnung der Verwendung von Capabilities sowie einen Abgleich mit der in diesem Buch verwendeten Capability-Definition vor.

- Teil II beschreibt, wofür und wie man Capability-Modelle in der Praxis verwenden kann.
  - Der eigentliche Nutzen von Capabilities entsteht bei ihrer Verwendung in konkreten Anwendungsfällen, wie sie z.B. in größeren Projekten erforderlich sind. Kapitel 5 beschreibt eine Reihe solcher Anwendungsfälle, die auf Basis von Capabilities helfen, wichtige Fragestellungen in konkreten Anwendungskontexten wie z.B. Projekten oder Linienaufgaben zu beantworten.
  - Kapitel 6 präsentiert drei an reale Projekte angelehnte Fallstudien und skizziert die jeweilige Verwendung von Capabilities, um einen Eindruck größerer Anwendungskontexte zu ermöglichen. Die verwendeten Capability-Modelle werden ganz oder in Auszügen beschrieben und ihre Modellierung diskutiert.
- Teil III zeigt, was notwendig ist, um Capabilities als Werkzeug im Unternehmen praktisch einzusetzen.
  - Um aus dem Einsatz von Capabilities einen Nutzen ziehen zu können, ist das Vorhandensein eines passenden Capability-Modells erforderlich. Wie man Capabilities modellieren kann und was es dabei zu beachten gilt, beschreibt Kapitel 7.
  - Kapitel 8 bietet eine grobe Anleitung, wie man Capabilities zum Einsatz bringen kann. Neben der Prüfung von Voraussetzungen und vorbereitenden Schritten betrachtet dieses Kapitel auch eine Reihe technischer Werkzeuge, die man für die Modellierung und Darstellung von Capabilities nutzen kann.
- Der Anhang bietet Vertiefungen und Detaillierungen von Inhalten aus Teil I des Buchs, die sich selektiv je nach Bedarf und Interesse lesen lassen.
  - Anhang A vertieft die Betrachtung der in Kapitel 3 eingeführten Unternehmenselemente sowie der dazugehörigen Beziehungstypen, indem es jeden Objekttyp beschreibt, verwandte Begriffe diskutiert und die zugeordneten Beziehungstypen mit Beispielen und möglichen Beziehungsattributen detailliert.
  - Einige der in Kapitel 4 skizzierten Rahmenwerke sind Gegenstand einer ausführlicheren Darlegung in Anhang B. Dieser Anhang gibt einen tieferen Einblick in das jeweilige Rahmenwerk und betrachtet insbesondere die Frage, wie Capabilities im Kontext des Rahmenwerks zum Einsatz kommen (können).

Empfohlene Kapitel je Zielgruppe. Das Buch richtet sich an verschiedene Zielgruppen, deren Umgang mit Capabilities sich zum Teil deutlich voneinander unterscheidet. Die folgende Aufzählung nennt die wichtigsten Zielgruppen mit typischen Aufgaben, die im Zusammenhang mit Capabilities stehen.

- Enterprise-Architekt
  - Gestaltung der Unternehmensarchitektur auf Capability-Basis
  - Erstellung/Pflege des Capability-Modells des Unternehmens
  - Unterstützung bei Definition und Anpassung von Capability-Modellen oder Modellausschnitten für Anwendungskontexte (z.B. Projekte)
  - Unterstützung bei der Umsetzung von Anwendungsfällen
- Lösungsarchitekt
  - Gestaltung von Lösungsarchitekturen mithilfe von Capability-Modellen
  - Adaption und Detaillierung des Capability-Modells des Unternehmens für (einzelne oder mehrere) konkrete IT-Lösungen
  - Umsetzung von Anwendungsfällen für Architekturzwecke
- Business-Analyst
  - Nutzung eines Capability-Modells als Analysebasis in Anwendungskontexten
  - Umsetzung von Anwendungsfällen für Analyse- und Konzeptionszwecke
- Requirements Engineer/Anforderungsingenieur
  - Nutzung des Capability-Modells des Unternehmens oder des Anwendungskontexts als Basis für die Erfassung, Strukturierung und Pflege von Anforderungen
  - Unterstützung von Anwendungsfällen für Requirements Engineering/Anforderungsmanagement
- Projektleitung
  - Nutzung (durch andere Projektmitglieder) erstellter Projektartefakte auf Basis von Capabilities zur Unterstützung der Aktivitäten des Projektmanagements
- Führungskraft (Ebene 3 oder tiefer) (Management)
  - Aktive Nutzung von Capabilities als methodisches Hilfsmittel für Führungsaufgaben (z.B. Transparenzschaffung, Planung)
  - Unterstützung bei der Umsetzung von Anwendungsfällen
- Führungskraft, Ebenen 1 + 2 (Senior Management)
  - Interpretation entscheidungsrelevanter Ergebnistypen, die Capabilities als methodisches Mittel nutzen

Tabelle 1–1 ordnet den Zielgruppen die zur Lektüre empfohlenen Kapitel zu.

	Kapitel							Anhänge	
Zielgruppe	**2**	**3**	**4**	**5**	**6**	**7**	**8**	**A**	**B**
Enterprise-Architekt	•	•	•	•	•	•	•	⋆	⋆
Lösungsarchitekt	•	•	•	•	•	•	○	⋆	⋆
Business-Analyst	•	•	○	•	•	○	○	⋆	⋆
Requirements Engineer	•	•	○	○	○	○	○	⋆	⋆
Projektleitung	•	•	○	○	○		•	⋆	⋆
Führungskraft (Ebene 3 oder tiefer)	•	•	○	○	○		○	⋆	⋆
Führungskraft (Ebene 1 und 2)	•	○	○	○	○				

Tab. 1–1: Empfohlene Kapitel je Zielgruppe

Die Tabelle unterscheidet drei Arten der Empfehlung für die Lektüre, die jeweils mit einem speziellen Symbol in der Tabelle gekennzeichnet sind:

• – Die vollständige Lektüre des Kapitels ist für die Zielgruppe empfehlenswert.

○ – Die Lektüre der Einleitung des Kapitels sowie einzelner Beispiele (z.B. einzelne Anwendungsfälle oder Fallstudien) ist als Ergänzung sinnvoll, um sich mit dem Thema vertiefend vertraut zu machen.

⋆ – Hier ist eine auszugsweise Lektüre des Kapitels empfohlen, die sich nach den Interessen bzw. dem anstehenden Einsatzzweck richten sollte. Es beinhaltet Ausführungen zu speziellen Themen (z.B. zu einem bestimmten Rahmenwerk) und eignet sich zum Nachschlagen. So können beispielsweise gezielt die Beschreibungen einzelner Objekt- und Beziehungstypen oder Anwendungsfälle studiert werden, wenn diese für den Leser (aktuell) eine hohe Relevanz besitzen.

2 Definition und Eigenschaften von Business Capabilities

Für Business Capabilities gibt es keine einheitliche Definition in der Literatur [98]. Der englische Begriff steht übersetzt recht allgemein u.a. für »Geschäftsfähigkeit« oder »Geschäftsfertigkeit«. Der Capability-Begriff für sich allein bedeutet »Fähigkeit«, »Fertigkeit« oder »Befähigung«. Auch in anderen Wissenschaften wie der Soziologie oder dem Gesundheitswesen findet der Capability-Begriff Verwendung [1].

Das vorliegende Buch nutzt eine leichtgewichtige Definition von Capabilities, die sich von anderen Ansätzen vor allem bzgl. der integralen Bestandteile von Capabilities unterscheidet. Die hier vorgestellte Variante minimiert die integralen Bestandteile von Capabilities, indem sie sich auf den deklarativen Charakter einer Fähigkeit beschränkt. In diesem Sinne repräsentiert eine Capability immer eine Art Anforderung, zu etwas in der Lage bzw. befähigt zu sein. Ausprägungen im Sinne der konkreten *Realisierung* von Fähigkeiten mithilfe von Mitarbeiterkompetenzen, organisatorischen Vereinbarungen, Informationstechnologie, Prozessen, Daten, Ressourcen usw. werden hier als etwas Separates und nicht als Teil der Definition von Capabilities betrachtet. Ebenso wenig gehören nicht funktionale Anforderungen oder Eigenschaften (z.B. Leistungsfähigkeit o.Ä.) zu einer leichtgewichtigen Capability. Einige andere Ansätze nutzen »schwergewichtigere« Capability-Definitionen, in denen Realisierungs- und andere Aspekte als integrale Bestandteile mit zu einer Capability gehören [74]. Wesentliche Vorteile einer leichtgewichtigen Definition sind die größere Flexibilität der Nutzung und die geringere Komplexität der Modellierung von Capabilities.

Um deutlich zu machen, was der Anspruch an das in diesem Buch präsentierte Capability-Konstrukt ist und was nicht, enthält Abschnitt 2.4 einige vertiefende Ausführungen zur Abgrenzung.

2.1 Grundlegende Definition von Capabilities

Als Grundlage für die weitere Verwendung des Capability-Begriffs in den nachfolgenden Kapiteln dieses Buchs folgt zunächst die spezifische Definition der leichtgewichtigen Capabilities. Der Einfachheit halber verwende ich im Buch unter Auslassung von »leichtgewichtig« sowie dem Kontextpräfix »Business« die kurze Bezeichnung »Capability«.

Definition *Capability*

Eine Capability steht für eine von einer Unternehmung zur Umsetzung ihres Geschäftsmodells benötigte Fähigkeit, eine Aktivität im Sinne einer Aufgabe auszuführen.

Das Capability-Modell eines Unternehmens umfasst die Gesamtmenge der Capabilities, die der Umsetzung des Geschäftsmodells dienen. Der Fokus einer Capability liegt ausschließlich auf dem *funktionalen Kern* der Geschäftsfähigkeit, der nur das »Was« beschreibt, aber nicht das »Wie«. Eine Capability definiert also, *was* ein Unternehmen tut oder fähig sein muss, zu tun, aber nicht, *wie* (und womit) dies realisiert wird oder werden soll. Eine Capability bezeichnet somit einen *funktionalen Baustein* im Sinne einer Geschäftsfähigkeit oder Geschäftsfertigkeit, die ein Unternehmen zur Realisierung seines Geschäftsmodells benötigt. Sie abstrahiert mit dieser Definition so weit wie möglich von allem, was nicht den funktionalen Kern betrifft, sodass Aspekte wie z.B. innere Abläufe, die technische Realisierung oder gewünschte nicht funktionale Eigenschaften nicht Teil der Definition sind.

Capabilities werden in der Regel durch Personal, Prozesse und IT unterstützt bzw. realisiert, jedoch gehören diese Entitäten hier nicht zur Definition der Capabilities selbst. Grundlage für diese Definition ist die Annahme der grundsätzlichen Austauschbarkeit der zu einer Realisierung gehörenden Elemente. Eine Fähigkeit kann auf mehreren Wegen und mit unterschiedlichen Mitteln realisiert werden, sodass Capabilities als Beschreibungselemente flexibler einsetzbar werden, sofern ihre Definition von jeglichen Realisierungsaspekten abstrahiert.

Beispiel. Als erstes Beispiel für eine Capability sei die `Auftragserfassung` betrachtet, die im Sinne einer Geschäftsfähigkeit zunächst nur ausdrückt, dass das betreffende Unternehmen in der Lage sein muss, Aufträge zu erfassen. Die Capability umfasst keine weiteren Eigenschaften oder Aspekte, d.h., sie definiert nicht, *auf welche Weise* die Auftragserfassung erfolgen soll (z.B. papierbasiert durch Einscannen von Papierbelegen, webbasiert, per mobiler App, telefonisch o.Ä.). Insbesondere sollte die Definition von Capabilities weder die Organisationsstrukturen noch das Geschäftsprozessmodell eines Unternehmens widerspiegeln. Abschnitt 2.4.5 beleuchtet den Zusammenhang zwischen Capabilities und Prozessen. Ebenso wenig sind IT-Applikationen oder deren Module geeignete Capabilities.

Diese leichtgewichtige Definition von Capabilities beschränkt zwar den Umfang einer Capability (bzgl. ihrer inhaltlichen Bestandteile und ihres semantischen Gehalts), jedoch stellt gerade diese Eigenschaft eine ihrer großen Stärken dar: Solange sich das Geschäftsmodell eines Unternehmens nicht ändert, bleibt das Capability-Modell stabil, auch wenn sich andere Eigenschaften des Unternehmens oder nicht funktionale Anforderungen ändern mögen, wie z.B. der Technologieeinsatz, Mengengerüste oder die Ausgestaltung von Geschäftsprozessen. Die Capability ist damit sehr flexibel einsetzbar, denn sie selbst trägt keine festen Eigenschaften mit sich herum, sondern kann je nach Kontext mit unterschiedlichen Eigenschaften, Anforderungen oder Architekturelementen verknüpft werden. Diese Eigenschaft wird in den weiteren Kapiteln detailliert deutlich werden. Kapitel 3 widmet sich den Unternehmenselementen, die explizit keine Bestandteile von Capabilities sind, jedoch je nach Bedarf im Anwendungskontext mit Capabilities in Beziehung gesetzt werden können, um Zusammenhänge und Abhängigkeiten zu beschreiben. Eine weitere Vertiefung der Verknüpfung von Capabilities mit anderen Objekttypen findet sich in Anhang A.

2.2 Struktur eines Capability-Modells

Der Aufbau eines Capability-Modells ist hierarchisch. Das bedeutet, eine Capability kann bei Bedarf in mehrere, feingranularere Unter-Capabilities aufgespalten werden, und bis auf das oberste Element hat jede Capability des Capability-Modells genau eine übergeordnete Capability. Formal gesehen handelt es sich bei einem Capability-Modell somit um einen *Baum*.

Der Wurzelknoten des Gesamtmodells (Ebene 0) repräsentiert das betrachtete (konkrete oder fiktive) Unternehmen als Ganzes. Die Betrachtung von Teilbereichen (= Teilbäumen) ist möglich, sodass das oberste Element des Teilmodells in diesem Fall lediglich den jeweils betrachteten Ausschnitt des Unternehmens repräsentiert. Abbildung 1–3 (S. 12) illustriert die Möglichkeit der flexiblen Auswahl von Teilmodellen. Abbildung 2–1 zeigt ein einfaches Capability-Modell mit zwei Ebenen, wobei die oberste Ebene hier nicht das Gesamtunternehmen repräsentiert, sondern nur den funktionalen Teilbereich des Auftragsmanagements.

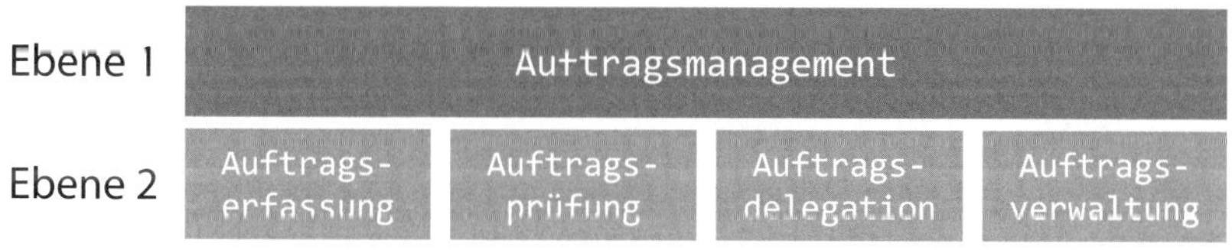

Abb. 2–1: Einfaches Capability-Modell für das Auftragsmanagement

2.3 Geforderte Eigenschaften von Capabilities

Die hierarchische Struktur der Capabilities stellt lediglich die wesentliche *strukturelle* Anforderung an ein Capability-Modell dar. Daneben gibt es noch weitere wichtige Eigenschaften, die Tabelle 2–1 in der Übersicht zeigt. Die nachfolgenden Abschnitte erläutern diese Eigenschaften näher.

Eigenschaft	Kurzbeschreibung
Überschneidungsfreiheit	Capabilities dürfen sich inhaltlich nicht überschneiden.
Vollständigkeit	Alle für den Betrachtungsgegenstand benötigten Geschäftsfähigkeiten müssen abgedeckt sein.
Abgeschlossenheit	Das Capability-Modell darf keine überflüssigen (nicht benötigten) Capabilities umfassen.
Kohärenz	Die Gruppierung von Capabilities zu übergeordneten Capabilities muss nach Gesichtspunkten fachlicher Zusammengehörigkeit erfolgen.
Verständlichkeit	Das Capability-Modell muss für die gewünschten Zielgruppen gut verständlich sein.
Einheitlichkeit	Die Capabilities müssen einheitlich definiert sein (z.B. Schnittkriterien, Benennung).
Akzeptanz	Die direkten und indirekten Nutzer müssen das Modell akzeptieren und als nützlich empfinden.
Stabilität	Das Capability-Modell muss über die Zeit möglichst stabil sein, sofern sich das Geschäftsmodell nicht ändert.

Tab. 2–1: Geforderte Eigenschaften von Capabilities

2.3.1 Überschneidungsfreiheit

Die Eigenschaft der Überschneidungsfreiheit stellt sicher, dass benötigte Geschäftsfähigkeiten nur an einer Stelle im Capability-Modell verortet sind. Dies vermeidet Redundanzen und sorgt für Eindeutigkeit bei der Zuordnung von anderen Entitäten des Unternehmens (z.B. Applikationen) zu Capabilities. Besteht beispielsweise die Aufgabe, einer Applikation eine von ihr unterstützte Capability zuzuordnen, dann ist letztere genau an einer Stelle im Capability-Modell zu finden, sodass eine eindeutige Zuordnung möglich ist. Die funktionale Überschneidungsfreiheit ist einer der wesentlichen Unterschiede zu Prozessmodellen. Prozesse können durchaus inhaltliche Überschneidungen haben, wenn z.B. Teilabläufe oder einzelne Schritte in mehreren Prozessen identisch sind. Umfassen verschiedene Capabilities eine gleiche Teilfähigkeit, so darf diese nicht jeder der Capabilities redundant untergeordnet und somit mehrfach in das Modell aufgenommen werden. Stattdessen ist eine solche Teilfähigkeit »herauszufaktorisieren« und an genau einer Stelle im Modell als Capability zu verorten.

Die Überschneidungsfreiheit ist eine der wichtigsten Eigenschaften von Capability-Modellen. Wird die Überschneidungsfreiheit verletzt, so schränkt das den Wert aller auf dem Capability-Modell aufsetzenden Ergebnistypen stark ein, da für die überschneidenden Capabilities eine »Beliebigkeit« entsteht und so die Eindeutigkeit von Capability-Zuordnungen verloren geht.

2.3.2 Vollständigkeit

Eine wesentliche und zugleich recht offensichtlich benötigte Eigenschaft ist die Vollständigkeit eines Capability-Modells. Es dürfen keine für den jeweiligen Betrachtungskontext erforderlichen Capabilities im Modell fehlen, denn ansonsten lassen sich die gewünschten Anwendungsfälle nicht vollständig erarbeiten und darstellen. Maßgeblich für die Bestimmung bzw. Überprüfung der Vollständigkeit des Capability-Modells ist der jeweilige Betrachtungskontext. Dies kann das Gesamtunternehmen mit *allen* insgesamt benötigten Fähigkeiten sein, zu denen neben denen des Kerngeschäfts dann auch Querschnittsfunktionen wie z.B. Personalmanagement und Finanzverwaltung gehören sowie die auf Weiterentwicklung des Unternehmens ausgerichtete Fähigkeiten wie z.B. Strategieentwicklung. Oftmals reicht jedoch ein Ausschnitt des Unternehmens, sodass das zu definierende Capability-Modell im Sinne des Betrachtungskontexts vollständig sein kann, wenn z.B. nur eine Hauptfähigkeit des Unternehmens wie die Produktion abgedeckt ist.

Idealerweise verfügt ein Unternehmen über eine vollständige und detaillierte Capability-Modellierung für den Gesamtumfang der benötigten Fähigkeiten des Unternehmens. Damit der hohe Zeitaufwand einer solchen Detailmodellierung für das Gesamtunternehmen nicht auf einmal anfällt, kann der Entwurf eines Capability-Modells auch in mehreren Iterationen erfolgen. Hier bieten sich aktuelle Vorhaben (z.B. große Projekte) mit Bedarf für Capability-basierte Anwendungsfälle an, in deren Rahmen der jeweils für das Vorhaben relevante Teil des Gesamt-Capability-Modells ausdefiniert werden kann. So kann das Capability-Modell Stück für Stück wachsen, wobei in jedem Schritt die geforderte Vollständigkeit gegeben ist, da der jeweilige Betrachtungskontext vollständig abgedeckt ist.

2.3.3 Abgeschlossenheit

Die ersten beiden Eigenschaften *Überschneidungsfreiheit* und *Vollständigkeit* bilden zusammen ein Eigenschaftspaar, das oft auch als »MECE« bezeichnet wird. »MECE« steht als Akronym für »mutually exclusive, collectively exhaustive«, also frei übersetzt für »paarweise disjunkt« (= überschneidungsfrei) und »insgesamt erschöpfend« (= vollständig). Was die passende Abdeckung eines Betrachtungskontexts durch ein Capability-Modell betrifft, so gibt es allerdings noch eine weitere notwendige Eigenschaft, nämlich die der Abgeschlossenheit.

Abgeschlossen bedeutet, dass ein Capability-Modell keine Elemente umfasst, die nicht benötigt werden. Ohne diese Eigenschaft könnte ein Capability-Modell auch überflüssige Elemente enthalten, die im schlimmsten Fall sogar unsinnig sein könnten, ohne dass die ersten beiden Eigenschaften der Überschneidungsfreiheit und der Vollständigkeit verletzt würden.

Anmerkung. Das Prinzip MECE für die Definition von Ordnungsrahmen ist in Anbetracht der obigen Ausführungen also selbst eigentlich nicht MECE, da die Eigenschaft der Abgeschlossenheit fehlt und somit die Eigenschaft der Vollständigkeit – der Teil »CE« – nicht erfüllt ist.

2.3.4 Kohärenz

Mit Kohärenz in Bezug auf ein Capability-Modell ist gemeint, dass die Modellierung von Capabilities und insbesondere die Zusammenfassung von Capabilities zu übergeordneten Capabilities in der nächsthöheren Ebene des Modells nach fachlich-logischer Zusammengehörigkeit erfolgen muss.

Das Capability-Modell aus Abschnitt 2.2 (siehe Abb. 2–1) ist kohärent, da jeweils alle Unter-Capabilities einer Capability fachlich zusammengehören. Im Gegensatz dazu zeigt Abbildung 2–2 ein Beispiel für ein Capability-Modell mit verletzter Kohärenzeigenschaft.

Abb. 2–2: Beispiel eines inkohärenten Capability-Modells

Folgende Probleme in Bezug auf die Kohärenz bestehen in diesem Beispiel:

1. Die Capability `Liefertermin prüfen` gehört zwar zum Auftragsmanagement, jedoch in die übergeordnete Capability `Auftragsprüfung` und nicht zur `Auftragserfassung`.
2. Die Fähigkeit, eine Stanzmaschine zu warten, hat nichts mit Auftragsprüfung und auch im weiteren Sinne nichts mit Auftragsmanagement zu tun, sondern würde z.B. in eine übergeordnete Capability `Produktion` o.Ä. gehören.
3. Die Capability `Auftragsdaten erfassen` passt zwar zum Auftragsmanagement, müsste jedoch Teil von `Auftragserfassung` statt von `Auftragsdelegation` sein.
4. Auch die Capability `Vertrieb planen` passt inhaltlich nicht zum Auftragsmanagement und somit auch nicht als Unter-Capability der `Auftragsdelegation`. Hierfür müsste es eine übergeordnete Capability wie `Vertrieb` o.Ä. geben, oder die Capability wird zunächst weggelassen, wenn der Vertrieb nicht zum Betrachtungsgegenstand gehört.

Weitere Aspekte wie Vollständigkeit usw. betrachtet das Beispiel nicht. Auch wenn die Verletzungen der Kohärenz in dem in Abbildung 2–2 angegebenen Beispiel recht offensichtlich sind, so ist die Erkennung von Inkohärenzen nicht immer einfach. Ebenso wenig ist es eine leichte Aufgabe, eine kohärente Modellierung herzustellen. Es gibt im Regelfall viele verschiedene Möglichkeiten, ein kohärentes Capability-Modell für den gleichen Betrachtungsgegenstand zu definieren. Es gibt nicht *das eine* richtige Modell. Um eine kohärente Modellierung sicherzustellen, sollte in jedem Fall vorab eine Festlegung der Schnittkriterien erfolgen. Schnittkriterien definieren eine Vorgabe, welche Aspekte der fachlichen Zusammengehörigkeit die Modellierung leiten sollen. Zudem helfen Schnittkriterien dabei, die Einheitlichkeit des Capability-Modells als weitere wichtige Eigenschaft von Capability-Modellen zu gewährleisten (siehe Abschnitt 2.3.6). Abschnitt 7.1 vertieft das Thema Schnittkriterien.

2.3.5 Verständlichkeit

Ein Capability-Modell, das so gut wie niemand außer dem Modellierungsteam versteht, ist für ein Unternehmen nutzlos. Ein gutes Capability-Modell kann ein zentrales Arbeitsmittel für viele verschiedene Anwendungsfälle in diversen Kontexten sein. Voraussetzung für eine effektive Nutzung ist allerdings, dass alle Beteiligten das Modell verstehen. Das Capability-Modell sollte sich daher an der Begriffswelt des Unternehmens orientieren, sodass die Verwender die enthaltenen Begrifflichkeiten in den Capability-Bezeichnungen eindeutig interpretieren können. Hier ist allerdings auch Vorsicht geboten, denn die Nutzung von Begriffen in Unternehmen in keineswegs immer einheitlich oder eindeutig. Man hat es beispielsweise mit Synonymen zu tun, d.h., eine Abteilung benutzt für dieselbe Entität einen anderen (synonymen) Begriff. Schlimmer noch sind Homonyme, wenn also derselbe Begriff für Unterschiedliches verwendet wird und somit »überladen« ist. Dann können verschiedene Teams trefflich aneinander vorbeireden.

Begriffe sollten in Capability-Modellen immer eindeutig und mit einer klar definierten und abgestimmten Bedeutung verwendet werden. In manchen Fällen kann es hilfreich sein, für eine Capability-Bezeichnung einen neuen Begriff einzuführen, der bisher nicht genutzt wird und somit weder überladen noch vorbelastet sein kann. Die Definition eines Capability-Modells bietet somit auch die Chance, uneinheitliche Begriffe zu vereinheitlichen, um so das gemeinsame Verständnis eines Themas und die Kommunikation im Unternehmen zu verbessern.

Idealerweise ist ein Capability-Modell nahezu selbsterklärend, wenn Struktur, Schnitt und Bezeichnungen im Modell gut gewählt sind. Nichtsdestotrotz sollte immer eine Dokumentation des Capability-Modells erfolgen, d.h., jede Capability erhält mindestens eine kurze, verbale Beschreibung. Oftmals hilft die Erstellung der Dokumentation auch dabei, Lücken oder Ungereimtheiten im Modell aufzudecken. Die klare Beschreibung und Abgrenzung von Capabilities fällt dann u.U. schwer und liefert einen Hinweis, dass etwas noch nicht »rund« ist.

2.3.6 Einheitlichkeit

Die *Summe der Fähigkeiten*, die ein Unternehmen benötigt, hängt einzig von dessen Geschäftsmodell ab. Das bedeutet nicht, dass sich das Capability-Modell automatisch aus Letzterem ergibt, denn es gibt sehr viele verschiedene Möglichkeiten, die Gesamtmenge an Fähigkeiten in Capabilities zu schneiden. Diese Modellierungsfreiheiten betreffen u.a. die gewünschte Granularität, d.h. den zu modellierenden Detailgrad der Fähigkeiten ebenso wie die Gruppierung von Capabilities zu den übergeordneten Capabilities auf der nächsthöheren Modellebene. Damit ein Capability-Modell gut les- und pflegbar ist, sollten bei der Modellierung einheitliche Entwurfs- und Schnittkriterien zum Einsatz kommen. Da die Schnittkriterien bei der Modellierung von so großer Bedeutung sind, widmet sich der Abschnitt 7.1 speziell diesem Thema.

Theoretisch gibt es unzählige Möglichkeiten, ein Capability-Modell uneinheitlich zu gestalten. Der Fantasie sind hier kaum Grenzen gesetzt, doch die meisten davon sind tatsächlich rein theoretischer Natur und daher keiner weiteren Betrachtung wert. (So würde z.B. wohl niemand – außer einem Spaßvogel vielleicht – ernsthaft auf die Idee kommen, jede Capability des Modells in einer anderen Sprache zu benennen.) Nichtsdestotrotz sind in der Praxis immer wieder uneinheitliche Capability Modelle anzutreffen, und so sollen die folgenden Unterabschnitte einige Eigenschaften näher beleuchten, die für die Einheitlichkeit eines Capability-Modells besonders relevant sind.

Einheitliche Modellierungstiefe

Die Modellierungstiefe ist eine Eigenschaft, die zumindest in vollständigen Capability-Modellen in jedem Ast des jeweiligen Modellbaums einheitlich sein sollte. Diese Eigenschaft bewirkt eine gleichmäßige Detaillierung aller Geschäftsfähigkeiten. Abbildung 2–3 zeigt beispielhaft ein Capability-Modell, bei dem die Modellierungstiefen nicht einheitlich sind, sodass ein unbalancierter Baum von Capabilities entsteht.

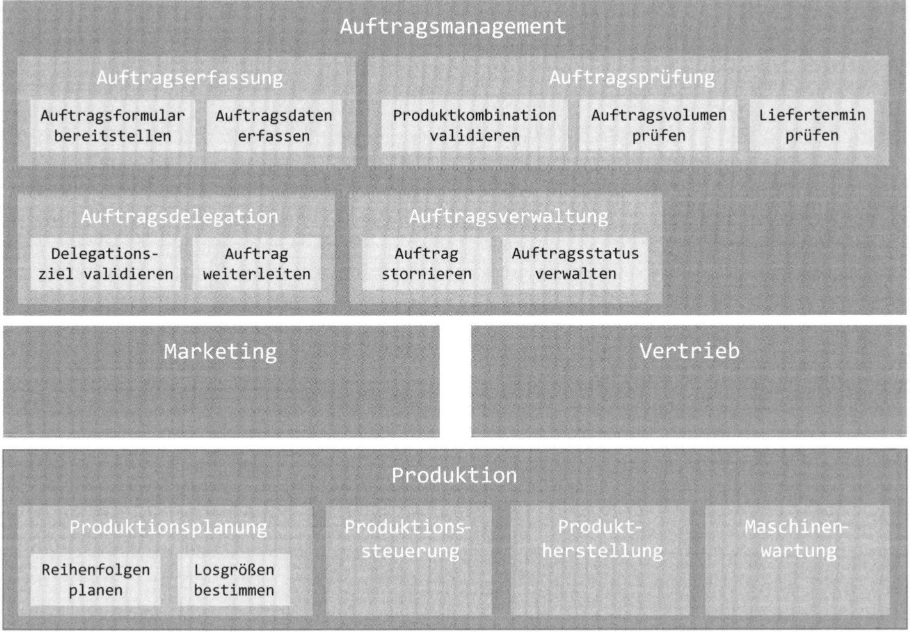

Abb. 2–3: Capability-Modell mit uneinheitlicher Modellierungstiefe

Hat ein Capability-Modell keine einheitliche Modellierungstiefe, lässt es sich auch nicht einheitlich handhaben. Benötigt ein Projektteam z.B. für eine detaillierte Analyse die Capabilities auf der Modellebene 3, doch nur einige Capabilities der Ebene 2 haben entsprechende untergeordnete Capabilities auf Ebene 3, so lässt sich die Analyse nicht wie gewünscht durchführen. Für die nicht ausmodellierten Capabilities der Ebene 2 müsste sich das Team für die Analyse mit einer gröberen Granularität begnügen, was zwangsläufig auch zu einer Uneinheitlichkeit der Ergebnisse führen würde.

Anmerkung. Abschnitt 2.3.2 hat die Möglichkeit zur iterativen Entwicklung eines Gesamt-Capability-Modells für ein Unternehmen aufgezeigt. Ein iteratives Vorgehen impliziert jedoch, dass Modellbereiche in ihrer Detailtiefe während der

Modellentwicklung nicht einheitlich sind, da einige Bereiche schon stärker (in weitere Ebenen) ausdifferenziert sind, während andere Teile noch einen gröberen Modellierungszustand haben. Ein Capability-Modell muss also nicht unbedingt zu jedem Zeitpunkt ausbalanciert sein. Entscheidend ist, dass die in Anwendungsfällen verwendeten Teile des Capability-Modells jeweils einheitlich sind. Auch hier gilt demnach wieder, dass der jeweilige Betrachtungskontext den Bezugspunkt für die geforderte Eigenschaft des Capability-Modells vorgibt.

Konsistente Namensgebung

Die Forderung nach Einheitlichkeit gilt auch für die Namensgebung der Capabilities. Der Aufbau der Bezeichnungen für Capabilities sollte einheitlich sein, und nach Möglichkeit sollte eine *dokumentierte Namenskonvention* diesen Aufbau spezifizieren. Empfehlungen zu Namenskonventionen sind in Abschnitt 7.3 zu finden.

Erfahrungsgemäß wird die Eigenschaft der Einheitlichkeit in der Praxis nicht immer berücksichtigt. Gründe dafür sind z.B. fehlende oder nicht dokumentierte Vorgaben, wenn mehrere Modellierer am selben Capability-Modell arbeiten. Unbestätigten Gerüchten zufolge soll es sogar Fälle von mangelnder Disziplin oder gar Ignoranz gegenüber Modellierungskonventionen geben.

2.3.7 Akzeptanz

Die Eigenschaft der Akzeptanz ist eigentlich keine Eigenschaft des Capability-Modells an sich, sondern eines des Prozesses seiner Entwicklung und Einführung. Ein noch so gut modelliertes Capability-Modell nützt wenig, wenn die relevanten Interessengruppen und Akteure das Modell nicht akzeptieren. Eine notwendige (allerdings nicht hinreichende) Voraussetzung für die Akzeptanz eines Capability-Modells ist dessen Verständlichkeit, die als wichtige Eigenschaft bereits in Abschnitt 2.3.5 definiert wurde.

Es ist in der Regel wenig hilfreich, wenn eine externe Beratung ein Capability-Modell für ein Unternehmen definiert und dabei die wesentlichen internen Akteure im Entwicklungsprozess nicht ausreichend beteiligt. Die externen Berater mögen aufgrund ihrer jahrelangen Erfahrung vielleicht in kürzester Zeit die Capabilities auf ausgeklügelte Weise und inhaltlich passend modellieren, aber wenn sie dabei die internen Mitarbeiter nicht mitnehmen, dann ist das kaum hilfreich. In der Regel soll nämlich später die interne Belegschaft mit dem Capability-Modell arbeiten und diese muss es dazu sowohl verstehen als auch als konzeptionelles Werkzeug akzeptieren. Zudem braucht es interne Multiplikatoren, die voll hinter dem Capability-Modell stehen und sowohl dessen Sinnhaftigkeit als auch die Inhalte erklären können. Das Capability-Modell als Ordnungsrahmen muss zentral definiert bzw. mindestens über alle betroffenen Organisationseinheiten abgestimmt und kommuniziert werden.

2.3.8 Stabilität

Einige Elemente von Unternehmen sind häufigen Änderungen unterworfen. So ändern sich des Öfteren Prozesse und Abläufe z.B. aus Gründen der Effizienzsteigerung, zur Anpassung an neue gesetzliche Vorschriften oder durch die Einführung neuer fachlicher Applikationen. Das Produktportfolio wird an neue Vertriebskanäle und Trends angepasst. Gerade in größeren Unternehmen gibt es auch häufig Restrukturierungen der Aufbauorganisation mit neu geschnittenen Abteilungen und Arbeitsgruppen sowie der damit verbundenen Rochade von Führungskräften und Belegschaft. Während sich einige Elemente häufig ändern, so ist der Anspruch an ein Capability-Modell, dass es möglichst stabil bleibt. Durch die Definition einer Capability als Geschäftsfähigkeit und den Fokus auf das »Was« ist die Stabilität möglich, solange sich das Geschäftsmodell des Unternehmens nicht ändert. Eine solche Änderung impliziert, dass das Unternehmen auch neue oder veränderte Fähigkeiten braucht. Wenn beispielsweise ein Hersteller von Möbeln in Zukunft auch Transport- und Aufbaudienste für seine Möbel anbieten möchte, so ist dies eine Änderung des Geschäftsmodells mit Bedarf an neuen Fähigkeiten. Für das Beispiel muss das Unternehmen u.a. die Fähigkeiten für Transport und Aufbau sowie für Vertrieb, Organisation und Abrechnung dieser Dienstleistungen in das Capability-Modell aufnehmen.

Durch die Stabilität des Capability-Modells lässt sich ein nachhaltiger Effizienzgewinn bei der methodischen Unterstützung der Unternehmensentwicklung erreichen: Ist das Capability-Modell im Unternehmen etabliert, so dient es in Vorhaben als wohlbekannter, konzeptioneller Ordnungsrahmen, der nicht immer wieder neu erfunden werden muss. Erstellte Sichten bleiben zumindest in der Dimension der Capabilities konstant und brauchen nur in Bezug auf die veränderlichen Elemente angepasst zu werden. Das Capability-Modell unterstützt als zeitlich stabile Größe Konzeption, Analyse, Planung und andere Aktivitäten.

Die geforderte Stabilität des Capability-Modells verträgt sich bei der Modellierung der Capabilities nicht mit der Nutzung von sich häufig ändernden Elementen des Unternehmens als Modellierungs- bzw. Schnittkriterien. So sollten beispielsweise keine konkreten Produktausprägungen, Applikationsnamen, Technologien, Prozesse oder Organisationseinheiten als Basis für die Modellierung dienen. Kapitel 7 befasst sich ausführlich mit der Modellierung von Capabilities und der Wahl von Schnittkriterien.

Beispiel. Hat ein Telekommunikationsunternehmen einen besonderen Tarif »Familienspezial« für Familien im Angebot, so könnte die Idee aufkommen, für die Abrechnung eine Capability `Familienspezialtarifabrechnung` zu modellieren. Diese Capability wäre jedoch hinfällig, sobald das Unternehmen den Tarif durch einen anderen ersetzt oder diesen auch nur umbenennen würde. Die Stabilitätseigenschaft fordert nicht, dass ein Capability-Modell in Stein gemeißelt sein muss. Evolutionäre Verbesserungen, insbesondere auf Detailebene, sind grundsätzlich sinnvoll.

2.4 Abgrenzung des Capability-Konstrukts

Dieses Buch definiert ein leichtgewichtiges Capability-Konstrukt, das so weit wie möglich von allen Realisierungsaspekten und anderen Eigenschaften abstrahiert, die nur die realisierten Ausprägungen der repräsentierten Fähigkeiten betreffen. Um die Erwartungen der Leserschaft an Inhalt und Zweck dieses Buchs zu schärfen, fasst die folgende Aufzählung wichtige Abgrenzungen zusammen. Die nachfolgenden Abschnitte erläutern die einzelnen Abgrenzungsthemen näher, siehe Verweise in Klammern.

- Das Buch definiert kein eigenes Rahmenwerk (siehe Abschnitt 2.4.1).
- Es hat nicht den Anspruch, eine durchgängige Gesamtmethode zu spezifizieren (siehe Abschnitt 2.4.2).
- Der Zweck des definierten Capability-Konstrukts ist nicht die umfängliche Unternehmensmodellierung (siehe Abschnitt 2.4.3).
- Das Capability-Konstrukt ist leichtgewichtig (siehe Abschnitt 2.4.4).
- Capabilities beschreiben keine Abläufe und sind insofern nicht als Geschäftsprozesse anzusehen (siehe Abschnitt 2.4.5).

2.4.1 Abgrenzung zu Rahmenwerken

Ein Rahmenwerk kombiniert Prinzipien, Techniken, erprobte Vorgehensweisen und methodische Ansätze, die sich auf eine bestimmte Menge von Basiselementen beziehen, die oftmals in Form eines Metamodells spezifiziert sind. Entscheidend für ein Rahmenwerk ist, dass all diese Elemente einem durch das Rahmenwerk festgelegten, übergeordneten Zweck dienen. Ein Rahmenwerk definiert somit nicht nur die vorgenannten Elemente für sich, sondern kombiniert sie in einer Weise, die auch das Zusammenspiel der Elemente definiert und dem angestrebten Zweck dienlich ist. Das Rahmenwerk *BIZBOK* ist beispielsweise ein Rahmenwerk für Geschäftsarchitektur, das dazu dient, Unternehmen für jeden Schritt der Gestaltung der Geschäftsarchitektur eine nützliche Unterstützung zu bieten [7]. Mit diesem Verständnis definiert dieses Buch kein Rahmenwerk. Zwar ist die Unterstützung der *Unternehmens- und IT-Architekturgestaltung* ein übergreifender Zweck, dem die Inhalte dieses Buchs dienen, doch für ein ganzes Rahmenwerk zu diesem Thema wäre weitaus mehr erforderlich, als »nur« ein Capability-Konstrukt und seine Verwendung zu beschreiben.

Der hier vorgestellte Ansatz beschreibt also eine leichtgewichtige Form von Business Capabilities, wie sie in ähnlicher Form in einigen gängigen Rahmenwerken Verwendung finden (können). Das gesamte Kapitel 4 ist der Einordnung des hier vorgestellten Capability-Konstrukts in existierende Rahmenwerke gewidmet. Anhang B vertieft die Betrachtung einiger dieser Rahmenwerke. Das Capability-Konstrukt selbst, die in Kapitel 3 vorgestellten Objekttypen mit ihren Beziehungen zu Capabilities und die illustrierten Anwendungsfälle in Kapitel 5 lassen sich in verschiedenen Anwendungskontexten auch ohne ein Rahmenwerk nutzen. Die hier präsentierten Inhalte sind insofern komplementär zu den einschlägigen Rahmenwerken zu verstehen.

2.4.2 Abgrenzung zu Methoden

Eine Methode beschreibt ein systematisches Vorgehen zu einem definierten Zweck. Methoden können sich auf Notationen (wie z.B. die Unified Modeling Language oder ArchiMate stützen, jedoch bildet eine Notation für sich allein genommen noch keine Methode [89, 60]. Ebenso sind bestimmte Darstellungsformen (z.B. matrixförmige Bebauungssichten o.Ä.) noch nicht als Methode zu bezeichnen, auch wenn sie sich – ebenso wie eine Notation – im Rahmen einer Methode nutzen lassen. Zu einer Methode gehört immer die Definition eines systematischen Vorgehens.

Ich beschreibe zwar verschiedene methodische Ansätze, d.h. Anleitungen, wie das Vorgehen bei Definition und Nutzung von Capabilities aussehen kann, jedoch definiere ich keine Beschreibung einer vollständigen Gesamtmethode wie z.B. die »Architecture Development Method« (ADM) von TOGAF [88]. Dieses Buch ist insofern keine eigenständige, umfängliche Methodenbeschreibung, sondern ein methodischer Baukasten zur Nutzung in Transformations- und anderen Vorhaben der Unternehmensentwicklung.

2.4.3 Abgrenzung zur Unternehmensmodellierung

Ein Unternehmen lässt sich auf verschiedene Weisen beschreiben. Art und Umfang der Beschreibung hängen davon ab, welchen Blickwinkel man einnehmen möchte und welche Aspekte relevant sind. Ein mit der Architekturentwicklung der IT-Landschaft betrauter IT-Architekt wird ein Unternehmen ganz anders beschreiben als ein Gärtner, der für die Pflege der Büropflanzen und der Grünflächen auf dem Betriebsgelände zuständig ist. Die Disziplin der Unternehmensmodellierung wird schon seit Jahrzehnten beforscht und praktiziert [95, 75]. Ein Unternehmensmodell beschreibt ein Unternehmen aus verschiedenen Perspektiven mit ausgewählten Aspekten, um Zusammenhänge und Abhängigkeiten aufzuzeigen. Ziel ist es, auf Basis der gewonnenen Transparenz die Integration von Organisationseinheiten und Prozessen innerhalb des Unternehmens zu verbessern sowie die IT-Landschaft mit ihren Datenflüssen zu optimieren.

Das hier definierte Capability-Konstrukt dient in erster Linie dazu, die Fähigkeiten zu benennen, die ein Unternehmen zur Umsetzung seines Geschäftsmodells braucht. Diese Fähigkeiten sind zwar ein sinnvoller Teil einer Unternehmensbeschreibung, jedoch nicht geeignet, ein Unternehmen in Gänze zu beschreiben. Insofern erhebt das hier vorgestellte Capability-Konstrukt nicht den Anspruch, ein Unternehmen vollumfänglich modellieren zu können. Dennoch können Capabilities in ihrer hier verwendeten Definition als wesentliches Konstrukt in die Unternehmensmodellierung eingebettet werden. Dies ist insbesondere im Zusammenspiel mit den weiteren Unternehmenselementen denkbar, die Kapitel 3 beleuchtet.

2.4.4 Abgrenzung zu schwergewichtigen Capability-Ansätzen

Der hier verwendete Ansatz definiert Capabilities als reine Fähigkeiten konzeptioneller Natur. Capabilities beschreiben insofern keine umfänglichen Fertigkeiten im Sinne konkreter Realisierungen, sondern sind davon losgelöst. Andere Ansätze haben deutlich reichere, gehaltvollere und implizit auch komplexere Definitionen von Capabilities. So zählen in einigen Ansätzen beispielsweise auch Elemente wie Ressourcen, ausführende Rollen oder benötigtes Wissen zu den integralen Bestandteilen von Capabilities. Die genannten Elemente stellen wichtige Aspekte für die Realisierung der Capabilities dar, und insofern ist ihre Betrachtung wertvoll. Das vorliegende Buch abstrahiert bei den Capabilities weitestgehend von Realisierungs- und anderen anreichernden Aspekten einer Fähigkeit: Eine Capability repräsentiert in diesem leichtgewichtigen Ansatz eine reine »Fähigkeit« an sich, d.h. beschränkt sich auf das »Was« und abstrahiert somit vom »Wie«. Eine Capability besteht daher im Gegensatz anderen Ansätzen nicht aus mehreren Komponenten [74]. Auch wenn die Definition von Capabilities damit semantisch »ärmer« ist, reicht die Beschränkung auf die Repräsentation einer Fähigkeit für die Definition eines konzeptionellen Ordnungsrahmens meiner Erfahrung nach vollkommen aus.

Eine Capability trägt also für sich genommen keinen »Ballast« mit sich herum, sondern lässt sich nach Bedarf des jeweiligen Kontexts und Anwendungsfalls durch semantisch reichhaltige Zuordnungen um weitere benötigte Elemente oder Aspekte anreichern. Diese bedarfsweise Anreicherung führt zu einer großen Flexibilität des Ansatzes, da die Anreicherungen nicht fest mit einer Capability verknüpft bzw. nicht Teil ihrer Definition werden. Dem In-den-Kontext-Setzen von Capabilities widmet sich dediziert das Kapitel 3.

2.4.5 Abgrenzung zu Geschäftsprozessen

Zum Verständnis von Capabilities und ihrer Nutzung ist es essenziell, den Unterschied zwischen Geschäftsprozessen (kurz Prozesse) und Capabilities zu verstehen. Die folgenden Abschnitte definieren zunächst den Prozessbegriff und erläutern dann den Unterschied zwischen Prozessen und Capabilities. Das Thema Prozesse ist komplex und vielschichtig, sodass die folgenden Ausführungen nur einen groben Überblick über das Thema geben können. Das Ziel ist hier, das Konstrukt der Prozesse so weit zu umreißen, dass die Abgrenzung zwischen Capabilities und Prozessen deutlich wird.

Definition von Prozessen

Geschäftsprozesse definieren die Abläufe in einem Unternehmen. Ein Prozessmodell – manchmal auch Prozesshaus, Prozessarchitektur oder Ablauforganisation genannt – umfasst die Gesamtmenge der benötigten Geschäftsprozesse. Üblicherweise sind sie hierarchisch strukturiert, d.h., sie beginnen mit wenigen Hauptprozessen als Repräsentation der übergeordneten Wertschöpfungskette und verfeinern sich typischerweise in drei bis vier weitere Ebenen. Die untersten Ebenen erfassen die eigentlichen Detailabläufe, die sich z.B. in Form von ereignisgesteuerten Prozessketten (EPK) [79], als UML-Aktivitätsdiagramm [60] oder als BPMN-Prozessdiagramm (»Business Process Model and Notation«) [18] modellieren lassen. Prozessmodelle setzen dabei einzelne Aktivitäten miteinander in Beziehung, indem sie u.a. Reihenfolgen (sequenzielle Abhängigkeiten, parallele Abläufe usw.) vorschreiben, Fallunterscheidungen für Verzweigungen (bedingte Abläufe) spezifizieren oder Ereignisse als Auslöser oder Ergebnis von Aktivitäten zuordnen. Zudem legen Prozesse fest, welche Akteure (mit welchen Rollen) bestimmte Aktivitäten ausführen. Auch erzeugte oder benötigte Artefakte (z.B. bestimmte Dokumente oder Informationen) einzelner Prozessschritte können Teil von Prozessmodellen sein. Zum Verständnis der Gesamtabläufe sind oftmals sogenannte Prozessschnittstellen Teil der Prozessmodelle, mit denen festgelegt wird, welche Prozesse sich gegenseitig bedingen bzw. welche Prozesse unter welchen Bedingungen vor oder nach welchen anderen ablaufen müssen.

Prozesse haben in der Regel definierte Zuständigkeiten wie Eigentümerschaft und Management, zumindest wenn ein funktionierendes Prozessmanagement existiert. Der Prozesseigentümer zeichnet sich für die Definition und das Funktionieren seines Prozesses im organisatorischen Sinne verantwortlich. Ein Prozessmanager kümmert sich operativ um die Pflege der Prozessdefinition. Prozessmodelle sind also üblicherweise in die Organisation eingebettet bzw. mit dieser verwoben.

Unterschiede zwischen Capabilities und Prozessen

Beim Vergleich von Geschäftsprozess- und Capability-Modellen ist es nicht ungewöhnlich, dass sich diese in den *Bezeichnungen der Elemente* auf den oberen Ebenen stark ähneln oder sogar identisch sind. So gibt es möglicherweise in einem produzierenden Unternehmen einen Hauptprozess »Produktion« und ebenso eine gleichlautende Capability auf oberster Ebene. Das kann für (aktive und passive) Nutzer von Capability-Modellen mit wenig Erfahrung zunächst verwirrend sein. Es ist daher wichtig, den Unterschied zwischen Capabilities und Prozessen zu verstehen (und in einer Enterprise-Architekten- bzw. Modellierungsrolle auch nachvollziehbar erklären zu können).

Der wesentliche Unterschied zwischen einer Capability und einem Prozess ist, dass Letzterer (wie in Abschnitt 2.4.5 erläutert) einen Ablauf von Aktivitäten – also das »Wie« – beschreibt, eine Capability hingegen nicht. Reihenfolgen von Aktivitäten, bedingte Verzweigungen, Ereignisse, Rollen, Artefakte und Datenobjekte sowie verwendete Systeme – all das ist nicht Teil der Definition einer Capability, da sie nur für eine Fähigkeit an sich steht, etwas auszuführen. Damit entfallen die bei der Prozessgestaltung notwendigen Details bei der Modellierung von Capabilities.

Änderungen an Prozessen bedingen keine Änderung des Capability-Modells, sofern ein Unternehmen nicht auch das Geschäftsmodell verändert. Ändert sich z.B. die Reihenfolge von Aktivitäten innerhalb eines Prozesses (z.B. aus Effizienzgründen), so muss das Prozessmodell angepasst werden. Auf das Capability-Modell hingegen hat diese Änderung keinen Einfluss.

Oftmals hat das Unternehmen sein Prozessmodell über Jahre hinweg definiert und verfeinert. Hoheiten über Prozesse sind entstanden, die wegen der klaren Verantwortlichkeiten nützlich sein können, jedoch auch den Effekt der »Fürstentümer« und damit einhergehenden Bildung von Silos mit sich bringen können. Ein Capability-Modell als eigenständiger Ordnungsrahmen, den beispielsweise die IT-Architektur-Abteilung zentral pflegt, bietet die Möglichkeit, dieses etwaige Silodenken aufzubrechen. Zugleich vermeidet es mögliche Streitigkeiten mit den »Prozessfürsten«, da das Prozessmodell und die dazugehörigen Verantwortlichkeiten unangetastet bleiben können. Auch für Capabilities lässt sich eine Eigentümerschaft bzw. Verantwortlichkeit zuweisen, wenn das Gesamtmodell nicht zentral in der IT-Architektur verankert werden soll, und dann ist die Abgrenzung der beiden Konzepte voneinander umso wichtiger.

Für einige der in Kapitel 5 vorgestellten Anwendungsfälle ließen sich grundsätzlich (mit ein paar Anpassungen und Einschränkungen) auch Prozesse als Ordnungsrahmen verwenden. Hier gibt es jedoch zwei wesentliche Schwachpunkte: Das Prozessmodell ist zum einen in funktionaler Hinsicht nicht überschneidungsfrei, was (wie in Abschnitt 2.3.1 erläutert) die Eindeutigkeit der Interpretation von Sichten erschwert. Zum anderen sind vorhandene Prozessmodelle oftmals nicht in einem sonderlichen guten Zustand, da sie z.B. nicht aktuell, nicht vollständig oder von verbesserungswürdiger Modellierungsqualität sind. Um das Prozessmodell in den erforderlichen Zustand (Qualität, Reifegrad) zu bekommen, ist ggf. ein hoher Aufwand vonnöten, da alle zugehörigen Aspekte bzw. Prozessbestandteile (wie Ereignisse, Rollen usw.) zu berücksichtigen sind. Diese Mühen fallen bei der Verwendung eines Capability-Modells nicht an. Ein Capability-Modell ist mit deutlich weniger Aufwand zu erstellen und zu pflegen als ein Prozessmodell.

2.5 Zur Geschichte von Business Capabilities

Die Geschichte der Nutzung von Business Capabilities als konzeptionelles Werkzeug zur Unternehmens- und IT-Architekturentwicklung lässt sich schwer im Detail rekonstruieren. Ein Grund hierfür liegt darin, dass der Begriff »Capability« in der Umgangssprache keine gänzlich scharfe Definition hat. Die folgenden Ausführungen können nur ein kleines Schlaglicht auf diese Geschichte werfen.

Die Beschäftigung mit Fragestellungen, was Unternehmungen ausmacht, wie sie aufgebaut und organisiert sind, wie sie wirtschaften und was sie benötigen, um zu überleben, zu wachsen und sich weiterzuentwickeln, reicht weit in die Vergangenheit zurück. Eine einflussreicher Artikel von Ronald Coase mit dem Titel »The Nature of the Firm« stammt von 1937 [11]. Zu dieser Zeit gab es in Unternehmen freilich noch keine Informationstechnologie in dem Umfang, wie sie heute im Einsatz ist. Konrad Zuse entwickelte Ende der 1930er-Jahre die »Z3« und nahm mit ihr inmitten der Schrecken des Zweiten Weltkriegs 1941 den ersten programmierbaren, elektronischen Computer in Betrieb [103]. Zuvor gab es bereits mechanische Lochkartenmaschinen und Rechenautomaten im vereinzelten Einsatz. IT-Architektur war damals nur in Bezug auf die Rechnerarchitektur des einzelnen Computers relevant.

Einen weiteren wichtigen Beitrag zur Theorie der Unternehmungen und ihres Wachstums hat Edith Penrose 1959 mit ihrem Hauptwerk »The Theory of the Growth of the Firm« geleistet [61]. Historisch war die Sicht auf Unternehmen eher auf benötigte Ressourcen wie Rohstoffe, Maschinen und Personal ausgerichtet. Penrose brachte auch Aspekte wie erforderliches Wissen und Funktionen (»Services«) in den Fokus der Betrachtung. Basierend auf den Arbeiten von Penrose führte George B. Richardson in den 1970er-Jahren den Capability-Begriff explizit ein [68, 25]. Der Begriff war lange Zeit nicht gänzlich scharf definiert und Gegenstand der wissenschaftlichen Diskussion, insbesondere in Abgrenzung der organisatorisch geprägten Sichten auf Unternehmen [3].

John Zachman veröffentlichte 1987 ein Rahmenwerk, das als erstes Rahmenwerk für Enterprise Architecture Management (EAM) gelten kann, auch wenn es bereits zuvor bei IBM mit dem *Business Systems Planning* erste Ansätze gab, die bis in die 1970er-Jahre zurückreichen [102, 101]. Bei diesen ersten Ansätzen spielten Capabilities jedoch noch keine explizite Rolle. Das durch den Clinger-Cohen Act von 1996 motivierte und 1999 erstmals veröffentlichte *Federal Enterprise Architecture Framework* (FEAF) der US-amerikanischen Behörden definierte verbindliche Leitplanken für die Entwicklung der in Behörden und öffentlichen Einrichtungen einzusetzenden IT [12]. In der Version 1.1 sind Capabilities explizit als eine Art von Betrachtungsgegenstand im Rahmen der Analyse- und Entwurfsaufgaben für die Unternehmensarchitektur erwähnt. Frühere Rahmenwerke wie das *Enterprise Architecture Planning* (EAP) von 1993 nutzten Elemente wie die *Business Function* (Geschäftsfunktionen) und die funktionale Dekomposition zur Beschreibung, was in einem Unternehmen getan und durch IT unterstützt werden sollte [86]. Inzwischen gibt es eine Vielzahl von EAM-Rahmenwerken, deren Anfänge oft Ende der 1990er- oder zu Beginn der 2000er-Jahre liegen [55]. Spätestens ab Mitte der 2000er-Jahre sind Business Capabilities als wichtiges Bindeglied zwischen Fachlichkeit und IT in der Unternehmens- und IT-Architektur-Entwicklung angekommen [84, 80].

3 Business Capabilities im Unternehmenskontext

Ein Capability-Modell strukturiert und beschreibt die Fähigkeiten, die ein Unternehmen zur Umsetzung seines Geschäftsmodells benötigt – nicht mehr und nicht weniger. Bezüglich der Fähigkeiten sind die Capabilities damit ein vollständiges Abbild des Unternehmens. Ob es für diese Fähigkeiten eine Umsetzung gibt und wie diese technisch, organisatorisch oder prozessual realisiert ist, erfasst ein Capability-Modell explizit nicht. Ebenso wenig macht das Capability-Modell eine Aussage darüber, welche Fähigkeiten das Unternehmen wofür im Detail benötigt, also z.B. für die Realisierung eines bestimmten Marktprodukts. Für sich genommen bietet das Capability-Modell daher zunächst nur einen speziellen Überblick über das Geschäftsmodell, indem es die für dessen Umsetzung benötigten Fähigkeiten in strukturierter Weise erfasst. Der große Mehrwert eines Capability-Modells kann erst dann entstehen, wenn die Capabilities mit anderen Elementen des Unternehmens in Beziehung gesetzt werden. Dadurch lassen sich komplexe Zusammenhänge sichtbar machen, Abhängigkeiten aufzeigen, Bewertungen vornehmen und weitere statische oder dynamische Aspekte des Unternehmens erfassen. Diese Verknüpfungen setzen die Capabilities in den spezifischen Kontext des jeweiligen Unternehmens.

Capabilities dienen als Ordnungsrahmen zur funktionalen Unterteilung und Gruppierung von Unternehmenselementen aller Art, definieren also ihrerseits einen funktionalen Kontext. Da ein Capability-Modell die Fähigkeiten zur Umsetzung des Geschäftsmodells des Unternehmens umfasst, ist dieser Kontext stets unternehmensspezifisch und stellt in Bezug auf die Unterstützung des Geschäftsmodells ein »Soll« dar. Dennoch haben Capabilities nicht per se einen Zeitbezug. Bei der Verknüpfung mit anderen Unternehmenselementen sind sowohl vergangene, gegenwartige als auch (gewünschte) zukünftige Zustände abbildbar.

Eine weitere Art, Capabilities in den Unternehmenskontext einzuordnen, ist ihre Kategorisierung. Die Zuweisung von Kategorien ermöglicht eine unternehmens- bzw. themenspezifische Gruppierung von Capabilities bzw. die Unterteilung von Capability-Modellen, um Modelle handhabbar, besser verständlich und in ihrer Komplexität beherrschbar zu machen. Eine Kategorisierung bedingt keine Änderung des Capability-Modells, sondern gruppiert Capabilities je nach den Bedarfen des jeweiligen Betrachtungskontexts. Abbildung 3–1 gibt einen Überblick über den Kontext von Capabilities im Unternehmen.

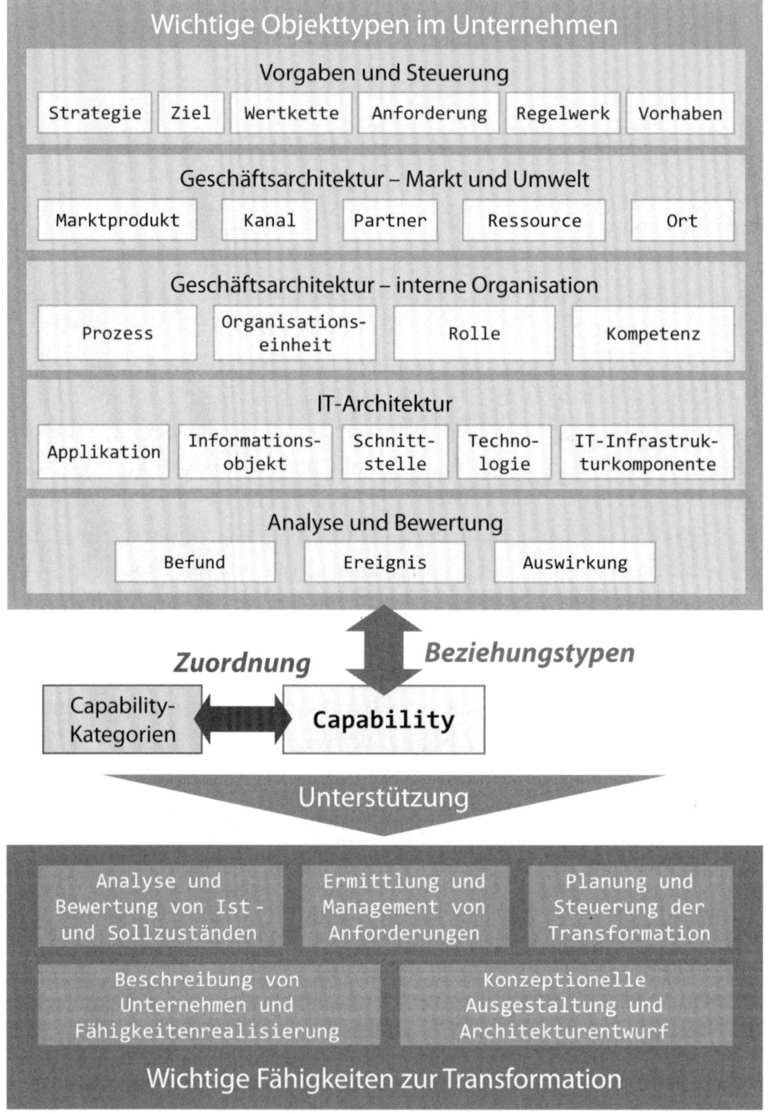

Abb. 3–1: Capabilities im Kontext von Unternehmen und Transformation

Die Abbildung enthält eine Auswahl relevanter Objekttypen der Unternehmens- und Architekturentwicklung, die sich über Beziehungstypen mit Capabilities verknüpfen lassen. Die Objekttypen sind in fünf Kontexte aufgeteilt:

Vorgaben und Steuerung: Objekttypen zur Beschreibung von übergeordneten und konkreten Vorgaben sowie Steuerung der Unternehmensentwicklung im Kontext des Geschäftsmodells

Geschäftsarchitektur – Markt und Umwelt: Objekttypen zur Darstellung der nach außen – in Richtung Markt und Umwelt – gerichteten Teile der Geschäftsarchitektur (GA)

Geschäftsarchitektur – interne Organisation: Nach innen gerichtete Bestandteile der Geschäftsarchitektur

IT-Architektur: Zentrale Objekttypen zur Repräsentation der IT-Architektur des Unternehmens

Analyse und Bewertung: Objekttypen zur Unterstützung von Analysen und Bewertungen

Abschnitt 3.1 gibt für jeden Kontext einen Überblick über mögliche Beziehungstypen zwischen Capabilities und den jeweiligen Objekttypen des Kontexts. Die Auswahl der Objekttypen umfasst insbesondere diejenigen, die die in Kapitel 5 definierten Anwendungsfälle benötigen. Neben den Beziehungstypen ist in der Abbildung auch die Unterteilung von Capabilities durch Zuordnung von Kategorien angedeutet. Die Kategorisierung von Capabilities ist Gegenstand von Abschnitt 3.2.

Unterstützte Fähigkeiten der Unternehmensentwicklung. Im unteren Teil der Abbildung 3–1 sind fünf zentrale Fähigkeiten der Unternehmensentwicklung genannt, zu deren Unterstützung sich Capabilities und ihre Verknüpfungen mit Unternehmenselementen eignen. Diese fünf Fähigkeiten (»Meta-Capabilities«) können durch Capability-basierte Anwendungsfälle unterstützt werden, wie sie Kapitel 5 beschreibt. Als Ausblick ordnet die folgende Aufzählung den Transformationsfähigkeiten einige Anwendungsfälle zu, die zu ihrer Realisierung umgesetzt werden können. Der Untertitel stellt jeweils den Capability-Bezug her.

Beschreibung von Unternehmen und Fähigkeitenrealisierung – Erfassung von Ist- und Sollzuständen der Unternehmensrealität mithilfe von Capabilities:

- Funktionale Bebauung (siehe Abschnitt 5.4)
- Architekturdokumentation (siehe Abschnitt 5.9)

Analyse und Bewertung von Ist- und Sollzuständen Auf Capabilities und verknüpfte Objekte bezogene Untersuchungen und Bewertungen:

- Nutzen- und Potenzialanalyse (siehe Abschnitt 5.8)
- Capability-basierte Analysen und Bewertungen (siehe Abschnitt 5.10)

Ermittlung und Management von Anforderungen – Anforderungen an Capabilities, ihre Realisierung und an verknüpfte Unternehmenselemente:

- Realisierung von Marktprodukten (siehe Abschnitt 5.7)
- Nutzen- und Potenzialanalyse (siehe Abschnitt 5.8)
- Anforderungen von Wertketten (siehe Abschnitt 5.11)

Konzeptionelle Ausgestaltung und Architekturentwurf – Capabilities als funktionaler Ordnungsrahmen zur Gestaltung von Architektur und Bebauung:

- Funktionale Bebauung (siehe Abschnitt 5.4)
- Nutzen- und Potenzialanalyse (siehe Abschnitt 5.8)

Planung und Steuerung der Transformation – Capabilities und ihre Realisierungsstände als Basis für Planung und Steuerung:

- Definition von Vorhabenumfängen (siehe Abschnitt 5.5)
- Migrationsbeschreibungen (siehe Abschnitt 5.6)

3.1 Verknüpfung mit Unternehmenselementen

Je nach Anwendungsfall benötigt ein Team andere Elemente (Objekttypen) des Unternehmens und andere Verknüpfungen (Beziehungstypen) zu den Capabilities. Welche dies sind, darüber sollte sich das Team bei der Umsetzung von Anwendungsfällen im Klaren sein. Zur Vorbereitung von Anwendungsfällen gehört neben der Identifizierung dieser Objekttypen auch deren Beschreibung, um bei der Erstellung und Interpretation der Anwendungsfälle Missverständnisse zu vermeiden. Auch die Frage, wie viel Aufwand es bedeutet, die benötigten Informationen zu ermitteln und zu erfassen, sollte ein Team vorbereitend einschätzen.

Die nachfolgenden Abschnitte geben einen Überblick über je einen der in Abbildung 3–1 definierten Kontexte. Ein UML-Klassendiagramm zeigt jeweils die Objekttypen und mögliche Beziehungstypen zwischen diesen und dem Capability-Element. Auf die Leserichtung der Beziehung weist jeweils ein kleines Dreieck hin. Für jeden Objekttyp folgt die Auflistung der zugehörigen Beziehungstypen mit einer Kurzbeschreibung. Zu beachten ist, dass hier kein Anspruch besteht, ein vollständiges Metamodell für die Unternehmens- oder Architekturentwicklung zu definieren. Die Betrachtung beschränkt sich auf zweistellige Beziehungstypen zwischen Capabilities und jeweils einem der anderen Objekttypen. Zur besseren Referenzierbarkeit sind die Beziehungstypen fortlaufend nummeriert.

Die hier gewählten Bezeichnungen der Objekttypen können in der Praxis je nach Unternehmen variieren. »Namen sind Schall und Rauch« – frei nach Goethes Faust kommt es bei der praktischen Verwendung von Capabilities nicht darauf an, wie die Objekttypen heißen, sondern dass die Begriffe eine klare, bekannte

Definition haben und zu der im Unternehmen verwendeten Nomenklatur passen. Anhang A enthält eine ausführliche Betrachtung der hier aufgeführten Objekt- und Beziehungstypen. Diese Betrachtung ist als Referenz zum Nachschlagen gedacht und umfasst auch die Diskussion verwandter Begriffe (z.B. Synonyme) sowie Beispiele. Je nach den zu bearbeitenden Anwendungsfällen im Betrachtungskontext bzw. nach Interesse empfehle ich die Lektüre der betreffenden Abschnitte im Anhang.

3.1.1 Vorgaben und Steuerung

Abbildung 3–2 zeigt wesentliche Objekttypen im Kontext von Vorgaben und Steuerung der Unternehmensentwicklung mit typischen Beziehungstypen zur Capability.

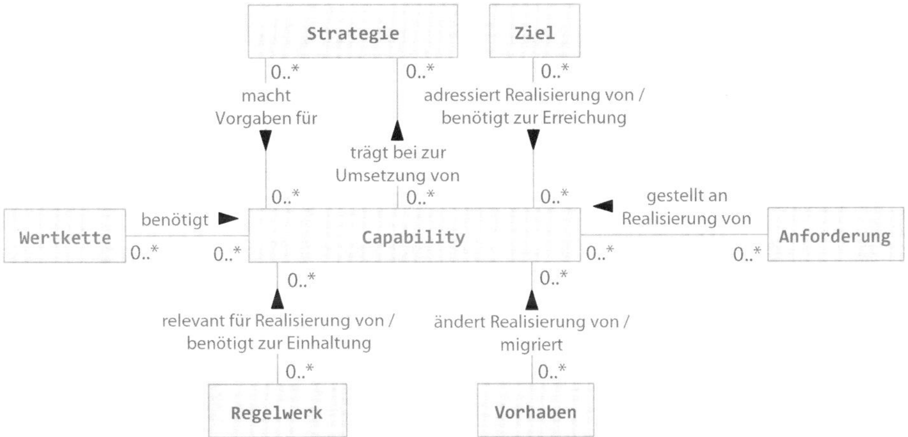

Abb. 3–2: Capability Beziehungen im Kontext Vorgaben und Steuerung

Wesentliche Objekt- und Beziehungstypen

- Objekttyp `Strategie` – Detaillierung siehe Anhang A.20
    - Beziehungstyp 31 (`Capability` ◀ macht Vorgaben für `Strategie`): Beschreibung strategischer Vorgaben für Capabilities
    - Beziehungstyp 32 (`Capability` trägt bei zur Umsetzung von ▶ `Strategie`): Strategiebeitrag von Capabilities
- Objekttyp `Ziel` – Detaillierung siehe Anhang A.24
    - Beziehungstyp 37 (`Capability` ◀ adressiert Realisierung von `Ziel`): Als Bestandteil eines Ziels verbundene Realisierung bestimmter Capabilities
    - Beziehungstyp 38 (`Capability` ◀ benötigt zur Erreichung `Ziel`): Zur Erreichung eines Ziels erforderliche Capabilities

- Objekttyp `Wertkette` – Detaillierung siehe Anhang A.23
  - Beziehungstyp 36 (`Capability` ◀ benötigt `Wertkette`): Für die Umsetzung einer Wertkette benötigte Capabilities
- Objekttyp `Anforderung` – Detaillierung siehe Anhang A.2
  - Beziehungstyp 1 (`Capability` ◀ gestellt an Realisierung von `Anforderung`): Anforderungen an die Umsetzung von Capabilities
- Objekttyp `Regelwerk` – Detaillierung siehe Anhang A.16
  - Beziehungstyp 23 (`Capability` ◀ relevant für Realisierung von `Regelwerk`): Bei der Umsetzung von Capabilities zu beachtende Regelwerke
  - Beziehungstyp 24 (`Capability` ◀ benötigt zur Einhaltung `Regelwerk`): Zur Einhaltung von Regelwerken erforderliche Capabilities
- Objekttyp `Vorhaben` – Detaillierung siehe Anhang A.22
  - Beziehungstyp 34 (`Capability` ◀ ändert Realisierung von `Vorhaben`): Capability-Fußabdruck von Vorhaben (Realisierungs-/Änderungsumfang)
  - Beziehungstyp 35 (`Capability` ◀ migriert `Vorhaben`): Migration von Capabilities (von einer Umsetzungsart hin zu einer anderen)

3.1.2 Geschäftsarchitektur – Markt und Umwelt

In Abbildung 3–3 sind die Objekttypen der Geschäftsarchitektur (Aspekt Markt und Umwelt) mit ihren Beziehungstypen zum Capability-Element dargestellt.

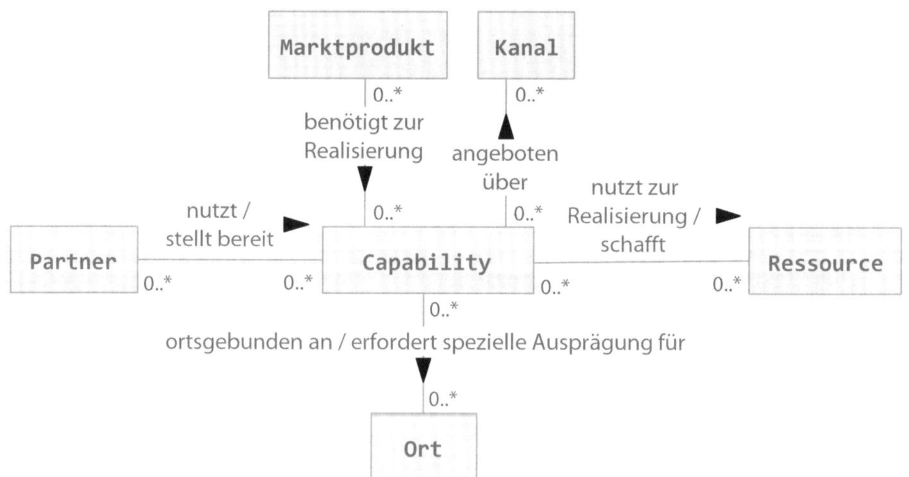

Abb. 3–3: Capability-Beziehungen im Kontext GA – Markt und Umwelt

Wesentliche Objekt- und Beziehungstypen

- Objekttyp `Marktprodukt` – Detaillierung siehe Anhang A.11
  - Beziehungstyp 14 (`Capability` ◀ benötigt zur Realisierung `Marktprodukt`): Für die Realisierung von Marktprodukten benötigte Fähigkeiten
- Objekttyp `Kanal` – Detaillierung siehe Anhang A.9
  - Beziehungstyp 12 (`Capability` angeboten über ▶ `Kanal`): Nutzbarkeit von Capabilities bzw. der durch sie repräsentierten Funktionalitäten über einen Kanal
- Objekttyp `Partner` – Detaillierung siehe Anhang A.14
  - Beziehungstyp 20 (`Capability` ◀ nutzt `Partner`): Nutzung von Capabilities durch Partner des Unternehmens
  - Beziehungstyp 21 (`Capability` ◀ stellt bereit `Partner`): Erbringung von Capabilities durch (externe) Partner (z.B. durch Auslagerung von Tätigkeiten im Rahmen von Outsourcing)
- Objekttyp `Ressource` – Detaillierung siehe Anhang A.17
  - Beziehungstyp 25 (`Capability` nutzt zur Realisierung ▶ `Ressource`): Bedarf von Fähigkeiten an bestimmten Ressourcen
  - Beziehungstyp 26 (`Capability` schafft ▶ `Ressource`): Schaffung von Ressourcen durch Capabilities
- Objekttyp `Ort` – Detaillierung siehe Anhang A.13
  - Beziehungstyp 18 (`Capability` ortsgebunden an ▶ `Ort`): Bindung von Capabilities (zu deren Nutzung) an bestimmte örtliche oder geografische Gegebenheiten
  - Beziehungstyp 19 (`Capability` erfordert spezielle Ausprägung für ▶ `Ort`): Örtlich bedingte Vorgaben bzw. spezielle Anforderungen zur Umsetzung von Capabilities

3.1.3 Geschäftsarchitektur – interne Organisation

Abbildung 3–4 gibt einen Überblick über die Objekttypen der Geschäftsarchitektur mit dem Fokus auf die interne Organisation des Unternehmens sowie die Beziehungstypen zu Capabilities.

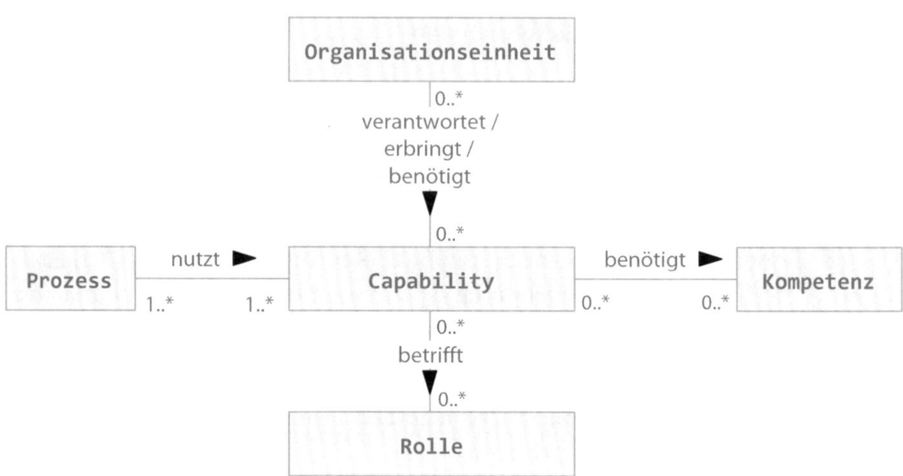

Abb. 3–4: Capability-Beziehungen im Kontext GA – interne Organisation

Wesentliche Objekt- und Beziehungstypen

- Objekttyp `Prozess` – Detaillierung siehe Anhang A.15
  - Beziehungstyp 22 (`Capability` ◄ nutzt `Prozess`): Nutzung von Capabilities durch Prozesse (in den jeweiligen Prozessaktivitäten)
- Objekttyp `Organisationseinheit` – Detaillierung siehe Anhang A.12
  - Beziehungstyp 15 (`Capability` ◄ verantwortet `Organisationseinheit`): Verantwortung der Realisierung von Capabilities durch Organisationseinheiten
  - Beziehungstyp 16 (`Capability` ◄ erbringt `Organisationseinheit`): Erbringung/Durchführung von Capabilities durch bestimmte Organisationseinheiten
  - Beziehungstyp 17 (`Capability` ◄ benötigt `Organisationseinheit`): Bedarfe einer Organisationseinheit hinsichtlich der Verfügbarkeit von Capabilities zur Erfüllung der Aufgaben der Organisationseinheit
- Objekttyp `Rolle` – Detaillierung siehe Anhang A.18
  - Beziehungstyp 27 (`Capability` betrifft ► `Rolle`): Fachliche Betroffenheit einer organisatorischen Rolle von Capabilities
  - Beziehungstyp 28 (`Capability` ◄ ist kompetent für `Rolle`): Zuordnung von einer Rolle zu Capabilities, für deren Realisierung die Rolle kompetent ist
- Objekttyp `Kompetenz` – Detaillierung siehe Anhang A.10
  - Beziehungstyp 13 (`Capability` benötigt ► `Kompetenz`): Erforderliche Kompetenz (z.B. fachlich oder technisch) für Capabilities

3.1.4 IT-Architektur

Abbildung 3–5 enthält eine Übersicht über wesentliche Objekttypen der IT-Architektur mit relevanten Beziehungstypen zum Capability-Element.

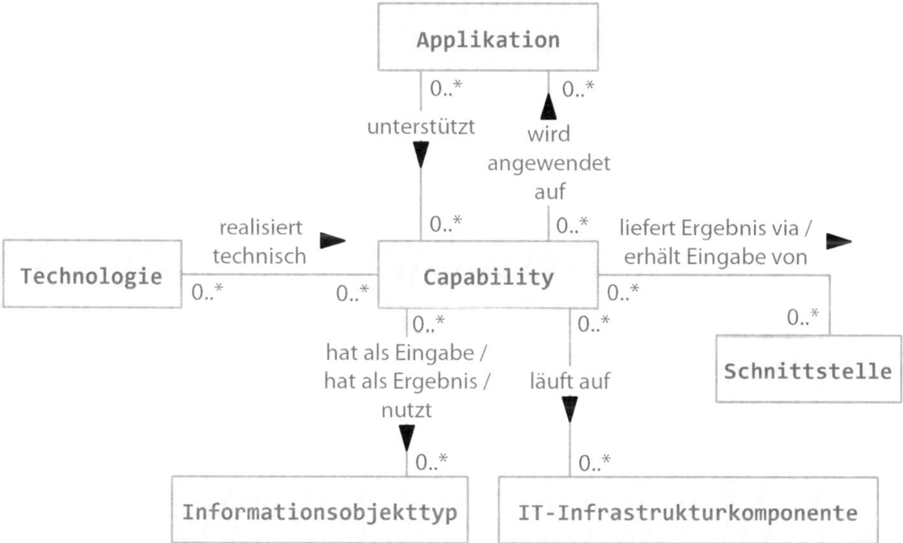

Abb. 3–5: Capability-Beziehungen im Kontext IT-Architektur

Wesentliche Objekt- und Beziehungstypen

- Objekttyp `Applikation` – Detaillierung siehe Anhang A.3
  - Beziehungstyp 2 (`Capability` ◀ unterstützt `Applikation`): Beschreibung fachlicher Funktionalitäten von Applikationen
  - Beziehungstyp 3 (`Capability` wird angewendet auf ▶ `Applikation`): Nutzung von Capabilities für Applikationen (als Gegenstand der Capability-Anwendung)
- Objekttyp `Informationsobjekttyp` – Detaillierung siehe Anhang A.7
  - Beziehungstyp 8 (`Capability` hat als Eingabe ▶ `Informationsobjekttyp`): Nutzung von Informationsobjekttypen als (Daten-) Eingabe für Capabilities
  - Beziehungstyp 9 (`Capability` hat als Ergebnis ▶ `Informationsobjekttyp`): Zuordnung von Informationsobjekttypen als Ergebnis (Datenausgabe) von Capabilities
  - Beziehungstyp 10 (`Capability` nutzt ▶ `Informationsobjekttyp`): Nutzung bzw. Verarbeitung von Informationsobjekttypen durch Capabilities

- Objekttyp `Schnittstelle` – Detaillierung siehe Anhang A.19
  - Beziehungstyp 29 (`Capability` liefert Ergebnis via ▶ `Schnittstelle`): Erhalt der Ergebnisse von Capabilities über Schnittstellen
  - Beziehungstyp 30 (`Capability` erhält Eingabe von ▶ `Schnittstelle`): Lieferung der Eingaben für Capabilities über Schnittstellen
- Objekttyp `Technologie` – Detaillierung siehe Anhang A.21
  - Beziehungstyp 33 (`Capability` ◀ realisiert technisch `Technologie`): Einsatz von Technologie(n) zur Realisierung von Capabilities
- Objekttyp `IT-Infrastrukturkomponente` – Detaillierung siehe Anhang A.8
  - Beziehungstyp 11 (`Capability` läuft auf ▶ `IT-Infrastrukturkomponente`): Nutzung bestimmter IT-Infrastrukturkomponenten zur Umsetzung bzw. Ausführung von Capabilities

3.1.5 Analyse und Bewertung

In Abbildung 3–6 sind wichtige Objekttypen mit ihren Beziehungen zu Capabilities dargestellt, wie sie zur Durchführung von Analysen und Darstellung von Bewertungen erforderlich sind.

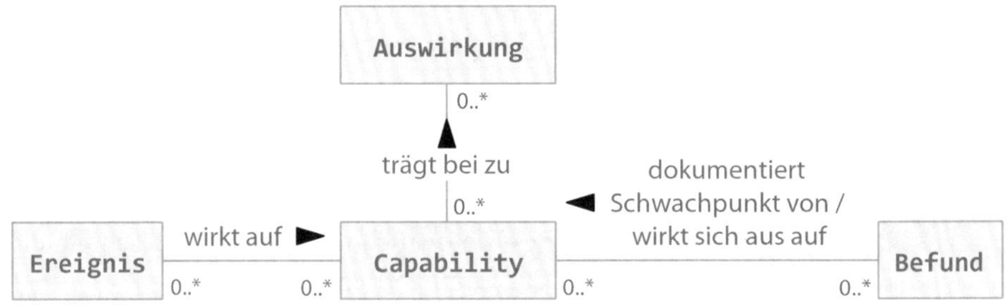

Abb. 3–6: Capability-Beziehungen im Kontext Analyse und Bewertung

Wesentliche Objekt- und Beziehungstypen

- Objekttyp `Auswirkung` – Detaillierung siehe Anhang A.4
  - Beziehungstyp 4 (`Capability` trägt bei zu ▶ `Auswirkung`): Capabilities sind (Mit-)Ursache relevanter Auswirkungen

- Objekttyp `Befund` – Detaillierung siehe Anhang A.5
  - Beziehungstyp 5 (`Capability` ◀ dokumentiert Schwachpunkt von `Befund`): Dokumentation von Schwachpunkten einer Capability bzw. von deren Umsetzung
  - Beziehungstyp 6 (`Capability` ◀ wirkt sich aus auf `Befund`): Auswirkung ermittelter oder bekannter Befunde auf eine Capability
- Objekttyp `Ereignis` – Detaillierung siehe Anhang A.6
  - Beziehungstyp 7 (`Capability` ◀ wirkt auf `Ereignis`): Auswirkung (externer) Ereignisse auf eine Capability (z.B. Beeinträchtigungen)

3.2 Kategorisierung von Capabilities

Ein Capability-Modell repräsentiert lediglich die benötigten Fähigkeiten eines Unternehmens in einer Anzahl von Verfeinerungsebenen. Capabilities derselben Ebene stehen gleichwertig nebeneinander. Das Capability-Modell selbst nimmt keine Priorisierungen, Bewertungen oder andere Kategorisierungen der Capabilities vor.

Gerade bei großen Capability-Modellen mit einer größeren Anzahl von Capabilities schon auf der obersten Ebene kann es für das Verständnis des Modells sinnvoll sein, eine Kategorisierung einzuführen, um das Modell nach einem bestimmten Merkmal zu unterteilen. Eine Kategorisierung dient dazu, Capabilities in den Unternehmenskontext einzuordnen. Je nach Anwendungsfall und Adressatenkreis kann die Betrachtung der Capabilities auf bestimmte Kategorien (ggf. nur eine) eingeschränkt werden. Kategorien eignen sich ebenfalls als Merkmal zur Zusammenfassung bestimmter Aussagen oder Bewertungen von Capabilities. Für eine einfache Unterteilung ordnet man jeder Capability auf Ebene 1 genau eine Kategorie zu.

Beispiel – Kategorisierung nach Geschäftssparten. Abbildung 3–7 zeigt ein illustratives Beispiel für die Unterteilung eines Capability-Modells in drei Kategorien, die sich am Geschäftsmodell des Unternehmens orientieren. Das Unternehmen im Beispiel betreibt einen Großhandel und bietet zudem eine Paketlogistik für Privat- und Geschäftskunden an, die auch für den eigenen Großhandel zum Warentransport genutzt wird. Der Nutzen einer Kategorisierung, wie der aus dem Beispiel, ist die unmittelbare Erkennbarkeit der Relevanz von Capabilities für die beiden Geschäftssparten. Von beiden Sparten benötigte Fähigkeiten sind sofort ersichtlich.

Paketlogistik
Logistikauftrags-management
Sendungsmanagement
Sendungstransport
...
Großhandel
Bestellmanagement
Warenvertrieb
Wareneinkauf
...
Übergreifend
Strategie-management
IT-Architektur-management
Personalmanagement
...

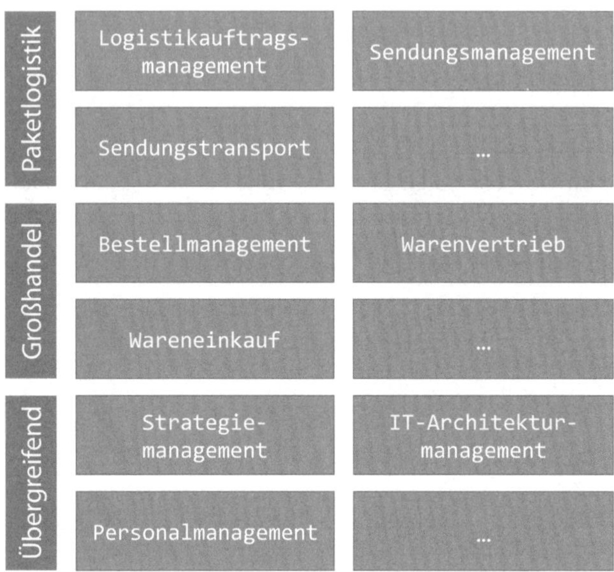

Abb. 3–7: Capability-Modell mit Kategorisierung nach Geschäftssparten

Beispiel – Kategorisierung nach Art des Beitrags. Das nächste Beispiel kategorisiert dieselben Capabilities desselben Unternehmens, hier jedoch nach der Art des Beitrags, den die Capabilities für das Unternehmen leisten. Abbildung 3–8 zeigt diese Gruppierung.

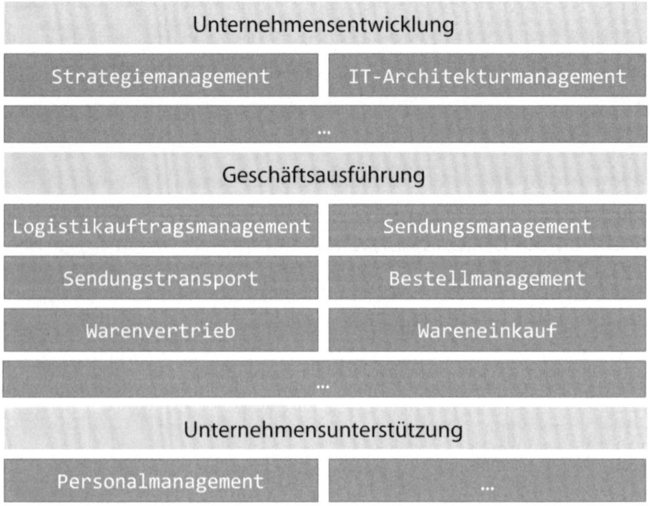

Unternehmensentwicklung
Strategiemanagement
IT-Architekturmanagement
...
Geschäftsausführung
Logistikauftragsmanagement
Sendungsmanagement
Sendungstransport
Bestellmanagement
Warenvertrieb
Wareneinkauf
...
Unternehmensunterstützung
Personalmanagement
...

Abb. 3–8: Capability-Modell mit Kategorisierung nach Art des Beitrags

Die Kategorien im zweiten Beispiel sind so formuliert, dass sie auch als Fähigkeiten aufgefasst werden könnten. Theoretisch ließen sie sich auch als Teil des Capability-Modells auf der »Ebene 0« betrachten. Da sie jedoch inhaltlich vollkommen unspezifisch und unabhängig vom Geschäftsmodell sind, stellen sie eher Meta-Capabilities dar, die nur als Gruppierungsaspekte im Sinne der Kategorisierung dienen sollten. Diese drei Kategorien ermöglichen eine Nutzung für jedes Capability-Modell – unabhängig von der Unternehmensbranche.

Anmerkung. Die drei Kategorien sind den in TOGAF definierten »Strategic«, »Core« und »Supporting« sehr ähnlich; siehe dazu Anhang B.2.4.

3.2.1 Eigenschaften von Kategorisierungen

Eine Kategorisierung hilft beim Verstehen eines Capability-Modells und dient zu dessen Unterteilung, doch die Kategorien von Capabilities sind nicht Teil des Capability-Modells. Der fachliche Gehalt des Capability-Modells in Bezug auf die definierten Fähigkeiten hängt nicht von der Kategorisierung ab. Die gewählte Darstellung muss daher erkennen lassen, dass es sich bei dieser Art der Strukturierung um Kategorien und nicht um Capabilities an sich handelt. Die Kategorien müssen überschneidungsfrei und abdeckend sein, denn ansonsten könnte man nicht jede Capability eindeutig einer Kategorie zuordnen. Eine Kategorisierung ist grundsätzlich für die Capabilities jeder Modellebene möglich. Sollen nur die Capabilities der kategorisierten Ebene und der darunterliegenden dargestellt werden, kann dies analog zur Darstellungsweise in Abbildung 3–8 geschehen. Untergeordnete Capabilities gehören dann implizit zur selben Kategorie wie ihre übergeordnete Capability. Jedes Capability-Kästchen könnte leicht die untergeordneten Capabilities (verschachtelt) mit aufnehmen.

Schwieriger kann die Darstellung werden, wenn auch die übergeordneten Capabilities der kategorisierten Ebene mit dargestellt werden sollen. Die Zuordnung *verschiedener* Kategorien zu Capabilities derselben übergeordneten Capability führt hier nämlich dazu, dass eine grafische Unterteilung in abgegrenzte Kategorienbereiche nicht mehr ohne Weiteres möglich ist. Die übergeordnete Capability »zerfällt« dann in verschiedene Kategorien, nämlich in die ihrer untergeordneten Capabilities. Eine automatische Zuordnung *einer* Kategorie zur übergeordneten Capability ist in diesem Fall nicht möglich, womit sich die übergeordnete Capability in der Abbildung auch nicht genau einem der grafischen Bereiche für die Kategorien zuordnen lässt. Abhilfe kann hier schaffen, die übergeordneten Capabilities keiner Kategorie zuzuordnen, sondern sie orthogonal zu den Kategorien darzustellen. Abbildung 3–9 zeigt ein Beispiel.

Strukturell entspricht eine Kategorisierung einem »Tagging« mit genau einer Tag-Ausprägung, also der Markierung jeder Capability mit jeweils einer Kategorie als Tag. Das Thema Tagging von Capabilities greife ich in Abschnitt 5.1 noch einmal auf.

3.2.2 Statische vs. dynamische Kategorisierung

Die Kategorisierung von Capabilities kann statisch sein, d.h., die Zuordnung der Kategorie zu einer Capability wird einmalig festgelegt und ändert sich nicht. Die Beispiele in den Abbildungen 3–7 und 3–8 sind solche statischen Kategorisierungen, die insbesondere nicht davon abhängen, ob und wie die Capabilities realisiert sind. Die Kategorien sind mit den Capabilities in diesem Fall fest (unveränderlich) verbunden.

Ein Beispiel für eine dynamische Kategorisierung von Capabilities ist ihr Automatisierungsgrad, der sich in einer einfachen Variante durch die folgenden drei Kategorien ausdrücken könnte:

- Automatisiert
- Teilautomatisiert
- Nicht automatisiert

Der Automatisierungsgrad einer Capability – und somit ihre diesbezügliche Kategorie – kann sich im Laufe der Zeit ändern, wenn beispielsweise ein Projekt zur Automatisierung erfolgreich endet. Abbildung 3–9 visualisiert eine solche Art der dynamischen Kategorisierung.

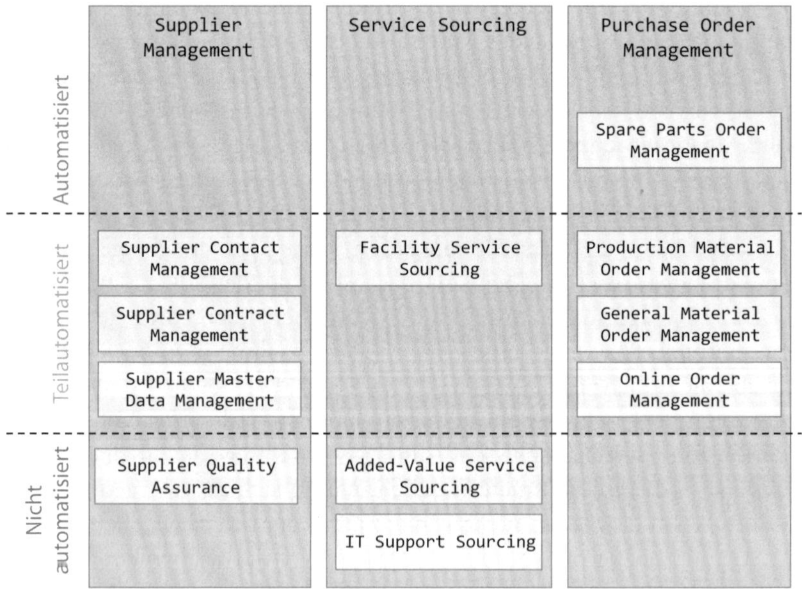

Abb. 3–9: Dynamische Kategorisierung einer untergeordneten Modellebene

4 Einordnung in Rahmenwerke und Methoden

Entwicklung, Bewertung und Optimierung von Unternehmens- und IT Architekturen mit ihren zugehörigen Lösungen sind vielschichtige Unterfangen, in deren Kontext im Laufe der Zeit eine große Zahl verschiedener Rahmenwerke und Methoden entstanden sind. Abbildung 4–1 zeigt vier Arten relevanter Rahmenwerke mit exemplarischen Vertretern.

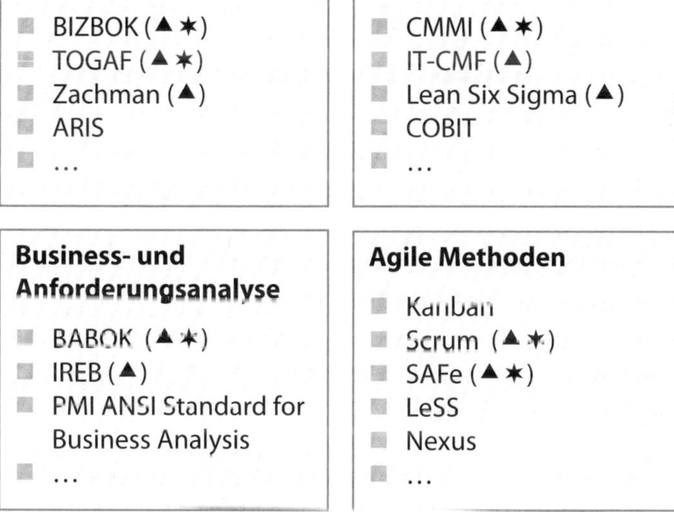

Abb. 4–1: Relevante Arten von Rahmenwerken mit exemplarischen Vertretern

Solche Rahmenwerke werden typischerweise von Berufsverbänden, akademischen Einrichtungen oder auch Beratungsfirmen veröffentlicht und gepflegt. In diesem Kapitel möchte ich einen kurzen Überblick über einige Arten solcher Rahmenwerke geben, die im Zusammenhang mit Business Capabilities besonders relevant sind. Außerhalb der Betrachtung sind hier Ansätze, die sich mit Capabilities im soziologischen Sinne beschäftigen, auch wenn solche menschlichen Fähigkeiten bei der Unternehmensentwicklung ebenfalls unabdinglich sind. Für die in der Abbildung mit einem Dreieck markierten Rahmenwerke geben die nachfolgenden Abschnitte einen Überblick. Neben einer kurzen Einführung zu Umfang und Einsatzzweck der jeweiligen Rahmenwerke erfolgt eine Einordnung des Capability-Begriffs im Hinblick auf dessen Definition und Nutzung im jeweiligen Rahmenwerk. Für eine prominente Auswahl dieser Rahmenwerke – in der Abbildung mit einem Stern markiert – bietet Anhang B eine ausführlichere Beschreibung mit einer vertiefenden Einordnung des Capability-Elements in das jeweilige Rahmenwerk.

Capabilities sind nicht in allen Rahmenwerken ein explizites Element des zugehörigen Metamodells, doch auch in solchen ohne explizite Berücksichtigung lassen sich Capabilities unter Umständen einsetzen. Grundsätzlich können Capabilities in Rahmenwerken auf verschiedene Art Berücksichtigung finden:

- Generisches Modellierungselement als Teil des Metamodells, dessen konkrete Ausprägungen erst im Zuge der Anwendung des Rahmenwerks im jeweiligen Betrachtungskontext definiert werden (z.B. BIZBOK)
- Konkrete, spezifische Capabilities als feste Bestandteile des Rahmenwerks, die beispielsweise Gegenstand der Optimierung sind (z.B. CMMI, IT-CMF)
- Nutzbarkeit von Capabilities als Mittel zur Beschreibung, Analyse, Planung o.Ä., ohne dass Capabilities ein expliziter Bestandteil des Rahmenwerks sind (z.B. Scrum)

Es sind auch Kombination der genannten Einsatzweisen möglich. TOGAF nutzt beispielsweise Capabilities als generisches Modellierungselement (Teil des Metamodells) und beschreibt gleichzeitig einige konkrete, zum Rahmenwerk gehörige Capabilities (wie insbesondere die *Architecture Capability*). Die Leitfrage der nachfolgenden Einordnungen ist, welche Rolle Capabilities in der jeweiligen Art von Methode bzw. Rahmenwerk spielen.

4.1 Unternehmens- und IT-Architekturgestaltung

Es gibt eine Vielzahl von Rahmenwerken für Enterprise Architecture Management mit unterschiedlichen Schwerpunkten und zugehörigen Betrachtungselementen [55]. Eine Motivation aller dieser Rahmenwerke ist die – nicht selten schmerzhafte – Erfahrung, dass die Gestaltung von Architektur »im Großen« ein komplexes Unterfangen darstellt, dessen erfolgreiche Umsetzung kein Selbstläufer ist. Für ein effektives Enterprise Architecture Management gilt es, eine Vielzahl von Anforderungen verschiedener Anspruchsgruppen sowie Abhängigkeiten und Wechselwirkungen von Unternehmenselementen zu berücksichtigen [40].

Capabilities oder verwandte Elemente wie Geschäftsfunktionen sind in Architekturrahmenwerken typischerweise ein generisches Element für die Ebene der Geschäftsarchitektur, das der Beschreibung von Architekturen im Ist- oder Sollzustand dient. Dabei können Capabilities dabei helfen, fachliche Belange des Geschäfts im Sinne des »Business-IT-Alignment« mit denen der Informationstechnologie in Einklang zu bringen. Capabilities eignen sich deshalb so gut zur Verknüpfung von Geschäft und IT, da sie Geschäftsfähigkeiten ohne inhärenten Realisierungsbezug abbilden und damit gleichzeitig einen funktionalen Charakter besitzen, mit dem sie sich leicht auch als Funktionalitäten von IT-Applikationen verstehen bzw. darauf abbilden lassen. Ein (vollständiges) Capability-Modell deckt das gesamte Geschäftsmodell ab und bietet einen leicht verständlichen Ordnungsrahmen für Fachseiten und IT-Bereiche. Durch die Hierarchie von Capability-Modellen können Architekturteams schnell den Detailgrad der Betrachtung wechseln, ohne den konzeptionellen Rahmen der Capabilities verlassen zu müssen.

4.1.1 BIZBOK – Business Architecture Body of Knowledge

BIZBOK ist ein von der *Business Architecture Guild* (BAG) gepflegtes Rahmenwerk für Geschäftsarchitektur, das in dem über 800 Seiten umfassenden, regelmäßig aktualisierten *BIZBOK Guide* dokumentiert ist [7]. Der Begriff *BIZBOK* steht als Akronym für »Business Architecture Body of Knowledge« und formuliert den Anspruch, das verfügbare Wissen zum Thema Geschäftsarchitektur zu repräsentieren.

In BIZBOK stellen Capabilities ein zentrales, generisches Modellierungselement dar. BIZBOK versteht unter einer Capability eine Fähigkeit, die ein Unternehmen für einen konkreten Zweck bzw. ein zu erreichendes Resultat besitzt oder (mit passenden Partnern) einhandelt. Die Capability-Definition in BIZBOK passt gut zu der in diesem Buch verwendeten Definition. Capabilities bilden in BIZBOK einen zentralen Ankerpunkt zur Verknüpfung mit anderen Unternehmenselementen, von denen BIZBOK die folgenden als zentral betrachtet:

- Die Organisation erbringt die benötigten Capabilities des Unternehmens.
- Capabilities ermöglichen die Wertschöpfung in Form von unterstützten Wertströmen.
- Capabilities sind die Basis der Informationsverarbeitung im Unternehmen.

Anhang B.1 enthält eine detaillierte Einordnung der Capability-Verwendung in BIZBOK.

4.1.2 TOGAF – The Open Group Architecture Framework

TOGAF ist das vermutlich prominenteste Rahmenwerk für Entwurf, Planung, Umsetzung und Pflege von Unternehmensarchitekturen [94]. Mit der *Architecture Development Method* definiert TOGAF auch ein methodisches Vorgehen für die genannten Einsatzzwecke. Das Capability-Element ist Bestandteil des Metamodells. Das Rahmenwerk wird von dem internationalen Konsortium *The Open Group* herausgegeben. Die folgende Aufzählung fasst die Nutzung von Capabilities in TOGAF grob zusammen:

- Nutzung als Fähigkeiten-Element zur Beschreibung der jeweiligen Geschäftsarchitektur
- Zuordnung von Anforderungen, Randbedingungen und Prinzipien zu Capabilities als Vorbereitung auf den Architekturentwurf
- Capabilities als Gegenstand eines eigenen Capabilities-Leitfadens [90]
- Beschreibung einer speziellen Capability-Ausprägung »Architecture Capability« als Fähigkeit, eine Unternehmensarchitektur zu analysieren, zu entwerfen, zu planen, umzusetzen und zu warten

Eine detaillierte Betrachtung von TOGAF und der Verwendung von Capabilities im Rahmenwerk bietet Anhang B.2.

4.1.3 Zachman Framework

Das *Zachman Framework* wurde in einer ersten Fassung bereits 1987 von seinem Namensgeber John Zachman veröffentlicht [102]. Das Zachman Framework bietet einen der ersten Ordnungsrahmen für die Architekturbeschreibung von Informationssystemen. Die ersten Ansätze wurden 1992 formalisiert und um weitere Aspekte der Architekturbetrachtung erweitert [85]. Kern des Rahmenwerks bildet eine zweidimensionale Matrix als generisches Ordnungsschema, deren Spalten verschiedene Aspekte der Architektur (wie z.B. Daten und Funktionen) betrachten. Die Zeilen stehen für Perspektiven verschiedener Abstraktionsgrade bzw. die Sichten bestimmter Anspruchsgruppen (z.B. die Entwicklung oder die Anwenderschaft). In jedem Matrixfeld ist jeweils eine Modellart platziert, die die jeweiligen Dimensionenausprägungen als Kombination verknüpft. Die Grundidee der Unterteilung der Architekturrepräsentation in die beiden unabhängigen Dimensionen der Beschreibungsaspekte einerseits und der Konsumentensichten andererseits bildet eine Basis für die Strukturierung in verschiedenen anderen Rahmenwerken [55]. Die folgenden Aspekte bilden die Spalten der Zachman-Matrix:

- *What? (Data)* – Was? (Daten)
- *How? (Function)* – Wie? (Funktion)
- *Where? (Network)* – Wo? (Netzwerk)
- *Who? (People)* – Wer? (Menschen)
- *When? (Time)* – Wann? (Zeit)
- *Why? (Motivation)* – Warum? (Motivation)

Die Sichten prägen die Zeilen der Zachman-Matrix aus:

- *Objective/Scope (Contextual)* – Zielsetzung/Umfang (Kontext)
- *Business Model (Conceptual)* – Geschäftsmodell (konzeptionell)
- *System Model (logical)* – Systemmodell (logisch)
- *Technology Model (physical)* – Technologiemodell (physisch)
- *Detailed Representation (out-of-context)* – Detaillierte Repräsentation (aus dem Kontext heraus)

Das Rahmenwerk umfasst keine Methode und ist relativ schwach formalisiert. Capabilities sind kein Element des Rahmenwerks. Die Zachman-Matrix enthält eine Spalte *How (Function)* (Deutsch »Wie (Funktion)«) für die funktionalen Architekturaspekte. Als funktionales Element fokussiert das Rahmenwerk auf Prozesse, sodass die Spaltenbezeichnung »Wie« passend erscheint. Nutzt man die Idee der Aspekte-/Sichten-Matrix, so lassen sich Capabilities im Kreuzungsfeld der Spalte »Function« und der obersten Zeile »Scope (contextual)« verorten.

Der Enterprise-Architekt Svyatoslav Kotusev hat eine gleichermaßen provokative wie lesenswerte Gegenüberstellung von Zachman Framework und Business Capabilities als Werkzeuge für Enterprise Architecture Management erstellt [45].

4.2 Reifegradmessung und Optimierung

Um Bestandteile einer Unternehmensarchitektur optimieren zu können, ist zunächst eine Einschätzung des Status quo zur Bestimmung von Ausgangspunkt und Verbesserungsbedarf sinnvoll. Verschiedene Rahmenwerke kombinieren aus diesem Grund Methoden für Reifegradmessung und Optimierung. Sie können damit nicht nur gebündeltes Erfahrungswissen zur Verbesserung von Prozessen, Capabilities und anderen Elementen der Unternehmensarchitektur zur Verfügung stellen, sondern bieten die Möglichkeit, den eigenen Reifegrad zu bestimmen und Verbesserungen messbar zu machen.

Capabilities stellen in solchen Rahmenwerken typischerweise einen Optimierungsgegenstand dar, auf den sich Messverfahren und Optimierungen beziehen. Die Rahmenwerke benennen dabei entweder eine konkrete Menge von Capabilities oder nutzen Capabilities als generisches Element, dessen Ausprägungen erst bei der Anwendung des Rahmenwerks im Kontext des jeweiligen Unternehmens festgelegt werden.

4.2.1 CMMI – Capability Maturity Model Integration

CMMI ist ein prominentes und etabliertes Rahmenwerk zur Messung und Verbesserung bestimmter Unternehmensfähigkeiten bzw. der zugehörigen Geschäftsprozesse [42], das seit 2016 von der *ISACA* (»Information Systems Audit and Control Association«) gepflegt wird. Die Strukturprinzipien von CMMI können prinzipiell für alle Themengebiete bzw. Capabilities und Prozesse Verwendung finden, doch tatsächlich bietet CMMI eine Ausgestaltung bzw. Anwendung nur für eine kleine Zahl konkreter Prozessgebiete:

- *CMMI Development* – Produkt-, Teile- und Dienstleistungsentwicklung
- *CMMI Services* – Dienstleistungs- und Serviceerbringung
- *CMMI Acquisition / Supplier Management* – Lieferanten- / Dienstleistermanagement und Lieferkettensteuerung
- *CMMI Security* – Informations- und Ressourcenschutz
- *CMMI Safety* – Unterstützung und Management von Sicherheit für Leib und Leben

Der Capability-Begriff in CMMI ist überladen und entspricht nicht an allen Stellen der Definition in diesem Buch. Eine weitgehende Überdeckung der Definitionen gibt es bei der Verwendung zur Benennung konkreter Fähigkeiten des Unternehmens. Ein gutes Verständnis von Capabilities, zu dem dieses Buch beitragen kann, bildet somit auch eine gute Grundlage für das Verständnis von CMMI. Eine nähere Betrachtung von CMMI im Kontext der Capabilities ist in Anhang B.3 zu finden.

4.2.2 IT-CMF – IT-Capability Management Framework

Das *IT-Capability Management Framework* (IT-CMF) geht zurück auf ein an CMMI angelehntes Rahmenwerk, das erstmals 2004 von Intel veröffentlicht wurde [13]. Derzeit wird das IT-CMF vom *IVI* (»Innovation Value Institute«) gepflegt, das an der Maynooth University in Irland angesiedelt ist und 2006 mit Intel zusammen gegründet wurde [14]. Zweck des Rahmenwerks ist die Optimierung des IT-Managements durch Einsatz erprobter Praktiken. Das Rahmenwerk betrachtet dazu als Gegenstand der Optimierung 37 Schlüssel-Capabilities der IT, die in vier sogenannte *Macro-Capabilities* aufgeteilt sind:

- Managing IT like a Business – IT wie ein Geschäft managen (16 zugeordnete Capabilities)
- Managing the IT Budget – Das IT-Budget managen (3 zugeordnete Capabilities)
- Managing IT for Business Value – IT für geschäftlichen Nutzen managen (3 zugeordnete Capabilities)
- Managing the IT Capability – die IT-Capability managen (15 zugeordnete Capabilities)

Die untergeordneten Capabilities sind jeweils als Managementdisziplinen innerhalb der IT zu verstehen, für die das IT-CMF Reifegradprofile, Bewertungsmethoden sowie Verbesserungspläne definiert. Die Definition der einzelnen Capabilities fokussiert zunächst auf den Fähigkeitenaspekt. Gemäß seinem Zweck umfasst das

Rahmenwerk Empfehlungen, Bewertungsmethoden und Entwicklungspläne, die das »Wie« der Capability-Realisierung adressieren. Die folgende Liste enthält zur Illustration einige Beispiele für Capabilities der Macro-Capability *Managing IT Like a Business* in IT-CMF:

- Enterprise Information Management
- Business Process Management
- Leadership
- Innovation Management
- Green Information Technology

Auffällig ist, dass einige der Bezeichnungen – wie beispielsweise »Green Information Technology« – nicht unmittelbar auf damit gemeinte Fähigkeiten schließen lassen.

4.2.3 Lean Six Sigma

Lean Six Sigma kombiniert die Prinzipien von *Lean*-Ansätzen zur Vermeidung von Verschwendung und *Six Sigma* als Rahmenwerk für Prozessoptimierung und Qualitätsmanagement [27]. Lean-Ansätze stammen aus der industriellen Produktion zur Vermeidung von Verschwendung und wurden zuerst beim japanischen Unternehmen Toyota entwickelt und praktiziert [59, 100]. Sie adressieren typische Arten unerwünschter Effekte bei der Wertschöpfung, wie beispielsweise die folgenden:

- Defekte – Produzierte Teile, die unbrauchbar sind
- Überproduktion – Produktion von mehr Teilen als benötigt
- Wartezeiten – Verzögerungen, die eine sofortige Fortsetzung der Produktion verhindern
- Materialtransport – Unnötiger bzw. zu häufiger / zu weiter Transport von Materialien
- Lagerbestände – Zu große Mengen an zu lagernden Teilen (fertig oder unfertig) oder Ressourcen (z.B. Maschinen)
- Bewegung – Zu häufige oder zu weite Bewegung von an der Wertschöpfung beteiligten Personen mit einhergehender Erhöhung von Verletzungsrisiken, Zeitbedarf usw.
- Übererfüllung – Verrichtung von überflüssigen oder nicht angemessenen Arbeitsschritten (unnötige Extraschritte, redundante Datenerfassungen, zu hohe Genauigkeit in Produktionsverfahren)

Mit Six Sigma wird das Ziel verfolgt, die Ergebnisse von wertschöpfenden Prozessen zu verbessern, indem die Schwachpunkte und ihre Ursachen identifiziert und abgestellt werden [57].

Six Sigma nutzt das bekannte DMAIC-Vorgehen:

- Define – Definieren von Problemstellung, Anforderungen, Zielen und Vorhabenplanung
- Measure – Erfassen des Istzustands, Bestimmen der Messkriterien, Sammeln von Einflussgrößen und Durchführen der Prozessmessung
- Analyze – Analysieren von Ursachen, Einflussfaktoren und Wechselwirkungen
- Improve – Konzipieren der Lösung sowie Definieren, Planen und Durchführen von Maßnahmen zur Prozessverbesserung
- Control – Dokumentieren der Optimierungen, Überwachen und Steuern der optimierten Prozesse

Lean Six Sigma kombiniert beide Ansätze und bietet eine Reihe von Qualitätstechniken für die einzelnen Phasen. Der Fokus von Lean Six Sigma liegt auf der Verbesserung von Prozessen. Auch wenn Lean Six Sigma keinen direkten Bezug zu Capabilities herstellt, kann das DMAIC-Vorgehen analog zur Prozessoptimierung grundsätzlich auch für die Optimierung der Capability-Umsetzung herangezogen werden.

4.3 Business- und Anforderungsanalyse

Aufgabe der Business-Analyse ist es, zu einer vorgegebenen Problemstellung relevante Elemente eines Unternehmens zu analysieren, um konkrete Anforderungen an eine zukünftige Lösung abzuleiten und Konzepte für diese Lösung zu entwickeln. Wesentliche Bestandteile solcher Lösungen sind in der Regel IT-Komponenten (z.B. fachliche Applikationen), sie umfassen jedoch ebenso prozessuale, organisatorische oder weitere Aspekte. Die Anforderungsanalyse – das sogenannte *Requirements Engineering* – kann man als einen Bestandteil der Business-Analyse verstehen. Nutzbringende Lösungen können nur geschaffen werden, wenn die Anforderungen dafür ermittelt und spezifiziert sind. Einmal ermittelte Anforderungen sollten nicht als statisch betrachtet werden. Insbesondere agile Ansätze erfordern ein aktives Management von Anforderungen.

Capabilities können für die Business- und Anforderungsanalyse ein wesentliches fachliches Analyse- und Gestaltungselement sein, das als funktionale Dekomposition eines Betrachtungskontexts dem Zweck dienen kann, Analysen und die Anforderungsdefinition zu strukturieren. Je nach Rahmenwerk oder Standard weichen die Definitionen des Capability-Elements voneinander ab. Der vom *Project Management Institute* (PMI) definierte ANSI-Standard für Business-Analyse definiert explizit die *Business Capability Analysis* als Technik für die Analyse des Ist- oder Sollzustands, nutzt jedoch eine deutlich breitere Capability-Definition, indem er auch Prozesse, Fertigkeiten des Personals sowie weitere Ressourcen direkt mit einbezieht [67].

Capabilities können selbst als grundlegende funktionale Anforderungen gesehen werden. Beispielsweise könnte man die Capability `Rechnungserstellung` als funktionale Anforderung im Sinne einer geforderten Funktionalität einer Applikation betrachten. Ebenso kann ein Capability-Modell auch ein Ergebnistyp einer Business-Analyse sein, mit dem der Betrachtungskontext funktional erfasst wird, ohne damit die Lösung – das »Wie« – vorwegzunehmen.

4.3.1 BABOK – Business Analysis Body of Knowledge

Das Akronym *BABOK* steht für »Business Analysis Body of Knowledge« und ist das Rahmenwerk des *IIBA* (International Institute for Business Analysis) für die Disziplin der Business-Analyse. Das IIBA ist ein im Jahr 2003 gegründeter, gemeinnütziger Berufsverband, der verschiedene Arten kostenpflichtiger Zertifizierungen im Bereich der Business-Analyse anbietet. BABOK ist eine Sammlung bewährter Praktiken und hat den Anspruch, einen weltweit genutzten Standard für Geschäfts- und Fachanalyse zu schaffen. Das Rahmenwerk ist im sogenannten *BABOK Guide* dokumentiert [34].

Capabilities sind ein wichtiges Beschreibungsmittel in BABOK mit einem entsprechenden Element im Metamodell. Eine Capability ist gemäß BABOK-Definition eine Funktion einer Organisation, die ihr das Erreichen eines Geschäftsziels ermöglicht. Auch BABOK sieht in einer Capability die Beschreibung des »Was«, jedoch nicht des »Wie« der Fähigkeitenumsetzung. Ebenso ist die Stabilität des Capability-Modells auch bei sich ändernder Umsetzung eine Grundannahme in BABOK. Capabilities sind Gegenstand der betrieblichen Fähigkeitsanalyse (*Business Capability Analysis*). Anhang B.4 betrachtet BABOK und dessen Nutzung von Capabilities im Detail.

4.3.2 IREB – International Requirements Engineering Board

Das *International Requirements Engineering Board* (IREB) ist ein eingetragener Verein mit Sitz in Karlsruhe. Der Verein wurde im Jahr 2006 mit dem Ziel gegründet, die Ausbildung in der Disziplin des *Requirements Engineering* zu fördern. Das IREB bzw. assoziierte Trainingsanbieter offerieren mehrstufige Ausbildungen und kostenpflichtige Zertifizierungen für Requirements Engineering. Das als *Certified Professional for Requirements Engineering* (CPRE) bezeichnete Zertifikat gibt es in mehreren Stufen. Zielgruppe sind Personen, die in den Bereichen Requirements Engineering, Business-Analyse und Testen arbeiten.

Das IREB definiert kein Rahmenwerk im engeren Sinne, sondern bietet einen Standard für Requirements Engineering mit zugehörigem Zertifizierungskonzept. Auf seiner Webseite stellt das IREB verschiedene Handbücher zur Verfügung, die das Gebiet des Requirements Engineering mit Prinzipien, Praktiken, Werkzeugen, Vorlagen usw. detailliert beschreiben [28, 31]. Weiterführende Literatur dient in Ergänzung zu den Trainings der individuellen Vorbereitung auf die Zertifizierung [65].

Eine Anforderung besitzt gemäß IREB drei Bedeutungen:

- »A need perceived by a stakeholder« – Ein Bedürfnis einer Anspruchsgruppe
- »A capability or property that a system shall have« – Eine Fähigkeit oder Eigenschaft, die ein System besitzen muss
- »A documented representation of a need, capability, or property« – Eine dokumentierte Repräsentation eines Bedürfnisses, einer Fähigkeit oder Eigenschaft

Die beiden letztgenannten Bedeutungen stellen einen direkten Bezug von Anforderungen zu Capabilities her, indem sie eine Anforderung als geforderte Fähigkeit eines Systems bzw. generell als Repräsentation einer (zu schaffenden) Fähigkeit bezeichnen. Dies stimmt mit der Capability-Definition in diesem Buch überein, die in einer Capability die Formulierung einer Fähigkeit sieht, die ein Unternehmen für die Umsetzung seines Geschäftsmodells benötigt. Als Anforderung verstanden, richtet sie sich an eine zu schaffende Lösung im Unternehmen (hier ein System). Wie in Anhang A.2 weiter ausgeführt, können Capabilities auch als Bezugsgröße von weiter gehenden funktionalen oder nicht funktionalen Anforderungen dienen.

4.4 Agile Methoden

Agile Methoden sind eine Antwort auf die Schwächen von starren Vorgehensweisen wie dem klassischen Wasserfallmodell [72]. Letzteres ist nicht iterativ, sondern eine feste Abfolge von Schritten, in der die zu entwickelnde Lösung vorab vollständig und detailliert spezifiziert und erst dann umgesetzt wird. Derart unflexible Vorgehensmodelle ermöglichen nur schwer eine Reaktion auf Veränderungen und passen nicht mehr in eine sich immer schneller wandelnde digitale Welt.

Das Thema Agilität ist derzeit in Unternehmen sehr populär. Beispiele agil aufgestellter, erfolgreicher Unternehmen wie Netflix oder Spotify demonstrieren das Potenzial agiler Ansätze [78]. Agilität wird als eine wichtige Zielsetzung betrachtet, die nicht nur für die Entwicklung von Lösungen oder Produkten, sondern für die gesamte Organisation ausgerufen wird. Allerdings ist die Wandlung hin zu Agilität kein Selbstläufer [53, 51].

Agile Methoden definieren allgemeine Vorgehensweisen für Vorhaben. Sie befassen sich nicht mit dem Entwurf von Unternehmens- oder Lösungsarchitekturen an sich, sondern geben Prinzipien und Mechaniken vor, um mit Anforderungen, Lösungsbeschreibungen usw. agil umzugehen und sie umzusetzen.

Wie im vorangegangenen Abschnitt beschrieben, eignen sich Capabilities als funktionale Grundlage zur Spezifikation von Anforderungen an eine Lösung oder können selbst als funktionale Anforderungen verstanden werden. Dieser Umstand schlägt die Brücke zu den agilen Methoden, denn für die agile Entwicklung von

Lösungen benötigt ein Umsetzungsteam funktionale und nicht funktionale Anforderungen. Ist bereits ein Capability-Modell vorhanden, das den funktionalen Umfang der agil zu schaffenden Lösung ganz oder zumindest teilweise abdeckt, so kann das Modell als Grundlage für die Definition der Anforderungen dienen.

4.4.1 Scrum

Scrum ist ein agiles Vorgehensmodell für verschiedenartige Entwicklungsprojekte, das erstmalig 1995 als eine Alternative zum Wasserfall- und anderen phasenbasierten Vorgehensmodellen veröffentlicht wurde [82]. Scrum erfreut sich großer Popularität und ist laut Umfragen die mit großem Abstand am häufigsten eingesetzte agile Methode in Unternehmen [15]. Der sogenannte *Scrum Guide* definiert die Grundlagen von Scrum [83]. Verschiedene Organisationen bieten kostenpflichtige Kurse und Zertifizierungen für die verschiedenen Verantwortlichkeiten in Scrum an. Scrum richtet sich nach den 12 Prinzipien aus dem Agilen Manifest [5]. Die im Projekt umzusetzenden Anforderungen und zu erledigenden Aufgaben werden in sogenannten *Backlogs* verwaltet. Die zu entwickelnde Lösung wird im *Product Backlog* durch verschiedene Typen sogenannter *Backlog Items* beschrieben, die hierarchisch strukturiert sind und die Lösung zunächst grob und dann immer feiner, konkreter spezifizieren.

Capabilities sind kein Element von Scrum. Wie in der Einleitung zu diesem Abschnitt ausgeführt, lassen sich Capabilities jedoch als funktionale Basis zur Anforderungsdefinition heranziehen. Anhang B.5 vertieft die Betrachtung von Scrum und die mögliche Nutzung von Capabilities bei der agilen Entwicklung mit Scrum.

4.4.2 SAFe – Scaled Agile Framework

Das *Scaled Agile Framework* (kurz *SAFe*) ist ein agiles Rahmenwerk, das die Skalierung von agilen Projekten auf mehrere Teams adressiert. Beschränken sich die Prinzipien und Arbeitsweisen von agilen Methoden wie *Scrum* oder *Extreme Programming* (XP) auf jeweils ein einzelnes Team, so definiert SAFe Leitlinien für die Koordination mehrerer agiler Teams, die parallel nach agilen Methoden arbeiten. SAFe wurde vom amerikanischen Unternehmen Scaled Agile entwickelt und erstmals im Jahr 2011 veröffentlicht [41, 54, 77].

Durch den Fokus auf Skalierbarkeit der agilen Entwicklung bis hin zu einem ganzen Portfolio großer Lösungen sind in SAFe verschiedene Backlogs unterschiedlicher Granularitäten erforderlich, um sowohl das große Ganze als auch die einzelnen Lösungen beschreiben zu können. Im Gegensatz zu Scrum umfasst die Definition von SAFe ein explizites Capability-Element, das als einer der Typen von Backlog-Einträgen Verwendung findet.

Die folgende Liste zählt die wesentlichen Typen von Backlog-Einträgen von SAFe in absteigendem Abstraktions- und Detaillierungsgrad auf:

- Epics
- Capabilities
- Features
- User Stories

Bis auf das Capability-Element decken sich die Typen mit denen, die üblicherweise auch mit Scrum genutzt werden. Die Capability-Definition in SAFe besitzt einen expliziten Lösungsbezug. Im Gegensatz zur Definition in diesem Buch sind Capabilities in SAFe somit nicht unabhängig vom »Wie« der Realisierung, sondern beschreiben im Gegenteil Komponenten der zu entwickelnden Lösung. Eine ausführlichere Betrachtung von SAFe mit einem Abgleich der Capability-Elemente enthält Anhang B.6.

Teil II

Business Capabilities einsetzen

5 Anwendungsfälle für Business Capabilities

Dieses Kapitel beschreibt eine Reihe von Anwendungsfällen für Capabilities, die den praktischen Nutzen des Konstrukts aufzeigen und zugleich motivieren sollen, den Einsatz von Capabilities in der Praxis zu wagen. Die Sammlung der Anwendungsfälle ist nicht als abschließend zu betrachten. Je nach konkreter Aufgabenstellung bestehen viele weitere Einsatzmöglichkeiten, die hier nicht beschrieben sind. Mit der Zeit hilft die Erfahrung im Umgang mit den Capabilities bei der Beurteilung, für welche Zwecke das Konstrukt ein geeigneter Ordnungsrahmen ist und für welche nicht.

Zu jedem Anwendungsfall gehören eine oder mehrere Sichten, die eine Visualisierung von Capabilities sowie der zum Anwendungsfall gehörenden Informationen und Zusammenhänge ermöglichen. Die Beschreibung der Sichten folgt einem einheitlichen Aufbau, den Abschnitt 5.1 beschreibt. Vor der Beschreibung der Anwendungsfälle definiert Abschnitt 5.2 einige grundlegende Sichten, die als Basis für weitere, spezialisierte Sichten dienen.

5.1 Beschreibung von Sichten

Die Beschreibungen aller Sichten sind grundsätzlich gleich aufgebaut. Jede Sicht wird in einem eigenen Abschnitt erläutert und beinhaltet jeweils die folgenden Unterabschnitte, die zur Spezifikation und zum Verständnis der Sicht sinnvoll sind:

- Fragestellungen
- Metamodell
- Illustration
- Nutzen
- Anreicherungen und Abwandlungen
- Skalierungsmöglichkeiten
- Fallstricke und Tipps
- Komplexitätseinschätzung

Was die genannten Unterabschnitte je Sicht beinhalten, wird nachfolgend kurz beschrieben. Da sich in einigen Fällen die Sichten für die Anwendungsfälle konzeptionell ähneln, sind je Sicht nicht immer alle Unterabschnitte angegeben, um Wiederholungen zu vermeiden. Die Sichten haben zur besseren Referenzierbarkeit eine eindeutige Bezeichnung sowie eine fortlaufende Nummer.

Fragestellungen

Eine Sicht ist eine bestimmte Art der Visualisierung von Zusammenhängen, die im jeweiligen Betrachtungskontext des Anwendungsfalls relevant sind. Zum Verständnis, was eine Sicht an Informationen bzw. Erkenntnissen liefern kann, gehören zu ihrer Definition eine oder mehrere Fragen, zu deren Antwort sie (vollständig oder teilweise) beiträgt.

Beispiel für eine Fragestellung. Ist die Aufgabe, einen der in Kapitel 3 eingeführten Beziehungstypen zu visualisieren, so könnte die entsprechende Frage dazu lauten: »Welche Capabilities stehen in einer Beziehung vom Typ <BT> zu Objekten des Objekttyps <OT>?« Bei dieser Frage steht »<BT>« als Platzhalter für den jeweiligen Namen des Beziehungstyps und »<OT>« für den jeweiligen Objekttyp.

Metamodell

Kapitel 3 führt eine Reihe von Beziehungstypen zwischen Capabilities und anderen Objekttypen eines Unternehmens ein, die Anhang A detailliert beschreibt. Die Sichten visualisieren Zusammenhänge, deren Basisinformationen genau durch diese und ggf. weitere Beziehungstypen repräsentiert sind. Dieser Unterabschnitt zeigt jeweils die für die Sicht benötigten Informationen in Form eines Metamodells der Objekt- und Beziehungstypen, sodass der Informationsbedarf zur Erstellung der Sicht strukturiert und auf einen Blick erkennbar ist.

Illustration

Dieser Unterabschnitt enthält den Kern der Sicht in Form einer grafischen Illustration. Auch wenn es bei Arbeitsergebnissen eigentlich auf den Inhalt ankommt, so gilt aus der Erfahrung der Projektpraxis heraus eher das Prinzip »Form schlägt Inhalt 4:1«, wie es ein geschätzter Kollege einmal formulierte. Der Darstellung von Zusammenhängen kommt daher eine hohe Bedeutung zu, was selbstverständlich auch für die Anwendungsfälle rund um die Capabilities gilt. Die Illustrationen sind daher ansprechend und leicht erfassbar zu gestalten, ihre Erstellung jedoch gleichzeitig möglichst einfach zu halten.

Einige der Darstellungen sind abstrakt; andere nutzen illustrative Beispieldaten. Eine kurze Beschreibung der Illustration dient dazu, Visualisierungselemente zu erkennen und zu verstehen. Allerdings sollten die meisten Illustrationen intuitiv erfassbar und verständlich sein.

Nutzen

Jede Sicht bietet einen bestimmten Nutzen, den dieser Unterabschnitt kurz beschreibt. Diese Angaben motivieren den Einsatz der Sicht und helfen zugleich dabei, die passende Anwendung der Sicht zu bestimmen.

Anreicherungen und Abwandlungen

Das angegebene Illustrationsbeispiel stellt nur jeweils *eine* typische Ausprägung der Sicht dar. In vielen Fällen sind allerdings Anreicherungen oder auch Abwandlungen möglich, die je nach Anwendungskontext besser passen können. Eine Anreicherung ergänzt eine Illustration um weitere Elemente wie z.B. zusätzliche Markierungen oder Hinweise. Eine Abwandlung verändert Elemente der Illustration, z.B. die Auswahl von Symbolen oder Skalen. Dieser Unterabschnitt beschreibt einige solcher Möglichkeiten für Anreicherungen und Abwandlungen, um das Einsatzspektrum der Sicht zu vergrößern.

Anreicherungen und Abwandlungen für alle Sichten. Einige Ergänzungen und Abwandlungen sind bei fast allen Sichten anwendbar und werden nachfolgend kurz beschrieben. Um diese nicht bei jeder Sicht zu wiederholen, sind sie hier gesammelt angegeben. Es erscheint sinnvoll, nach dem Studium der einzelnen Sichten die folgenden Ergänzungen nochmals durchzugehen, um passende Ergänzungen für relevante Sichten zu finden.

Inventarnummern – Oftmals sind Elemente der Sichten (z.B. Applikationen, Schnittstellen) als Bestandteile der IT-Landschaft eines Unternehmens in einem oder mehreren Inventarisierungswerkzeugen erfasst. Zu solchen Inventarisierungswerkzeugen gehören beispielsweise EAM-Werkzeuge wie LeanIX oder Konfigurationsdatenbanken (»Configuration Management Databases – CMDBs«) wie z.B. von FNT, um nur zwei prominente Beispiele zu nennen [47, 23]. Die in diesen Werkzeugen vergebenen Inventar- oder Objektnummern können auf Sichten (z.B. in Form von Textboxen) ergänzt werden, um eine eindeutige Referenz für die Objekte und weiter gehende Informationen zu erhalten. Die Inventarnummern helfen dabei, in Informationsbeständen zu navigieren und ein konsistentes Gesamtbild zu erhalten.

Farben – Wie bei fast jeder Sicht lassen sich Farben einsetzen, um weitere Informationen darzustellen bzw. nach einem Merkmal zu differenzieren. So könnte die Farbe von Elementen einer Sicht eine Differenzierung beispielsweise nach organisatorischer Zugehörigkeit, Status im Lebenszyklus, geografischer Zuordnung oder anderen relevanten Merkmalen ermöglichen. Eine Färbung kann sich auf verschiedene grafische Bestandteile (z.B. für die Umrandung, die Füllung und Schriftfarbe) beziehen, um mehrere unabhängige Merkmale zu visualisieren.

Tagging – Beim sogenannten »Tagging« (von Englisch »to tag« für »markieren« oder »etikettieren«) versieht man Elemente mit einer Art »Etikett«, um das Vorhandensein einer Eigenschaft zu markieren. Bei einem systematischen Tagging definieren Tag-Typen die für eine bestimmte Art von Informationen zulässigen Werte (= Tags) im Sinne eines Aufzählungstyps. Ein Beispiel ist ein Tag-Typ für die Priorität (von Projekten), der die zulässigen Tags »hoch«, »mittel« und »gering« erhält. Jedes Projekt (oder anderes Element) wird dann mit einem Tag versehen, um dessen Priorität zu zeigen. Tagging ist ein mächtiges und breit einsetzbares Mittel zur Informationsanreicherung und -filterung. In den hier definierten Sichten können Tags (z.B. in Form von kleinen »Aufklebern«) verwendet werden, um weiter gehende Informationen in die Sicht einzubringen.

Anmerkungen – Jede Sicht lässt sich um Anmerkungen, Kommentare usw. mit quasi beliebigem Informationsgehalt ergänzen. Solche Anmerkungen können z.B. in Form von Sprechblasen oder Fußnoten erfolgen.

Skalierungsmöglichkeiten

Für viele Sichten bestehen Möglichkeiten der Skalierung, indem z.B. Detaillierungsstufen bzw. die Granularität der zugrunde liegenden Objekttypen variiert werden. Dies ermöglicht unter anderem verschiedene Ausprägungen derselben Sicht mit unterschiedlichen »Zoom«-Stufen oder Ausschnitten. Für die meisten Sichten bietet das Capability-Modell durch seine hierarchische Struktur eine »vertikale« Skalierungsmöglichkeit durch Variieren der dargestellten Modellebene(n). Die Auswahl der dargestellten Capabilities (derselben Ebene) ermöglicht dementsprechend eine »horizontale« Skalierung. (Diese durch die Eigenschaften von Capability-Modellen bedingten Arten der Sichtenskalierung wurden bereits in Abbildung 1–3 (S. 12) angedeutet.) Sofern es spezielle, weitere Skalierungsmöglichkeiten der jeweiligen Sicht gibt, werden auch diese beschrieben.

Fallstricke und Tipps

Bei manchen Sichten gibt es Fallstricke, die bei der Erstellung oder der Interpretation der Sicht zum Stolpern einladen. Dieser Unterabschnitt beschreibt einige typische Fallstricke und gibt Tipps, diese zu umgehen.

Komplexitätseinschätzung

Jede der Sichten hat einen bestimmten Informationsbedarf: Damit sich die Illustration erstellen lässt, werden die entsprechenden Informationen zu den darzustellenden Objekten sowie ihren Beziehungen zu den Capabilities und Ausprägungen der anderen Objekttypen benötigt. Diese Informationen stehen nicht immer zur Verfügung und sind möglicherweise nicht leicht zu beschaffen. Dieser Unterabschnitt gibt aus diesem Grund eine grobe Einschätzung dazu, wie komplex die Erstellung der Sicht typischerweise ist. Die genannten Einschätzungen sind lediglich qualitativer Natur, d.h., es besteht hier nicht der Anspruch, genaue Vorschriften oder Berechnungsmodelle für quantitative Aufwandsschätzungen zu definieren. Die tatsächliche Komplexität kann in der Praxis insofern auch deutlich von dieser Einschätzung abweichen, da Umfang, Qualität und Verfügbarkeit von Informationen je nach Unternehmen gut oder weniger gut sein können. Unabhängig von der hier angegebenen Einschätzung ist im konkreten Fall stets *vor* der Auswahl bzw. Erstellung einer Sicht eine eigene Abschätzung ratsam, ob bzw. mit welchem Aufwand die benötigten Informationen zu beschaffen sind. Wie bei der Erläuterung des Unterabschnitts »Skalierungsmöglichkeiten« beschrieben, gibt es grundsätzlich Möglichkeiten, Abstriche beim Detaillierungsgrad zu machen. Ob eine gröbere Detailstufe die gewünschten Erkenntnisse noch ausreichend liefern kann, ist von Fall zu Fall abzuwägen.

5.2 Basissichten

In diesem Abschnitt werden als Basis für komplexere Sichten einige grundlegende Sichten definiert, wie sie z.T. in den Beispielen der vorangegangenen Kapitel bereits zum Einsatz kamen. Von zentraler Bedeutung sind Darstellungsmöglichkeiten für das Capability-Modell selbst. Aufgrund der Baumstruktur von Capability-Modellen eignen sich Darstellungsformen für Bäume auch für Capability-Modelle. Dazu gehören z.B. Organigrammformate, Mindmaps und weitere Formen, auf die hier nicht im Detail eingegangen wird.

5.2.1 Sicht 1: Capability-Karte

Capability-Karte

Die Capability-Karte zeigt ein Capability-Modell in Form verschachtelter Kästchen, die die Hierarchie der Capabilities widerspiegeln.

Diese Sicht bietet die Möglichkeit, ein Capability-Modell vollständig und übersichtlich in grafischer Form darzustellen. Alternativ wird diese Art der Darstellung auch als *Kacheldiagramm* bezeichnet.

Fragestellungen

Mit der Capability-Karte lassen sich die folgenden Fragen beantworten:

- Welche Fähigkeiten benötigt das Unternehmen im Rahmen des aktuellen Betrachtungskontexts?

- Welche Capabilities umfasst das Modell?
- Wie sieht die Hierarchie des Capability-Modells aus, d.h., wie teilen sich Capabilities in ihre untergeordneten Capabilities auf?

Metamodell

Das in Abbildung 5–1 dargestellte Metamodell für die Sicht ist sehr einfach.

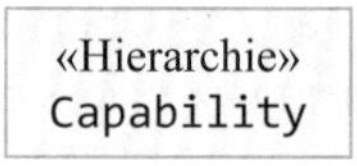

«Hierarchie»
Capability

Abb. 5–1: Metamodell von Sicht 1 (Capability-Karte)

Diese Sicht benötigt nur den Objekttyp der Capabilities selbst sowie den reflexiven Beziehungstyp zur Abbildung der hierarchischen Capability-Struktur, der durch den Stereotyp »«Hierarchie»« repräsentiert wird. Bedeutung dieser reflexiven Beziehung ist, dass jede Capability genau eine oder keine andere Capability als übergeordnetes Element im Modell hat. Nur die Capabilities auf der obersten Ebene haben keine übergeordnete Capability.

Illustration

Abbildung 5–2 zeigt ein Beispiel für eine Capability-Karte. Die Anordnung der Capabilities ist flexibel, sodass sich die Kästchen je nach Dimensionierung des grafischen Basisformats (z.B. Papier- oder Folienformat) und optischen Ansprüchen verschieben lassen. So ist auch die kompakte Darstellung größerer Modelle möglich, um z.B. die für Architekturdarstellungen typischen »Tapeten« zu erstellen.

Nutzen

Diese Darstellungsform bietet einen schnellen Überblick über das Capability-Modell. Die Sicht kann als Basis für diverse weitere Anreicherungen dienen. Eine einfache Art der Anreicherung definiert die generische Basissicht 2 (Angereicherte Capability-Karte), in der Capabilities mit den ihnen zugeordneten Objekten eines weiteren Objekttyps dargestellt werden.

Anreicherungen und Abwandlungen

Die gewählten Farben in der Illustration in Abbildung 5–2 grenzen lediglich die Modellebenen voneinander ab und verbessern so die Lesbarkeit ein wenig. Mit einer differenzierten Farbgebung der Kästchenfüllungen, Umrandungen und Capability-Bezeichnungen lassen sich potenziell drei weitere Aspekte bzw. Capability-

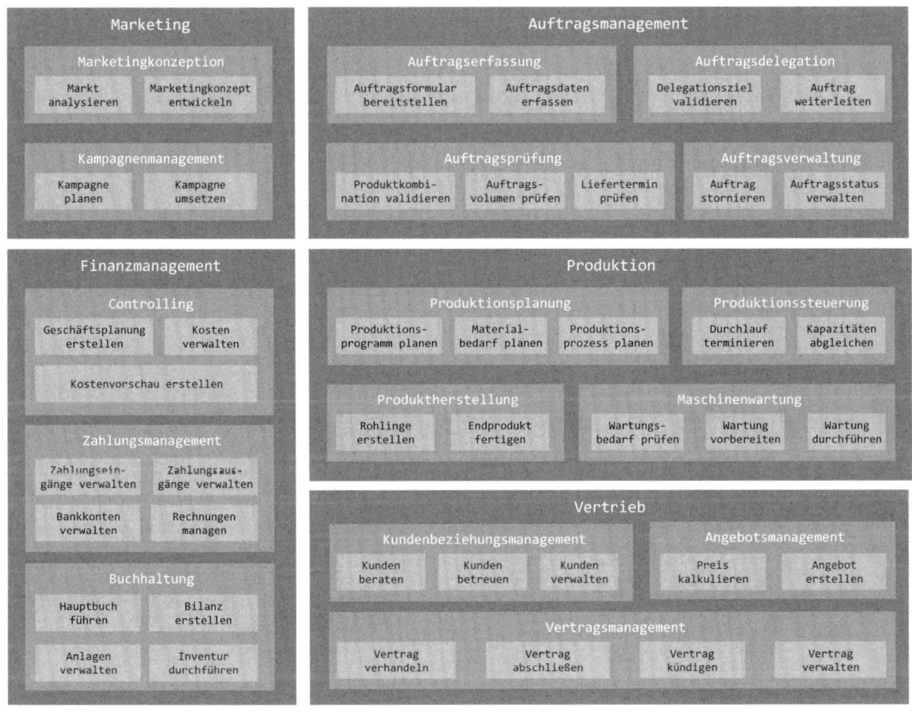

Abb. 5–2: Illustration von Sicht 1 (Capability-Karte)

Eigenschaften unabhängig voneinander darstellen. Zusätzlich ist die Linienkontur nutzbar, um einen weiteren Aspekt z.B. mit gestrichelten oder gepunkteten Linien darzustellen. Es ist allerdings empfehlenswert, die Darstellung nicht zu überladen und in jedem Fall eine Legende mit der Bedeutung aller Farben und Linienkonturen anzugeben. Durch Farbgebung oder Linienkontur darzustellende Aspekte bzgl. der Capabilities sind beispielsweise:

- Automatisierungsgrad (z.B. automatisierte vs. manuelle Umsetzung)
- Betroffensein von einer bestimmten Maßnahme (ja/nein) (vgl. Beziehungstyp 34 (`Capability` ◄ ändert Realisierung von `Vorhaben`) in Anhang A.22)
- Stand der Abstimmung einer Capability während der Modellierungsphase (z.B. »im Entwurf«, »in Abstimmung«, »abgestimmt«)
- Organisatorische Verantwortung zur Umsetzung einer Capability z.B. Angabe einer Abteilung (siehe Beziehungstyp 15 (`Capability` ◄ verantwortet `Organisationseinheit`) in Anhang A.12)
- Meilenstein bzw. Phase der Umsetzung (z.B. Angabe der Realisierungsphase per Farbcode)

Da ein Symbol immer nur eine Farbe haben kann, müssen die Aspekte disjunkte Ausprägungen haben bzw. exklusiv sein, d.h., eine Capability kann in dieser Darstellungsweise nur eine Merkmalsausprägung haben. Weitere Aspekte im Sinne einer Markierung (»Tagging«) lassen sich durch grafische Symbole darstellen, die man auf den jeweiligen Kästchen platziert. Je nach Anzahl von »Tags« wird der Platz schnell zu klein, sodass die Angabe entweder entfallen muss oder größere Kästchen erforderlich sind. Einige Beispiele für Markierungen (»Tags«) sind:

- Geografische Zuordnung des Bedarfs oder der Umsetzung (z.B. in einer geografischen Region, in einem Werk, einer Niederlassung o.Ä.; vgl. auch Beziehungstyp 19 (`Capability` erfordert spezielle Ausprägung für ▶ `Ort`) in Anhang A.13)
- Markierung der Capabilities mit den strategischen Zielen, die zur Erreichung die jeweiligen Capabilities benötigen (siehe auch Beziehungstyp 38 (`Capability` ◀ benötigt zur Erreichung `Ziel`) in Anhang A.24)
- Zuweisung von nicht funktionalen Anforderungen, die für die jeweilige Capability umzusetzen sind (vgl. Beziehungstyp 1 (`Capability` ◀ gestellt an Realisierung von `Anforderung`) in Anhang A.2)
- Zuordnung von Befunden oder Risiken, die für die jeweilige Capability zutreffen bzw. bestehen (siehe auch Beziehungstyp 5 (`Capability` ◀ dokumentiert Schwachpunkt von `Befund`) in Anhang A.5)

Als Basissicht bietet Sicht 2 (Angereicherte Capability-Karte) eine ähnliche Erweiterung wie das Tagging, indem sie einen weiteren Objekttyp mit einem Beziehungstyp zur Capability verwendet.

Skalierungsmöglichkeiten

Wie bei fast allen Sichten lassen sich Breite und Tiefe der Darstellung variieren, indem nur bestimmte Teile des Capability-Modells dargestellt werden. Die Auswahl der Capabilities kann rein strukturell erfolgen, indem z.B. eine Beschränkung auf die obersten beiden Ebenen des Modells erfolgt, um den Detailgrad zu begrenzen. Oder die Auswahl erfolgt nach inhaltslogischen Kriterien, indem man beispielsweise nur die Capabilities in die Sicht mit aufnimmt, die von einer bestimmten Organisationseinheit verantwortet werden (vgl. Beziehungstyp 15 (`Capability` ◀ verantwortet `Organisationseinheit`) in Anhang A.12).

Fallstricke und Tipps

Die Capability-Karte ist dazu geeignet, das gesamte Capability-Modell übersichtlich darzustellen. Bei umfangreichen Modellen kann eine ansprechende grafische Anordnung der Capabilities viel Zeit in Anspruch nehmen, sofern kein Werkzeug zur automatischen Erzeugung von Darstellungen zur Verfügung steht. Das Team sollte diese Übersicht daher erst erstellen, wenn das Capability-Modell fertig modelliert ist und es tatsächlich »veröffentlicht« werden soll. Alternativ kann das

Team zugunsten einer schnelleren Erstellung und Pflege Abstriche bei der grafischen Aufbereitung machen, indem optische (nicht inhaltliche) »Lücken«, Versätze usw. in Kauf genommen werden.

Komplexitätseinschätzung

Die Komplexität der Erstellung der Capability-Karte hängt natürlich zunächst mit dem Capability-Modell selbst zusammen: Diese Sicht lässt sich nur erstellen, wenn zuvor die Capabilities modelliert worden sind.

Zudem sollte das Team den Aufwand zur grafischen Gestaltung nicht unterschätzen, denn je nach Format und Größe der Grundfläche fällt einiges an Zeitaufwand an, um die Kästchen so zu arrangieren, dass der Platz ausreicht und die Gesamterscheinung einigermaßen gleichmäßig (z.B. rechteckig) ist. Auch hier gilt es, stets zu überlegen, wie hoch der Anspruch an die Optik ist und wie groß der investierte Aufwand dafür sein darf.

5.2.2 Sicht 2: Angereicherte Capability-Karte

Angereicherte Capability-Karte

Die angereicherte Capability-Karte zeigt ein Capability-Modell (oder einen Ausschnitt davon) in Form verschachtelter Kästchen, in die weitere Objekte platziert werden, die in einer bestimmten Beziehung zur jeweiligen Capability stehen.

Wie der Name schon andeutet, ist diese Sicht eine Anreicherung der Sicht 1 (Capability-Karte). Sie bietet die Möglichkeit, die Ausprägungen eines Beziehungstyps zwischen Capabilities und einem weiteren Objekttyp übersichtlich zu visualisieren. Der Informationsgehalt der Darstellung ist ähnlich wie bei der später folgenden Sicht 4 (Capability-Objekt-Beziehungsmatrix).

Fragestellungen

Mit der angereicherten Capability-Karte lassen sich die folgenden Fragen beantworten:

- Welche Capabilities stehen mit welchen Objekten (eines bestimmten Typs) in der betreffenden Beziehung?
- Gibt es Capabilities, die mit keinem (oder besonders vielen/wenigen) Objekt(en) in Beziehung stehen?

Metamodell

Für diese Sicht ist neben den Capabilities nur der betreffende Beziehungstyp mit dem zugehörigen Objekttyp erforderlich (siehe Abb. 5–3).

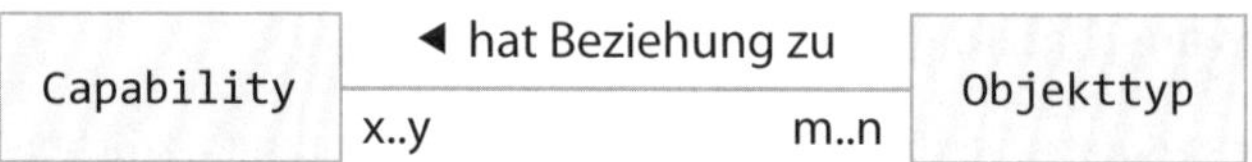

Abb. 5–3: Metamodell von Sicht 2 (Angereicherte Capability-Karte)

Da der Beziehungstyp hier ein Platzhalter ist, sind dessen Bezeichnung und die Kardinalitäten abstrakt angegeben. Grundsätzlich lassen sich hier alle der in Abschnitt 3.1 eingeführten Beziehungstypen sowie beliebige andere zweistellige Beziehungstypen verwenden.

Illustration

Abbildung 5–4 zeigt ein Beispiel für eine angereicherte Capability-Karte. Der Karte im Beispiel liegt der Beziehungstyp 33 (`Capability` ◀ realisiert technisch `Technologie`) (vgl. Anhang A.21) zugrunde. Der gezeigte Ausschnitt des Capability-Modells hat zwei Ebenen, wobei die Anzahl der Ebenen in der Sicht beliebig sein kann. Die ausgewählten Technologien stellen einige illustrative Beispiele dar. Bei der Anordnung der Capabilities besteht die gleiche Flexibilität wie bei Sicht 1 (Capability-Karte), wobei hier die Größe der Capability-Kästchen von der Anzahl der Objekte abhängt, die der jeweiligen Capability zugeordnet sind.

Nutzen

Die angereicherte Capability-Karte bietet neben einem schnellen Überblick über das Capability-Modell je Capability eine kompakte Sicht auf die zugeordneten Objekte. Sie kann als Basis für diverse weitere Anreicherungen dienen.

Anreicherungen und Abwandlungen

Grundsätzlich sind die gleichen Anreicherungen wie bei der Sicht 1 (Capability-Karte) denkbar. Zusätzlich können hier die platzierten Objekte grafisch durch Farben oder Linienkonturen markiert werden, um weitere Eigenschaften der Objekte zu visualisieren. Im Beispiel in Abbildung 5–4 sind die Technologien in drei Kategorien eingeteilt und farblich voneinander abgegrenzt.

Die Definition der Sicht zielt zunächst auf einen einzelnen Beziehungstyp ab, jedoch lässt die grafische Struktur auch mehrere Beziehungstypen (und somit ggf. verschiedene Objekttypen) zu. Neben den zugeordneten Technologien, wie im gezeigten Beispiel, könnte die Sicht also beispielsweise zusätzlich noch die Applikationen und/oder die IT-Infrastrukturkomponenten mit aufnehmen, die die

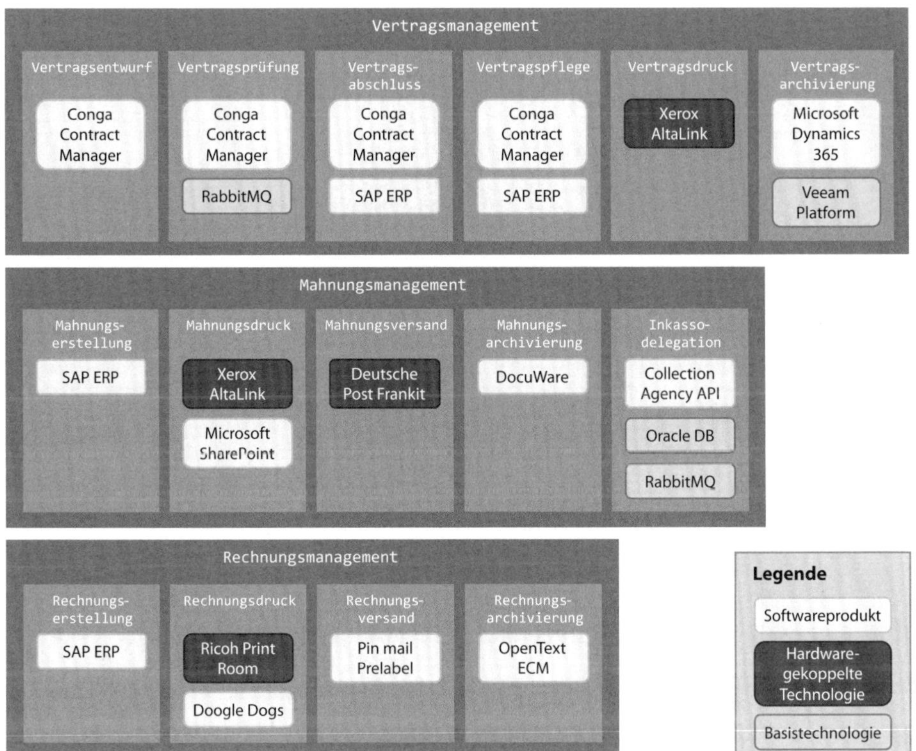

Abb. 5–4: Illustration von Sicht 2 (Angereicherte Capability-Karte)

Capabilities unterstützen. Damit wäre innerhalb einer kompakten Darstellung das unterstützende »IT-Portfolio« je Capability visualisiert. Idealerweise werden die Ausprägungen der verschiedenen Objekttypen unterschiedlich dargestellt. Denkbar ist auch eine optische Unterteilung in Segmente innerhalb der Capability-Kästchen. In Abbildung 5-5 ist ein Beispiel für eine solche Variante der angereicherten Capability-Karte gezeigt.

Die Sicht zeigt alle ausgewählten Capabilities, auch wenn diese mit keinem der Objekte in der betreffenden Beziehung stehen. (In einem solchen Fall ist das Capability-Kästchen leer.) Umgekehrt gilt dies jedoch nicht: Ein Objekt des betreffenden Typs, das mit keiner Capability in der fraglichen Beziehung steht, wird in der Sicht nicht dargestellt. Dies ist ein wesentlicher Unterschied zur Matrixdarstellung einer Beziehung (siehe Sicht 4 (Capability-Objekt-Beziehungsmatrix)). In Letzterer sind immer alle Objekte dargestellt, egal mit wie vielen Capabilities diese in Beziehung stehen. Sofern sinnvoll oder gewünscht, können die Objekte ohne Capability-Beziehung in der angereicherten Capability-Karte separat (z.B. neben oder unter den Capability-Symbolen) dargestellt werden, um diese Information in

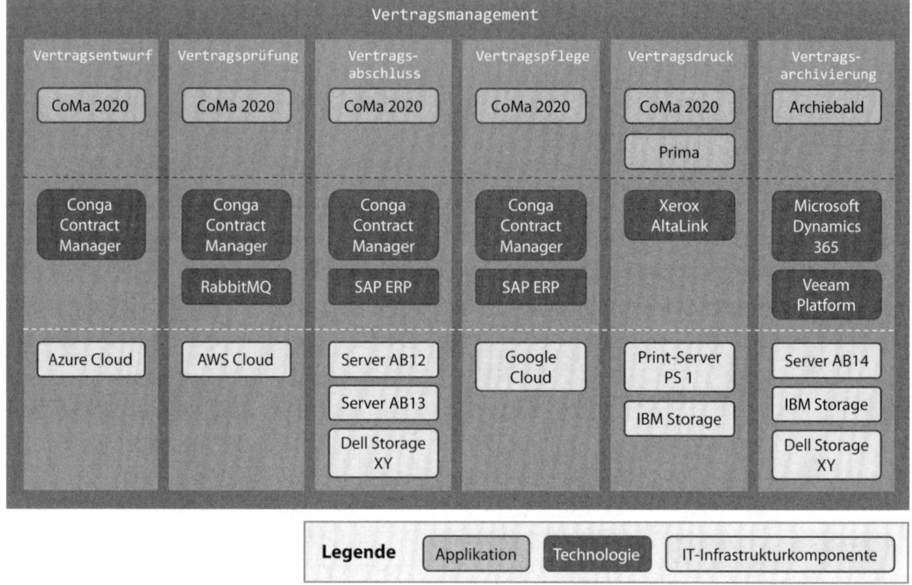

Abb. 5–5: Mehrere Beziehungstypen für Sicht 2 (Angereicherte Capability-Karte)

die Sicht aufzunehmen. Dabei ist darauf zu achten, dass die Objekte sich deutlich von den Capabilities unterscheiden lassen.

Skalierungsmöglichkeiten

Auch hier können Breite und Tiefe der Sicht variieren, wenn nur bestimmte Teile des Capability-Modells zur Darstellung ausgewählt werden. Analog lässt sich die Auswahl der in Beziehung stehenden Objekte durch eine entsprechende Filterung gezielt einschränken. Für die Illustration in Abbildung 5–4 ist ein denkbarer Filter die Frage nach einem nahenden Ende der Herstellerunterstützung für eine Technologie. Werden nur die Technologien in die Sicht aufgenommen, deren Unterstützung bald endet, so entsteht mit dieser Skalierung ein Überblick über zu erneuernde/zu aktualisierende Technologien.

Fallstricke und Tipps

In einer Matrixdarstellung (siehe Sicht 4 (Capability-Objekt-Beziehungsmatrix)) sind alle Capabilities und alle Objektausprägungen vorhanden, sodass sich damit die Frage beantworten lässt, welche Objekte mit keiner, besonders vielen oder besonders wenigen Capabilities in Beziehung stehen. Diese Frage lässt sich mit der angereicherten Capability-Karte nur schlecht bzw. indirekt beantworten. Der Grund ist, dass Objekte ohne Beziehung im Gegensatz zu einer Matrixdarstellung gar nicht Teil der Sicht sind. Objekte mit entsprechender Beziehung zu Capabilities sind zwar dargestellt, jedoch ggf. mit mehreren Ausprägungen über die Landkarte verteilt, sodass die Beziehungen für ein bestimmtes Objekt nur für das geübte Auge auf einen Blick erkennbar sind. Für eine objektzentrierte Übersicht sollte besser eine Matrixform gewählt werden. Alternativ lässt sich die angereicherte Capability-Karte auch »transponieren«, sodass die Objekte die Basiskarte bilden und die Capabilities darauf platziert werden. (Damit entsteht das »umgekehrte Problem«, da nun Capabilities in der Darstellung fehlen, wenn diese zu keinem der Objekte in Beziehung stehen.)

Komplexitätseinschätzung

Zur Erstellung der Capability-Karte (zunächst ohne Objekte) entsteht die gleiche Komplexität wie für die Sicht 1 (Capability-Karte). Der Aufwand zur Ermittlung der mit den Capabilities in Beziehung stehenden Objekte hängt von der Menge der Objekte und von der Komplexität ab, die konkreten Beziehungsausprägungen zu identifizieren. Da hier eine Basissicht mit einem Platzhalter-Beziehungstyp beschrieben wird, lässt sich keine pauschale Abschätzung dazu abgeben.

5.2.3 Sicht 3: Capability-Tabellenhierarchie

Capability-Tabellenhierarchie

Die Capability-Tabellenhierarchie zeigt ein Capability-Modell vollständig oder in Teilen in Form von untereinander angeordneten Ebenen der Capability-Hierarchie (Tabellenhierarchie).

Fragestellungen

Diese einfache Sicht beantwortet die folgenden Fragen:

- Wie sieht die Hierarchie des Capability-Modells (Baumstruktur) in Gänze aus, d.h., welche Capabilities gibt es und welche Unter-Capabilities gehören zu diesen?
- An welchen Stellen ist das Capability-Modell nicht (gut) ausbalanciert?

Metamodell

Für die Capability-Tabellenhierarchie ist dasselbe Metamodell erforderlich wie für die Sicht 1 (Capability-Karte); siehe Abb. 5–1.

Illustration

Abbildung 5–6 illustriert die Sicht.

Abb. 5–6: Illustration von Sicht 3 (Capability-Tabellenhierarchie)

Wegen des beschränkten Platzes auf der Seite ist die Abbildung so klein skaliert, dass die Beschriftungen nicht mehr lesbar sind. Da die Illustration nur das Prinzip verdeutlichen soll, ist diese Tatsache zu vernachlässigen. Die Darstellungsart ist ähnlich der von Organigrammen, wobei sie im Gegensatz zu diesen keine Verbindungslinien enthält. Microsoft Office bietet als eine der »SmartArt«-Formen die sogenannte »Tabellenhierarchie« an, die dieser Sicht weitgehend entspricht.

Nutzen

Ebenso wie die Sicht 1 (Capability-Karte) ermöglicht die Capability-Tabellenhierarchie einen schnellen Überblick über die Gesamtheit oder bestimmte Ausschnitte des Capability-Modells. Die Darstellung weist eine größere Regelmäßigkeit als die Sicht 1 (Capability-Karte) auf, da die Ebenen des Capability-Modells sich grafisch widerspiegeln. Sie ist dadurch üblicherweise etwas leichter visuell zu erfassen.

Anreicherungen und Abwandlungen

Für die Möglichkeiten, per Farbgebung oder Linienkontur weitere Aspekte mit in die Darstellung aufzunehmen, gilt das Gleiche wie für die Sicht 1 (Capability-Karte).

Skalierungsmöglichkeiten

Wie bei vielen anderen Sichten lassen sich hier sowohl die darzustellende Tiefe des Capability-Modells (Anzahl der dargestellten Ebenen) als auch die Breite (Auswahl der Capabilities) variieren.

Fallstricke und Tipps

Wie in Abbildung 5–6 zu erkennen, wird diese Art der Darstellung schnell zu breit. Das ist insbesondere dann der Fall, wenn mehr als zwei Modellebenen darzustellen sind. Vor der Wahl dieser Sicht sollte daher die Überlegung erfolgen, wie viele Ebenen erforderlich sind und ob die Sicht 1 (Capability-Karte) nicht die bessere, da flexiblere Wahl ist.

Die klare Ebenenstruktur dieser Sicht ermöglicht ihre Erstellung mit Tabellenkalkulationen wie LibreOffice Calc oder Microsoft Excel. Mit ein wenig Formatierung lassen sich hier mit vergleichsweise wenig Aufwand recht ansprechende Darstellungen erzeugen. Durch Einfügen bzw. Löschen von Tabellenspalten ist das schnelle Hinzufügen bzw. Entfernen von Elementen möglich. Durch Einstellen der Vergrößerungsstufe (»zoomen«) und Verschieben des Ausschnitts (»scrollen«) lässt sich in diesen Werkzeugen passabel navigieren – gerade in umfangreichen Capability-Modellen.

Komplexitätseinschätzung

Wie bei der Sicht 1 (Capability-Karte) ist das Vorhandensein des Capability-Modells die Voraussetzung zur Erstellung der Sicht. Durch die regelmäßige Struktur ist die grafische Arbeit jedoch weniger umfangreich als bei der Sicht 1 (Capability-Karte).

5.3 Matrixdarstellungen für zweistellige Beziehungstypen

Eine Matrixdarstellung ist eine einfache, skalierbare und leicht anzureichernde Möglichkeit zur Darstellung von zweistelligen Beziehungen, wie Kapitel 3 sie vielfältig aufgeführt hat. Dafür werden zunächst die Ausprägungen des einen Objekttyps der ersten Zeile der x-Achse und dann die Ausprägungen des anderen Objekttyps der ersten Spalte der y-Achse zugeordnet. Jede Zelle der Matrix erhält dann im einfachsten Fall eine Markierung (z.B. mit einem Kreuz oder einer Farbfüllung), wenn das jeweilige Objekt der x-Achse mit dem anderen Objekt der y-Achse in der fraglichen Beziehung steht.

5.3.1 Sicht 4: Capability-Objekt-Beziehungsmatrix

Capability-Objekt-Beziehungsmatrix

Die Capability-Objekt-Beziehungsmatrix zeigt die Ausprägungen eines bestimmten Beziehungstyps zwischen Capabilities und Objekten des zugehörigen Objekttyps in Form einer Zuordnungsmatrix.

Fragestellungen

Die Capability-Objekt-Beziehungsmatrix beantwortet die folgenden Fragen:

- Welche Capabilities stehen mit welchen Objekten in der betreffenden Beziehung?
- Gibt es Capabilities, die mit keinem, besonders vielen oder auffällig wenigen Objekten in Beziehung stehen?
- Gibt es Objekte, die mit keiner, besonders vielen oder auffällig wenigen Capabilities in Beziehung stehen?
- Lassen sich Muster in den Beziehungen erkennen und daraus Erkenntnisse ableiten (z.B. größere »Lücken«, »Ballungen« o.Ä.)?

Anmerkung. Die letzten beiden Fragen lassen sich mit der angereichterten Capability-Karte (Sicht 2) nicht auf den ersten Blick beantworten, da Objekte ohne Beziehung im Gegensatz zu einer Matrixdarstellung gar nicht Teil der Sicht sind.

Metamodell

Wie für die Sicht 2 (Angereicherte Capability-Karte) benötigt die Capability-Objekt-Beziehungsmatrix nur den betreffenden Beziehungstyp mit dem zugehörigen Objekttyp (siehe dortiges Metamodell in Abbildung 5–3).

Illustration

Abbildung 5–7 zeigt ein Beispiel für die Capability-Objekt-Beziehungsmatrix, das den in Anhang A.11 näher beschriebenen Beziehungstyp 14 (`Capability` ◄ benötigt zur Realisierung `Marktprodukt`) nutzt.

Marktprodukt benötigt Cap. zur Realisierung	Caps. (E 1) →	C 1					C 2				
	Caps. (E 2) →	C 1.1			C 1.2		C 2.1			C 2.2	
	Caps. (E 3) →	C 1.1.1	C 1.1.2	C 1.1.3	C 1.2.1	C 1.2.2	C 2.1.1	C 2.1.2	C 2.1.4	C 2.2.1	C 2.2.2
Marktsegment ↓	Marktprodukt ↓										
Markt-segment A	Produkt A.1	X							X		
	Produkt A.2	X				X					
	Produkt A.3	X				X					
Markt-segment B	Produkt B.1		X			X					
	Produkt B.2		X			X					
	Produkt B.3		X					X			
Markt-segment C	Produkt C.1			X	X	X	X	X	X		
	Produkt C.2			X	X	X	X	X	X		

Abb. 5–7: Illustration von Sicht 4 (Capability-Objekt-Beziehungsmatrix)

Die Namen der Produkte und Capabilities sind für das Beispiel abstrakt gewählt. Bei der einfachsten Form nutzt die Sicht einen booleschen Wert, d.h., sie markiert nur, ob ein Objekt mit einer Capability in Beziehung steht oder nicht. Grafisch lässt sich dies z.B. mit einem simplen »X«-Zeichen (wie in Abb. 5–7) in den Matrixfeldern markieren. Die Felder für nicht in Beziehung stehende Capabilities bleiben leer. Als weiteres grafisches Element besitzen die Matrixfelder im Beispiel verschiedene Hintergrundfarben, denen eine bestimmte Bedeutung zugeordnet werden kann.

Aus dem Beispiel lassen sich folgende Beobachtungen ableiten, deren Relevanz in einem realen Anwendungsszenario jeweils zu überprüfen wäre:

- Die untergeordneten Capabilities von `C 1.1` werden für die Produkte der drei Marktsegmente »sortenrein« benötigt, d.h., jedes Marktsegment hat hier offenbar »seine« spezielle Capability, die es benötigt.
- Die Capabilities unterhalb von `C 2.2` benötigt offenbar keines der Produkte.
- Die Produkte der Marktsegmente `A` und `B` sind bzgl. des benötigten Capability-Portfolios etwas »genügsamer« als die des Marktsegments `C`, was ein Indiz für eine höhere Produktkomplexität im Marksegment `C` ist, die es ggf. zu validieren gilt.

Nutzen

Die Matrixdarstellung ermöglicht auf einen Blick eine einfache Übersicht, welche Capabilities mit welchen Objekten in der betreffenden Beziehung stehen. Für jede einzelne Capability bzw. jedes einzelne Objekt lässt sich mit einem Fokus auf die jeweilige Spalte bzw. Zeile der Matrix schnell herausfinden, welche Beziehungen bestehen. Capabilities bzw. Objekte ohne Beziehung sowie Ballungen oder andere Muster sind leicht erkennbar.

Anreicherungen und Abwandlungen

Statt der einfachen booleschen Markierungen können die Matrixfelder auch andere Werte enthalten, die z.B. einem der Beziehungsattribute entsprechen oder aus diesem abgeleitet sind. So könnte bei einer Matrix für den Beziehungstyp 10 (`Capability` nutzt ▶ `Informationsobjekttyp`) (vgl. Anhang A.7) die Nutzungsart des Informationsobjekttyps (mit entsprechenden Abkürzungen) in das Matrixfeld aufgenommen werden, sodass sich in der Matrix erkennen lässt, ob eine Capability einen Informationsobjekttyp lesend oder schreibend nutzt. Auch zeitliche Angaben (z.B. Datumsangaben oder Phasen) lassen sich textuell in die Matrixfelder aufnehmen, wenn die Beziehung z.B. in einem bestimmten Zeitintervall oder nur in einer Phase gilt.

Mit Farbmarkierungen der Matrixfelder (Hintergrund und Text) lassen sich weitere Informationen aufnehmen. So könnten Ampelfarben eine Heatmap-

Darstellung erzeugen, wenn jede Beziehung dreistufig nach einer zu definierenden Logik mit Grün, Gelb und Rot bewertet ist. Abschnitt 5.10 adressiert Capability-basierte Bewertungen und umfasst auch Heatmap-Darstellungen in Sicht 20 (Capability-basierte Heatmap).

Sind bestimmte Muster in den Beziehungen vorhanden und relevant, so lassen sich diese grafisch hervorheben und ggf. mit textuellen Kommentaren versehen. Abschnitt 5.4.1 enthält ein solches Beispiel. Zur besseren Erkennung solcher Muster kann ggf. die Reihenfolge der Capabilities bzw. Objekte in der Matrix angepasst werden. Dabei wird der Informationsgehalt nicht verändert, sondern nur die Lesbarkeit der Darstellung erhöht.

Die Matrixform lässt grundsätzlich auch die Darstellung mehrerer verschiedener Beziehungstypen zu, sofern sie denselben Objekttyp betreffen. Statt eines pauschalen »X« lässt sich in diesem Fall für jeden Beziehungstyp ein individuelles Kürzel (z.B. Buchstabe oder Zahl) wählen, das in das Matrixfeld geschrieben wird, wenn die jeweilige Beziehung zwischen Capability und Objekt besteht. Bei mehreren Beziehungen werden alle zutreffenden Kürzel in das Matrixfeld geschrieben.

Skalierungsmöglichkeiten

Im Beispiel in Abbildung 5–7 sind zwei Objekt- und drei Capability-Ebenen dargestellt. Die Auswahl der Ebenen und die der darzustellenden Ausprägungen der Elemente ist in der Sicht grundsätzlich entlang beider Achsen der Matrix variabel. Bei den Capabilities kann eine Beschränkung der Modellebenen sowie die Auswahl bestimmter Capabilities erfolgen. Analog lässt sich auch bei den Objekttypen sowohl die Auswahl der Ebenen als auch die der Objektausprägungen variieren. Ist beispielsweise nur die unterste Ebene von Capabilities ausgewählt, so fehlt in der Darstellung zwar die Modellstruktur, aber sie benötigt etwas weniger vertikalen Platz.

Fallstricke und Tipps

Je nach geplantem Format der Sicht (Hoch- oder Querformat) und der Anzahl der Capabilities bzw. Objekte sollten x- und y-Achse der Matrix mit Bedacht gewählt werden. Ein späteres Transponieren der Matrix aus formattechnischen Gründen ist (abhängig vom eingesetzten Werkzeug) möglicherweise recht aufwendig.

Komplexitätseinschätzung

Sind alle relevanten Capabilities und Objekte bekannt, lässt sich die Matrix als Grundfläche leicht erzeugen. Die Befüllung der Matrix hängt davon ab, wie einfach oder schwierig es ist, die Informationen zu erheben, ob eine entsprechende Beziehung zwischen Capabilities und den Objekten besteht. Zudem ist der Aufwand zu beachten, den es braucht, um die Werte von Beziehungsattributen zu ermitteln, die in den Matrixfeldern berücksichtigt werden sollen.

Sind Anreicherungen (z.B. Bewertungen o.Ä.) in den Matrixfeldern geplant, so müssen die entsprechenden Informationen dafür erhoben oder bestimmt werden. Dies kann bei umfangreichen Beziehungen (mit vielen besetzten Matrixfeldern) einen hohen Aufwand erfordern.

5.4 Funktionale Bebauung

Unter IT-Bebauung (oder kurz »Bebauung«) versteht man die Zuordnung von unterstützender Informationstechnologie zu einem zu unterstützenden Unternehmensgeschäft bzw. zu bestimmten Teilen dieses Geschäfts. In der IT-Architektur lassen sich verschiedene Arten von »IT-Bebauung« unterscheiden. So ordnet beispielsweise die Informationsbebauung die erforderlichen Informationen eines Unternehmens (z.B. in Form von Informationsobjekttypen) den Applikationen oder Systemen zu, in denen diese Informationen gehalten werden. Die in diesem Anwendungsfall zu betrachtende funktionale Bebauung basiert auf der Zuordnung von Capabilities zu Applikationen: Die zu unterstützenden Fähigkeiten des Unternehmens werden auf die jeweiligen Applikationen als unterstützende Technologieelemente abgebildet. Die funktionale Bebauung ermöglicht damit eine der fundamentalen Sichten auf die IT-Landschaft. Sie zeigt die Funktionalitäten von Applikationen in Form der implementierten Capabilities.

5.4.1 Sicht 5: Capability-Bebauung (Matrix)

Capability-Bebauung (Matrix)

Die Capability-Bebauung (Matrix) zeigt die von Applikationen unterstützten Capabilities (»Capability-Bebauung«) in Form einer Zuordnungsmatrix.

Fragestellungen

Die Capability-Bebauung (Matrix) kann helfen, die folgenden Fragen zu beantworten:

- Welche Applikationen unterstützen bzw. implementieren welche Capabilities (zu welchem Grad)?
- Wo gibt es Redundanzen oder Bebauungslücken in der Capability-Unterstützung?
- Welche Applikationen implementieren Funktionalitäten, die nicht ihrem ursprünglichen Einsatzzweck entsprechen?

Metamodell

Die Sicht verwendet die beiden Objekttypen `Capability` und `Applikation` sowie den Beziehungstyp 2 (`Capability` ◀ unterstützt `Applikation`) (siehe Anhang A.3). Das relevante Metamodell entspricht somit genau dem in Abbildung A–2 (S. 285) dargestellten Metamodell: Eine Applikation implementiert eine beliebige Anzahl an Capabilities. Umgekehrt kann eine Capability potenziell von beliebig vielen Applikationen (auch keiner) realisiert werden.

Illustration

Die Darstellung ist eine spezielle Ausprägung von Sicht 4 (Capability-Objekt-Beziehungsmatrix). Auch hier wird im einfachsten Fall mit einem simplen »X«-Zeichen markiert, ob eine Applikation eine Capability unterstützt oder nicht. Die Felder für nicht unterstützte Capabilities bleiben leer. Abbildung 5–8 zeigt eine solche typische Bebauungsmatrix. Zusätzlich zur reinen Kennzeichnung, welche Applikation welche Capability implementiert, können weitere Markierungen bzw. Kommentare Hinweise auf (mögliche) Redundanzen oder Lücken bei der Unterstützung geben.

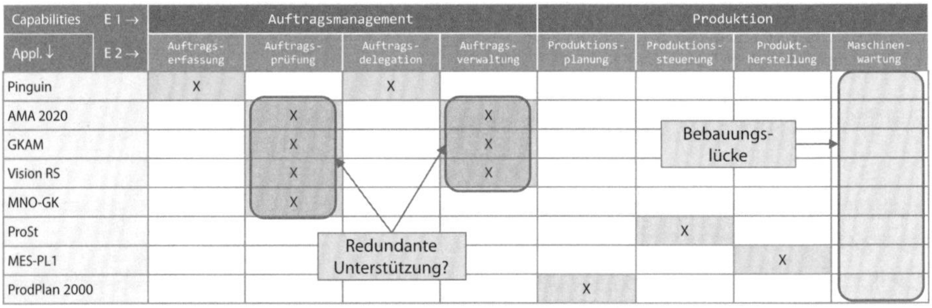

Capabilities E 1 →	Auftragsmanagement				Produktion			
Appl. ↓ E 2 →	Auftrags-erfassung	Auftrags-prüfung	Auftrags-delegation	Auftrags-verwaltung	Produktions-planung	Produktions-steuerung	Produkt-herstellung	Maschinen-wartung
Pinguin	X		X					
AMA 2020		X		X				
GKAM		X		X				
Vision RS		X		X				
MNO-GK		X						
ProSt						X		
MES-PL1							X	
ProdPlan 2000					X			

Abb. 5–8: Illustration von Sicht 5 (Capability-Bebauung (Matrix))

Nutzen

Diese einfache Sicht ist sehr übersichtlich und schnell zu erfassen. Sie bietet einen unmittelbaren Überblick über die Funktionalitäten von Applikationen. Bebauungslücken und Hinweise auf Redundanzen lassen sich schnell erkennen. Das Format bietet für die Einbettung in Präsentationen Vorteile: Die Form dieser Sicht ist immer rechteckig, und der Platzbedarf hängt nur vom zu betrachtenden Ausschnitt des Capability-Modells und der Anzahl der Applikationen ab.

Applikationen haben einen definierten Einsatzzweck, zu dem sie implementiert wurden. Erfahrungsgemäß gibt es in Unternehmen nicht selten Applikationen, deren Einsatzzweck im Laufe ihres Lebenszyklus erweitert bzw. aufgeweicht wurde. So verfügt vielleicht eine Personalverwaltungsapplikation auch über »artfremde« Funktionalitäten zur Pflege von Produktionsstammdaten. Solche »Ausreißer« vermischter Funktionalitäten lassen sich mit dieser Sicht gut erkennen, da sich solche Fälle durch die fachliche Kohärenz des Capability-Modells optisch (durch Verteilung der Funktionalitäten über verschiedene Capabilities auf höheren Modellebenen hinweg) widerspiegeln.

Anreicherungen und Abwandlungen

Wie beim Beziehungstyp 2 (`Capability` ◀ unterstützt `Applikation`) (vgl. Anhang A.3) diskutiert, kann die Matrix mit Prozentangaben als Abstufungen versehen werden (statt nur einfache »X«-Symbole zu verwenden). Grafisch lassen sich statt der Zahlenwerte für die prozentualen Angaben auch *Harvey-Balls* gut nutzen, die mit Viertel-Füllstufen weniger (vermeintliche) Genauigkeit suggerieren als numerische Prozentangaben. Alternativ sind andere Symbole denkbar, die zwischen teilweiser und vollständiger Unterstützung unterscheiden.

Werden detaillierte Bebauungsinformationen benötigt, kann (an separater Stelle) eine Beschreibung des Unterstützungsdeltas erfolgen, indem angegeben wird, welche funktionalen Anteile einer Capability die Applikation tatsächlich unterstützt und welche nicht (siehe dazu das gleichnamige Beziehungsattribut zu Beziehungstyp 2).

Skalierungsmöglichkeiten

Die Auswahl der Applikationen kann variieren, um z.B. für den aktuellen Betrachtungskontext irrelevante Applikationen auszufiltern. Die Darstellung kann sich dann auf den relevanten Ausschnitt der Applikationslandschaft fokussieren. Analog ist dies bei den Capabilities möglich, sodass sich die Betrachtung z.B. nur auf eine Haupt-Capability mit ihren Unter-Capabilities beschränkt, statt das gesamte Capability-Modell einzubeziehen. Soll beispielsweise nur die Haupt-Capability `Produktion` Gegenstand der Betrachtung sein, so kann die Darstellung der anderen Haupt-Capabilities wie `Vertrieb`, `Finanzen` usw. in der Sicht unterbleiben. Das Weglassen von Capabilities schränkt allerdings die Möglichkeit zur Erkennung von »vermischten« Funktionalitäten von Applikationen ein.

Ebenso kann die Sicht bei der Ebene des Capability-Modells variieren. Für eine detaillierte Betrachtung nutzt die Sicht die feinste (tiefste vorhandene) Modellebene. Reicht ein gröberer Blick, so erfolgt eine Beschränkung auf eine höhere Ebene. Auf die oberste Ebene eingeschränkt ergeben sich dann aus der Sicht jedoch nur grundlegende Aussagen der Art »Applikation ABC ist ein Produktionssystem« oder »Der Vertrieb wird durch die Applikation XYZ unterstützt«.

Fallstricke und Tipps

Redundante Implementierungen von Capabilities durch mehrere Applikationen sind gerade in größeren IT-Landschaften kein seltenes Phänomen. Solche Redundanzen kann die Sicht 5 (Capability-Bebauung (Matrix)) schnell aufzeigen. Doch hier ist auch Vorsicht geboten. Wenn die Sicht für eine Capability mehrere sie implementierende Applikationen zeigt, so *kann* dies eine echte Redundanz bedeuten, bei der die Schlussfolgerung dann lauten kann, dass eine Konsolidierung der Applikationen stattfinden sollte. Doch möglicherweise liegt keine wirkliche Redundanz vor, da andere Aspekte eine Rolle spielen, die die Sicht jedoch nicht abdeckt. Das folgende Beispiel zeigt einen solchen Fall.

Beispiel. Das Beispiel basiert auf der in Abbildung 5–8 dargestellten Bebauungsmatrix. Die Capabilities `Auftragsprüfung` und `Auftragsverwaltung` werden vermeintlich redundant von drei Applikationen unterstützt. Bei näherem Hinsehen stellt sich jedoch (zur Illustration in diesem Beispiel) heraus, dass eine der Applikationen sich um die Aufträge für Privat- und die beiden anderen um die von Geschäftskunden kümmern. Von den beiden Geschäftskundenapplikationen verarbeitet die eine Applikation Aufträge des Produktsegments A und die andere die des Produktsegments B. Es gibt also sehr wohl Gründe für die Existenz von drei Applikationen und die Aussage einer vollständigen Redundanz ist nicht zutreffend. Nichtsdestotrotz stellen sich in dem Beispiel weitere Fragen, die hier jedoch nicht weiter anhand des Beispiels erörtert werden sollen:

- Lassen sich Synergien im Auftragsmanagement von Privat- und Geschäftskunden realisieren, sodass auch die Applikationen konsolidiert werden könnten?
- Lassen sich die Produktsegmente A und B in Bezug auf das Auftragsmanagement konsolidieren oder zumindest Synergien in Teilen heben?
- Ist das Capability-Modell passend modelliert oder sollten die Unterschiede (in Bezug auf Kundentypen und/oder Produktsegmente) sich in den Capabilities widerspiegeln, sodass auch die Bebauungsmatrix keinen (falschen) Indikator für Redundanz mehr aufzeigen würde?

Die Quintessenz lautet, dass die Sicht 5 (Capability-Bebauung (Matrix)) zunächst nur einen *Indikator* für eine funktionale Redundanz liefert und weitere Analyseschritte nötig sind, um zu klären, ob bzw. um welche Art von Redundanz es sich handelt.

Komplexitätseinschätzung

Der Aufwand zur Erstellung dieser Sicht hängt maßgeblich von der gewählten Ebene des Capability-Modells und der Anzahl der Applikationen ab. Auch wenn die benötigten Angaben zu jeder Applikation in Form entsprechender Dokumentation theoretisch in jedem Unternehmen verfügbar sein sollten, fällt in der Praxis häufig ein gewisser Aufwand zur systematischen Erhebung aktueller und verlässlicher Informationen an. Die eigentliche grafische Aufbereitung ist wegen der regulären Matrixform der Darstellung mit moderatem Aufwand machbar.

5.4.2 Sicht 6: Capability-Bebauung (Tabellenhierarchie)

Capability-Bebauung (Tabellenhierarchie)

Die Capability-Bebauung (Tabellenhierarchie) zeigt die Bebauung von Capabilities durch Applikationen in Form der Capability-Tabellenhierarchie mit darauf platzierten Applikationen.

Fragestellungen

Diese Sicht hilft, dieselben Fragen wie Sicht 5 (Capability-Bebauung (Matrix)) zu beantworten.

Metamodell

Die Sicht benötigt dasselbe Metamodell wie die Sicht 5 (Capability-Bebauung (Matrix)).

Illustration

Abbildung 5–9 zeigt ein Beispiel für eine Capability-Bebauung als Tabellenhierarchie, die um Hinweise zu möglichen Redundanzen und Bebauungslücken ergänzt ist.

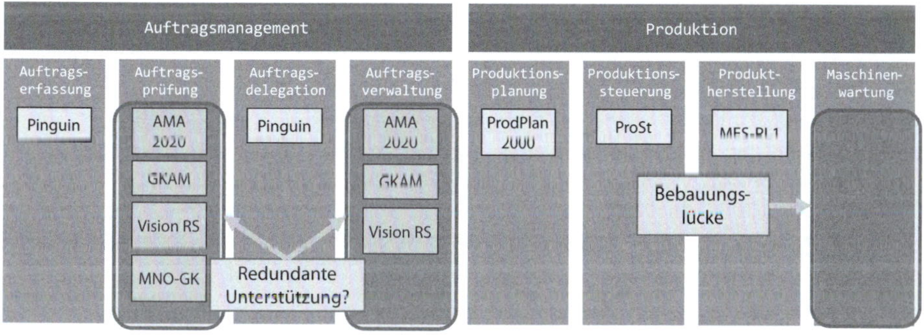

Abb. 5–9: Illustration von Sicht 6 (Capability-Bebauung (Tabellenhierarchie))

Nutzen

Der Nutzen ist prinzipiell derselbe wie der der Sicht 5 (Capability-Bebauung (Matrix)). Der Vorteil hier ist, dass nicht immer eine komplette Matrix aufzuspannen ist, sondern eine gezielte Beschränkung auf die relevanten Applikationen erfolgen kann. Allerdings sind Applikationen ggf. mehrfach in die Sicht aufzunehmen. Um je Applikation zu erkennen, welche Capabilities diese implementiert, müssen die entsprechenden Kästchen in der Darstellung erst »zusammengesucht« werden. Für einzelne Capabilities hingegen lässt sich schneller als in der Matrixdarstellung erkennen, wie viele bzw. welche Applikationen diese implementieren. Im Vergleich lassen sich »Muster« in der Matrixdarstellung insgesamt leichter erkennen.

Anreicherungen und Abwandlungen

Ähnlich wie bei Sicht 3 (Capability-Tabellenhierarchie) können Farben und Linienkonturen der Capabilities weitere Informationen in der Darstellung ergänzen. Da der Fokus bei dieser Sicht allerdings auf der Bebauung liegt, sollte gut überlegt sein, welche zusätzlichen Informationen die Sicht zeigen soll, um die Darstellung nicht zu überladen.

Da die Sicht auch die Applikationen als Kästchen darstellt, lässt sich hier ebenso mit Farben arbeiten, um Eigenschaften der Applikationen darzustellen. Beispielsweise können geografische oder organisatorische Zugehörigkeiten der Applikationen farblich codiert werden.

Die Tabellenhierarchie stellt die Ebenen des Capability-Modells untereinander dar. Die den Capabilities zugeordneten Applikationen werden ebenfalls untereinander in den Kästchen der untersten Modellebene dargestellt. Diese Anordnung ermöglicht eine weitere Unterteilung durch horizontale Linien oder Blöcke, um die zugeordneten Applikationen nach einem weiteren Kriterium zu gruppieren. Abbildung 5–10 zeigt ein Beispiel für eine solche Anreicherung, mit der die Applikationen dahingehend gruppiert sind, wo sie betrieben werden. Die oberste Ebene zeigt die Applikationen, die als »Software as a Service« (SaaS) von einem Produktanbieter aus der Anbieter-Cloud bezogen werden. Eigenentwickelte Applikationen, die nicht (mehr) im eigenen Rechenzentrum betrieben werden, sondern in einer Cloud-Umgebung (»Public Cloud«) wie beispielsweise Amazon AWS oder Microsoft Azure laufen, sind in der mittleren Ebene platziert. Die unterste Ebene enthält schließlich alle Applikationen, deren Betrieb im eigenen Rechenzentrum erfolgt.

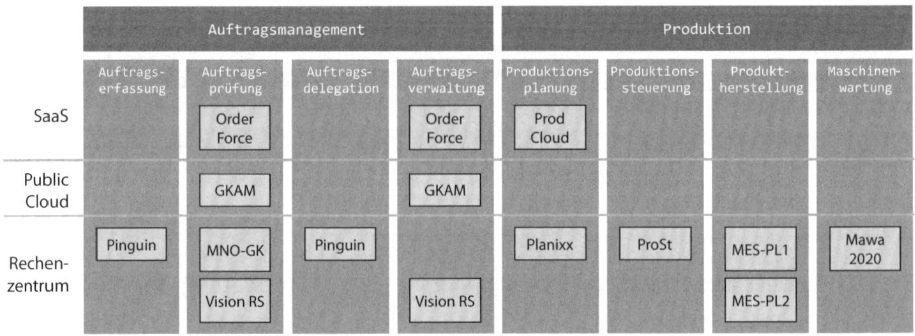

Abb. 5–10: Angereicherte Sicht 6 (Capability-Bebauung (Tabellenhierarchie))

Skalierungsmöglichkeiten

Auch diese Sicht lässt sich skalieren, indem sie eine gröbere oder feinere Ebene des Capability-Modells als Basis wählt. Sind detailliertere Informationen für Applikationen in Form ihrer Unterteilung in Module oder Teilapplikationen verfügbar, so lassen sich diese als innere Kästchen der Applikationen darstellen.

Fallstricke und Tipps

Ebenso wie Sicht 3 (Capability-Tabellenhierarchie) wird diese Darstellung schnell zu breit, wenn keine Unterteilung der Darstellung in mehrere vertikale Bereiche erfolgt.

Komplexitätseinschätzung

Der Informationsbedarf und somit der erforderliche Aufwand zur Beschaffung ist der gleiche wie für die Sicht 5 (Capability-Bebauung (Matrix)). Allerdings ist das Matrixformat letzterer Sicht leichter zu erstellen als die Applikationsbebauungskarte, sofern kein Werkzeug zur automatischen Erstellung zur Verfügung steht.

5.4.3 Sicht 7: Funktionale Prozessbebauung

Funktionale Prozessbebauung

Die funktionale Prozessbebauung zeigt die Bebauung von fachlichen Prozessen durch Capabilities und realisierende Applikationen, indem Capabilities als funktionales Bindeglied zwischen Prozessen und Applikationen dienen.

Fragestellungen

Die funktionale Prozessbebauung trägt zur Beantwortung folgender Fragen bei:

- Welche Applikationen unterstützen welche Prozesse mit welchen Funktionalitäten bzw. Capability-Realisierungen?
- Wo gibt es Redundanzen oder Bebauungslücken in der Prozessunterstützung?
- Wo gibt es Brüche in der IT-Unterstützung von Prozessen?

Metamodell

Abbildung 5–11 zeigt das Metamodell der benötigten Objekttypen. Zentrales Element ist der Objekttyp `Capability-Unterstützung`, der einen dreistelligen Beziehungstyp zwischen Capability, Prozess und Applikation repräsentiert. Eine Applikation unterstützt (realisiert) eine Capability im Kontext eines Prozesses.

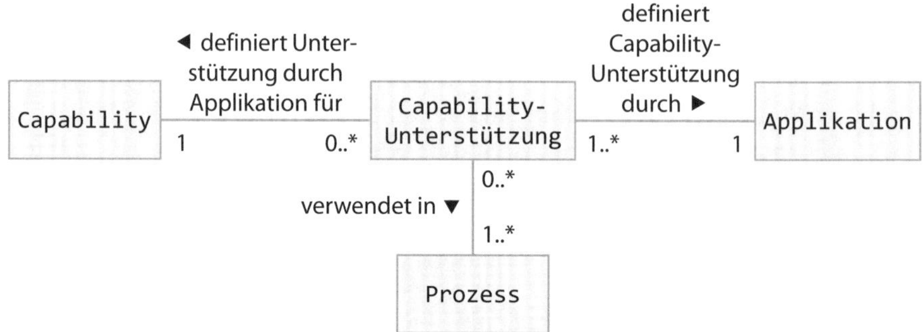

Abb. 5–11: Metamodell von Sicht 7 (Funktionale Prozessbebauung)

Annahme ist hier, dass jede Capability-Realisierung durch eine Applikation im Kontext mindestens eines Prozesses stattfindet, d.h., diesen unterstützt. Zudem wird angenommen, dass eine Applikation mindestens eine Capability realisiert. Das Metamodell ermöglicht eine nach Capabilities differenzierte Zuordnung von Applikationen zu den unterstützten Prozessen. Es wird nicht nur die pauschale Information erfasst, welche Applikation welchen Prozess (irgendwie) unterstützt, sondern es werden auch die jeweils im Prozess benötigten und von der Applikation unterstützten Capabilities zugeordnet.

Illustration

Abbildung 5–12 zeigt ein Beispiel für die Illustration der Sicht. Prozesse und Capabilities bilden jeweils eine der Achsen einer zweidimensionalen Matrix. Die Applikationen sind als Matrixelemente an die jeweiligen Schnittpunkte zwischen unterstützter Capability und Prozess platziert, in dem die Capability Verwendung findet. Bei Abdeckung mehrerer benachbarter Felder lassen sich die Kästchen für die Applikationen (wie im Beispiel für die Applikation »App 1« geschehen) auch feldüberspannend zeichnen.

Nutzen

Analog zu den weniger komplexen Sichten 5 (Capability-Bebauung (Matrix)) und 6 (Capability-Bebauung (Tabellenhierarchie)) kann die funktionale Prozessbebauung Bebauungslücken aufzeigen, hier allerdings in Bezug auf Prozesse. Ebenso findet man möglicherweise Hinweise auf Redundanzen oder Heterogenität in der Prozessunterstützung. Die Sicht kann zudem mögliche Brüche in der Unterstützung eines Prozesses erkennbar machen, wenn z.B. verschiedene Applikationen denselben Prozess unterstützen. Durch die Zuordnung der Capabilities zu den Applikationen ergeben sich Hinweise, wo im Prozess die Brüche vermutlich erfolgen. Es lassen sich Applikationen erkennen, die gemischte Funktionalitäten bzw.

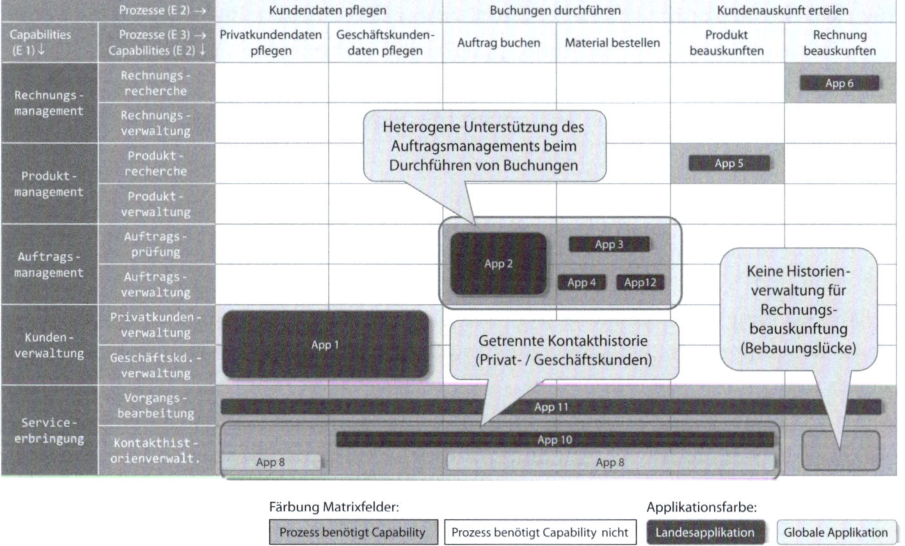

Abb. 5–12: Illustration von Sicht 7 (Funktionale Prozessbebauung)

Prozessunterstützung bieten, wenn diese also viele verschiedene Prozesse mit unterschiedlichen Capabilities unterstützen.

Anreicherungen und Abwandlungen

Wie bei anderen Sichten auch, kann über die Farbgebung aller drei beteiligten Objekttypen Capability, Prozess und Applikation die Aufnahme weitere Merkmale in die Illustration erfolgen.

Ähnlich wie in der Sicht 5 (Capability-Bebauung (Matrix)) lässt sich eine Gewichtung der Unterstützung vornehmen. Da es hier um die Unterstützung konkreter Prozesse geht, eignen sich jedoch andere Arten der Abstufung. Entscheidend ist nicht, zu welchem Grad die Applikation eine Capability unterstützen kann oder nicht, sondern inwieweit diese Unterstützung für den Prozess relevant ist. So könnten Stufen z.B. zwischen »optional« und »zwingend« unterscheiden, ob die durch die Applikation erbrachte Unterstützung der Capability im Prozess optional (im Sinne von möglich oder hilfreich) ist oder ob sie für die Ausführung des Prozesses zwingend erforderlich ist. Die Markierung konnte beispielsweise durch Symbole auf dem jeweiligen Applikationssymbol im Matrixfeld erfolgen.

Skalierungsmöglichkeiten

Wie Capability-Modelle sind auch Prozessmodelle in der Regel hierarchisch in mehreren Ebenen modelliert. Analog zu den Capabilities kann bei dieser Sicht die

Auswahl der Prozesse variieren, sowohl »vertikal« in der Prozessebene als auch in der »horizontalen« Auswahl der gewünschten Prozessdomänen.

Sind für die Applikationen auch deren Bestandteile (Teilapplikationen oder Module) erfasst, so kann die Sicht auch für diese Detailstufe erstellt werden.

Fallstricke und Tipps

Um den Erstellungsaufwand so gering wie möglich zu halten, sollte die zu betrachtende Menge von Prozessen vorher so weit wie möglich reduziert werden. Hierbei können Hypothesen helfen, um die relevanten Prozesse zu identifizieren, für die die Sicht möglichst plakativ relevante Zusammenhänge visualisieren kann. Gibt es keine passende Hypothese, so kann es sinnvoll sein, die Zusammenhänge zunächst ohne perfekt gestaltete Visualisierung zu ermitteln und zu untersuchen. Sind interessante Punkte gefunden, so können gezielt die jeweiligen Untermengen von Prozessen, Capabilities und Applikationen visualisiert werden.

Komplexitätseinschätzung

Der Informationsbedarf für die funktionale Prozessbebauung ist recht hoch, da der Zusammenhang zwischen Capabilities, ihrer Applikationsunterstützung und deren Verwendung im Prozesskontext bekannt sein muss bzw. bei Bedarf zu ermitteln ist. Vor der Erstellung dieser Sicht sollte das Team prüfen, ob eine der beiden Bebauungssichten 5 (Capability-Bebauung (Matrix)) oder 6 (Capability-Bebauung (Tabellenhierarchie)) nicht bereits ausreichend ist. Die Unterstützung von Prozessen durch Applikationen lässt sich auch durch eine Matrix von Prozess und Applikation illustrieren – ohne Capability-Bezug dann natürlich in deutlich weniger differenzierter Weise.

5.5 Definition von Vorhabenumfängen

Capability-Modelle eignen sich hervorragend als Ordnungsrahmen für die Definition und Abgrenzung von Vorhabenumfängen, beispielsweise im Rahmen des Projektportfoliomanagements. Je Vorhaben können dazu die betroffenen Capabilities identifiziert und markiert werden. So lässt sich auch das Nichtbetroffensein (im Sinne einer Abgrenzung) aufzeigen, und durch die Überschneidungsfreiheit der Capabilities ist diese Abgrenzung automatisch trennscharf. Eine grundlegende Art der Betroffenheit ist die (Änderung der) Realisierung einer Capability durch ein Vorhaben, die der Beziehungstyp 34 (`Capability` ◀ ändert Realisierung von `Vorhaben`) (vgl. Anhang A.22) repräsentiert.

5.5.1 Sicht 8: Funktionale Vorhabenumfänge (Karte)

Funktionale Vorhabenumfänge (Karte)

Die Sicht der funktionalen Vorhabenumfänge zeigt den funktionalen Umfang eines oder mehrerer Vorhaben in Form einer angereicherten Capability-Karte.

Fragestellungen

Die funktionalen Vorhabenumfänge können helfen, die folgenden Fragen zu beantworten:

- Welches Vorhaben realisiert welche Capability?
- Wo überschneiden sich Vorhaben in Bezug auf ihre funktionalen Realisierungsumfänge?
- Welche Capabilities werden durch keines der Vorhaben berührt?

Metamodell

Das zugrunde liegende Metamodell der benötigten Informationen entspricht genau dem aus Abbildung A–32 für den Beziehungstyp 34 (`Capability` ◄ ändert Realisierung von `Vorhaben`) (siehe Anhang A.22).

Illustration

Die Capability-Karte dient als Basis für diese Sicht (vgl. Sicht 1 (Capability-Karte)). Die Vorhaben werden wie Tags auf den Capability-Kästchen platziert. Sind alle untergeordneten Capabilities einer Capability betroffen, so ist das Vorhabensymbol auf der höheren Ebene platziert und nicht auf allen untergeordneten Capabilities. Abbildung 5–13 zeigt ein Beispiel.

Capabilities ohne Symbole sind von keinem der Vorhaben betroffen. Sind mehrere Symbole vorhanden, so ändern mehrere Vorhaben die Realisierung der betreffenden Capability, was potenziell Redundanzen oder Konflikte zur Folge haben kann.

Nutzen

Die Sicht bietet eine schnelle Übersicht über die von Vorhaben betroffenen Capabilities auf Basis einer üblichen Darstellung des Capability-Modells. Die Darstellung charakterisiert einerseits den funktionalen Umfang von einem oder mehreren Vorhaben. Andererseits kann das Team auch für eine oder mehrere Capabilities gezielt

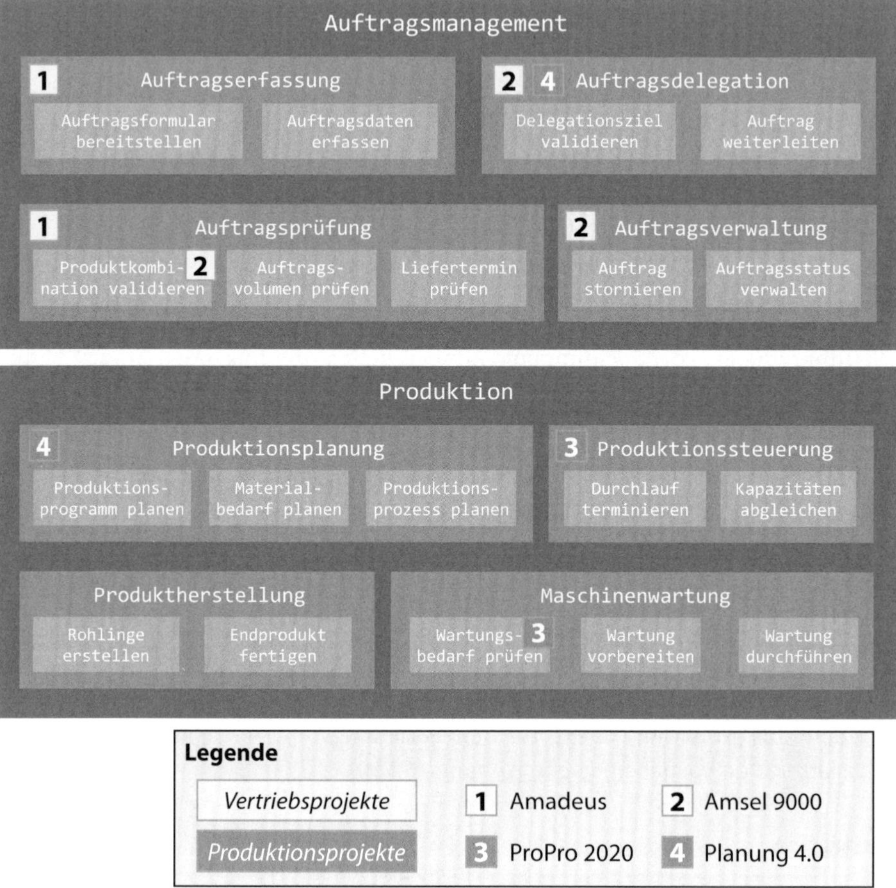

Abb. 5–13: Illustration von Sicht 8 (Funktionale Vorhabenumfänge (Karte))

prüfen, welche Vorhaben diese realisieren bzw. Veränderungen an der Umsetzung vornehmen.

Für eine übergeordnete Steuerung von Vorhaben, z.B. im Rahmen eines Projekt-, Programm- oder Portfoliomanagements, ist es äußerst hilfreich, das Capability-Modell als gemeinsamen Ordnungsrahmen zu etablieren. Dies ermöglicht einen Abgleich zwischen Vorhaben auf Basis der Sicht. Wurden Überschneidungen auf Capability-Ebene identifiziert, können (und sollten) die Vorhabenverantwortlichen genauer prüfen, welche Überschneidungen es tatsächlich gibt. Im besten Fall grenzen sich die Vorhaben durch Realisierungsaspekte gut voneinander ab, die sich bei einer reinen Betrachtung der Geschäftsfähigkeit noch nicht erschließen. Ein Beispiel könnte die Capability `Kundenregistrierung` sein, die von einem Vorhaben in einer mobilen App und von einem anderen Vorhaben in einer Webanwendung realisiert werden soll. Beide Vorhaben realisieren zwar dieselbe Capability, lassen sich jedoch durch die unterschiedlichen Interaktionskanäle gut voneinander abgrenzen. Eine Abstimmung der Vorhaben auf fachlicher Ebene (z.B. bzgl. Anforderungen oder zu erhebender Kundendaten) ist dennoch sinnvoll.

Anreicherungen und Abwandlungen

Sind weiter gehende Charakterisierungen der Vorhaben gewünscht, dann können verschiedene Farben der Tagging-Symbole für eine Differenzierung sorgen. Beispielsweise ließen sich die Priorität oder die Größenordnung des Budgets der Vorhaben farblich codieren.

Wenn es nur ein einziges zu betrachtendes Vorhaben gibt, so kann anstelle von Tagging-Symbolen für die Vorhaben auch den vom Vorhaben betroffenen Capabilities zur Markierung eine besondere Farbe zugewiesen werden, was einen sehr schnellen Überblick über das Vorhaben ermöglicht. Jedes Capability-Kästchen hat dann eine von zwei Farben, die anzeigt, ob das Vorhaben die jeweilige Capability betrifft oder nicht. Capabilities auf höheren Modellebenen, von denen einige ihrer Unter-Capabilities vom Vorhaben betroffen sind und andere nicht, könnten mit einer dritten Farbe versehen werden, um die uneinheitliche Involvierung anzuzeigen. Ist keine dritte Farbe gewünscht, dann sollten die übergeordneten Capability-Symbole die Farbe zur Symbolisierung der Involvierung bekommen, wenn sie zumindest partiell – mit mindestens einer untergeordneten Capability – vom Vorhaben betroffen sind.

Nicht selten kommt es vor, dass der Umfang (»Scope«) eines Projekts während seiner Planung noch nicht vollständig feststeht. Ist es fraglich, ob eine Capability von einem Vorhaben tatsächlich betroffen ist oder nicht, könnte eine weitere Farbe zum Einsatz kommen, um dies zu markieren.

Skalierungsmöglichkeiten

Soll die Darstellung detaillierter gestaltet werden, so lassen sich die Vorhaben statt jeweils als Gesamtheit (z.B. Projekte) eine Ebene tiefer angeben (z.B. Teilprojekte). Auch hier bietet die Tiefe des Capability-Modells bzw. der zugrunde liegenden Karte eine Möglichkeit, Vorhaben funktional detaillierter oder gröber darzustellen. Beschränkt auf die oberste Ebene des Capability-Modells könnte die Sicht dazu dienen, das gesamte Projektportfolio darzustellen und nur zu unterscheiden, ob es sich z.B. um »Produktionsprojekte«, »Vertriebsprojekte« usw. handelt, ohne weiter ins Detail zu gehen.

Fallstricke und Tipps

Wichtig ist, dass der passende (vollständige) Ausschnitt des Capability-Modells ausgewählt wird, der alle Capabilities umfasst, die von den jeweiligen Vorhaben betroffen sind. Hier besteht ansonsten das Risiko der unvollständigen Wiedergabe der Vorhabenumfänge.

Komplexitätseinschätzung

Jedes zu betrachtende Vorhaben bzw. dessen Beteiligte müssen das Capability-Modell kennen, um die gewünschten Informationen für die Erstellung der Sicht liefern zu können. Alternativ müssen die Ersteller der Sicht die Vorhaben soweit kennen (lernen), dass sie die Einordnung selbst vornehmen können. Wie im Abschnitt »Nutzen« bereits erwähnt, ist es am hilfreichsten, wenn das Capability-Modell allen Vorhaben als gemeinsamer Ordnungsrahmen bekannt ist. Für das Bekanntmachen eignet sich beispielsweise eine Serie von Informationsveranstaltungen (»Roadshow«), für die die zentrale Architekturabteilung (oder eine andere zentrale Organisationseinheit) alle relevanten Abteilungen besucht und das Capability-Modell vorstellt.

5.5.2 Sicht 9: Funktionale Vorhabenumfänge (Tabellenhierarchie)

Funktionale Vorhabenumfänge (Tabellenhierarchie)

Die Sicht der funktionalen Vorhabenumfänge zeigt den funktionalen Umfang eines oder mehrerer Vorhaben in Form einer angereicherten Capability-Tabellenhierarchie.

Die dargestellten Informationen dieser Sicht entsprechen denen der Sicht 8 (Funktionale Vorhabenumfänge (Karte)). Der Unterschied liegt lediglich in der Art der Illustration.

Fragestellungen

Die Fragestellungen sind dieselben wie für die Sicht 8 (Funktionale Vorhabenumfänge (Karte)).

Metamodell

Auch das Metamodell ist dasselbe wie für die Sicht 8 (Funktionale Vorhabenumfänge (Karte)).

Illustration

Abbildung 5–14 zeigt ein Beispiel für funktionale Vorhabenumfänge für vier Vorhaben. Der Informationsgehalt ist derselbe wie in Abbildung 5–13.

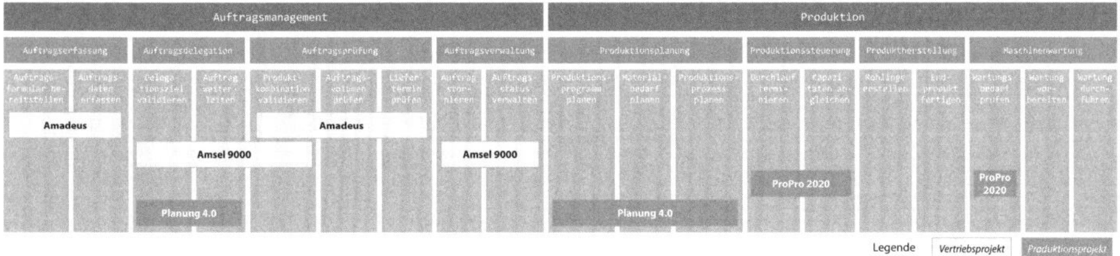

Abb. 5–14: Illustration von Sicht 9 (Funktionale Vorhabenumfänge (Tabellenhierarchie))

Optisch ähnelt die Darstellung der Sicht 6 (Capability-Bebauung (Tabellenhierarchie)), wobei Sicht 9 hier stattdessen Vorhaben und keine Applikationen auf der Capability-Tabellenhierarchie platziert. Ein weiterer Unterschied zu vorgenannter Abbildung ist, dass die Bebauungsobjekte (hier die Vorhaben) durchgehend über mehrere Capabilities dargestellt sind statt jeweils als einzelne Kästchen. Zudem ist je »Zeile« nur ein Vorhaben abgebildet, um die Übersichtlichkeit und die Vergleichbarkeit zwischen Projekten zu erhöhen.

Anmerkung. Diese Art der Darstellung wäre für Sicht 6 (Capability-Bebauung (Tabellenhierarchie)) prinzipiell auch möglich. Umgekehrt ließe sich auch bei der aktuellen Sicht unter Verzicht auf eine zeilenweise Anordnung pro Capability ein einzelnes Projektsymbol darstellen. Die Übersicht ist allerdings höher, wenn die Vorhaben wie in Abbildung 5–14 angegeben werden.

Nutzen

In dieser Darstellung ist das funktionale Portfolio von Vorhaben sehr gut zu erkennen, da die Capability-Zuordnungen jedes Vorhabens in einer separaten »Zeile« erfolgen.

Anreicherungen und Abwandlungen

Wenn der vertikale Platz kein limitierender Faktor ist, lässt sich dieser für eine zeitliche Unterteilung nutzen. Das bedeutet, die Abbildung startet z.B. oben mit den Vorhaben des aktuellen Jahres und setzt sich dann darunter – optisch mit einem geeigneten Trenner versehen – mit dem Folgejahr und ggf. weiteren Jahren fort. Implizit ergibt sich damit von oben nach unten eine Zeitachse.

Statt mit weiteren Vorhaben in zeitlicher Abfolge kann die Illustration unterhalb der Vorhaben mit anderen Objekttypen in analoger Weise fortgesetzt werden, d.h., die Zuordnung entsprechender Objekte zu den Capabilities darstellen. Möglich wäre hier z.B. die Darstellung von Technologien, die für die Realisierung der Capabilities zum Einsatz kommen sollen.

Skalierungsmöglichkeiten

Es bieten sich grundsätzlich die gleichen Skalierungsmöglichkeiten wie bei der Sicht 8 (Funktionale Vorhabenumfänge (Karte)) an. Die Veränderung der Detaillierungsstufe in Bezug auf das Capability-Modell ist hier etwas einfacher in der Darstellung, da die Tabellenhierarchie regelmäßiger aufgebaut ist.

Fallstricke und Tipps

Wie bei den Darstellungen als Tabellenhierarchie immanent, können diese schnell in der Horizontalen zu ausufernd werden, wenn sie zu viele Capabilities darstellen sollen.

Komplexitätseinschätzung

Es gilt die gleiche Einschätzung wie für die Sicht 8 (Funktionale Vorhabenumfänge (Karte)).

5.5.3 Sicht 10: Funktionale Vorhabenstufen

Funktionale Vorhabenstufen

Die Sicht der funktionalen Vorhabenstufen stellt auf Basis von Capabilities die funktionalen Ausbaustufen von Vorhaben dar.

Mithilfe der Capability-Karte zeigt diese Sicht, welche Ausbaustufe eines Vorhabens welche Capability realisiert bzw. deren Realisierung anpasst.

Fragestellungen

Die funktionalen Vorhabenstufen können dazu beitragen, die folgenden Fragen zu beantworten:

- Welche Funktionalitäten realisiert ein Vorhaben in welcher Ausbaustufe?
- Wann wird die Realisierung welcher Capability abgeschlossen sein?
- Welche Capabilities werden von einem Vorhaben nicht realisiert?

Metamodell

Das Metamodell für die Sicht entspricht dem in Abbildung A–32 dargestellten, da sie den Beziehungstyp 34 (`Capability` ◀ ändert Realisierung von `Vorhaben`) benötigt, siehe Anhang A.22.

Illustration

Die in Abbildung 5–15 dargestellte Sicht zeigt die Ausbaustufen eines Vorhabens auf Basis der Capability-Karte.

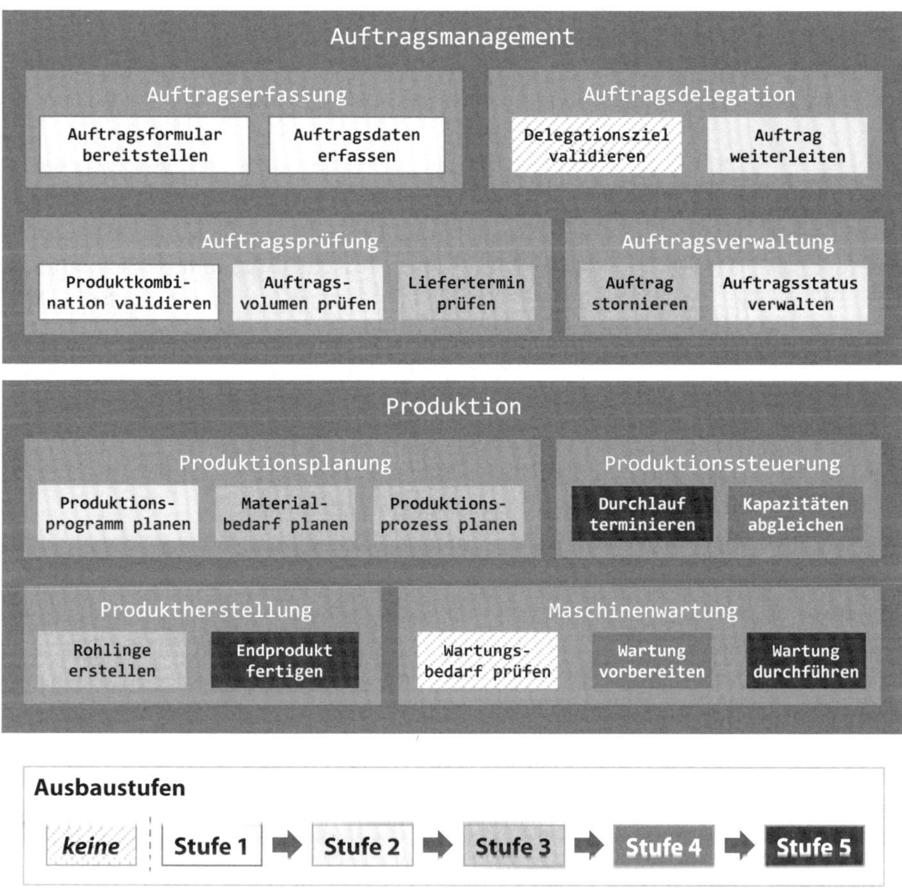

Abb. 5–15: Illustration von Sicht 10 (Funktionale Vorhabenstufen)

Die Illustration ist ein Beispiel für die Verwendung von Farben, um Sachverhalte darzustellen. Das Beispiel zeigt ein Vorhaben, das über die Ausbaustufen hinweg den gesamten dargestellten Ausschnitt des Capability-Modells abdeckt. Wenn das Vorhaben bestimmte Capabilities nicht abdeckt, kann eine weitere Farbe (z.B. in der ursprünglichen Originalfarbe der Capability-Karte) diese markieren, oder sie werden ganz weggelassen.

Nutzen

Die Sicht der funktionalen Vorhabenstufen bietet einen schnellen Überblick über die Ausbaustufen eines Vorhabens. Zu erkennen ist, welche Funktionalitäten (als Capabilities repräsentiert) in welcher Stufe umgesetzt (bzw. in ihrer Umsetzung angepasst) werden. Bei der Festlegung der Vorhabenstufen bzw. deren Umfängen kann die Capability-Karte als Arbeitsmittel dazu dienen, diesen Festlegungsprozess (»Scoping«) zu unterstützen.

Anreicherungen und Abwandlungen

Statt der Färbung der Capability-Kästchen lassen sich auch Symbole oder durchnummerierte »Klebeschildchen« (Tags) für die Ausbaustufen auf der Capability-Karte platzieren. Dies ist etwas weniger schnell erfassbar und entspricht im Wesentlichen der Sicht 8 (Funktionale Vorhabenumfänge (Karte)), wobei sich die hier vorgestellte Sicht auf ein einziges Vorhaben beschränkt und dessen Ausbaustufen betrachtet. Vorteil dieser Darstellung ist, dass sich einer Capability mehrere Vorhaben(stufen) durch die entsprechenden Klebeschildchen zuordnen lassen. Das wäre beispielsweise dann empfehlenswert, wenn verschiedene Vorhabenstufen eine Capability nach und nach vollständig realisieren.

In der Praxis bietet es sich an, die Ausbaustufen plakativ zu benennen, damit sie besser im Gedächtnis der Beteiligten bleiben. Zudem kann den Ausbaustufen ein geplanter Abschlusstermin zugewiesen und in die Illustration mit aufgenommen werden.

Skalierungsmöglichkeiten

Die gewählte Ebene des Capability-Modells bestimmt die Detailstufe für die Spezifikation der Ausbaustufen. Bei der Auswahl der Capabilities besteht grundsätzlich Freiheit. Es bietet sich an, ggf. auch »verwandte« Capabilities des Modells mit aufzunehmen, um eine Abgrenzung vorzunehmen, wenn bestimmte Capabilities von keiner Vorhabenstufe abgedeckt sind, obwohl das vielleicht intuitiv zu erwarten wäre.

Die Anzahl der Ausbaustufen ist beliebig, solange sich diese farblich (oder anderweitig) noch unterscheiden lassen. Bei einer Vielzahl von Stufen sollte die Sicht ggf. auf die oben bereits beschriebenen Klebeschildchen zurückgreifen, um die Stufen zu markieren.

Fallstricke und Tipps

Idealerweise nutzt die Sicht die Capability-Karte mit derselben Anordnung der Capabilities wie sonst üblich, um dem Wiedererkennungswert zu erhöhen.

Komplexitätseinschätzung

Bezüglich der Kenntnis des Capability-Modells gelten die gleichen Aussagen wie für die Sichten 8 (Funktionale Vorhabenumfänge (Karte)) und 9 (Funktionale Vorhabenumfänge (Tabellenhierarchie)). Für die Stufen der Vorhaben werden von diesen jedoch weiter gehende Informationen benötigt, die möglicherweise nicht leicht zu beschaffen sind. Dies gilt insbesondere für Vorhaben, deren Planung noch nicht so weit fortgeschritten ist.

5.5.4 Sicht 11: Vorhabenabgleich (Matrix)

Vorhabenabgleich (Matrix)

Der Vorhabenabgleich (Matrix) spannt die Matrix der im Betrachtungskontext relevanten Applikationen zu den Capabilities auf und verortet die fraglichen Vorhaben in der Matrix dort, wo diese Änderungen an der jeweiligen Applikation in Bezug auf die jeweilige Capability vornehmen bzw. dies planen.

Fragestellungen

Die Sicht des Vorhabenabgleichs hilft bei der Beantwortung der folgenden Fragen:

- Welche Funktionalitäten (in Form von Capabilities) einer Applikation werden durch ein Vorhaben berührt (verändert)?
- Wo planen Vorhaben Änderungen an denselben Applikationen bzgl. derselben Funktionalitäten (Capabilities)?
- Welche Applikationen sind von Vorhaben überhaupt berührt?

Metamodell

Diese Sicht benötigt ein Metamodell, das ein Vorhaben jeweils mit Paaren einer Capability und einer Applikation in Beziehung setzt. Abbildung 5–16 zeigt das Metamodell.

Das Metamodell ist strukturell analog zum Metamodell der Sicht 7 (Funktionale Prozessbebauung) aufgebaut (siehe Abb. 5–11). In beiden Modellen werden Applikationen und Capabilities mit einem dritten Objekttyp verknüpft. Statt des Prozesses ist es in dieser Sicht das Vorhaben, für das eine Vorhabenauswirkung jeweils eine Applikation mit einer oder mehreren Capabilities verknüpft. Jede Zuordnung bedeutet, dass das Vorhaben Änderungen an der verknüpften Applikation vornimmt, und zwar in Bezug auf die Funktionalitäten, die die verknüpften Capabilities repräsentieren. Die Kardinalität lässt hier die Zuordnung mehrerer

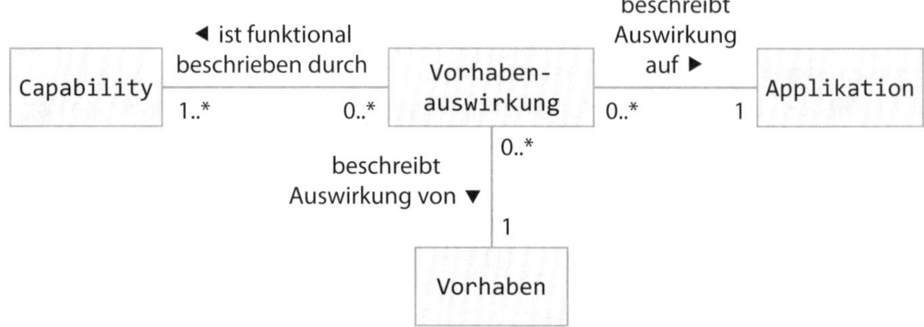

Abb. 5–16: Metamodell von Sicht 11 (Vorhabenabgleich (Matrix))

Capabilities zu einer Vorhabenänderung zu, wenn im Rahmen des Vorhabens die Änderung an einer Applikation funktional umfangreicher ist.

Auch das Metamodell für die Sicht 14 (Funktionale Applikationsmigrationen) (siehe Abb. 5–22) verfügt über die notwendigen Informationen zur Befüllung der Sicht.

Anmerkung. Drei zweistellige Beziehungen jeweils zwischen Paaren von Vorhaben, Applikation und Capability sind hier nicht ausreichend, da jeweils ein echtes Tripel aus den drei Objekttypen für einen Matrixeintrag benötigt wird.

Illustration

Grafisch ist diese Sicht wie Sicht 7 (Funktionale Prozessbebauung) aufgebaut. Analog zu den Applikationen werden hier die Vorhaben in der Matrix platziert. Abbildung 5–17 zeigt illustrativ den Abgleich von vier Vorhaben.
Die Sicht liefert einen schnellen Überblick über den »Fußabdruck« verschiedener Vorhaben im Sinne der betroffenen Applikationen und Funktionalitäten. Dies ermöglicht einen Vergleich der Vorhaben. Im Beispiel ist zu erkennen, dass die Applikation LCAS 2 von keinem der Vorhaben betroffen ist. Anders sieht es bei GKAM aus. Hier planen gleich alle vier Vorhaben oder Projekte Änderungen. An der Capability `Rechnungsrecherche` arbeiten drei Projekte. Ohne ausreichende Abstimmung und Synchronisation zwischen den Vorhaben scheinen Konflikte vorprogrammiert, sofern die Vorhaben gleichzeitig laufen (sollen). Die Capability `Rechnungsverwaltung` hingegen wird von keinem Vorhaben tangiert.

Nutzen

Die Sicht des Vorhabenabgleichs zeigt übersichtlich, wo sich (geplante) Vorhaben funktional und in Bezug auf die Applikationen, die sie verändern (sollen), überschneiden. Durch die gute Skalierbarkeit kann die Sicht sowohl in einem beschränkten Rahmen zur Synchronisation von Einzelmaßnahmen dienen als auch

Capabilities (E 1) →	Rechnungsmanagement		Produktmanagement		Auftragsmanagement	
Capabilities (E 2) → Applikationen ↓	Rechnungs-recherche	Rechnungs-verwaltung	Produkt-recherche	Produkt-verwaltung	Auftrags-prüfung	Auftrags-verwaltung
GKAM	ABC, DEF, GHI		DEF	DEF	DEF	DEF, JLK
LCAS 2						
ProdMan			GHI	GHI		
MCS			GHI			
HAL 9000	ABC					
Meo 98	ABC					
MuRa						JLK

Legende: Vorhaben

Abb. 5–17: Illustration von Sicht 11 (Vorhabenabgleich (Matrix))

zur Gestaltung und Validierung des gesamten Projektportfolios eines Unternehmens. Das Programm- bzw. Projektmanagement können schnell erkennen, wo (potenzielle) Überschneidungen existieren und daher Abstimmungs- und Synchronisationsbedarf zwischen einzelnen (Teil-)Projekten besteht.

Das Projektportfoliomanagement profitiert von dieser Sicht in analoger Weise, wobei hier der Maßstab noch einmal größer ist und ggf. das gesamte Projektportfolio eines Unternehmens umfasst. Auch hier lassen sich mögliche Konflikte durch Überschneidungen von funktionalen Änderungen an Applikationen systematisch identifizieren, sodass das Projektportfolio z.B. durch zeitliche Entzerrung oder einen anderen Projektschnitt angepasst werden kann.

Anreicherungen und Abwandlungen

Die Sicht lässt sich leicht zu einer Art »Heatmap« erweitern, indem die Matrixfelder je nach Anzahl der betreffenden Vorhaben eingefärbt werden. Je mehr Vorhaben, umso greller sollte die Farbe sein, um ein höheres Konfliktpotenzial bzw. Abstimmungsaufwände zwischen den Vorhaben anzuzeigen.

Statt Applikationen zu betrachten, können andere Unternehmenselemente ausgewählt werden, für die die Auswirkungen von Vorhaben im funktionalen Kontext der Capabilities betrachtet werden sollen. Beispielsweise lassen sich Informationsobjekttypen betrachten, auf deren Definition (Struktur, Datenumfänge, Lebenszyklus o.Ä.) die Vorhaben eine Auswirkung haben werden. Oder man betrachtet die Auswirkungen der Projekte auf IT-Infrastrukturkomponenten, wobei die Zuordnung zu den Capabilities in dieser Sicht die relevanten Funktionalitäten repräsentieren, für die die IT-Infrastrukturkomponenten eingesetzt werden.

Skalierungsmöglichkeiten

Die Sicht ist grundsätzlich geeignet, das gesamte Vorhaben- bzw. Projektportfolio für die komplette Applikationslandschaft und das vollständige Capability-Modell abzubilden. Dies kann im Rahmen eines übergeordneten Projektportfoliomanagements zur Planung sinnvoll sein. Die Granularitätsstufe lässt sich durch die Wahl der betrachteten Capability-Ebene(n) sowie den Detailgrad der Applikationsbetrachtung gut steuern. Für einen Abgleich kleinerer Vorhaben wählt man z.B. statt ganzer Applikationen die einzelnen Module der Applikation (als »Unter-Applikationen«) aus und eine detaillierte Capability-Ebene (z.B. Ebene 4 oder 5) mit dem entsprechenden funktionalen Ausschnitt des Capability-Modells.

Fallstricke und Tipps

Die zeitliche Abfolge der Vorhaben spielt bei der Beurteilung möglicher Konfliktpotenziale und Abstimmungserfordernisse eine wesentliche Rolle. Zeigt die Sicht »Ballungen« an bestimmten Stellen, so besitzen diese ggf. eine geringe Relevanz, wenn die Vorhaben nacheinander ausgeführt werden.

Ist die Liste der Applikationen und/oder der relevante Ausschnitt des Capability-Modells nicht vollständig, so droht das Risiko, wichtige Auswirkungen und Überschneidungen zu übersehen. Es bietet sich daher bei der Erhebung der notwendigen Informationen zu den Vorhaben an, das gesamte Capability-Modell zumindest auf Ebene 1 kurz abzufragen (und dann ggf. in tiefere Ebenen zu detaillieren), um keine wichtigen Auswirkungen zu vergessen.

Komplexitätseinschätzung

Zusätzlich zur Kenntnis des Capability-Modells und der funktionalen Umfänge der zu betrachtenden Vorhaben, wie sie z.B. für die einfachere Sicht 8 (Funktionale Vorhabenumfänge (Karte)) benötigt werden, ist hier noch die Ermittlung der betroffenen Applikationen erforderlich. Gerade in frühen Phasen von größeren Vorhaben ist dieses Wissen eventuell noch nicht vorhanden oder hat einen geringen Härtegrad, wenn die Auswirkungen eines Vorhabens noch nicht vollständig bzw. verlässlich geklärt sind. Sollen die in der Sicht dargestellten Informationen einen möglichst hohen Härtegrad besitzen, dann sollte der Aufwand zur Klärung der Vorhabenumfänge – sowohl funktional als auch technisch – nicht unterschätzt werden.

5.6 Migrationsbeschreibungen

Als Migration bezeichnet man in der IT den Wechsel des Produktivbetriebs von einer Istarchitektur auf eine Zielarchitektur. Die betroffenen Architekturebenen und -elemente sowie Umfang und Komplexität von Migrationen schwanken je nach Gegebenheiten und Zielsetzung stark. Zu einer Migration können auf technischer Ebene z.B. der Wechsel von Infrastruktur (z.B. von einem Rechenzentrum in die Cloud), der Austausch einer Applikation durch eine andere, die Übertragung dazugehöriger Daten- und Nutzerbestände von der alten in die neue Lösung und Ähnliches gehören. Neben den technischen Migrationsschritten gehören auch prozessuale und organisatorische Veränderungen, z.B. die Adaption von Prozessen an eine neue Applikation oder die Schulung und Vorbereitung der Anwenderschaft auf den Wechsel. Das Thema Migration ist zu umfangreich und vielschichtig, um es an dieser Stelle auch nur annähernd vollständig (als einen einzigen Anwendungsfall) zu betrachten. Stattdessen liegt der Fokus dieses Anwendungsfalls auf der Nutzung von Capabilities zur Beschreibung von funktionalen Umfängen von Migrationen.

5.6.1 Sicht 12: Capability-Migration (Applikation)

Capability-Migration (Applikation)

Die Sicht der Capability-Migration (Applikation) stellt für eine einzelne, abzulösende (zu migrierende) Applikation auf Basis einer Tabelle dar, in welche Zielapplikationen ihre Funktionalitäten (in Form von Capabilities) migriert werden sollen.

Fragestellungen

Die Sicht der Capability-Migration (Applikation) hilft bei der Beantwortung folgender Fragen:

- Wie sollen die bisherigen Funktionalitäten (im Sinne von Capabilities) der abzulösenden Applikation zukünftig in der Applikationslandschaft verteilt werden, d.h., welche Zielapplikationen stellen als Ersatz zukünftig welche der Funktionalitäten der abzulösenden Applikation bereit?
- Welche Art der Implementierung (neu, geändert, unverändert) ist in den jeweiligen Zielapplikationen je Funktionalität/Capability erforderlich?
- Welche Funktionalitäten werden nicht mehr benötigt und können in der Applikation ersatzlos abgeschaltet werden?

Metamodell

Das für die Sicht erforderliche Metamodell ist in Abbildung 5–18 dargestellt.

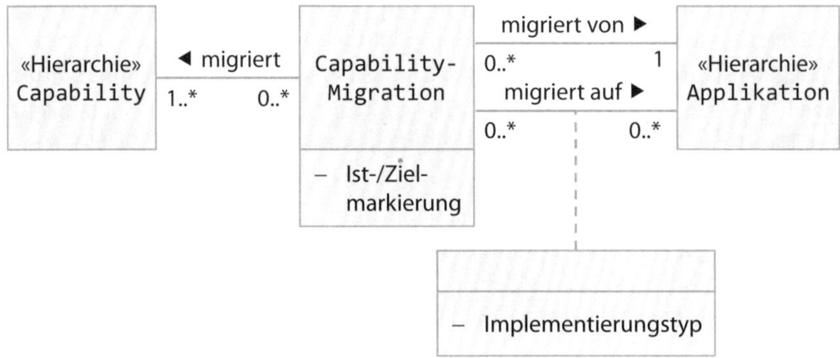

Abb. 5–18: Metamodell von Sicht 12 (Capability-Migration (Applikation))

Ein Objekt vom Typ `Capability-Migration` repräsentiert die Migration einer oder mehrerer Capabilities von genau einer Quellapplikation (Beziehung »migriert von«) auf keine, eine oder mehrere Zielapplikationen (Beziehung »migriert auf«). Steht keine Applikation in der Beziehung »migriert auf«, dann wird die Capability in der Quellapplikation ersatzlos deaktiviert, weil sie z.B. nicht mehr benötigt wird. Gibt es mehrere Migrationsziele, so können mehrere Applikationen in der »migriert auf«-Beziehung stehen. Für jedes Migrationsziel lässt sich (als Beziehungsattribut) angeben, welche Art von Änderung im Sinne eines Implementierungstyps an der Zielapplikation erforderlich ist. Sinnvoll zu unterscheidende Arten sind hier z.B. »unveränderte Implementierung«, »anzupassende Implementierung« und »Neuimplementierung«. Der Typ »unveränderte Implementierung« bedeutet, dass die Zielapplikation die fragliche Capability bereits vollständig bzw. in der benötigten Form realisiert, sodass keine Änderung erforderlich ist.

Illustration

Ein Beispiel für die Sicht zeigt Abbildung 5–19. Die Applikation `A1`, die sieben Capabilities realisiert, soll abgeschaltet werden. Zu sehen sind drei Zielapplikationen, auf die verschiedene Capabilities migriert werden. Zu erkennen ist im Beispiel die Deaktivierung von Capability `Cap 3.1`. Offenbar ist eine Umsetzung nicht mehr erforderlich. Sofern keine anderweitige Realisierung notwendig ist, sollte ein Pflegeprozess für das Capability-Modell für die Entfernung der Capability aus dem Capability-Modell sorgen. Im Fall der Capability `Cap 2.3` zeigt die Sicht eine Migration auf zwei Zielapplikationen (`Z1` und `Z3`). Als (Enterprise-)Architekt könnte sich hier die Frage lohnen, aus welchem Grund nicht eine Zielapplikation für diese Capability ausreicht.

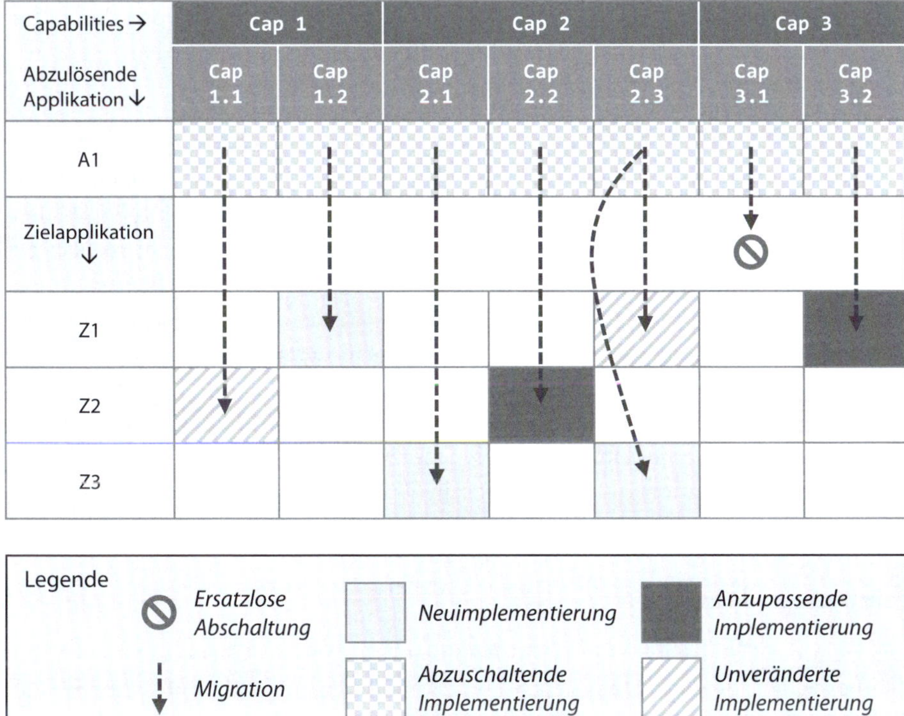

Abb. 5–19: Illustration von Sicht 12 (Capability-Migration (Applikation))

Nutzen

Die Sicht der Capability-Migration (Applikation) ermöglicht einen schnellen Überblick über die Veränderungen in der funktionalen Bebauung, die sich durch die Ablösung einer Applikation ergeben. Zu erkennen ist auch auf einen Blick, an welchen Applikationen bzgl. welcher Funktionalitäten bzw. Capabilities Änderungen erfolgen (müssen).

Anreicherungen und Abwandlungen

Eine Abwandlung dieser Sicht besteht darin, statt der Capabilities die in der abzulösenden Applikation verwalteten Daten zu betrachten. Gerade wenn es mehrere Zielapplikationen (wie im vorangegangenen Beispiel) gibt, so stellt sich neben der Frage der funktionalen Migration auch die der Datenmigration. Auch hier lassen sich je Informationsobjekttyp aus der abzulösenden Bestandsapplikation die Zielapplikationen optisch in analoger Weise darstellen. Sind die Informationsobjekttypen den Capabilities (z.B. als Teil des angereicherten Capability-Modells) zugeordnet, so lassen sich auch beide Perspektiven – die funktionale und die datenorientierte – kombinieren, indem z.B. die Informationsobjekttypen der zu migrierenden Daten an die Pfeile bzw. die Zielfelder eingetragen werden.

Skalierungsmöglichkeiten

Beide Achsen der Sicht (Capabilities und Zielapplikationen) lassen sich gut skalieren. Ausschnitt und Tiefe des Capability-Modells lassen sich durch die Tabellenhierarchiedarstellung frei definieren. Unter Umständen wird die Sicht recht breit, wenn viele Capabilities auf tiefen Modellebenen zu betrachten sind.

Wenn gewünscht oder erforderlich, lassen sich die Zielapplikationen in Module aufteilen. Statt nur einer »Zeile« für die Gesamtapplikation gibt es dann eine Zeile je Applikationsmodul. Eine Betrachtung von Modulen kann dann sinnvoll sein, wenn die Zielapplikation sehr umfangreich ist. Das ist z.B. der Fall bei großen SaaS-Systemen wie Salesforce oder SAP. Statt immer nur »Salesforce« als ein und dieselbe Zielapplikation zu betrachten, scheint eine Differenzierung in »Salesforce CRM«, »Salesforce Journey Builder« usw. sinnvoll.

Fallstricke und Tipps

Die Sicht der Capability-Migration (Applikation) kann als Checkliste dienen, um zu überprüfen, ob alle vorhandenen Funktionalitäten einer Altapplikation bei der Migration berücksichtigt wurden. Jede realisierte Capability muss einen Pfeil nach unten haben, der das Migrationsziel angibt. Die Nutzung als Checkliste setzt allerdings voraus, dass alle umgesetzten Capabilities der Altapplikation auch bekannt (und dargestellt) sind. Gerade ältere Applikationen haben manchmal vollkommen unerwartete Funktionalitäten, die gar nicht dem eigentlichen Einsatzzweck der Applikation entsprechen, aber dennoch genutzt werden. Eine entsprechend gründliche Istanalyse ist notwendig, um solche Fälle zu entdecken und zu berücksichtigen. Hier hilft ein gutes, verständliches Capability-Modell: Als Checkliste eingesetzt, können die fachlichen Nutzer der Applikation schnell auch die »versteckten« Funktionalitäten benennen, da sich entsprechende Einträge im Capability-Modell finden sollten. (Voraussetzung: Das Capability-Modell ist vollständig bzw. detailliert genug.)

Komplexitätseinschätzung

Für die Erstellung der Sicht müssen sowohl die von der abzulösenden Applikation realisierten Capabilities als auch deren Zielapplikation(en) bekannt sein. Liegen diese Informationen vor, ist der Aufwand zur Erstellung der Illustration sehr überschaubar. Die Komplexität zur Ermittlung der Informationen richtet sich zum einen nach dem Umfang der Altapplikationen: Natürlich ist die Analyse eines riesigen, historisch gewachsenen Monolithen aufwendiger als die einer funktional schlanken Miniapplikation. Im Idealfall haben die (Enterprise-)Architekten bereits die Istbebauung erfasst und dokumentiert, sodass die Capabilities aller Bestandsapplikationen bekannt und leicht abrufbar sind.

Zum anderen ist der Aufwand abhängig von der Ermittlung der Sollbebauung, d.h. von der Beantwortung der Frage, welche Capabilities auf welche Zielapplikationen zu migrieren sind. Dieser Aufwand ist in den meisten Fällen der eigentliche Aufwandstreiber. Der Aufwand hängt auch hier wieder am Umfang der Altapplikation, denn je mehr Capabilities diese realisiert, umso mehr sind in der Zielarchitektur zu »verteilen«. Die Sicht kann hier auch helfen, Vorschläge und Ideen für die Sollbebauung und die erforderliche Migration zu visualisieren und zu diskutieren.

5.6.2 Sicht 13: Capability-Verteilung

Capability-Verteilung

Die Capability-Verteilung zeigt die aus Alt- auf Zielapplikationen zu verteilenden Capabilities in Form eines angereicherten Kontextdiagramms der Zielarchitektur.

Fragestellungen

Die Capability-Verteilung unterstützt dabei, folgende Fragen zu beantworten:

- Welche Funktionalitäten (im Sinne von Capabilities) sollen von welcher Istapplikation auf welche Zielapplikation migriert werden?
- Welche Module (Bestandteile) der Applikationen realisieren zukünftig welche Funktionalitäten?
- Welche Applikationen unterstützen zukünftig (nach der Migration) welche Capabilities?
- Wie werden die bisherigen Funktionalitäten zukünftig in der Applikationslandschaft verteilt?

Metamodell

Die benötigten Objekt- und Beziehungstypen für die Sicht sind im Metamodell in Abbildung 5–20 aufgeführt. Das Metamodell verzichtet auf die Darstellung von einigen Details (wie z.B. die im nachfolgenden Beispiel in Abb. 5–21 enthaltenen Lieferanten als spezielle Form von Schnittstellenpartnern).

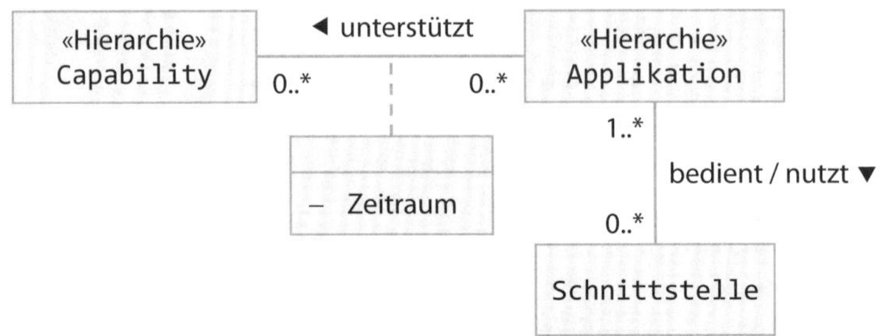

Abb. 5–20: Metamodell von Sicht 13 (Capability-Verteilung)

Illustration

Abbildung 5–21 zeigt ein Beispiel für die Sicht, in dem die Funktionalitäten zweier abzulösender Bestandsapplikationen »TRANFOR 90« und »Methusalem 1997« auf die Zielarchitektur verteilt werden.

Zur Vereinfachung der Darstellung sind die Capabilities hier durch Nummern abgekürzt, für die noch eine (hier nicht dargestellte) Zuordnungstabelle erforderlich ist. Wenn der Platz ausreicht, ist selbstverständlich auch eine direkte Angabe der Capability-Bezeichnungen möglich und sinnvoll.

Nutzen

Die Capability-Verteilung gibt einen gut zu erfassenden Überblick über die Zielarchitektur und die darin (neu) verorteten Funktionalitäten in Form der unterstützten Capabilities. Sie kann auch als Checkliste dienen, um zu überprüfen, ob alle Funktionalitäten der Altapplikationen in der Zielarchitektur ein neues Zuhause gefunden haben. Die Sicht bietet eine Kombination aus strukturellen, technischen und funktionalen Aspekten.

Anreicherungen und Abwandlungen

Die Basis der Sicht ist ein Kontextdiagramm, das um die zugeordneten Capabilities angereichert ist. Erfolgt die grafische Anordnung der Applikationen vom Platz her großzügig, lässt sich die Zielarchitektur um weitere Elemente anreichern, die auch bei einem herkömmlichen Kontextdiagramm ergänzt werden können. Dazu gehören z.B. die von Schnittstellen übertragenen Datenobjekttypen oder Angaben zu den verwendeten Technologien. Ebenso könnte man auch Aspekte des Hostings bzw. des (physischen) Deployments ergänzen, indem man z.B. grafische Bereiche als Rechtecke hinterlegt, um zwischen einem Hosting im eigenen Rechenzentrum (»on-premises«) und in der Cloud zu unterscheiden.

Bezüglich der Darstellung der Capabilities könnte die Wahl der Farbgebung beispielsweise eine Unterscheidung dahingehend vornehmen, welches (Teil-)Pro-

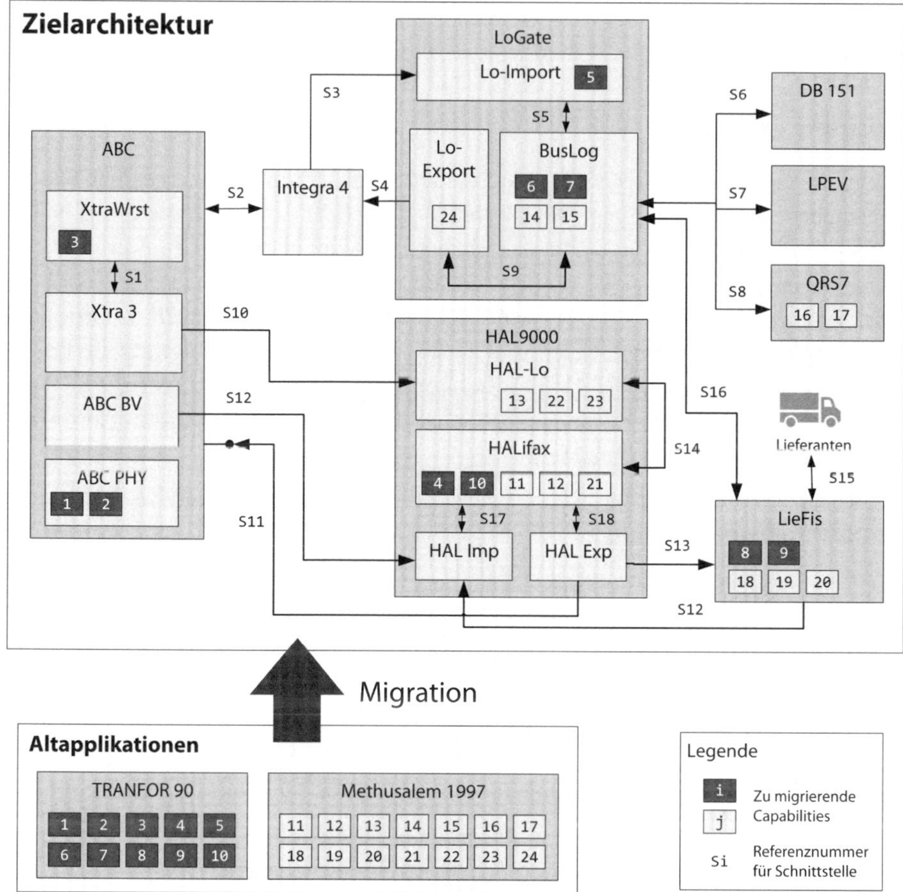

Abb. 5–21: Illustration von Sicht 13 (Capability-Verteilung)

jekt sich um die Realisierung/die Migration der betreffenden Capability kümmert. Wird eine Funktionalität (Capability) einer Altapplikation überhaupt nicht mehr benötigt, so könnte beispielsweise ein rotes X-Symbol diese Tatsache in der Sicht markieren. Die Capability braucht dann in der Zielarchitektur nicht berücksichtigt/verteilt zu werden. Ist abzusehen, dass das Unternehmen sie gar nicht mehr benötigt, sollte man sie auch aus dem Capability-Modell entfernen.

Skalierungsmöglichkeiten

Bei großen Migrationsvorhaben lassen sich auch umfangreiche Zielarchitekturen mit einer Vielzahl von Ist- und Zielapplikationen und umfangreichen (detaillierten) Capability-Modellen darstellen. Eine Skalierung in zeitlichem Sinne ist dadurch möglich, dass die Einteilung der Gesamtmigration in mehrere Stufen oder

Schritte mit jeweils einer eigenen Sicht dargestellt wird, sodass sich ein (zwischenzeitiges oder endgültiges) Zielbild je Stufe ergibt.

Fallstricke und Tipps

Nicht alle Funktionalitäten einer bestehenden Applikation haben eine direkte oder offensichtliche Entsprechung im Capability-Modell. In solchen Fällen sind Näherungen oftmals ausreichend, da es sich bei der Sicht nicht um eine präzise Implementierungsspezifikation, sondern um eine grobe Architekturdarstellung handelt. Typischerweise sind die für eine Applikation dokumentierten Funktionalitäten implementierungsspezifisch und weniger abstrakt bezeichnet als die korrespondierenden Capabilities. Als Beispiel könnte die in einer Applikation zur Umsetzung einer Capability `Kundenabrechnung` implementierte Funktion »Automatisierte Order-Abrechnung« heißen.

Komplexitätseinschätzung

Die Komplexität der Erstellung der Sicht hängt von der Komplexität und dem Umfang des Migrationsvorhabens ab. Sind die Istapplikationen gut bekannt und deren Funktionalitäten im Idealfall in einem Architekturinventar erfasst, so sind die betroffenen Capabilities leicht zu ermitteln. Ist dies nicht der Fall, muss ggf. eine aufwendige Analyse der Applikation und deren Nutzung erfolgen. Um eine bestehende Applikation mit dem Ziel ihrer Abschaltung migrieren zu können, ist die Ermittlung der genutzten Funktionalitäten jedoch ohnehin erforderlich.

5.6.3 Sicht 14: Funktionale Applikationsmigrationen

Funktionale Applikationsmigrationen

Je Applikation erfasst die Sicht der funktionalen Applikationsmigrationen den Umgang mit den realisierten Funktionalitäten (in Form von Capabilities) im Kontext der agierenden (Teil-)Projekte oder Maßnahmen eines größeren Transformationsvorhabens.

Fragestellungen

Mit der Sicht der funktionalen Applikationsmigrationen lassen sich die folgenden Fragen beantworten:

- Was geschieht im Rahmen von Vorhaben mit den in den Istapplikationen realisierten Funktionalitäten bzw. Capabilities?
- Welche (Teil-)Projekte/Maßnahmen betreffen welche Applikationen bzgl. welcher Funktionalitäten bzw. Capabilities?

- Welche Applikationen der Zielarchitektur realisieren zukünftig welche Funktionalitäten bzw. Capabilities?
- Welche Capabilities werden neu realisiert oder zukünftig nicht mehr benötigt und infolgedessen zurückgebaut?

Metamodell

Abbildung 5–22 zeigt das Metamodell, das man für die Erstellung der Sicht benötigt.

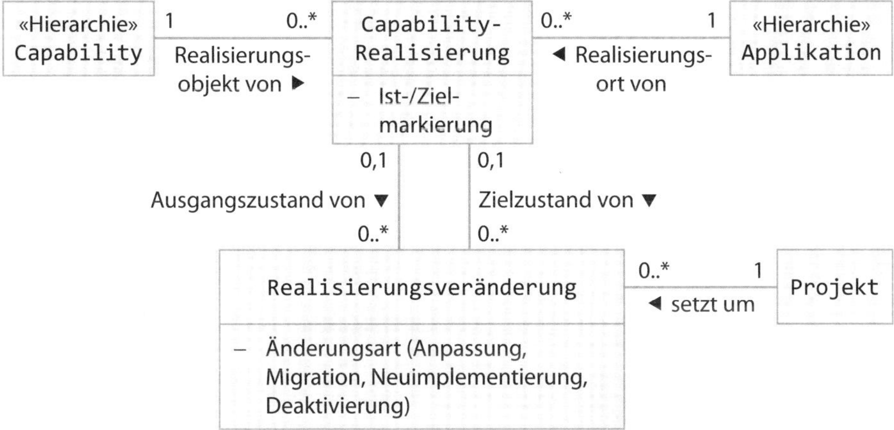

Abb. 5–22: Metamodell von Sicht 14 (Funktionale Applikationsmigrationen)

Der Informationsobjekttyp `Capability-Realisierung` verknüpft genau eine Capability mit einer sie realisierenden Applikation. Eine solche Capability Realisierung ist dahingehend markiert, ob es sich dabei um einen Ist- oder einen Zielzustand handelt. Eine Realisierungsveränderung ist durch den gleichnamigen Informationsobjekttyp repräsentiert und verknüpft jeweils eine Ist- mit einer Zielrealisierung, um den entsprechenden Übergang zu beschreiben. Eine Realisierungsänderung ohne zugeordnete Istrealisierung bedeutet, dass eine Capability im Zielzustand neu realisiert wird, d.h., dass es in diesem Sinne keinen Istzustand mit zugeordneter Applikation gibt. Umgekehrt wird keine Capability-Realisierung als Zielzustand verknüpft, wenn eine bestehende Capability-Realisierung abgelöst wird, d.h., kein Ersatz geschaffen wird. Jede Realisierungsveränderung wird von genau einem Projekt umgesetzt.

Illustration

Ein Beispiel für die Sicht zeigt Abbildung 5–23.

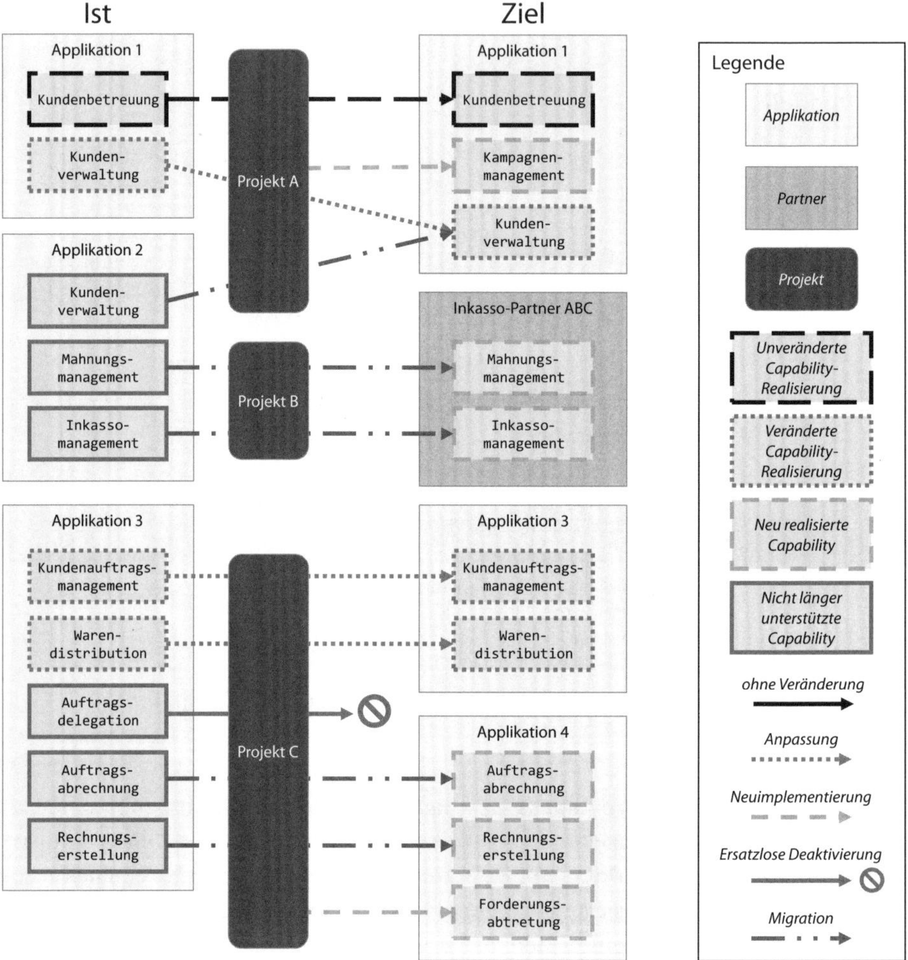

Abb. 5–23: Illustration von Sicht 14 (Funktionale Applikationsmigrationen)

Die Realisierungen von Capabilities in drei Applikationen »1«, »2« und »3« werden im Beispiel durch drei Projekte »A«, »B« und »C« verändert. Eine der Applikationen wird abgelöst, während eine weitere Applikation sowie ein externer Partner (»Inkasso-Partner ABC«) als zukünftiges Ziel der Realisierung hinzukommen.

Nutzen

Die Sicht bietet einen Überblick über die Applikationsarchitektur in Bezug auf ausgewählte Applikationen bzw. Capabilities vor und nach der Durchführung relevanter Vorhaben. Dadurch lassen sich geplante Veränderungen bzgl. der Applikationsfunktionalitäten ebenso wie neu zu schaffende oder abzuschaltende Applikationen schnell erkennen. Das Projektmanagement kann mit der Sicht der funktionalen Applikationsmigrationen den funktionalen Umfang sowie die betroffenen Applikationen seiner Vorhaben auf einfache Weise erfassen und Abgrenzungen bzw. Abhängigkeiten zu anderen Projekten erkennen.

Die Sicht lässt sich als eine Art Checkliste verwenden, um bzgl. aller als Capabilities repräsentierten Funktionalitäten der Applikationen prüfen zu können, ob deren Verbleib im Rahmen von Vorhaben definiert ist. Dies ist besonders wichtig, wenn geplant ist, eine Applikation abzuschalten, da das erst dann möglich ist, wenn alle weiterhin benötigten Funktionalitäten an anderer Stelle realisiert sind. Nimmt man auch alle realisierten Capabilities in die Sicht mit auf, für die keine Veränderung geplant ist, so ist genau diese Information explizit dargestellt, und es bleiben keine Fragen offen.

Anreicherungen und Abwandlungen

Bei großen Transformationsprogrammen lässt sich ggf. die Projektstruktur noch detaillierter bzw. differenzierter darstellen (z.B. durch Aufnahme der Teilprojekte statt der Projekte). Abgesehen von der Beschriftung ist es ebenso möglich, die Zugehörigkeit der Teilprojekte zu Projekten durch die Farbgebung der Symbole deutlich zu machen.

Die mittlere »Spalte« der Darstellung enthält die Übergänge und die zugehörigen Projekte. Hier kann bei Bedarf eine unten oder oben auf dem Bild angebrachte, horizontal ausgerichtete Zeitachse die Anordnung der Projektsymbole dort ermöglichen, wo sie zeitlich stattfinden sollen. Bei Bedarf kann dazu der mittlere Bereich der Darstellung verbreitert werden, um längere Zeiträume bzw. eine feinere zeitliche Auflösung abzubilden.

Skalierungsmöglichkeiten

Der jeweilige Ausschnitt der IT-Landschaft (Applikationen), der Projekte und der Capabilities lässt sich im Prinzip beliebig wählen. Bei den Applikationen könnte man die einzelnen Komponenten darstellen. Bei den Capabilities besteht grundsätzlich die Wahl der Ebene, wobei eine zu hohe Ebene eine zu grobe Sicht erzeugt. Es empfiehlt sich bei dieser Sicht, die tiefste modellierte Ebene des Capability-Modells zu wählen.

Im »Extremfall« wird die Sicht genutzt, um das gesamte Capability-Modell bzw. die gesamte Applikationslandschaft mit dem Projektportfolio eines Jahres darzustellen, um z.B. aus EAM-Sicht ein vollständiges Bild über geplante Veränderungen zu erhalten. Ein solches Gesamtbild ermöglicht eine übergreifende Validierung der Konsistenz der Projekte und Maßnahmen, ist jedoch mit entsprechendem Erstellungsaufwand verbunden.

Der Ausschnitt kann auch sehr klein gewählt werden, um nur für einige wenige Vorhaben eine Übersicht zu erhalten. Es sollte stets vermerkt sein, ob alle Capabilities bzw. Funktionalitäten der betroffenen Applikationen oder nur Teile davon Bestandteil der Darstellung sind, damit für alle Betrachter ersichtlich ist, ob das Bild funktional vollständig ist oder nicht.

Fallstricke und Tipps

Um die Sicht als Checkliste zur Überprüfung zu nutzen, ob alle Funktionalitäten der Istapplikationen im Rahmen der Vorhaben »versorgt« sind, müssen alle realisierten Capabilities der Applikationen bekannt und bei der Erstellung der Sicht aufgeführt werden. Gerade bei älteren, komplexen Monolithen erleben Architekten und Migrationsplaner des Öfteren Überraschungen, da solche Applikationen nicht selten Funktionen realisieren bzw. Capabilities unterstützen, die mit dem eigentlichen Zweck der Applikation wenig oder gar nichts zu tun haben. So enthält z.B. ein Kundenabrechnungssystem für den arglosen Projektarchitekten unerwartet vielleicht auch wichtige Funktionen zur Pflege und Verteilung von Produktionsstammdaten. Vergisst die Planung, solche Funktionalitäten bei der Migration zu berücksichtigen, lässt sich im schlimmsten Fall eine Altapplikation nicht abschalten, weil noch wichtige Funktionalitäten darauf laufen, für die das Projekt keine Zielapplikation festgelegt bzw. keinen Ersatz geschaffen hat. In jedem Fall ist ein Zeitverlust damit verbunden, der je nach Umfang der vergessenen Funktionalitäten und deren Abhängigkeiten (z.B. erforderliche Schnittstellen) gravierend sein kann.

Komplexitätseinschätzung

Der Aufwand zur Erstellung hängt vom Umfang der Projekte und der betroffenen Applikationen ab. Gibt es eine aktuelle, detaillierte Ausgangsdokumentation mit einer Übersicht bzw. Zuordnung von Capabilities zu den Istapplikationen, so reduziert das den Aufwand für die Darstellung enorm, denn mindestens die linke Seite der Sicht ist dann bekannt. Sind die Migrationsziele aller Funktionalitäten definiert und die verantwortlichen Projekte zugeordnet, lässt sich die Sicht mit überschaubarem Aufwand erzeugen. Der Aufwand steckt in der Festlegung der Migrationsziele, muss jedoch im Rahmen der Vorhabenplanung (völlig unabhängig von der Sicht) ohnehin getrieben werden.

5.7 Realisierung von Marktprodukten

Mit den von einem Unternehmen am Markt angebotenen Produkten generiert das Unternehmen seinen Umsatz und sichert somit seine Existenz. Um ein Marktprodukt an die Kundschaft zu bringen, benötigt das Unternehmen verschiedene Capabilities, wie in Anhang A.11 verdeutlicht wird. Der hier beschriebene Anwendungsfall dient dazu, einen Überblick über das bestehende Produktportfolio und die für seine Realisierung erforderlichen Fähigkeiten des Unternehmens zu gewinnen sowie damit verbundene Anforderungen zu erkennen. Diese Informationen sind auch für die Einführung neuer Produkte relevant. Der Anwendungsfall hilft auch dabei, den (zukünftigen) funktionalen und nicht funktionalen »Fußabdruck« neuer Produkte zu erkennen. Der in Anhang A.11 definierte Beziehungstyp 14 (`Capability` ◀ benötigt zur Realisierung `Marktprodukt`) ordnet den Marktprodukten die zu ihrer Realisierung benötigten Capabilities zu, sodass sich die Essenz des hier beschriebenen Anwendungsfalls damit bereits abdecken lässt. Zur Visualisierung sind zwei der Basissichten auf diesen Beziehungstyp anwendbar: Sicht 2 (Angereicherte Capability-Karte) und Sicht 4 (Capability-Objekt-Beziehungsmatrix). Die 1:1-Anwendung dieser beiden Sichten ist sinnvoll, wird hier jedoch nicht weiter beschrieben. Stattdessen folgt die Definition von zwei erweiterten Sichten, die spezifische Aspekte der Realisierung von Marktprodukten in die Darstellungen mit einbeziehen.

5.7.1 Sicht 15: Marktproduktunterstützung (Karte)

Diese Sicht erweitert die Sicht 2 (Angereicherte Capability-Karte) um anwendungsfallspezifische Elemente.

Marktproduktunterstützung (Karte)

Die Marktproduktunterstützung (Karte) zeigt ausgewählte Capabilities und die von ihnen unterstützten Marktprodukte in Form einer angereicherten Capability-Karte mit Markierung der relevanten Kundengruppen.

Fragestellungen

Die Marktproduktunterstützung (Karte) hilft bei der Beantwortung folgender Fragen:

- Welche Capabilities unterstützen die Realisierung welcher Marktprodukte für welche Kundengruppen?
- Welche Marktprodukte benötigen je Kundengruppe welche Capabilities für ihre Realisierung?

- Welche Capabilities sind für die Unterstützung von besonders vielen Marktprodukten relevant?
- Welche Capabilities werden nicht direkt für bestimmte Marktprodukte benötigt?
- Worin unterscheiden sich die »funktionalen Fußabdrücke« (= benötigte Capabilities) der Marktprodukte je Kundengruppe?

Metamodell

Diese Sicht ist eine Erweiterung von Sicht 2 (Angereicherte Capability-Karte). Die Objekt- und Beziehungstypen für die Produktunterstützung zeigt Abbildung 5–24.

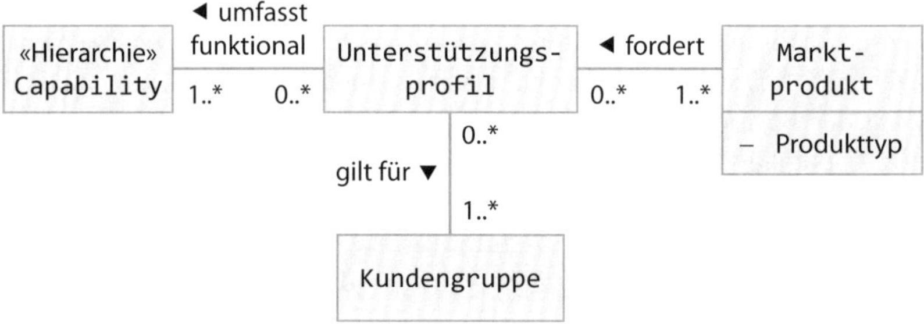

Abb. 5–24: Metamodell von Sicht 15 (Marktproduktunterstützung (Karte))

Wenn ein Marktprodukt zu seiner Realisierung das Vorhandensein einer Capability fordert, so werden auch immer die Kundengruppen zugeordnet, für die diese Forderung gilt. Das verbindende Element ist der Informationsobjekttyp `Unterstützungsprofil`. Ein Marktprodukt hat zur Kategorisierung einen Produkttyp, der in der Illustration zur Erkennung jeweils unterschiedlich dargestellt wird. Bei Bedarf lassen sich weitere Attribute definieren, die später in der Illustration zu einer grafischen Unterscheidung (durch Füll- oder Linienfarbe, Linienkontur usw.) nutzbar sind.

Illustration

Eine beispielhafte Illustration zeigt Abbildung 5–25. Im stark vereinfachten Beispiel bietet ein Unternehmen vier Produkte an, die entweder Einzel- oder Kombiprodukte sind. Die Einzelprodukte sind eine Versicherung, die Finanzberatung und ein Sparplan. Das Kombiprodukt (»VS-Kombi«) bündelt die Versicherung und den Sparplan. Die Erweiterung der Basissicht 2 (Angereicherte Capability-Karte) besteht darin, dass die jeweils relevanten Kundengruppen als Symbole auf den Produktkästchen ergänzt sind.

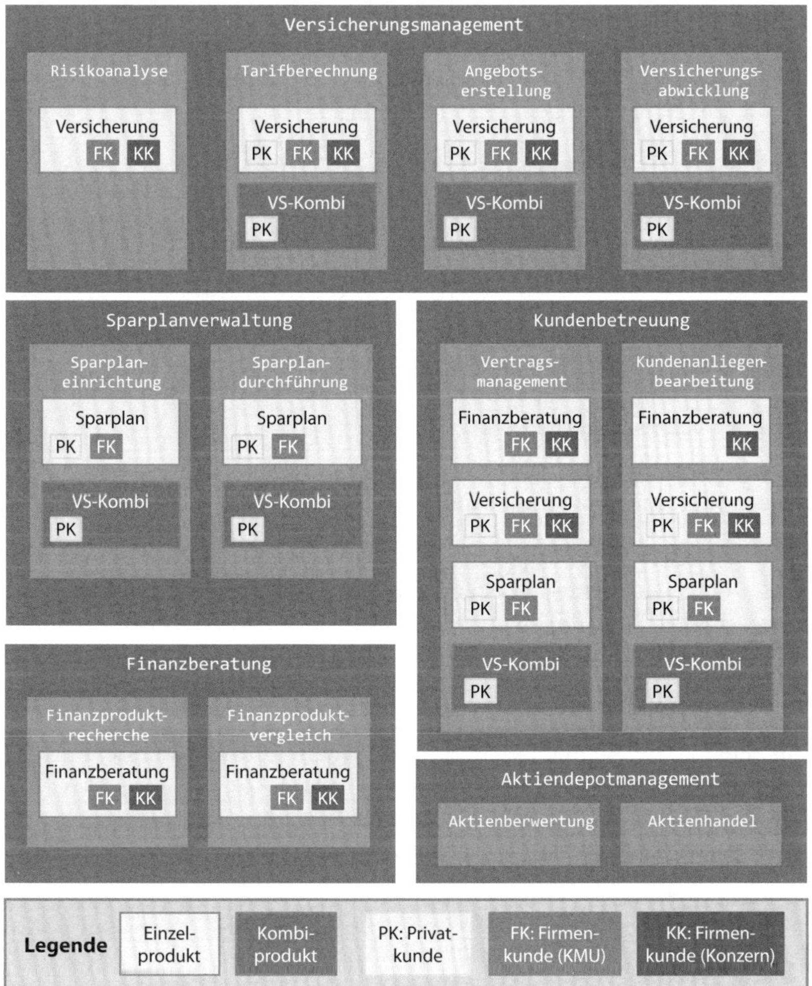

Abb. 5–25: Illustration von Sicht 15 (Marktproduktunterstützung (Karte))

Zu erkennen ist, dass eine Risikoanalyse für das Versicherungsprodukt nicht für Privatkunden erfolgt. Das Kombiprodukt von Versicherung und Sparplan gibt es hingegen nur für Privatkunden; keine der zugeordneten Capabilities wird bezogen auf das VS-Kombi-Produkt für Firmenkunden benötigt. Die Finanzberatung wird nur für Firmenkunden angeboten. Für dieses Produkt benötigt das Unternehmen die Capability `Kundenanliegenbearbeitung` nur für Konzernkunden.

Die beiden Capabilities `Aktienbewertung` und `Aktienhandel` benötigt das Unternehmen offenbar für keines seiner Produkte. Hier stellt sich die Frage, ob das Unternehmen diese Capabilities dann überhaupt noch benötigt bzw. nutzt. Wenn diese Frage verneint wird, sollten die Capabilities aus dem Capability-Modell entfernt werden. Andernfalls sollte eine Prüfung erfolgen, ob das Unternehmen die

Capabilities ggf. doch (indirekt) für die Realisierung eines der Produkte braucht. Beispielsweise könnte die Capability `Aktienbewertung` für das Produkt der Finanzberatung hilfreich sein.

Nutzen

Die Marktproduktunterstützung (Karte) bietet einen Capability-zentrierten Überblick über die Produkte und zeigt, welche Produkte die einzelnen Capabilities jeweils unterstützen. Zudem sind die jeweils betroffenen Kundengruppen leicht zu identifizieren. Auf das gesamte Produktportfolio angewendet, lassen sich diejenigen Capabilities leicht erkennen, die für besonders viele Marktprodukte erforderlich sind. Ebenso sind die Capabilities schnell ausgemacht, die für wenige oder gar kein Produkt benötigt werden.

Anreicherungen und Abwandlungen

Die Markierung der Produktkästchen mit den Kundengruppen stellt eine Art von »Tagging« dar. Mit diesem Verständnis sind (beliebige) weitere Markierungen durch zugeordnete Tags denkbar.

Skalierungsmöglichkeiten

Wie bei den anderen Sichten auch, die auf Capability-Karten basieren, lässt sich die Illustration über Auswahl und Tiefe der Capabilities skalieren. Das Produktportfolio kann entweder vollständig oder in Teilen (z.B. nur bestimmte Produkttypen) Berücksichtigung finden. Analog gilt das für die einzubeziehenden Kundengruppen.

Fallstricke und Tipps

Bei der Zuordnung von Capabilities zu Marktprodukten sollte man bei den Querschnittsfähigkeiten (wie z.B. `Personalverwaltung`) vorab überlegen, ob diese mit betrachtet werden sollen. In vielen Fällen benötigt das Unternehmen diese Fähigkeiten nicht direkt zur Realisierung von Marktprodukten, sondern nur indirekt. Schließt die Sicht solche Capabilities dennoch mit in die Betrachtung ein und berücksichtigt auch (jegliche) indirekten Formen der Unterstützung, so ergibt sich ein vollständiges Bild. Wenn dann allerdings jedes Marktprodukt wegen der indirekten Erforderlichkeit zu jeder Querschnittsfähigkeit zugeordnet ist, bringt das kaum Mehrwert. Es empfiehlt sich also eher, nur die Capabilities der direkten Wertschöpfung einzubeziehen. Das Einbeziehen von Querschnitts-Capabilities ist nur dann zu empfehlen, wenn zwischen verschiedenen Produkten relevante Unterschiede bzgl. der Produktrealisierung bestehen bzw. zumindest zu vermuten sind.

Komplexitätseinschätzung

Die Komplexität dieser Sicht hängt wesentlich von Umfang und Komplexität des Produktportfolios ab. Eine weitere Abhängigkeit besteht zur gewünschten Detailtiefe und der daraus resultierenden Ebene des Capability-Modells. Eine pauschale Aussage zur Komplexität lässt sich aus diesen Gründen kaum treffen. Um in der Praxis zu einer Einschätzung des Aufwandes zu kommen, kann die Sichtenerstellung mit einem kleinen Ausschnitt (z.B. mit einem einzelnen Marktprodukt) und einer Zuordnung zu einer mittleren Capability-Ebene starten. Aus den gewonnenen Erfahrungswerten lässt sich dann der zu erwartende Aufwand für das gesamte Produktportfolio und ggf. detailliertere Ebenen des Capability-Modells extrapolieren.

5.7.2 Sicht 16: Marktproduktanforderungen

Marktproduktanforderungen

Für jedes Marktprodukt zeigt diese Sicht die für die Realisierung des Produkts benötigten Capabilities und für deren Implementierung umzusetzende nicht funktionale Anforderungen in Form einer angereicherten Matrix.

Als Erweiterung einer einfachen Matrix mit bloßen Markierungen, welche Capability für welches Marktprodukt erforderlich ist, enthält diese Sicht zusätzlich die nicht funktionalen Anforderungen (NFA), die bei der Umsetzung der Capabilities bzgl. des jeweiligen Marktprodukts erfüllt werden müssen. Wie in Anhang A.2 näher dargelegt, adressieren nicht funktionale Anforderungen Aspekte, die nicht die gewünschte Funktionalität bzw. Systemabläufe selbst beschreiben, sondern weiter gehende Solleigenschaften wie Verfügbarkeit, Robustheit, Skalierbarkeit oder Ähnliches. Die ISO-Norm 25010 kann als erstes Strukturierungsmittel dienen, um nicht funktionale Anforderungen systematisch zu ermitteln [35].

Fragestellungen

Mit der Sicht der Marktproduktanforderungen lassen sich die folgenden Fragen beantworten:

- Welche Capabilities muss ein Unternehmen zur Realisierung eines Marktprodukts umsetzen?
- Welche wesentlichen nicht funktionalen Anforderungen werden im Kontext der Realisierung eines Marktprodukts an eine Capability gestellt?
- Welche funktionalen und nicht funktionalen Anforderungen bringt ein (neues) Marktprodukt im Vergleich zu anderen (vorhandenen) Marktprodukten mit sich?

- Welche nicht funktionalen Anforderungen werden in Summe benötigt, um das gesamte Marktproduktportfolio umzusetzen?
- Wie sieht der gesamte funktionale »Fußabdruck« (in Form von Capabilities) aus, den das Unternehmen für die Realisierung des Produktportfolios benötigt?

Metamodell

Als Metamodell für diese Sicht ist das in Abbildung A–13 (S. 310) im Anhang dargestellte Modell ausreichend. Die Beziehung zwischen Capabilities und den Marktprodukten wird durch ein Beziehungsattribut angereichert, das die nicht funktionalen Anforderungen aufnimmt. Besteht der Bedarf, die nicht funktionalen Anforderungen als eigenständige Objekte zu betrachten, so lässt sich das Metamodell entsprechend erweitern. Je Marktprodukt definiert man dazu ein oder mehrere separate Anforderungsprofile, die für eine oder mehrere für das Marktprodukt benötigte Capabilities die nicht funktionalen Anforderungen bündeln und zuordnen. Abbildung 5–26 zeigt das erweiterte Metamodell.

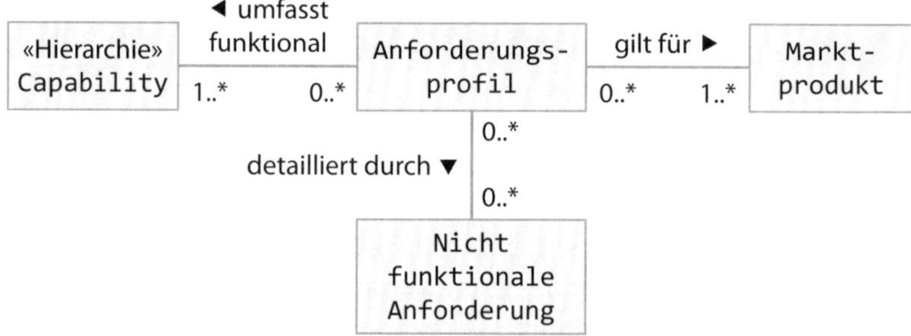

Abb. 5–26: Metamodell von Sicht 16 (Marktproduktanforderungen)

Objekte vom Typ `Anforderungsprofil` repräsentieren eine dreistellige Beziehung, die jeweils Marktprodukte, benötigte Capabilities und die zu erfüllenden nicht funktionalen Anforderungen zu einer Marktproduktanforderung mit funktionalen und nicht funktionalen Aspekten verknüpft. Da Capabilities Fähigkeiten repräsentieren, etwas ganz Bestimmtes aktiv zu tun, stellt diese im weitesten Sinne eine Art funktionale Anforderung an das Marktprodukt dar. Dies drückt sich im Metamodell durch den Namen des Beziehungstyps »umfasst funktional« aus. Dieselbe nicht funktionale Anforderung kann zu beliebigen Anforderungsprofilen gehören, ist also nicht unbedingt spezifisch für ein spezielles Marktprodukt oder eine spezielle Capability.

Illustration

Abbildung 5–27 zeigt ein einfaches Beispiel für die Sicht aus dem Bereich Paketlogistik. Die Marktprodukte sind hier in zwei Arten aufgeteilt: Basisprodukte und Zusatzleistungen, die ein Kunde zu den Basisprodukten hinzubuchen kann.

Capabilities E1 →	Pakettransport		Paket-daten-mgmt.	Zustellmanagement			Paketservice-management	
Produkte ↓ E2 →	Paket-sortierung	Fern-transport	Paket-verfolgung	Zustell-planung	Empfänger-identitäts-prüfung	Zustell-nachweis-management	Paket-versicherung	Nachnahme-abwicklung
Basisprodukte								
Normalpaket	Standard	Standard	Standard	Standard		Standard		
Expresspaket	Prio	Prio	Echtzeit	Prio		Standard		
Wertpaket	Standard	Standard	Echtzeit	Standard		Nicht-abweis-barkeit	Standard	
Zusatzleistungen								
Nachnahme						Nicht-abweis-barkeit		Standard
Persönliche Zustellung					Daten-schutz, Offline	Nicht-abweis-barkeit		
Zeitfenster-zustellung				Prio				

Legende: Keine speziellen NFA | Spezielle NFA

Abb. 5–27: Illustration von Sicht 16 (Marktproduktanforderungen)

Die im Beispiel gezeigten nicht funktionalen Anforderungen sind sehr grob definiert und dienen lediglich der Illustration. In der praktischen Anwendung müsste diese an anderer Stelle genauer beschrieben und ggf. auch weiter detailliert oder differenziert werden.

Die Anforderung mit der Bezeichnung »Standard« ist als Pseudoanforderung zu sehen. Ein entsprechender Eintrag bedeutet, dass eine Capability für das Marktprodukt realisiert werden muss, es dabei jedoch keine speziellen nicht funktionalen Anforderungen gibt, die auf dieser groben Ebene bereits zu betrachten wären.

Die nicht funktionale Anforderung »Prio« steht dafür, dass die realisierte Capability eine besonders hohe (priorisierte) Ausführungsgeschwindigkeit erfordert. Bei den Expresspaketen müssen die Capabilities des Pakettransports z.B. besonders auf Geschwindigkeit getrimmt werden, um den Transport ausreichend schnell für das Express-Versprechen an den Kunden durchzuführen.

»Echtzeit« bedeutet, dass die Capabilities so umgesetzt werden müssen, dass sie innerhalb einer definierten (kurzen) Zeit ein Ergebnis liefern. Beispielsweise soll die Sendungsverfolgung bei Express- und Wertpaketen den Status von Sendungen »in Echtzeit« verfolgen können, also die relevanten logistischen Ereignisse in einer definierten (kurzen) Zeitspanne verarbeiten.

Die Anforderung der »Nichtabweisbarkeit« gilt für bestimmte Produkte für die Capability `Zustellnachweismanagement`. Bei Wertpaketen sowie bei den Zusatzleistungen Nachnahme und persönliche Zustellung darf der Zustellnachweis einer Sendung nicht abweisbar sein, um bei etwaigen Haftungsfragen auf der sicheren Seite zu sein und etwaige Regressforderungen eines Kunden notfalls gerichtlich abwehren zu können.

Mit der Anforderung »Datenschutz« ist gemeint, dass bei der Umsetzung der entsprechenden Capabilities für das jeweilige Produkt besonders hohe Anforderungen an den Schutz der verarbeiteten (persönlichen) Daten gelten.

Nutzen

Die Erstellung der Sicht der Marktproduktanforderungen hilft bei der Identifizierung von Anforderungen an die Realisierung von Capabilities, die für die betrachteten Marktprodukte erforderlich sind. Für jedes Marktprodukt und ggf. jeden Extraservice werden für diese Sicht gezielt sowohl die jeweils benötigten Geschäftsfähigkeiten als auch produktspezifisch die wesentlichen nicht funktionale Anforderungen ermittelt, die beim Entwurf entsprechender (IT-)Lösungen zu beachten sind. Die wichtigsten nicht funktionalen Anforderungen bereits beim Entwurf und nicht erst bei der Implementierung zu kennen, ermöglicht von Beginn an die Gestaltung der »richtigen« Lösungsarchitektur.

Anreicherungen und Abwandlungen

Ist eine detailliertere Betrachtung der nicht funktionalen Anforderungen gewünscht und ist die Anzahl der Anforderungen groß, kann es hilfreich sein, den Anforderungen Nummern zuzuweisen und in der Darstellung nur die Nummern aufzuführen. Dies spart Platz in der Darstellung. Die Anforderungen lassen sich dann ausführlich an separater Stelle beschreiben.

Skalierungsmöglichkeiten

Die Sicht kann entlang der beiden Achsen skaliert werden, und zwar sowohl in der Detailtiefe als auch in der Anzahl der betrachteten Elemente.

Die Capabilities können sehr grob (z.B. auf Modellebenen 1 und 2) betrachtet werden, wenn lediglich eine Einschätzung gewünscht ist, welche funktionalen Bereiche ein Marktprodukt überhaupt betrifft. Bei Auswahl einer detaillierten Capability-Ebene lassen sich funktionale und nicht funktionale Anforderungen auch in großer Detailtiefe darstellen. Letzteres ist dann hilfreich, wenn der Einstieg in das Softwaredesign erfolgen soll. Auch der Ausschnitt des Capability-Modells lässt sich wählen. Schränkt man den Ausschnitt ein, so muss man sich bewusst sein, dass man möglicherweise nicht mehr alle Capabilities (und somit ggf. Funktionalitäten von IT-Applikationen) betrachtet, die man für die Realisierung der relevanten Produkte benötigt.

Bei den Marktprodukten kann sich die Sicht auf einige wenige Produkte beschränken, wenn z.B. im fraglichen Arbeitskontext nur eine bestimmte Produktgruppe oder auch nur ein einzelnes, neues Produkt betrachtet werden soll. Ebenso lässt sich auch das ganze Produktportfolio in die Sicht mit aufnehmen, wenn man sich einen Gesamtüberblick verschaffen möchte. Bezüglich des Detaillierungsgrads lässt die Sicht sich von einer groben Betrachtung ganzer Sparten oder Gruppen von Produkten bis hin zu detaillierten Varianten oder Konfigurationen einzelner Produkte skalieren.

Fallstricke und Tipps

Capabilities sind nicht direkt mit Systemfunktionalitäten gleichzusetzen. Die Erstellung dieser Sicht ersetzt daher das Anforderungsmanagement weder für funktionale noch für nicht funktionale Anforderungen. Sie kann für das Anforderungsmanagement als Einstiegspunkt dienen, indem mit ihr zunächst eine erste grobe Ermittlung von Anforderungen erfolgt. Andersherum kann die Sicht auch nach der detaillierten Anforderungsermittlung zur Zusammenfassung der wichtigsten Anforderungen an die Umsetzung der betrachteten Marktprodukte dienen.

Die Ausprägung und die Nutzung dieser Sicht hängen vom Produktportfolio des Unternehmens ab. Bei einem Handelsunternehmen, das Tausende gleichartiger Produkte (Artikel) vertreibt, ist es nicht sinnvoll, jeden Artikel einzeln in der Matrix abzubilden, da vermutlich sehr viele Einträge identisch wären. Hier empfiehlt es sich, Produktgruppen als gröbere Einheiten zu betrachten.

Komplexitätseinschätzung

Der Aufwand zur Erstellung der Sicht hängt maßgeblich von der Granularität der Achsen und vom gewünschten Detaillierungsgrad der nicht funktionalen Anforderungen ab. Je umfangreicher das zu betrachtende Produktportfolio (bzw. dessen Ausschnitt) und je größer der Ausschnitt der Capabilities im Betrachtungskontext ist, umso höher ist der Aufwand für die Erstellung der Sicht.

5.8 Nutzen- und Potenzialanalyse

Verschiedene Arten von Entscheidungen in Unternehmen sind so schwerwiegend, dass diese erst nach einer erfolgten Abwägung potenzieller oder zu erwartender Nutzeneffekte gegenüber Kosten, möglicher negativer Auswirkungen und Risiken getroffen werden. Bei einer solchen Kosten-Nutzen-Betrachtung (»Business Case«) sind Capabilities ein hilfreiches Mittel, um zu erwartende Nutzeneffekte sowie weiter gehende Potenziale zu identifizieren oder zu analysieren. Das Capability-Modell des Unternehmens bildet dabei einen geeigneten Ordnungsrahmen, mit dem sich je Capability die Nutzeneffekte und Potenziale untersuchen und zuordnen lassen. Die beiden nachfolgenden Sichten bilden zwei Schritte der Analyse ab: Im ersten Schritt ermittelt das Analyseteam den aktuellen Stand der Capability-Realisierung, um darauf aufbauend im zweiten Schritt die Potenziale möglicher Nutzeneffekte für die einzelnen Capabilities durch Änderungen an den Capability-Realisierungen zu ermitteln.

5.8.1 Sicht 17: Capability-Realisierung (Ist)

Capability-Realisierung (Ist)

Die Capability-Realisierung (Ist) zeigt das Capability-Modell des Unternehmens oder einen relevanten Ausschnitt in Form einer Capability-Karte und markiert die Capabilities mit der Art ihrer aktuellen Realisierung.

Fragestellungen

Die Sicht unterstützt bei der Beantwortung der nachfolgenden Fragen:

- Auf welche Arten werden wesentliche Capabilities heute realisiert?
- Gibt es Capabilities, die (noch) gar nicht realisiert sind, d.h., gibt es fehlende Fähigkeiten?
- Welche Capabilities sind systemunterstützt, welche werden noch manuell realisiert?
- Wie ist (grob) der Stand der Automatisierung und Digitalisierung der Capability-Realisierungen?

Metamodell

Das für die Sicht erforderliche Metamodell ist sehr einfach, da je Capability lediglich die jeweiligen Arten der Realisierung zugeordnet werden müssen. Welche Arten der Realisierung das Team betrachten möchte und wie feingranular bestimmte Arten unterschieden werden sollen, hängt von den Anforderungen des Anwendungskontexts ab. Abbildung 5–28 zeigt das Metamodell für die Sicht.

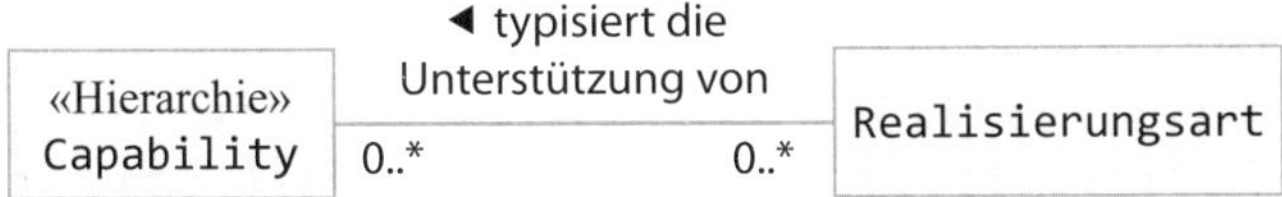

Abb. 5–28: Metamodell von Sicht 17 (Capability-Realisierung (Ist))

Illustration

Abbildung 5–29 zeigt eine beispielhafte Illustration der Sicht für eine Autovermietung, die sich modernisieren möchte.

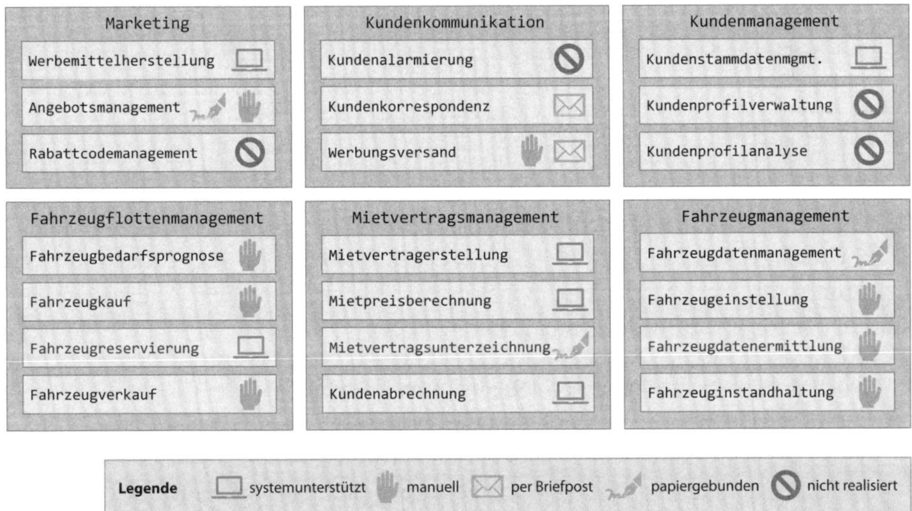

Abb. 5–29: Illustration von Sicht 17 (Capability-Realisierung (Ist))

Das illustrierte Beispiel nutzt eine recht grobe Typisierung der Realisierungen, die für praktische Anwendungen in vielen Fällen dennoch ausreichend sein sollte. Zu erkennen ist beispielsweise, dass diverse Capabilities noch nicht digitalisiert sind, sondern manuell realisiert werden. Der dargestellte Ausschnitt des Capability-Modells in zwei Ebenen zeigt den in Richtung Kunden gerichteten Ausschnitt des Geschäftsmodells. Obwohl das Modell damit nicht vollständig ist, zeigt es doch sehr übersichtlich den Kern des Geschäftsmodells und ist geeignet, den Stand der Digitalisierung des Geschäftsmodells schnell zu erfassen.

Nutzen

Die Sicht bietet einen schnellen Überblick über den Status der Realisierung von Capabilities. Manuelle oder anderweitig nicht (ausreichend) systemunterstützte bzw. mangelhaft digitalisierte Capabilities sind in der Darstellung schnell zu identifizieren. Werden die zu unterscheidenden Realisierungsarten mit Bedacht gewählt, eignet sich die Sicht sehr gut für Workshop-Formate, bei denen eine Expertengruppe gemeinsam den Stand der Dinge bzgl. der aktuellen Realisierung geschäftskritischer Capabilities feststellen kann. Die Diskussion über die Capabilities und die gemeinsame Einschätzung des Status quo schaffen die Grundlage für eine anschließende, realitätsbezogene Ermittlung von Potenzialen, die sich beim Auf- und Ausbau der Capability-Realisierungen ergeben.

Anreicherungen und Abwandlungen

Die Sicht stützt sich auf die Capability-Karte als Basissicht (siehe Abschnitt 5.2.1). Die Markierung der Capabilities mit den Realisierungsarten stellt eine Form des Taggings dar und ist entsprechend flexibel. Abbildung 5–29 unterscheidet fünf verschiedene Arten der Realisierung, die nicht exklusiv sind, d.h., einer Capability lassen sich ggf. mehrere Realisierungsarten zuweisen.

Als mögliche Abwandlung könnte das Analyseteam die Capabilities mit dem Grad der Automatisierung oder Digitalisierung markieren, um eine quantitative Bewertung zu erhalten. Hierfür ist allerdings eine nachvollziehbare und einheitliche Vorschrift erforderlich, wie der Grad der Automatisierung je Capability zu bestimmen ist. Einige relevante Aspekte zur Beschreibung der Realisierungsart sind in der folgenden Aufzählung genannt.

- Vorhandensein der Fähigkeit (Realisierung ja/nein)
- Grad der Digitalisierung (ja/nein oder prozentuale Angabe)
- Grad der Automatisierung (ja/nein oder prozentuale Angabe)
- Eingesetzte nicht digitale Mittel (z.B. Papier, Stempel, Briefpost, mechanische Schlüssel)
- Hosting der unterstützenden Lösungen (z.B. Desktop-Software, zentrale On-Premises-Applikation, Cloud-/SaaS-Lösung)
- Vorhandene Datenintegration (mit/ohne oder Grad der Datenintegration)
- Modernität der eingesetzten Technologien (modern/veraltet oder in feineren Abstufungen)

Skalierungsmöglichkeiten

Es gelten die in Abschnitt 5.2.1 skizzierten Skalierungsmöglichkeiten der zugrunde liegenden Basissicht. Größe und Detailtiefe des Capability-Modells sowie die Anzahl der zu platzierenden Markierungen für die Realisierungsarten bestimmen den Platzbedarf für die Sicht. Bei Bedarf lässt sich die Sicht z.B. in mehrere Haupt-Capabilities aufteilen, oder für jede Ebene wird eine eigene Sicht erstellt. Die Arten der Realisierung können von unteren Ebenen auf höhere Ebenen aggregiert werden, um Zusammenfassungen auf den oberen Capability-Ebenen zu erstellen.

Fallstricke und Tipps

Die Definition der Realisierungsarten sollte klar und eindeutig sein. Wenn die Beteiligten beispielsweise unter den Begriffen »automatisiert« oder »digitalisiert« jeweils etwas anderes verstehen, verliert die Sicht ihren Wert.

Komplexitätseinschätzung

Ist für jede Capability eine kompetente Person verfügbar, die die Art der Realisierung kennt, lässt sich die Sicht mit geringem Aufwand erstellen. Die Vorüberlegungen zu den zu unterscheidenden Realisierungsarten sind in jedem Fall notwendig. Die Aufwände hierfür sind überschaubar, sofern das Team nicht extrem viele oder sehr feingranulare Unterscheidungen vornehmen möchte.

5.8.2 Sicht 18: Capability-spezifische Nutzenpotenziale

Dieser Abschnitt definiert die zweite Sicht der Nutzen- und Potenzialanalyse. Statt den aktuellen Stand der Capability-Realisierungen zu betrachten, fokussiert diese Sicht die Nutzenpotenziale, die je Capability durch geeignete Formen der Umsetzung möglich erscheinen.

Capability-spezifische Nutzenpotenziale

Die Sicht der Capability-spezifischen Nutzenpotenziale zeigt eine Übersicht möglicher, durch Maßnahmen zu erreichender Nutzenpotenziale je Capability in Form einer angereicherten Capability-Karte.

Die zuvor definierte Sicht 17 (Capability-Realisierung (Ist)) hilft dabei, den Iststand der Capability-Realisierungen zu ermitteln und darzustellen. Aus diesem Istzustand lassen sich typischerweise eine Reihe von Defiziten ableiten, aus denen das Team wiederum Nutzenpotenziale ableiten kann, die sich durch entsprechende Optimierungen und Weiterentwicklungen in der Umsetzung realisieren lassen. Auf Basis derselben Capability-Karte kann die hier definierten Sicht wesentliche Nutzenpotenziale sichtbar machen. Die Sicht Capability-spezifische Nutzenpotenziale visualisiert Antworten auf die folgenden Fragen:

Fragestellungen

Die Sicht der Capability-spezifischen Nutzenpotenziale visualisiert Antworten auf die folgenden Fragen:

- Welche Arten von Nutzenpotenzialen bestehen für relevante Capabilities?
- Bestehen bestimmte, gewünschte Arten von Nutzenpotenzialen (z.B. Automatisierung, Kosteneinsparungen) für einzelne Capabilities?

- Welche konkreten, detaillierten Nutzenpotenziale bestehen je Capability?
- Wie hoch ist der Nutzen für die Nutzenpotenziale je Capability einzuschätzen?

Metamodell

Für die Sicht muss die Zuordnung ein oder mehrerer Nutzenpotenziale zu jeder Capability möglich sein. Ein dafür nutzbares Metamodell zeigt Abbildung 5–30.

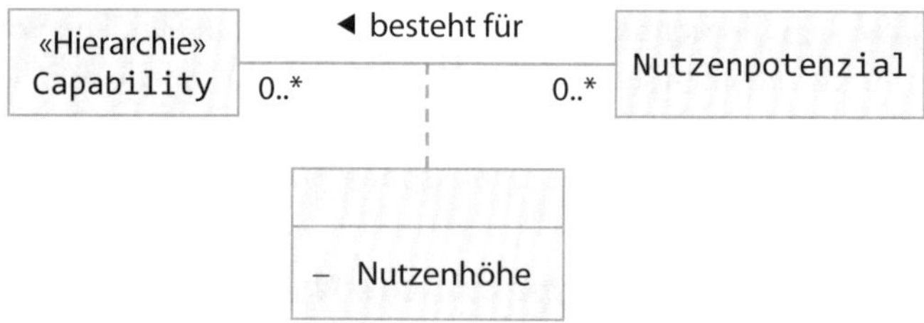

Abb. 5–30: Metamodell von Sicht 18 (Capability-spezifische Nutzenpotenziale)

Der Objekttyp `Nutzenpotenzial` kann entweder im Sinne verschiedener Arten von Nutzenpotenzialen definiert sein oder konkrete, detaillierte und Capability-spezifisch ausgeprägte Nutzenpotenziale repräsentieren. Im ersten Fall unterscheidet der Objekttyp nur Arten von Nutzenpotenzialen wie z.B. die Erhöhung des Automatisierungsgrads, Kosteneinsparungen oder die Schaffung eines Alleinstellungsmerkmals. Dies ermöglicht eine erste Kategorisierung der Nutzenpotenziale. Nutzt man den Objekttyp im zweiteren Sinne, so sind dessen Ausprägungen je Capability spezifisch beschriebene Nutzenpotenziale. Beispielsweise ließe sich für die Capability `Fahrzeugdatenermittlung` einer Autovermietung das Nutzenpotenzial des automatisierten Auslesens von wichtigen Zustandsdaten des Fahrzeugs wie aktueller Kilometerstand, Tankfüllstand oder Wartungsbedarf definieren. (Die zugehörige Art des Nutzenpotenzials wäre »Automatisierung«, die hier Capability-spezifisch ausgeprägt bzw. beschrieben ist.)

Das definierte Beziehungsattribut der Nutzenhöhe erlaubt eine Capability-spezifische Quantifizierung der Nutzeneffekte. Für eine systematische Betrachtung ist die Definition eines Rasters sinnvoll, das beispielsweise einen monetären Nutzeneffekt in Stufen erfasst oder allgemeine Abstufungen wie »hoch«, »mittel« und »begrenzt« definiert.

Illustration

Die Illustration der Sicht ist der von Sicht 17 (Capability-Realisierung (Ist)) sehr ähnlich, denn auch hier werden Symbole auf einer Capability-Karte platziert; in diesem Fall solche zur Repräsentation von Nutzenpotenzialen. Das in der vorgenannten Sicht verwendete Beispiel einer Autovermietung wird hier fortgesetzt.

Abbildung 5–31 zeigt daher auf Basis derselben Capability-Karte die Nutzenpotenziale für die Capabilities der Autovermietung. Das Beispiel nutzt drei verschiedene Markierungen, um die Nutzenhöhe grob zu quantifizieren.

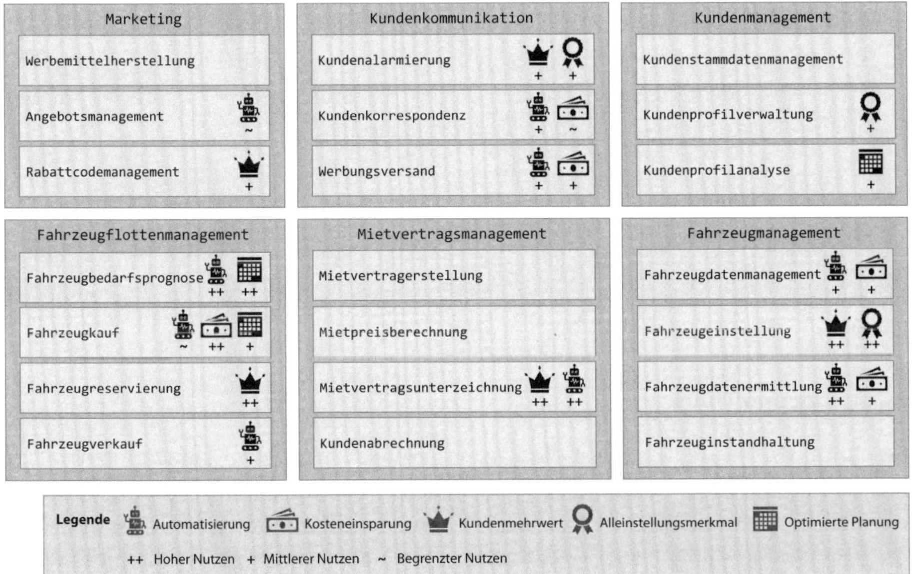

Abb. 5–31: Illustration von Sicht 18 (Capability-spezifische Nutzenpotenziale)

Nutzen

Die Sicht hilft, mögliche Nutzenpotenziale fachlich/funktional zuzuordnen. Zusammen mit einer einfachen Quantifizierung der Nutzenpotenziale bietet sie eine Übersicht über die Capabilities mit den meisten bzw. höchsten zu bewertenden Nutzenpotenzialen. Dies ermöglicht eine Fokussierung auf diese Potenziale, die je nach Umfang und Tiefe bereits erfolgter Analysearbeit priorisiert und weiter ausgearbeitet werden können.

Die Verwendung eines (vollständigen) Capability-Modells als Basis für die Potenzialanalyse stellt sicher, dass alle funktionalen Bereiche abgedeckt werden (können). Zur Ermittlung der Nutzenpotenziale kann das Analyseteam jede Capability einzeln untersuchen, was eine gute inhaltliche Fokussierung und Differenzierung ermöglicht.

Anreicherungen und Abwandlungen

Die Sicht basiert auf einer Capability-Karte, die als Basissicht in Abschnitt 5.2.1 eingeführt wurde. Die dort genannten Möglichkeiten für Anreicherungen gelten somit auch hier.

Je nach gewünschter Genauigkeit lassen sich die Nutzenpotenziale genauer in ihrer Nutzenhöhe quantifizieren. Liegt z.B. bereits eine Kosten-Nutzen-Rechnung vor, können errechnete monetäre Nutzeneffekte z.B. numerisch als EUR-Beträge angegeben werden. Ist weniger Genauigkeit gewünscht bzw. möglich, so kann man auf eine Quantifizierung der Nutzeneffekte auch verzichten und nur die Potenziale an sich angeben. Ebenso lassen sich neben den Nutzeneffekten auch mögliche negative Auswirkungen oder Risiken durch passende, weitere Symbole auf der Capability-Karte platzieren und ggf. quantifizieren.

Skalierungsmöglichkeiten

Die Skalierungsmöglichkeiten sind die gleichen wie die von Sicht 17 (Capability-Realisierung (Ist)). Zudem gelten die Skalierungsmöglichkeiten der zugrunde liegenden Basissicht (siehe Abschnitt 5.2.1).

Fallstricke und Tipps

Beschränkt sich diese Sicht auf die grundsätzlichen Arten von Nutzenpotenzialen, wie im Beispiel in Abbildung 5–31 geschehen, so ist die Sicht nur dann wertvoll, wenn diese Arten vollständig bzw. ausreichend definiert wurden. Vergisst das Analyseteam, wesentliche Arten von Nutzenpotenzialen vorab zu definieren bzw. zu untersuchen, so sind die Aussagekraft der Analyse und der Sicht beschränkt. Für das Vorgehen ist es daher sinnvoller, zunächst die Potenziale je Capability völlig frei zu untersuchen und die ermittelten Nutzenpotenziale erst im Nachgang zu kategorisieren.

Komplexitätseinschätzung

Liegt die Capability-Karte als Basis vor, lässt sich die Sicht grafisch schnell erzeugen, sofern die Potenziale analysiert sind. Der wesentliche Aufwandstreiber ist die Zeit für die Analyse der Potenziale. Je mehr Capabilities und Arten von Potenzialen für die Betrachtung gewünscht sind und je genauer die Potenziale quantifiziert werden sollen, umso höher wird der Aufwand. Ein iteratives Vorgehen ist in der Regel sinnvoll. Nach einer ersten, groben Analyse kann das Team die vielversprechendsten Nutzenpotenziale weiter detaillieren und ihre Nutzeneffekte genauer quantifizieren.

5.9 Architekturdokumentation

Dieser Anwendungsfall betrachtet die Dokumentation von logischen Zielarchitekturen auf der Basis von Capabilities. Er lässt sich auch als Fortsetzung des Anwendungsfalls der Nutzen- und Potenzialanalyse (siehe Abschnitt 5.8) einsetzen.

5.9.1 Sicht 19: Capability-basierte Zielarchitektur

Capability-basierte Zielarchitektur

Die Capability-basierte Zielarchitektur zeigt eine logische Zielarchitektur als erweitertes Kontextdiagramm mit (logischen) Applikationen, zugeordneten Funktionalitäten in Form von Capabilities sowie den logischen Schnittstellen zwischen den Applikationen.

Fragestellungen

Die Sicht trägt zur Beantwortung der nachfolgenden Fragen bei:

- Welche Applikationen sollen welche Capabilities implementieren?
- Welches sind die wesentlichen Datenflüsse und Schnittstellen?
- Wie lassen sich Funktionalitäten zu Applikationen bündeln?
- Wie lassen sich die Applikationen (technisch) gruppieren?
- Welche Capabilities sind an mehreren Stellen in der Architektur umgesetzt?
- Welche Akteure nutzen Capabilities bzw. die implementierenden Applikationen (in welcher Weise)?

Anmerkung. Diese Sicht stellt eine Erweiterung des Kontextdiagramms dar, das eines der grundlegenden Darstellungsmittel für Applikationslandschaften bzw. IT-Architekturen ist. Eine erschöpfende Betrachtung dieser Darstellungsform, ihrer möglichen Erweiterungen usw. ist im Rahmen dieses Buchs nicht möglich.

Metamodell

Die Sicht der Capability-basierten Zielarchitektur erfordert ein Metamodell, das Informationen für ein Kontextdiagramm repräsentieren kann (siehe Abb. 5–32). Da eine Capability mehrfach realisiert sein kann und jede dieser Realisierungsinstanzen individuelle Schnittstellen besitzen kann, sind die Instanzen als `Capability-Realisierung` separat modelliert. Andernfalls ließe sich bei der Zuordnung einer Schnittstelle zur Capability nicht feststellen, um welche Realisierung (in welcher Applikation) es sich handelt. Statt eines speziellen Elements für die Applikation enthält das Metamodell einen Informationsobjekttyp `Bebauungselement`, das stellvertretend für Applikationen oder andere technische (oder logische) »Hüllen« steht, in denen Capabilities implementiert sein können. In Abbildung 5–33 ist z.B. ein Fahrzeug als solch ein Bebauungselement eingesetzt.

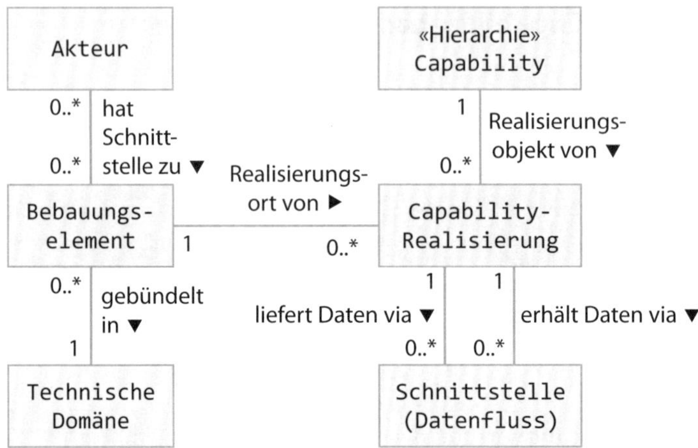

Abb. 5–32: Metamodell von Sicht 19 (Capability-basierte Zielarchitektur)

Mit einer technischen Domäne lassen sich die Bebauungselemente zu Gruppen bündeln. Dies ist insbesondere für die Belange der Unternehmensarchitektur relevant, um die Applikationslandschaft nach wesentlichen technischen Aspekten weiter unterteilen zu können.

Illustration

Die hier gewählte Illustration passt zu den Beispielen der vorangegangenen Sichten 17 (Capability-Realisierung (Ist)) und 18 (Capability-spezifische Nutzenpotenziale) (siehe Abb. 5–29 und Abb. 5–31) und setzt dieses Beispiel damit fort. Für die dort identifizierten Capabilities zeigt Abbildung 5–33 einen Ausschnitt einer möglichen Zielarchitektur.

Um die Darstellung nicht mit Text zu überfrachten, sind die Schnittstellen lediglich mit Nummern versehen. Zur Beschreibung bzw. zumindest zur Benennung der Schnittstellen ist eine Legende erforderlich; diese ist in Tabelle 5–1 zu finden. Die Tabelle enthält nur eine grobe Benennung der je Schnittstelle übertragenen Daten oder Signale. In der Praxis könnte die Aufstellung – je nach Vorhandensein entsprechender Dokumentation – auf dazugehörige Designdokumente oder die detaillierten Schnittstellenspezifikationen verweisen.

Das Architekturbild ist nicht als vollständig in dem Sinne zu betrachten, dass es die gesamte IT-Landschaft und alle erforderlichen Capabilities für eine Autovermietung abdecken würde. Die Darstellung deckt beispielhaft einige der wichtigen Capabilities ab und ist dafür geeignet, einige Kernideen zu visualisieren.

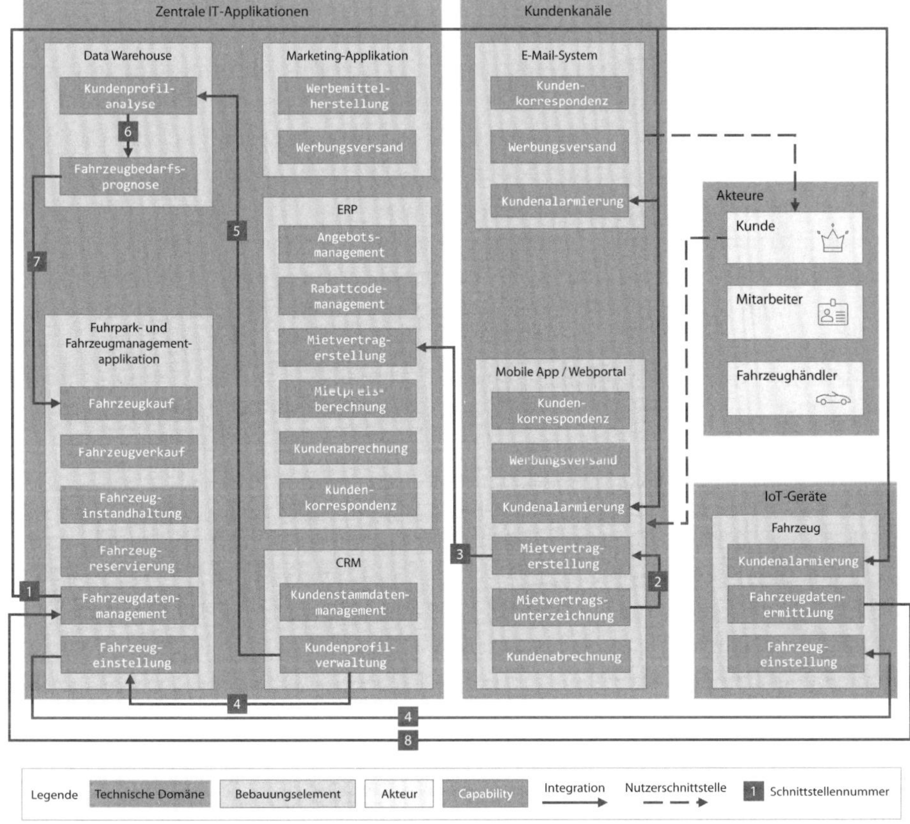

Abb. 5–33: Illustration von Sicht 19 (Capability-basierte Zielarchitektur)

Schnittstelle	Übertragene Daten/Signale
1	Überschreitung Inklusiv-KM
2	Digitale Signatur
3	Mietvertrag
4	Kundenspezifische Fahrzeugeinstellungen
5	Kundenpräferenzen
6	Trends/Vorlieben
7	Bedarfsprognose
8	Fahrzeugzustand

Tab. 5–1: Schnittstellen für Sicht 19 (Capability-basierte Zielarchitektur)

Nutzen

Die Capability-basierte Zielarchitektur stellt eine Form von Kontextdiagrammen dar, die für die Architekturdarstellung von Applikationslandschaften schon lange erfolgreich im Einsatz sind. Die wesentliche Anreicherung sind hier die Capabilities, die die fachlichen Funktionalitäten der Applikationen repräsentieren.

Die Sicht stützt sich auf das Capability-Modell und somit (im Idealfall) auf einen im Unternehmen standardisierten Satz an Fähigkeiten bzw. Funktionalitäten. Damit bietet diese Darstellung einer (Ist- oder Ziel-)Architektur von vornherein ein hohes Maß an Verständlichkeit. Die Sicht umfasst nur einige wenige Arten von Elementen, die in Summe jedoch geeignet sind, auch komplexe Strukturen von Bebauungselementen, implementierten Capabilities und Informationsflüssen darzustellen.

Anreicherungen und Abwandlungen

Wie bereits in der Einleitung zu dieser Sicht angemerkt, können hier nicht annähernd alle möglichen Anreicherungen oder Abwandlungen beschrieben werden.

Grafische Erweiterungen durch Tagging-Ansätze sind in dieser Sicht möglich, da sich entsprechende Symbole grundsätzlich leicht auf die vorhandenen Kästchen platzieren lassen.

Auch hier bieten sich farbliche Codierungen oder unterschiedliche Linienkonturen an, um bestimmte Merkmale von Elementen hervorzuheben. Beispielsweise könnte die Sicht Bebauungselemente je nach Region oder Organisationseinheit einfärben, die die jeweilige Applikation usw. besitzt.

Skalierungsmöglichkeiten

Sind Papierformat oder Bildschirm groß genug, so lassen sich beliebig komplexe Architekturen darstellen. Tatsächlich gibt es Konzerne, die ähnliche Darstellungen für ihre mehr als 100 Kernapplikationen pflegen, per Plotter ausdrucken und dann als die sprichwörtliche »Tapete« in ihre Büros hängen.

Skalierungsmöglichkeiten ergeben sich vor allem durch die Auswahl von Capabilities und Applikationen. Auch wenn die Sicht grundsätzlich skalierbar ist, so ist zu bedenken, dass nachträgliche Änderungen in der Auswahl der darzustellenden Elemente zu erneutem Aufwand für das Layout der Sicht führen. Können zu entfernende Elemente ggf. durch eine Filter- oder Ebenenauswahl einfach ausgeblendet werden, so müssen neu aufzunehmende Elemente auch grafisch zusätzlich in die Sicht integriert werden.

Fallstricke und Tipps

Wegen der hohen Komplexität der grafischen Darstellung sollte die eigentliche grafische Erstellung der Sicht nicht zu früh beginnen, sondern erst dann starten, wenn der Entwurf der Architektur einen hohen Härtegrad erreicht hat. Analog gilt das für die Darstellung von Istarchitekturen mit der Sicht: Auch hier sollte das Team erst dann mit dem »Malen« beginnen, wenn die Istarchitektur möglichst vollständig bekannt ist.

Bei dieser Sicht kommt der Werkzeugauswahl eine große Bedeutung zu. Beschreibung und Vergleich verschiedener Werkzeuge zur Diagrammerstellung würden den Rahmen dieses Buchs sprengen. Nur so viel: Grundsätzlich ist es von Vorteil, ein Werkzeug zu haben, das sich auf ein Inventar/eine »Datenbank« von Architekturelementen stützt, statt ein reines »Malprogramm« wie PowerPoint zu nutzen. Bei Ersteren spiegeln sich beispielsweise Namensanderungen von Elementen auch sofort in Illustrationen wider, während bei PowerPoint & Co alles händisch angepasst werden muss. Abschnitt 8.3 beleuchtet einige zum Umgang mit Capability-Modellen geeignete Werkzeuge näher, wobei der Fokus nicht speziell auf der Erzeugung grafischer Darstellungen liegt.

Komplexitätseinschätzung

Bereits ab einer moderaten Komplexität der zu visualisierenden Architektur erfordert das Layout der Sicht einiges an Aufwand, wenn allzu unstrukturierte oder gar »chaotische« Bilder nicht erwünscht sind. Sofern ein geeignetes Werkzeug einsetzbar ist, das den Layoutprozess gut unterstützt, lässt sich dieser Aufwand reduzieren. Insbesondere Änderungen der Zielarchitektur können ansonsten aufwendige Nacharbeiten an der Illustration bedeuten.

Der eigentliche Aufwandstreiber für die Sicht ist allerdings die Entwicklung der Zielarchitektur selbst. Es ist offensichtlich, dass dieser Aufwand vom Umfang des jeweiligen Vorhabens abhängt: Soll beispielsweise eine Zielarchitektur nur für einen kleinen fachlichen Kontext entworfen werden, für einen ganzen Unternehmensbereich oder sogar für große Teile der gesamten Wertschöpfungskette im Rahmen eines umfassenden Transformationsprogramms?

5.10 Capability-basierte Analysen und Bewertungen

Ein Capability-Modell ist ein fachlich ausgerichteter Ordnungsrahmen, der die Gesamtheit der benötigten Geschäftsfähigkeiten eines Betrachtungskontexts überschneidungsfrei abdeckt. Aufgrund der Eigenschaften von Capabilities bieten sich diese als Bezugsgröße für Analysen in zweierlei Hinsicht an:

1. Eine Analyse kann zum einen von vornherein entlang der Capabilities stattfinden, indem die Analyse die gewählten Fragestellungen je Capability untersucht. Die Fragstellungen lassen sich dabei von Anfang an auf das Konzept der Capabilities ausrichten.
2. Zum anderen lassen sich die Analyseergebnisse – mit welcher Systematik sie auch immer ermittelt wurden – mit Bezug auf das Capability-Modell aufbereiten und darstellen. Für jede Capability können dann spezifische Befunde und Bewertungen zugeordnet und dargestellt werden.

Für Analysen im Kontext der Unternehmensentwicklung gibt es unzählige Anlässe und Methoden, deren Darstellung den Beschreibungsrahmen dieses Anwendungsfalls bei Weitem sprengen würde. Ein prominenter Vertreter ist die sogenannte SWOT-Analyse, die für einen Betrachtungskontext nach Stärken, Schwächen, Potenzialen und Risiken sucht [76].

5.10.1 Sicht 20: Capability-basierte Heatmap

Capability-basierte Heatmap

Die Capability-basierte Heatmap zeigt quantitativ gefasste Bewertungen von Capabilities in Bezug zu ausgewählten Unternehmenselementen unter einem definierten Bewertungsaspekt in Form einer sogenannten Heatmap.

Eine Heatmap ist eine flächenhafte Darstellung entlang zweier orthogonaler Achsen. Eine der Achsen umfasst hier die Capabilities. Die zweite Achse repräsentiert (prinzipiell beliebige) Unternehmenselemente. Jedes Feld der sich aufspannenden Matrix erhält ein Bewertungsmaß, das bzgl. des festgelegten Bewertungsaspekts für die Kombination der jeweiligen Capability und des jeweiligen Unternehmenselements ermittelt wurde. Die Sicht ist eine Spezialisierung der Matrixdarstellungen der Sicht 4 (Capability-Objekt-Beziehungsmatrix).

Die Bedeutung des Begriffs »Heatmap« setzt sich aus den Bedeutungen seiner beiden Bestandteile zusammen. Die »Map« (Englisch für »Landkarte«) bezeichnet die zweidimensionale Grundfläche, die die beiden Analyseachsen aufspannen. Der Begriff »Heat« (Englisch für »Hitze«) rührt daher, dass die Sicht gezielt Signalfarben für die Bewertungen verwendet. Schlechte Bewertungen sind in der

Regel in roter Farbe dargestellt. Dort, wo die Karte besonders viele rote Stellen aufweist, ist die Bewertung am schlechtesten und die zugehörigen Capabilities und Bewertungsaspekte somit »heiße« Themen für das Unternehmen.

Fragestellungen

Die Sicht trägt zur Beantwortung der nachfolgenden Fragen bei:

- Welche Capability hat bzgl. der analysierten Unternehmenselemente unter dem ausgewählten Bewertungsaspekt welche Bewertung?
- Welche Capabilities haben besonders gute oder besonders schlechte Bewertungen und bei welchen (übergeordneten) Capabilities häufen sich gute oder schlechte Bewertungen?
- Welche der Unternehmenselemente auf der Bewertungsachse sind auffällig gut oder schlecht in Bezug auf die Capabilities bewertet?

Der konkrete Bewertungsaspekt sowie die Unternehmenselemente auf der Bewertungsachse und somit die konkreten Fragen, die die Sicht beantworten kann, hängen von der jeweiligen Analyse ab.

Soll die Sicht mehrere Ebenen des Capability-Modells und/oder von (hierarchischen) Unternehmenselementen darstellen, ist eine Vorschrift erforderlich, mit der sich die Bewertungen der untergeordneten Capabilities- bzw. Elementebenen zu einer Bewertung für die jeweils übergeordnete Ebene kombinieren lassen, die in das gewählte Bewertungsraster (Intervall) passt.

Metamodell

Für die Kombination von Capabilities und Unternehmenselementen auf der Bewertungsachse eignen sich grundsätzlich die zweistelligen Beziehungstypen zwischen Capability und dem jeweiligen Objekttyp der Unternehmenselemente, die in Abschnitt 3.1 eingeführt wurden. Die Bewertungen in den Heatmap-Feldern lassen sich beispielsweise als Beziehungsklasse mit einem entsprechenden Bewertungsattribut abbilden. Voraussetzung ist, dass sich den Ausprägungen des Beziehungstyps sinnvoll ein quantitatives Bewertungsergebnis einer Analyse zuordnen lässt. Ein alternatives, generisches Metamodell für die Sicht zeigt Abbildung 5–34.

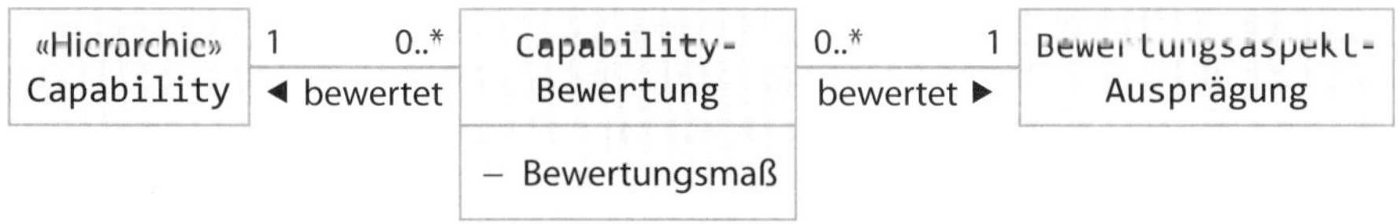

Abb. 5–34: Metamodell von Sicht 20 (Capability-basierte Heatmap)

Eine Capability-Bewertung ist durch ein definiertes Bewertungsmaß quantifiziert und verknüpft jeweils eine Capability mit einer Ausprägung des gewünschten Bewertungsaspekts. Ein solcher Aspekt kann beispielsweise ein anderes Unternehmenselement sein oder ein anderer, frei zu definierender Aspekt, den es zu untersuchen gilt.

Illustration

Abbildung 5–35 zeigt ein Beispiel für eine Capability-Heatmap.

Capabilities	Mobilfunk	Festnetz	Kabel	Satellit
Anliegenerfassung	3,3	1,7	2,3	3,3
Anliegenerkennung	3	0	2	3
Anliegenkundenzuordnung	3	2	2	3
Anliegenpriorisierung	4	3	3	4
Vorgangsmanagement	2,8	1,3	3,0	3,3
Vorgangsverwaltung	3	3	3	3
Vorgangshistorisierung	2		3	4
Vorgangseskalation	3	0	3	3
Vorgangswiedervorlage	3	1	3	3
Beschwerdemanagement	2,3	1,3	1,3	2,7
Beschwerdeprüfung	1	0	0	2
Beschwerdebewertung	3	1	1	3
Beschwerdekompensation	3	3	3	3
Haftungsfallmanagement	3,0	2,0	3,0	2,7
Regressanspruchsprüfung	1	0	1	1
Schadensersatzberechnung	4	3	4	4
Schadenregulierung	4	3	4	3

Legende: nicht realisiert | manuell ◀——▶ voll-digital: 0 | 1 | 2 | 3 | 4

Abb. 5–35: Illustration von Sicht 20 (Capability-basierte Heatmap)

Die Bewertungsachse besteht hier aus vier Geschäftssparten eines Telekommunikationsunternehmens, die einzeln bewertet werden. Die dargestellten Capabilities bilden einen Ausschnitt der übergeordneten Capability `Kundenservice` in zwei Ebenen. Der Bewertungsaspekt ist der Digitalisierungsgrad der jeweiligen Capability in den einzelnen Unternehmenssparten.

Nutzen

Der Nutzen dieser Sicht besteht in der schnellen Erfassbarkeit von Capability-Bewertungen. Kritische wie auch unkritische Punkte lassen sich schnell erkennen.

Sind Capabilities ein etablierter Ordnungsrahmen im Vorhaben bzw. Unternehmen, dann fällt die thematische Zuordnung der Bewertungen entlang der Capability-Achse dementsprechend leicht.

Eine Analyse, wie sie der Illustration in Abbildung 5–35 zugrunde liegt, kann beispielsweise nach einer Fusion mehrerer Unternehmen sinnvoll sein, um anhand der für alle Sparten benötigten Capabilities einen Vergleich anzustellen, der Hinweise darauf gibt, welches der fusionierenden Unternehmen bzgl. welcher Fähigkeiten besser als das andere aufgestellt ist. Die Ergebnisse können als Ausgangspunkt für Entscheidungen verwendet werden, welche Elemente der bislang getrennten Unternehmensarchitekturen für die Übernahme in eine gemeinsame Zielarchitektur die besten Kandidaten sind.

Anreicherungen und Abwandlungen

Das Beispiel für die Sicht zeigt in der Bewertungsachse vier Ausprägungen desselben Objekttyps (Unternehmenssparte), die jeweils nach demselben Bewertungskriterium (hier Digitalisierungsgrad) bewertet sind. Eine Unternehmenssparte trägt per se keine Bewertung und ist auch nicht als Bewertungskriterium zu verstehen.

Denkbar sind auch Varianten, in denen jede Heatmap-Spalte statt einer inhaltlichen Differenzierung der Capabilities nach bebauten Objekten (wie im Beispiel) ein eigenständiges Bewertungskriterium darstellt. Jede Capability wird dann unter all diesen verschiedenen Kriterien bewertet statt nur mit einem. Das Metamodell kann für diese Abwandlung so bleiben, wobei die Unternehmenselemente dann keine bebauenden Elemente (wie Applikationen, Unternehmenssparten o.Ä.) sind, sondern die verschiedenen Bewertungsaspekte.

Sehr gut geeignet als Bewertungsaspekte sind nicht funktionale Anforderungen, die beschreiben, wie eine Funktionalität (z.B. ausgedrückt durch eine Capability) umzusetzen ist. Einige Beispiele für Typen nicht funktionaler Anforderungen, die sich als Basis für Bewertungsaspekte eignen, führt die folgende Liste auf:

- Effektivität
- Effizienz
- Reifegrad
- Wertbeitrag
- Kosten
- Automatisierungsgrad

Der ISO-Standard 25010 mit dem etwas sperrigen Namen »Systems and software engineering – Systems and Software Quality Requirements and Evaluation (SQuaRE) – System and software quality models« definiert Qualitätskriterien für Systeme und Software, die sich ebenfalls gut als Bewertungsaspekte für Capability-basierte Heatmaps nutzen lassen [35]. (Einen Großteil dieser Qualitätskriterien lässt sich als nicht funktionale Anforderungen verstehen.)

Wichtig für eine gleichförmige Heatmap-Darstellung ist, dass alle Bewertungsaspekte mit dem gleichen Raster quantifiziert werden und dass die Farben einheitlich sind. Der Wert 0 ist dann beispielsweise immer die schlechtest mögliche Bewertung und ist immer rot dargestellt, während die bestmögliche Bewertung den Wert 5 hat und grün gefärbt wird.

Skalierungsmöglichkeiten

Die Sicht lässt sich entlang beider Achsen leicht skalieren, indem die Auswahl der Capabilities und/oder der Unternehmenselemente bzw. Bewertungsaspekte skaliert wird.

Fallstricke und Tipps

Es gibt Fälle, in denen sich Bewertungsmaße für bestimmte Aspekte mit mathematischer Präzision bestimmen lassen, doch oft genug hängen Bewertungen von subjektiven Einschätzungen ab. Für möglichst aussagekräftige Heatmap-Darstellungen sollten die in der Analyse ermittelten Schweregrade der Heatmap-Elemente möglichst konsistent sein. Rote Flecken auf der Karte sollten möglichst an jeder Stelle die gleiche Kritikalität symbolisieren.

Nicht alle Analyseergebnisse haben stets den gleichen Härtegrad. Quantitativ gleiche Bewertungen können z.B. hypothetisch sein oder durch unbestreitbare Evidenz belegt sein. Es scheint sinnvoll, sich vor der Erstellung einer Heatmap ein paar Gedanken zu machen, ob und inwieweit der Härtegrad von Analyseergebnissen in die quantitative Bewertung einfließen soll oder ob es zumindest andere Möglichkeiten gibt, z.B. besonders schwache oder sehr hohe Härtegrade grafisch zu kennzeichnen.

Durch geeignetes Sortieren der Capabilities und der Unternehmenselemente entlang der beiden Achsen lassen sich (je nach Analyseergebnissen) größere Bereiche mit gleichem Bewertungsmaß bilden. Das Erfassen der Menge besonders gut oder besonders schlecht bewerteter Kombinationen fällt mit wenigen zusammenhängenden Kartenbereichen leichter als bei einer »fleckigen« Karte.

Komplexitätseinschätzung

Die Capability-basierte Heatmap hat eine reguläre Matrixform und lässt sich grafisch bei Vorhandensein der Bewertungsmaße mit überschaubarem Aufwand erzeugen. Der Aufwandstreiber für die Sicht ist die Durchführung der Analyse. Je nach Bewertungsaspekt(en) kann hier hoher Aufwand für die Ermittlung der Bewertungsmaße entstehen.

Voraussetzung für die Durchführung der Analyse ist (neben dem Vorhandensein des passenden Capability-Modells) die Identifikation der zu untersuchenden Unternehmenselemente. Auch hierfür muss das Analyseteam Zeit einplanen, sofern die Capabilities und die Unternehmenselemente nicht ohnehin bereits definiert sind. Für die eigentliche Ermittlung der Bewertungsmaße für die Matrixfelder der Heatmap müssen das Bewertungsraster sowie die Bewertungskriterien definiert sein.

5.11 Anforderungen von Wertketten

Wertketten als Mittel zur Beschreibung der Wertschöpfung in Unternehmen sind als eigener Objekttyp in Kapitel 3 eingeführt worden und Gegenstand einer genaueren Betrachtung von Anhang A.23. Der hier beschriebene Anwendungsfall nutzt Wertketten und die jeweiligen Mehrwerte der einzelnen Wertkettenelemente, um zunächst für die Wertschöpfung benötigte Capabilities abzuleiten und des Weiteren Anforderungen an die Realisierung der Capabilities zu identifizieren.

Der Anwendungsfall macht für die Wertketten keine engen Vorgaben, sondern betrachtet diese als logische Abfolge von Aktivitäten (Wertkettenelementen), deren Zweck die inkrementelle Schaffung von Mehrwerten ist. Weder die Granularität der Aktivitäten, die Art der Mehrwerte noch deren Nutznießer sind vorab festgelegt. Eine Wertkette kann insofern beispielsweise eine auf die Kundschaft ausgerichtete Wertschöpfung sein (z.B. eine mehrwertstiftende »Kundenreise«) oder auch eine schrittweise Schaffung von Mehrwerten innerhalb des Unternehmens für interne »Konsumenten« (z.B. die Belegschaft). Die Wertkette kann – beispielsweise im Rahmen strategischer Vorhaben – grobgranular sein oder feingranularer, wenn detailliertere Betrachtungen der Wertschöpfung auf taktischer Ebene im Fokus stehen.

Die abzuleitenden Anforderungen können sich sowohl auf Eigenschaften der Capability-Umsetzung beziehen als auch auf den Prozess der Umsetzung, also z.B. Vorgaben für die Art und Weise der Durchführung eines Realisierungsvorhabens machen.

5.11.1 Sicht 21: Wertkettenanforderungen (Matrix)

Wertkettenanforderungen (Matrix)

Mit der Sicht der Wertkettenanforderungen lassen sich für die Elemente einer Wertkette und die zugeordneten Mehrwerte die Anforderungen darstellen, die für die Realisierung der für die jeweiligen Wertkettenelemente benötigten Capabilities gelten sollen.

Fragestellungen

Mit dieser Sicht lassen sich die folgenden Fragen beantworten:

- Welches Wertkettenelement bringt welchen Mehrwert?
- Welche Capabilities sind zur Realisierung welches Wertkettenelements erforderlich?
- Welche Anforderungen muss die Realisierung der benötigten Capabilities im Kontext eines Wertkettenelements erfüllen?

Metamodell

Abbildung 5–36 zeigt ein entsprechendes Metamodell für die Sicht der Wertkettenanforderungen.

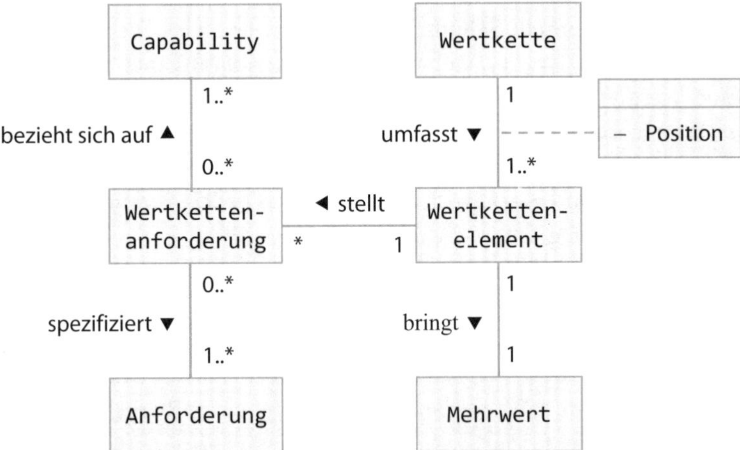

Abb. 5–36: Metamodell von Sicht 21 (Wertkettenanforderungen (Matrix))

Jedes Wertkettenelement bringt einen Mehrwert und gehört zu genau einer – der im Anwendungsfall betrachteten – Wertkette. Jedem Wertkettenelement lassen sich (durch den Objekttyp `Wertkettenanforderung`) beliebig viele Kombinationen von Capabilities und für diese Capabilities zu erfüllenden Anforderungen zuordnen. (Im einfachsten Fall bündelt eine Wertkettenanforderung für ein Wertkettenelement genau eine benötigte Capability mit genau einer zu erfüllenden Anforderung.)

Illustration

Vor der Darstellung der eigentlichen Sicht zeigt Abbildung 5–37 zum besseren Verständnis die vollständige Wertkette und die zu erbringenden Mehrwerte, von denen die Sicht des Anwendungsfalls einen Ausschnitt betrachtet.

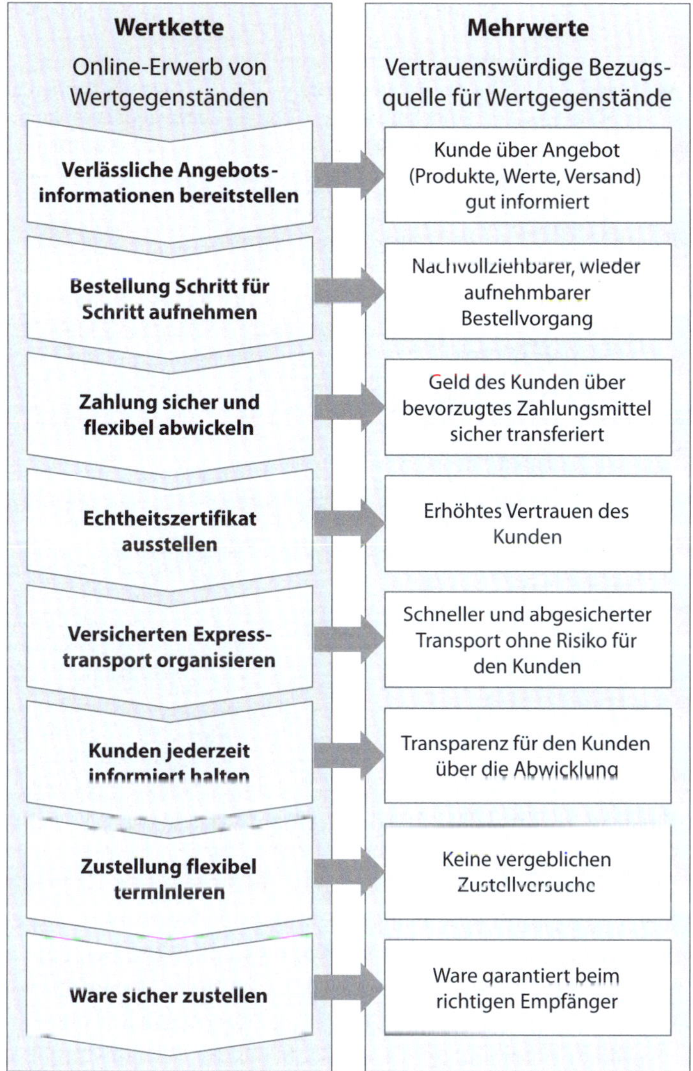

Abb. 5–37: Illustration einer vollständigen Wertkette mit Mehrwerten

Die Wertkette beschreibt den sicheren Online-Erwerb von Wertgegenständen, den beispielsweise eine Edelmetallhandlung für den Erwerb von Gold- und Silbermünzen anbietet. Der für Kunden zu erzielende Mehrwert besteht in einer vertrauenswürdigen Bezugsquelle für Wertgegenstände. Abbildung 5–38 zeigt ein Beispiel für die Sicht der Wertkettenanforderungen. Aus Platzgründen sind nur zwei Elemente der Wertkette dargestellt.

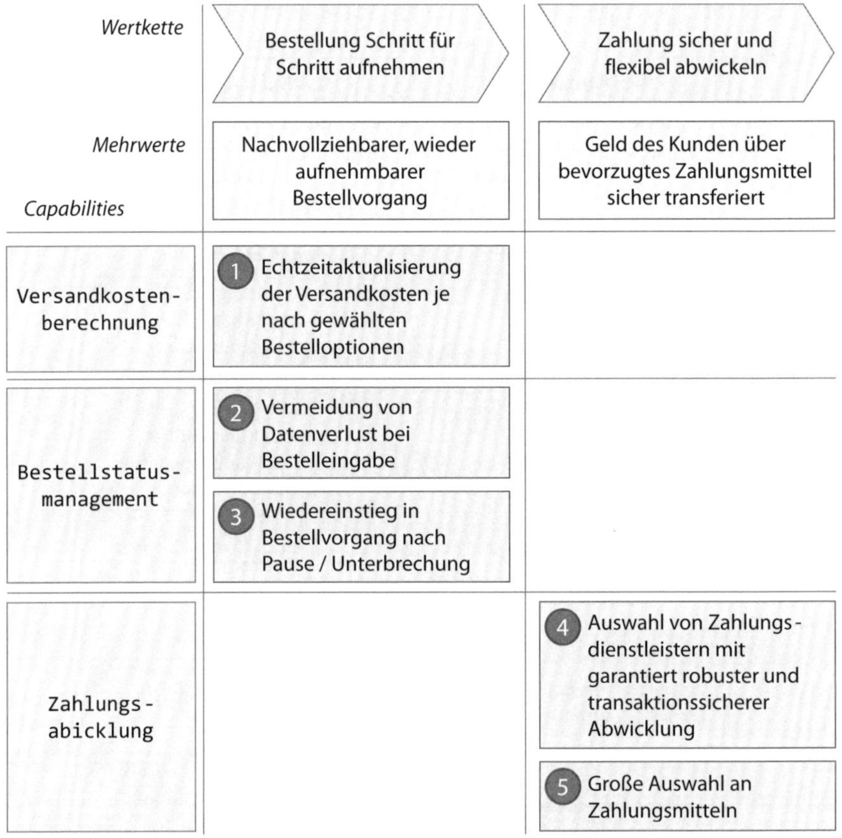

Abb. 5–38: Illustration von Sicht 21 (Wertkettenanforderungen (Matrix))

Die Beispiel-Wertkette umfasst einen großen Teil der Wertschöpfung des Online-Vertriebs von Wertgegenständen. Die Wertkettenelemente haben eine grobe Granularität und auch ohne tiefere Analyse ist klar, dass eine brauchbare technische Gesamtlösung zur digitalen Unterstützung dieser Wertkette aus einer ganzen Reihe einzelner Applikationen und Module bestehen wird. Bei einer solch umfangreichen Wertkette kann die beispielhafte Illustration der Sicht nur die erste Stufe der Anforderungserhebung darstellen. Die Anforderungen sind, passend zur Granularität der Wertelemente und Mehrwerte, entsprechend grob. Sie eignen sich als Basis und zur Orientierung für die Ausarbeitung detaillierter Anforderungen für die Gesamtlösung.

Die Anforderungen sind einzeln dargestellt und nummeriert, um sie im weiteren Verlauf des Anforderungsmanagements referenzieren zu können. Die Anforderungen umfassen nicht nur solche an die Lösung selbst, sondern auch organisatorische, die im Rahmen der Vorhabenabwicklung zu erfüllen sind. Ein Beispiel hierfür ist die Anforderung 4, die sich auf die Capability `Zahlungsabwicklung` bezieht und eine Vorgabe für die Zahlungsdienstleister macht, die zur Vorbereitung auf den Regelbetrieb der Lösung auszuwählen und zu integrieren sind.

Nutzen

Der wesentliche Nutzen dieser Sicht besteht einerseits in der Übersicht der Capabilities, die das Unternehmen für die Umsetzung der Wertkette benötigt. Andererseits detailliert die Sicht das durch die Capabilities ausgedrückte »Was« durch erste, wichtige Vorgaben für das »Wie« der Realisierung. Dies liefert zu einem frühen Zeitpunkt wichtige Hinweise für das jeweilige Transformationsvorhaben. Die Sicht bzw. die abgeleiteten Capabilities und Anforderungen bilden eine Ausgangsbasis für die nachfolgende, detaillierte Anforderungserhebung und Priorisierung im Hinblick auf zu erzielende Mehrwerte. Ist noch kein Capability-Modell vorhanden, so liefert diese Sicht erste Capabilities für ein solches Modell.

Anreicherungen und Abwandlungen

Statt einer Wertkette mit ihren Elementen als Basis lässt sich die Logik dieser Sicht auf einen Geschäftsprozess mit seinen Aktivitäten übertragen. Allerdings lassen sich dabei die möglichen Verzweigungen und Ablaufvarianten des Geschäftsprozesses nicht berücksichtigen. Für die Matrixform der Sicht müssen die Aktivitäten in eine lineare Reihenfolge gebracht werden. Zur Ableitung von Capabilities aus Geschäftsprozessen vgl. Abschnitt 7.2.1.

Skalierungsmöglichkeiten

Genügend Platz vorausgesetzt, lassen sich mit der Matrixform grundsätzlich beliebig viele Wertkettenelemente und Capabilities darstellen und mit Anforderungen verknüpfen. Ist bereits ein Capability-Modell mit mehreren Ebenen vorhanden, kann die Capability-Achse auch zwei oder mehr Ebenen des Modells erfassen, wie dies im Beispiel der Sicht 4 (Capability-Objekt-Beziehungsmatrix) dargestellt ist (siehe Abb. 5–7).

Die Anzahl darstellbarer Anforderungen ist durch den Platz der Matrixfelder beschränkt. Wurde eine größere Anzahl von Anforderungen identifiziert, lassen sich statt der Angabe der Anforderungstitel auch nur die Nummern angeben, um Platz zu sparen.

Fallstricke und Tipps

Der Begriff der Wertketten ist vielschichtig und sollte daher für den jeweiligen Betrachtungskontext geschärft werden. Das mit der Nutzung von Wertketten verfolgte Ziel bzw. deren Einsatzzweck sollte für den Anwendungsfall (vorab) klar sein.

Bei Betrachtung einer einzelnen Wertkette sollte man nicht die Erwartung haben, alle benötigten Capabilities für ein Unternehmen ableiten zu können. Dieser Anwendungsfall dient also nicht dazu, ein vollständiges Capability-Modell zu erstellen. Der Anwendungsfall lässt sich nutzen, um ein vorhandenes Modell um weitere für die Wertschöpfung relevante Fähigkeiten anzureichern oder um zu Beginn wesentliche Capabilities zu identifizieren. Im letzteren Fall braucht es noch mehr, um ein vollständiges Capability-Modell zu erstellen. Insbesondere unterstützende Capabilities lassen sich nicht ohne Weiteres aus der Wertkette ableiten.

Auch wenn der Anwendungsfall dabei hilft, wichtige Anforderungen zu erkennen, kann er keine detaillierte Anforderungserhebung ersetzen.

Komplexitätseinschätzung

Die Sicht der Wertkettenanforderungen bringt mit Wertketten, Capabilities und Anforderungen einige Elemente zusammen, deren Definition bzw. Ermittlung bereits für sich genommen jeweils eine signifikante Komplexität hat. Wurde ein auf Wertketten und Capabilities basierender Ansatz gewählt, sind diese Elemente allerdings ohnehin zu definieren. (Ohne die Absicht, Wertketten einzusetzen, ist dieser Anwendungsfall nicht relevant.)

Der Aufwand zur Ableitung von Anforderungen hängt von Umfang und Komplexität der Wertkette sowie von der gewünschten Granularität der Anforderungen ab. Auf einer strategischen Ebene der Wertschöpfung kann die Erarbeitung dieser Sicht dazu genutzt werden, sich im Unternehmen darüber klar zu werden, was die wichtigsten Mehrwerte sind und welche zentralen Anforderungen an die Realisierung der benötigten Geschäftsfähigkeiten zu stellen sind. Dies kann einen längeren, iterativen Diskussionsprozess bedeuten, der jedoch am Ende Klarheit über die gewünschten Eigenschaften der Wertschöpfung bringt.

6 Fallstudien

Dieses Kapitel präsentiert drei Fallstudien, in denen jeweils Capability-Modelle als konzeptionelles Werkzeug zum Einsatz kamen. Es erfolgt jeweils eine Vorstellung des Capability-Modells mit einer Diskussion seiner Modellierung. Zudem skizzieren die Fallstudien die Vorhaben und den Kontext, in deren Rahmen die Modelle entwickelt und/oder verwendet wurden. Die Beispiele sind fiktiv, jedoch an Erfahrungen aus realen Projekten angelehnt. Ich habe als Basis reale Inhalte anonymisiert bzw. so abgewandelt, dass Bezüge zu tatsächlichen Projektinhalten und Unternehmen nicht mehr möglich sind. Selbstverständlich nennen die Beispiele weder konkrete Unternehmen noch geben sie vertrauliche Informationen preis. Dennoch sind die Beispiele realistisch genug, um einen Einblick in die praktische Modellierung und Arbeit mit Capability-Modellen zu gewinnen.

6.1 Fallstudie System-Monitoring

Die in diesem Abschnitt beschriebene Fallstudie befasst sich mit der Überwachung technischer Systeme. Die Überwachung von Systemen ist eine Disziplin, die in jedem Rechenzentrum und für jedes kritische technische System betrieben wird. Ausnahmen sind kaum denkbar, möchte man Teil- oder Komplettausfälle von Systemen sowie deren Symptome und Ursachen frühzeitig erkennen können.

Ein solches Monitoring von Systemen ist somit eine Fähigkeit, die jede IT Betriebsorganisation benötigt, ob sie diese Fähigkeit nun für ein anderes Unternehmen als Dienstleistung realisiert oder für das eigene Unternehmen. Als »Monitoring and Event Management« ist die Überwachung von Systemen ein zentraler Bestandteil der ITIL-Service-Management-Praktiken [22].

Die zu bearbeitende Aufgabenstellung der Fallstudie umfasste u.a. die folgenden wesentlichen Arbeitsaufträge:

- Ermittlung und Bewertung der Istbebauung der Monitoring-Landschaft
- Identifizierung geeigneter Ersatzprodukte für veraltete oder (mutmaßlich) unpassende Monitoring-Komponenten
- Entscheidungsfindung bzgl. Fortsetzung der Eigenentwicklung von Monitoring-Komponenten vs. Einsatz von Standardprodukten
- Gestaltung einer Zielarchitektur für die Monitoring-Landschaft

Die nachfolgenden Abschnitte stellen das für die benannten Aufgaben entwickelte Capability-Modell vor und diskutieren einige der Capabilities. Es folgt ein schlaglichtartiger Überblick über die Verwendung des Capability-Modells, ohne dabei in die Details der Aufgabenstellung und deren Bearbeitung einzusteigen.

6.1.1 Monitoring-Capabilities

Abbildung 6–1 zeigt das entwickelte Capability-Modell in der Übersicht. Die modellierten Capabilities detaillieren die hier betrachtete Haupt-Capability `System-Monitoring`. Das Modell hat vier Capabilities auf der obersten Ebene.

Mögliche Einbettung in ein Gesamtmodell

Abbildung 6–2 (S. 152) zeigt einen Ausschnitt eines möglichen Gesamtmodells für ein produzierendes Unternehmen, das auf oberster Ebene die Capability `IT-Management` definiert. Die Capability `System-Monitoring` befindet sich hier auf Ebene 3 und ist zur Markierung grafisch hervorgehoben. Mit den drei Detaillierungsebenen des Monitoring-Modells ergibt sich eine Tiefe von sechs Ebenen.

Zur Einordnung: Im Standard-Capability-Modell von LeanIX findet man die IT-Management-Fähigkeit erst auf Ebene 2, womit die unterste Detaillierungsebene des Monitoring-Modells bereits die siebente Modellebene wäre [46].

Für das hier beschriebene Vorhaben war es nicht erforderlich, ein vollständiges Capability-Modell für das Unternehmen zur Verfügung zu haben. Die Capability `System-Monitoring` konnte für sich selbst stehen, ohne in den größeren Kontext eingebettet zu sein. Allerdings enthält das Modell einige Capabilities, die nicht spezifisch für das Monitoring sind und in einem Gesamtmodell an anderer Stelle verortet werden müssten (siehe dazu die Diskussion des Modells in Abschnitt 6.1.2).

Beschreibungen der Capabilities

Die Capabilities für das System-Monitoring wurden auf der feinsten Detaillierungsebene mit verbalen Kurzbeschreibungen versehen, um das Capability-Modell für alle beteiligten Projektmitglieder besser verständlich zu machen. Die Beschreibungen dieser insgesamt 38 Capabilities der untersten Modellebene sind nachfolgend in Tabellen aufgeführt. Die zugehörigen Capabilities der Ebene 2 sind aus Platzgründen nicht mit aufgeführt. Sie sind dem Gesamtmodell in Abbildung 6–1 zu entnehmen. Für jede der vier Capabilities der Ebene 1 der Monitoring-Capability gibt es jeweils eine eigene Tabelle:

- Capability `Überwachung`: Tabelle 6–1 (S. 153)
- Capability `Analyse`: Tabelle 6–2 (S. 154)
- Capability `Benachrichtigungsmanagement`: Tabelle 6–3 (S. 155)
- Capability `Monitoring-Verwaltung`: Tabelle 6–4 (S. 156)

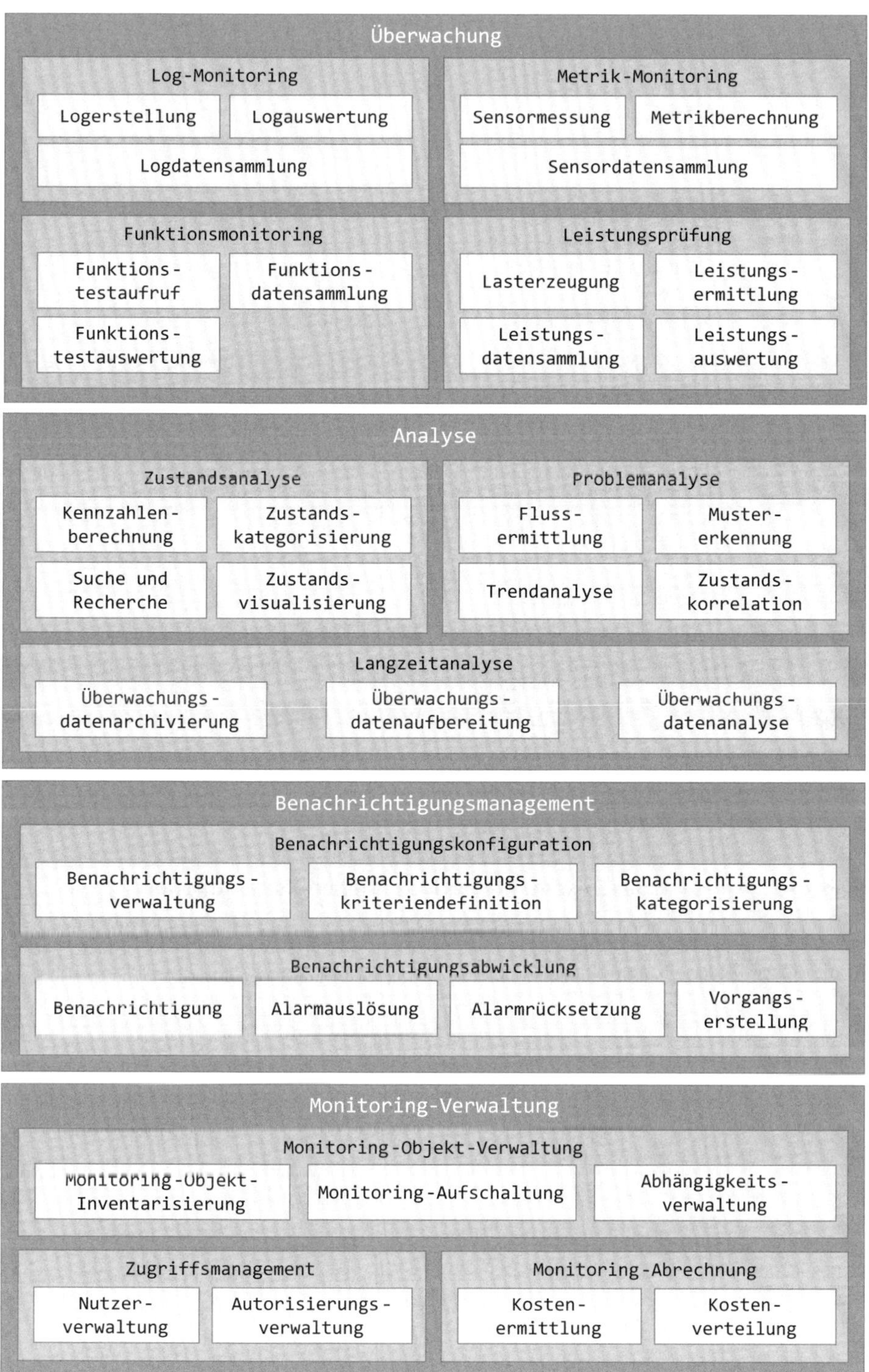

Abb. 6–1: Capability-Modell für die Haupt-Capability `System-Monitoring`

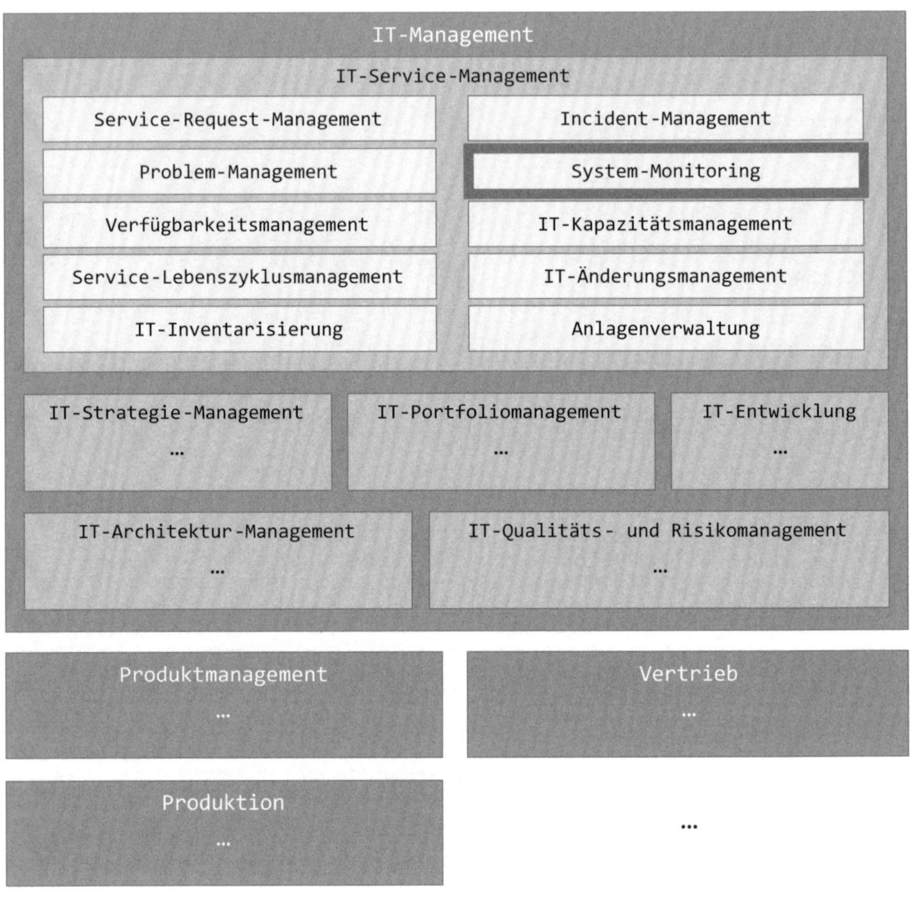

Abb. 6–2: Verortung des System-Monitorings in einem Gesamtmodell

Capability (Ebene 3)	Kurzbeschreibung
`Logerstellung`	Protokollierung wichtiger Aktivitäten und Ereignisse von Monitoring-Objekten durch Erstellung von Logeinträgen mit Meldungen (Warnungen, Fehler usw.)
`Logauswertung`	Filterung, Aggregation und Aufbereitung von Logdaten als erste Bewertung / Interpretation von Protokolleinträgen
`Logdatensammlung`	Sammlung von Logdaten und Integration / Zusammenführung von Logdatenquellen verschiedener Monitoring-Objekte
`Sensormessung`	Messung von Ausgangsdaten für Metrik-Monitoring via (Software- oder Hardware-)Sensoren (z.B. Temperaturen, Prozessorlast, Speicherverbrauch)
`Sensordaten-sammlung`	Sammlung von Sensordaten und Integration / Zusammenführung von Sensordatenquellen verschiedener Monitoring-Objekte
`Metrikberechnung`	Berechnung definierter Metriken aus Ausgangs- und Sensordaten als erste Bewertung / Interpretation der gesammelten Sensordaten
`Funktionstest-aufruf`	Aufruf ausgewählter, von außen erreichbarer Funktionen (z.B. API-Operationen) von Monitoring-Objekten zu Test- bzw. Überwachungszwecken als Basis für Funktionsmonitoring (»Smoke-Tests«)
`Funktionsdaten-sammlung`	Sammlung und Integration / Zusammenführung von Daten zu Funktionstestaufrufen, um ein Gesamtbild zu ermöglichen
`Funktionstest-auswertung`	Auswertung von gesammelten Ergebnissen von Funktionstestaufrufen, u.a. durch Prüfung, ob die erhaltenen Ergebnisse der Aufrufe den erwarteten Resultaten entsprechen
`Lasterzeugung`	Erzeugen von Last (z.B. Rechen- oder Netzwerklast) auf Monitoring-Objekte bzw. bestimmter Module von Monitoring-Objekten nach definierten Kriterien mit vorgegebenen Testdaten
`Leistungs-ermittlung`	Ermittlung des Verhaltens bzgl. Leistungs- und Lastverhalten von Monitoring-Objekten
`Leistungsdaten-sammlung`	Sammlung von Leistungs- / Lastdaten und Integration / Zusammenführung entsprechender Datenquellen für ein übergreifendes Bild
`Leistungs-auswertung`	Auswertung von Ergebnissen der Leistungs- / Lastermittlung als erste Bewertung / Interpretation

Tab. 6–1: Capability-Beschreibungen `Überwachung`

Capability (Ebene 3)	Kurzbeschreibung
Kennzahlen-berechnung	Berechnung relevanter Kennzahlen zum Zustand der zu überwachenden Monitoring-Objekte auf Basis von Log-, Metrik- und Funktionsmonitoring sowie der Leistungsprüfung
Zustands-kategorisierung	Ermittlung von Warn- und Störungsstufen (Prioritäten) zum Zustand einzelner Monitoring-Objekte oder Gruppen von Monitoring-Objekten
Zustands-visualisierung	Visuelle Aufbereitung / Darstellung aktueller und historischer Monitoring-Daten (Zustände, Metriken, Kennzahlen usw.)
Suche und Recherche	Suche und Recherche von Monitoring-Daten (Ereignisse, Logs, Metriken usw.)
Fluss-Ermittlung	Ermittlung von Datenflüssen / Ereignispfaden / Wegen durch das Netzwerk von Monitoring-Objekten (im Sinne einer Ende-zu-Ende-Sicht über Monitoring-Objekte hinweg, z.B. Netflow-Analyse für Netzverkehr)
Mustererkennung	Erkennung und Interpretation von (wiederkehrenden) Mustern und Auffälligkeiten in den Monitoring-Daten, z.B. korrelierende Ereignisse, zeitliche Häufungen u.Ä.
Trendanalyse	Analyse von Monitoring-Daten (Metriken, Kennzahlen, Logeinträge usw.), um Indikatoren und Trends zu erkennen, z.B. zu Zwecken der Frühwarnung eventuell bevorstehender Ausfälle oder Beeinträchtigungen und vorausschauender Wartung (sog. *Predictive Maintenance*)
Zustands-korrelation	Verknüpfen von Zustandsmeldungen (z.B. Metriken, Fehlermeldungen, Hinweise, Aufrufergebnisse) gemäß bekannter Abhängigkeiten zwischen Monitoring-Objekten (als Vorstufe zur Mustererkennung)
Überwachungsdaten-archivierung	Langfristige Aufbewahrung von Überwachungsdaten (zu nachgelagerten, nicht operativen Auswertungs- und Analysezwecken)
Überwachungsdaten-aufbereitung	Aggregierung, Zusammenfassung, Verdichtung, Filterung usw. von archivierten Überwachungsdaten zur Vorbereitung von (tiefergehenden) Analysen
Überwachungsdaten-analyse	Analyse von archivierten (nicht mehr betrieblich akuten / aktuellen) Überwachungsdaten, z.B. zu Zwecken von Ursachenanalyse, Statistikerstellung, Nachschau, Problemerkennung u.Ä.

Tab. 6–2: Capability-Beschreibungen Analyse

Capability (Ebene 3)	Kurzbeschreibung
Benachrichtigungs-verwaltung	Festlegung von Benachrichtigungen und dazugehörigen Einstellungen (Formatierung, Bezeichnungen, Inhalte, Adressaten, Abonnements, Aktivierung / Deaktivierung usw.)
Benachrichtigungs-kriterien-definition	Definition von Kriterien für die Auslösung von Benachrichtigungen (z.B. Schwellenwerte, kritische Ereignisse). Die Kriterien umfassen auch die für die Alarmierung.
Benachrichtigungs-kategorisierung	Festlegung von Kategorien (z.B. Sicherheit, Leistung, Verfügbarkeit), Warnstufen und Fehlernummern usw.
Benachrichtigung	Erstellung und Übermittlung einer Benachrichtigung mit einem Hinweis, einer Warnung, einem Fehler oder einem Alarm
Alarmauslösung	Auslösung einer Alarmierung, d.h., Erzeugen einer speziellen Art von Benachrichtigung (für definierte Empfänger via festgelegter Kanäle). Im Gegensatz zu einer reinen Benachrichtigung stellt ein Alarm auch einen Zustand dar, der so lange gilt, bis der zugrunde liegende Auslöser behoben bzw. der Alarm zurückgesetzt ist.
Alarmrücksetzung	Zurücksetzen eines Alarms (wenn die Kriterien nicht mehr erfüllt sind bzw. der Alarm als bearbeitet / nicht mehr relevant markiert wird)
Vorgangserstellung	Erstellung eines Vorgangs (»Tickets«) mit dem Auftrag zur Bearbeitung eines Ereignisses aus dem Monitoring, z.B. im Rahmen des Incident-Managements für einen gemeldeten Fehler aus einem der Monitoring-Objekte

Tab. 6–3. Capability-Beschreibungen Benachrichtigungsmanagement

Capability (Ebene 3)	Kurzbeschreibung
`Monitoring-Objekt-Inventarisierung`	Verwaltung der Monitoring-Objekte, d.h., Führung eines Inventars aller aufgeschalteten (überwachten) Monitoring-Objekte. Diese Inventarisierung dient nicht nur der reinen Verwaltung, sondern sorgt auch für die technische Bekanntgabe / Anbindung der Monitoring-Objekte an die Überwachung.
`Monitoring-Aufschaltung`	Anbindung eines Monitoring-Objekts an die Monitoring-Lösung, sodass das Monitoring-Objekt fortan überwacht wird
`Abhängigkeits-verwaltung`	Verwaltung von Abhängigkeiten zwischen Monitoring-Objekten, um Kaskadierungen zu erkennen bzw. Meldungen von Monitoring-Objekten korrelieren zu können
`Kostenermittlung`	Ermittlung von Kosten, die für das Monitoring anfallen (z.B. für Lizenzen, gemietete Infrastruktur, in Anspruch genommene Cloud-Dienste)
`Kostenverteilung`	Verteilung von Monitoring-Kosten auf die Organisationseinheiten oder Kostenstellen, die für die überwachten Monitoring-Objekte verantwortlich zeichnen (z.B. nach einem festgelegten Verteilungsschlüssel)
`Nutzerverwaltung`	Verwaltung von Nutzerkennungen (inkl. Authentifizierung) für die Monitoring-Lösung
`Autorisierungs-verwaltung`	Verwaltung der Rollen und Rechte für Benutzer der Monitoring-Lösung (Autorisierung)

Tab. 6–4: Capability-Beschreibungen `Monitoring-Verwaltung`

6.1.2 Diskussion der Modellierung

Dieser Abschnitt betrachtet einige der Capabilities genauer und diskutiert Eigenschaften sowie Vor- und Nachteile ihres Schnitts. Einige der Bezeichnungen sind als Monitoring-spezifisch zu erkennen, wie z.B. `Monitoring-Objekt-Inventarisierung`. Tauchen solche kontextspezifisch benannten Capabilities in einem übergeordneten Arbeitskontext auf, sind sie dem Themenkomplex bzw. der übergeordneten Capability `System-Monitoring` leicht und eindeutig zuzuordnen. Andere Bezeichnungen sind im Kontext des Monitorings verständlich, wären jedoch ohne diese Kontextangabe nicht klar zuzuordnen, wodurch Missverständnisse unvermeidlich sind. Beispiele sind `Trendanalyse`, `Mustererkennung` und `Zustandsvisualisierung`. Ohne Kontext ist hier unklar, um welche Arten von Trends oder Mustern es sich handelt bzw. welche Zustände zu visualisieren sind.

Dies gilt in gleicher Weise auch für die Capability-Bezeichnung `Suche und Recherche`, die etwas aus dem Rahmen fällt, da sie zwei einzelne Begriffe umfasst. Auch wenn man beide Begriffe als Fähigkeiten auffassen kann, so sind sie sehr unspezifisch und per se nicht dem Monitoring zuzuordnen.

Es ist sinnvoll, neben den Capabilities an sich auch weitere Begriffe in einem Glossar zu definieren. Beispielsweise erscheint es angebracht, den Begriff »Monitoring-Objekt« zu erläutern. (Ein Monitoring-Objekt ist ein zu überwachendes Element der IT-Landschaft, z.B. eine Applikation oder eine Infrastrukturkomponente.)

Das Modell umfasst einige Capabilities die in anderen Kontexten ebenfalls relevant sind und die man in einem vollständigen Modell an anderer Stelle verorten würde. Durch den Fokus auf das Thema Monitoring ist jedoch eine breitere Modellierung unterblieben.

`Vorgangserstellung` – Bei Fehlerzuständen, die im Rahmen des Monitorings erkannt werden, ist die (automatische) Erstellung von Vorgängen (»Incidents« oder »Servicetickets«) sinnvoll, um die Ausnahmesituation strukturiert bearbeiten zu können. In einem umfassenderen Capability-Modell müsste sich diese Fähigkeit z.B. unterhalb einer Capability `Vorgangsmanagement` als Teil des IT-Service-Managements befinden. Das Modell ist hier insofern nicht vollständig. In einem taktisch verwendeten Capability-Modell ist eine solche Modellierung jedoch praktikabel. Mit der `Vorgangserstellung` als einer Art »Ankerpunkt« in das größere Thema der Ausnahme- und Fehlerbehandlung (*Incident Management*) kann man den Zusammenhang innerhalb des Vorhabenkontexts aufzeigen.

`Zugriffsmanagement` – Das Thema des Zugriffsmanagements ist mit den beiden im Modell vorhandenen Capabilities nur grob verankert, jedoch nicht vollständig ausmodelliert. Auch diese Fähigkeiten sind nicht spezifisch für das Thema Monitoring. Bei Vorhandensein eines Capability-Modells für solche übergreifenden Fähigkeiten sollte man natürlich auf dieses zurückgreifen, d.h. mindestens dieselben Bezeichnungen verwenden.

`Monitoring-Abrechnung` – Auch wenn diese Capability Monitoring-spezifisch benannt ist, so sind die beiden untergeordneten Capabilities (`Kostenermittlung` und `Kostenverteilung`) von übergreifender Natur und wären in einem größeren Modell separat, als Teil eines übergreifenden Kostenmanagements zu verorten.

`Monitoring-Objekt-Inventarisierung` – Mit dieser Capability erfolgt die Verwaltung der Monitoring-Objekte in einem Verzeichnis. Die Inventarisierung von Elementen der IT-Landschaft ist ein »notwendiges Übel« beim Management der IT-Landschaft, das (z.B. im Kontext von ITIL) auch als *Configuration Management* bezeichnet wird. In einem umfassenderen Capability-Modell würde man die Inventarisierung von Monitoring-Objekten einer allgemeinen Verwaltung von IT-Infrastrukturkomponenten unterordnen.

`Benachrichtigungsmanagement` – Das Management von Benachrichtigungen ist nicht nur im Kontext des Monitorings, sondern in vielen anderen Zusammenhängen relevant. Im Kontext eines übergeordneten IT-Service-Managements könnte das Benachrichtigungsmanagement als Capability so definiert werden, dass es neben den Monitoring-Meldungen auch Benachrichtigungen weiterer Art abdeckt. Dazu könnten beispielsweise Benachrichtigungen zum Bearbeitungsstatus von Vorgängen zu Vorfällen oder Ankündigungen zu neuen Softwarereleases gehören.

Die Capability `Überwachung` ist nach vier wesentlichen Monitoring-Arten geschnitten. Die Capabilities innerhalb der Monitoring-Arten ähneln sich über die Monitoring-Arten hinweg bzgl. ihres funktionalen Gehalts. Jeweils eine Capability sorgt für die Erstellung / Ermittlung von Rohdaten (`Logerstellung`, `Sensormessung`, `Funktionstestaufruf` und `Lasterzeugung`). Bei der Leistungsprüfung kommt die `Leistungsermittlung` hinzu, d.h., die Ermittlung der Daten ist in zwei Capabilities aufgeteilt. Eine andere Capability sammelt die spezifischen Daten zusammen (`Logdatensammlung`, `Sensordatensammlung`, `Funktionsdatensammlung` und `Leistungsdatensammlung`). Die dritte Capability wertet die gesammelten Daten für die Art des Monitorings aus (`Logauswertung`, `Metrikberechnung`, `Funktionstestauswertung` und `Leistungsauswertung`).

Bei einem funktionsorientierten Schnitt hätte man die zusammen genannten Capabilities in jeweils eine übergeordnete Capability zusammengefasst. Bei der Modellierung war eine Orientierung an allgemeinen Monitoring-Konzepten sinnvoll. Hätte man sich zu stark oder ausschließlich an den bereits vorhandenen Funktionalitäten der Istsysteme orientiert, hätte man z.B. die Capability `Leistungsmonitoring` nicht identifiziert, da diese Capability im konkreten Fall eine Bebauungslücke dargestellt hat. Somit hätte man auch diese Bebauungslücke nicht finden können.

6.1.3 Skizzierung der Anwendungsfälle

Die folgenden Unterabschnitte fassen die mit dem erstellten Capability-Modell für das System-Monitoring durchgeführten Anwendungsfälle zusammen.

Ermittlung der Istbebauung

Einrichtung und Betrieb eines umfänglichen System-Monitorings sind komplexe und möglicherweise kostspielige Angelegenheiten. Eine der Aufgaben bestand darin, sich einen Überblick über die historisch gewachsene Monitoring-Systemlandschaft zu verschaffen.

Abbildung 6–3 zeigt einen Ausschnitt der auf Basis des Capability-Modells ermittelten Bebauungsmatrix für das System-Monitoring (analog zu Sicht 5 (Capability-Bebauung (Matrix))). Zu beachten ist, dass die Matrix nicht den Funktionsumfang der Systeme beschreibt, sondern deren tatsächlichen Einsatz.

Capabilities (Ebene 2) ↓ / System / Komponente →	Logagent	Beats	Rsyslog	Fluentd	Flume	LogStash	Monti	Consul	FNT Command	LeanIX
Log-Monitoring	■	■	■	■	■	■	■			
Metrik-Monitoring	■	■				■				
Funktionsmonitoring		□					□			
Leistungsprüfung										
Zustandsanalyse							■			
Problemanalyse	□						■			
Langzeitanalyse							■			
Benachrichtigungskonfiguration							■	■		
Benachrichtigungsabwicklung							■			
Monitoring-Objekt-Verwaltung							■	■	■	■
Monitoring-Abrechnung										■
Zugriffsmanagement		□	□	□	■	■	■	■	■	■

Abb. 6–3: Ausschnitt der Bebauungsmatrix für das System-Monitoring

Die Bebauung wurde für die Capabilities der Ebene 3 ermittelt und zur Vereinfachung hier auf der Ebene 2 zusammengefasst, da sich auch auf dieser Ebene bereits einige interessante Beobachtungen machen lassen. Die aufgeführten Systeme sind eine kleine Auswahl der insgesamt mehr als 25 betrachteten Systeme. Ein voll ausgefülltes Rechteck symbolisiert eine weitgehende oder vollständige Unterstützung der Capability. Unterstützt ein System eine Capability nur rudimentär, ist das Rechteck nicht gefüllt. (Eine leeres Matrixfeld bedeutet keinerlei Unterstützung bzw. Nutzung.) Es sind vier Bereiche der Matrix markiert, die nachfolgend erläutert sind:

1. Viele unterschiedliche Systeme bzw. Komponenten unterstützen die Capability `Log-Monitoring`. Dies ist einerseits nicht überraschend, da fast alle Arten von Monitoring-Objekten Logdaten erzeugen, die verarbeitet werden sollen. Je nach Art des Monitoring-Objekts gibt es Unterschiede in Frequenz und Datenumfang der Protokollierungen, was unterschiedliche Realisierungen von

Sammlung und Auswertung der Logdaten sinnvoll machen kann. Dennoch ist ein detaillierter Blick hilfreich, um Potenziale für Konsolidierungen zu finden, die bei der Reduktion von Komplexität und Kosten der Monitoring-Landschaft helfen können.

2. Die Capability `Leistungsprüfung` ist eine sogenannte Bebauungslücke, d.h., kein System realisiert diese Capability. An dieser Stelle ist zu ergänzen, dass die in der Tabelle nicht dargestellten Systeme diese Capability ebenfalls nicht realisieren. Für die fehlende Fähigkeit wurde im Projekt der Beschluss gefasst, diese zukünftig in der Zielarchitektur zu berücksichtigen, sodass hierfür eine neue Lösungskomponente einzuführen oder eine bestehende zu erweitern ist.
3. Das System »Monti« ist eine Eigenentwicklung, die selbst nur Log-Monitoring anbietet, jedoch viele der Analyseaufgaben auch für die Daten der anderen Monitoring-Arten unterstützt. Nicht untypisch für Eigenentwicklungen zeigt sich ein historisch gewachsener, breiter Funktionsumfang.
4. An der Capability `Zugriffsmanagement` lässt sich ein Effekt erkennen, der in vielen Anwendungskontexten auftreten kann: Die Capability ist nicht spezifisch für den Anwendungskontext und von so allgemeiner Bedeutung, dass jedes System diese realisiert. Jedes System implementiert heutzutage in irgendeiner Weise ein Zugriffsmanagement. Daher hat in dieser Tabellenzeile jede Spalte eine Markierung.

   Auf dieser Detaillierungsebene bzw. mit dem reinen Bezug auf Capabilities lässt sich nicht feststellen, wie konsistent und ggf. systemübergreifend das Zugriffsmanagement realisiert ist. Konzepte wie die Einmalanmeldung (»Single Sign-on«) sind durch das Capability-Modell nicht abgedeckt. Bei Bedarf könnte man entsprechende Capabilities wie z.B. `Einmalanmeldung` in das Modell mit aufnehmen.

Zu erkennen sind des Weiteren die »dicht besiedelten« Teile der Matrix: Die Systeme Beats, LogStash, Fluentd und Monti sind als Monitoring-Systeme zu erkennen, die insgesamt zwei der Monitoring-Arten unterstützen. Die Systeme Consul, FNT Command und LeanIX unterstützen vor allem die Verwaltungsaufgaben.

Die Capability `Funktionsmonitoring` wird zwar durch zwei Systeme unterstützt, jedoch in beiden Fällen nur rudimentär. Auch wenn dies somit keine echte Bebauungslücke darstellt, ist das Ergebnis der Analyse ein Hinweis, die Unterstützung zu prüfen und bei Bedarf zu erweitern.

Produktvergleich

Bei der Festlegung der zukünftigen Bebauung für das System-Monitoring müssen für alle Capabilities unterstützende Systeme (Applikationen, Werkzeuge) gefunden werden. Auch wenn es einige sehr prominente und weit verbreitete Monitoring-Produkte gibt, so ist der Markt fast unüberschaubar. Der Funktionsumfang überschneidet sich zwischen den Produkten stark, ist jedoch so gut wie nie identisch. Um die Funktionsumfänge systematisch erfassen und vergleichen zu können, eignen sich die Monitoring-Capabilities – analog zu der im vorangegangenen Abschnitt betrachteten Istbebauung. Da eine entsprechende Vergleichsmatrix genau so aufgebaut ist wie die in Abbildung 6–3, folgt an dieser Stelle keine weitere Illustration.

Ergänzend zur reinen Abdeckung der benötigten Capabilities durch Funktionalitäten lassen sich Eigenschaften der Produkte Capability-bezogen qualitativ beschreiben bzw. vergleichen. Tabelle 6–5 zeigt illustrativ einen solchen Vergleich für zwei Produkte und vier ausgewählte Monitoring-Capabilities.

Capability	Produkt 1	Produkt 2
Kennzahlenberechnung	⊕ Generisch und flexibel ⊖ Keine vordefinierten Monitoring-Kennzahlen	⊕ Vordefinierte, Monitoring-spezifische Kennzahlen ⊙ Eigene Kennzahlen möglich mit eingeschränkter Definitionslogik
Zustandskategorisierung	⊕ Keine vorgegebenen Kategorisierungen ⊕ Kategorisierungen via selbst definierte Auswertungen möglich	⊕ Vordefinierte Kategorisierungen für den IT-Betrieb ⊕ Automatische Aktualisierung via periodische Auslöser (»Trigger«)
Zustandsvisualisierung	⊖ Echtzeitdaten nur mit Erweiterungen/Skripten ⊕ Große Anzahl von Darstellungsarten ⊕ Einfach zu erstellende Zustands-/Auswertungszusammenstellungen (»Dashboards«)	⊖ Nur logbasiert ⊖ Eingeschränkter Basissatz an Graphen und Darstellungen ⊕ Vordefinierte Dashboards für den IT-Betrieb
Suche und Recherche	⊖ Nur lokale Suchen innerhalb von Sichten ⊙ Volltextsuche via »Fulltext«-Erweiterung (Beta-Stadium)	⊙ Fokus auf Logdaten ⊕ Leistungsstarke Suche über große Datenbestände

Tab. 6–5: Charakterisierung von Produktkandidaten je Capability

Die einzelnen Punkte sind mit einem einfachen Schema bewertet:

⊕ Positiv bewertete, vorteilhafte Eigenschaft
⊙ Neutrale Eigenschaft ohne besondere Vor- oder Nachteile
⊖ Negativ bewertete, nachteilige Eigenschaft

Mit einer entsprechend großen Anzahl von Spalten kann man den Vergleich auf weitere Produkte erweitern.

Entwicklung der Zielarchitektur

Bei der Gestaltung einer Zielarchitektur für die Monitoring-Landschaft kann die Entwicklung bzw. Nutzung einer Referenzarchitektur hilfreich sein. Eine Referenzarchitektur ist eine modellhafte, prototypische Blaupause für die Gestaltung konkreter Zielarchitekturen, die (möglichst) alle wesentlichen Bestandteile des jeweiligen Anwendungsbereiche berücksichtigt. Referenzarchitekturen abstrahieren von konkreten Produkten und Technologieausprägungen; vielmehr erfassen sie wichtige fachliche und/oder technische Funktionen, geben eine sinnvolle Modularisierung vor und beschreiben Datenflüsse sowie die zugehörigen Integrationsbedarfe. Referenzarchitekturen dienen im Sinne von Musterlösungen mit einer breiten Abdeckung des Anwendungsbereichs als Vorlagen zur Definition konkreter Zielarchitekturen. Sie helfen dabei, alle wichtigen Bausteine in der Zielarchitektur zu berücksichtigen.

Capability-Modelle eignen sich hervorragend als Ausgangsbasis von Referenzarchitekturen, denn sie enthalten einen vollständigen Satz der fachlich benötigten Fähigkeiten und bilden eine erste Hypothese der fachlichen Funktionalitäten, die durch die Referenzarchitektur abgedeckt werden sollen. Ein Capability-Modell kann als Checkliste verwendet werden, um zu überprüfen, ob alle Funktionalitäten in der Zielarchitektur abgedeckt sind. Abbildung 6–4 zeigt die aus den Monitoring-Capabilities entwickelte Referenzarchitektur als Basis für den Entwurf der konkreten Zielarchitektur. Bis auf wenige (markierte) Ausnahmen entsprechen alle funktionalen Bausteine der Referenzarchitektur 1:1 den Capabilities aus dem Monitoring-Capability-Modell. Die Zusammenfassung von Capabilities zu Modulen lässt sich als logische Applikationsarchitektur auffassen.

Mithilfe der Bebauungsinformationen (der Istarchitektur bzw. der Produktvergleiche) lässt sich die Architekturdarstellung durch die konkreten Systeme bzw. Produkte anreichern – je Capability-Symbol lassen sich (ausgewählte) Ist- und (potenzielle) Sollsysteme ergänzen, sodass eine erste Variante einer Zielarchitektur entstehen kann. (Die konkrete Zielarchitektur wird an dieser Stelle nicht präsentiert.)

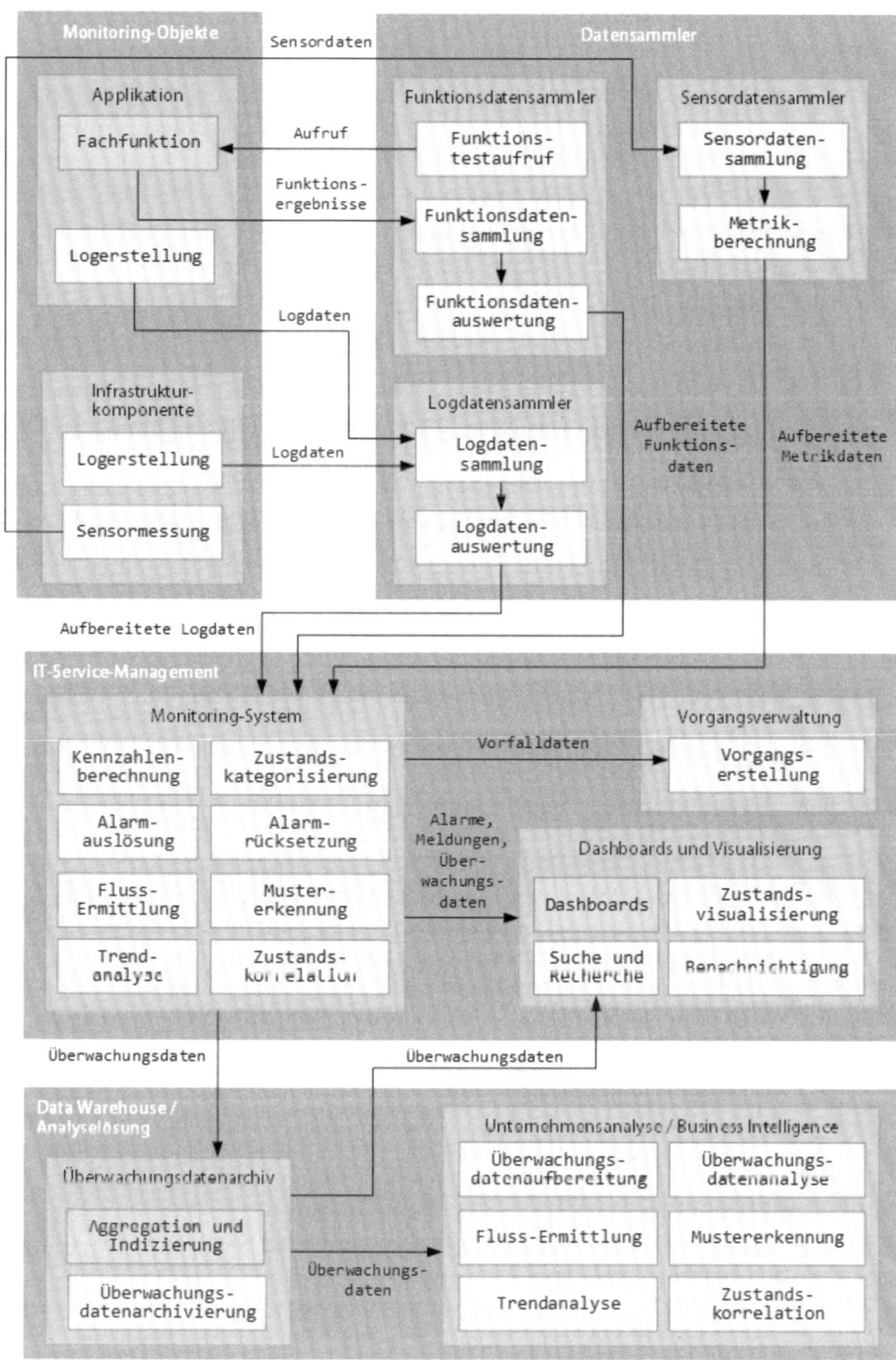

Abb. 6–4: Vereinfachte Referenzarchitektur für System-Monitoring

6.2 Fallstudie Güterproduktion

Das in diesem Abschnitt vorgestellte Fallbeispiel hat seinen Kontext in Unternehmen des verarbeitenden Gewerbes, die komplexe technische Produkte entwickeln und in Serie herstellen. Die Erstellung des Capability-Modells ging auf eine Initiative der übergreifenden IT-Architektur-Abteilung zurück. Zielsetzung war die Schaffung eines unternehmensweiten, stabilen, fachlichen Ordnungsrahmens als Basis für das Enterprise Architecture Management und zur Unterstützung verschiedener Anwendungsfälle. Die nachfolgende Aufzählung listet die wesentlichen Verwendungszwecke auf, die die Einführung des Capability-Modells motiviert haben.

1. Etablierung einer gemeinsamen Sprache für die IT und die Fachseiten
   - Standardisierung von Begriffen für Geschäftsfähigkeiten
   - Harmonisierung der Kommunikation zwischen Fachseiten und IT
2. Identifizierung und Priorisierung von unternehmensweiten Handlungsfeldern zur Unternehmenssteuerung
   - Analyse und Ermittlung strategisch relevanter Geschäftsfähigkeiten für Digitalisierung und zugehörige Investitionen
   - Ableitung und Priorisierung von Handlungsfeldern und Vorhaben für strategische Capabilities
3. Fachliche Definition von Projektumfängen (»Scoping«)
   - Ermittlung / Festlegung der in Vorhaben anzupassenden / neu zu realisierenden Capabilities
   - Capability-basierte Standardisierung von Ressourcen-, Zeit- und Kostenabschätzungen
4. Management des Projektportfolios
   - Nutzung des Capability-Modells für einen standardisierten Überblick über geplante und laufende Vorhaben (Vergleichbarkeit)
   - Systematische Abhängigkeitsanalyse zwischen Vorhaben (zu erwartende Projektschnittstellen)
   - Identifizierung inhaltlicher Überschneidungen
   - Wertung der Projektumfänge hinsichtlich strategischer Relevanz anhand der Capabilities
   - Priorisierung und Konsolidierung des Projektportfolios
5. IT-Bebauungsmanagement
   - Identifizierung und Nutzung von Synergiepotenzialen zwischen Unternehmensbereichen
   - Ermittlung und Beseitigung von Bebauungslücken

- Analyse der IT-Bebauung und Entwurf einer Zielbebauung (Modularisierung, Redundanzfreiheit, Vollständigkeit usw.)

6. Management und Rationalisierung des Applikationsportfolios
   - Capability-basierte Qualitätseinschätzungen der IT-Applikationen und Planung von Modernisierungen
   - Abgleich funktionaler Umfänge der Applikationen und Identifizierung von Überschneidungen
   - Konsolidierungen und Reduktion von Redundanzen
7. Standardisierung der funktionalen IT-Bebauung
   - Standardisierung / Architektur-Blaupausen für die Neuerrichtung von Produktionsstätten und Logistikzentren
   - Erhöhung der Effizienz bei Investitionen in Standortinfrastruktur
8. Verbesserung der Datenqualität
   - Identifizierung von Capabilities mit bestehenden Problemen bei der Datenqualität (erzeugte / konsumierte Daten)
   - Ermittlung von Datenabhängigkeiten zwischen Capabilities und realisierenden Applikationen
   - Ursachenanalyse und Entwurf von Lösungsmöglichkeiten für Optimierungen der Capability-Realisierungen
9. Erhöhung der Kostentransparenz
   - Nutzung des Capability-Modells als Kostenraster für Entwicklungsvorhaben und den laufenden Betrieb
   - Zuordnung von Betriebs- und Investitionskosten (OPEX-/CAPEX-Aufteilung) zu Capabilities
10. Taktische Unterstützung von Transformationsprogrammen
    - Definition von Migrationspfaden bei größeren Vorhaben
    - Identifizierung von Abhängigkeiten von Teilprojekten und Transformationsschritten
    - Sicherstellung ausreichender Verfügbarkeit kritischer Capabilities (funktionale Abdeckung) nach jedem Migrationsschritt (Abschaltungen, Inbetriebnahmen, Übergänge)

Die angedachten Verwendungszwecke für das zentrale Capability-Modell sind sehr umfangreich – nicht untypisch für den verkündeten Anspruch zentraler Architekturabteilungen und in der Praxis bedauerlicherweise schwer in Gänze zu erreichen. Nichtsdestotrotz erscheint jeder einzelne Punkt valide – für die definierten Verwendungszwecke und damit verbundenen Zielsetzungen sind Capabilities als Hilfsmittel sehr gut geeignet.

6.2.1 Capability-Modell für das verarbeitende Gewerbe

Das Gesamtmodell hat drei Ebenen mit acht Haupt-Capabilities auf Ebene 1 (siehe Abb. 6–5). Die Ebene 3 umfasst ca. 200 Capabilities.

Abb. 6–5: Capabilities der Ebene 1 für ein verarbeitendes Gewerbe

Die nachfolgende Aufstellung skizziert grob den Umfang der acht Haupt-Capabilities. Da das Capability-Modell in der Fallstudie nicht in Gänze bis zur Ebene 3 aufgeführt ist, sind zur Illustration pro Haupt-Capability jeweils zwei der untergeordneten Capabilities der Ebene 2 mit aufgeführt.

`Development & Product Management` – Das Unternehmen benötigt die Fähigkeit, die herzustellenden Serienprodukte zunächst zu entwickeln und ein Produktmanagement zu betreiben. Diese Fähigkeit ist eine entscheidende Voraussetzung, um innovative, marktfähige Produkte produzieren zu können. Untergeordnete Capabilities sind beispielsweise `Product Strategy Management` und `Product Development`.

`Procurement` – Diese Capability beschreibt die wichtige Fähigkeit der Beschaffung von Material und Dienstleistungen, die das Unternehmen für die Herstellung der Güter benötigt. Abbildung 6–6 führt die Capabilities unterhalb dieser Haupt-Capability bis zur Ebene 3 vollständig auf.

`Quality Management` – Diese Capability erfasst die Fähigkeiten, die das Unternehmen für das Management der Qualität braucht. Zwei der untergeordneten Capabilities sind `Quality Planning` für die Vermeidung von Fehlern und `Problem Management` zur Behandlung erkannter Qualitätsprobleme.

`Production` – Unterhalb dieser Capability sind die Fähigkeiten erfasst, die zur eigentlichen Herstellung der Güter erforderlich sind. Als zweites Beispiel zeigt Abbildung 6–6 alle untergeordneten Capabilities der Produktion.

`Sales & Marketing` – Die Herstellung von Gütern kann nur dann wirtschaftlich sein, wenn das Unternehmen auch die Fähigkeit besitzt, für diese zu werben bzw. sie an zahlende Kundschaft zu vertreiben. `Customer Relationship Management` und `Market Analytics` sind zwei der untergeordneten Capabilities.

`Human Resources` – Die Fähigkeit, Personal zu managen, ist für jedes Unternehmen eine essenzielle Fähigkeit. Untergeordnete Capabilities sind beispielsweise `Personnel Management` und `Health & Safety Management`.
Anmerkung: Der Name der Capability (wörtlich übersetzt »menschliche Ressourcen«) bezeichnet im engeren Sinne keine Fähigkeit, sondern deutet vom Wortsinn her eher auf Ressourcen oder Geschäftsobjekte. Ein angehängtes »Management« in der Bezeichnung würde Klarheit schaffen.

`Finance & Controlling` – Die Fähigkeiten zum Management der Finanzen und zum Controlling des Unternehmens sind in dieser Haupt-Capability zusammengefasst. Auch diese Fähigkeiten benötigt jedes Unternehmen. Zwei der zugehörigen Capabilities auf Ebene 2 sind `Accounting` (für die Buchführung) und `Treasury` (für das Management der Liquidität und des Zahlungsverkehrs).

`Business Support` – Diese Haupt-Capability hat eine sehr generische Bezeichnung. Sie bündelt für das Unternehmen wichtige Querschnittsfähigkeiten. Beispiele für untergeordnete Capabilities sind `Corporate Governance` (für Steuerung/Überwachung des Unternehmens) und `Communications` (für die allgemeine Unternehmenskommunikation).

Teilmodell für Beschaffung und Produktion

Abbildung 6–6 auf der Folgeseite zeigt die beiden Haupt-Capabilities für Beschaffung und Produktion vollständig für die drei modellierten Ebenen als Capability-Karte.

Production

Production Preparation

Pilot Production

Manufacturing Planning

Factory Allocation Planning

Production Preparation Management

Factory Preparation

Machinery Preparation

Spare Parts Management

Spare Parts Price Management

Spare Parts Order Mgmt.

Spare Parts Demand Planning

Spare Parts Distribution Management

Spare Parts Procurement

Spare Parts Warehouse Management

Manufacturing

Manufacturing Order Management

Factory Maintenance

Manufacturing Steering

Manufacturing Quality Assurance

Materials Management

Factory Data Management

Factory Operations Management

Factory Data Analytics

Production Logistics

Inventory Management

Transport Management

Container Management

Logistics Master Data Management

Assembly Line Provision

Logistics Data Analytics

Receipt Management

Manufacturing Order Allocation

Vehicle Distribution

Warehouse Management

Abb. 6–6: Beschaffung und Produktion im verarbeitenden Gewerbe

Diskussion der Modellierung

Im Folgenden sind für die Beschaffung und die Produktion einige der untergeordneten Capabilities mit Angabe ihrer Ebene und ihre Modellierung näher beleuchtet.

`Cost Management` (E2) – Kosten entstehen durch den Bezug von Waren und Dienstleistungen, sodass eine Verortung unter der Beschaffung zunächst passend erscheint. Andererseits sind Personalkosten für interne Angestellte ebenfalls ein großer Ausgabeposten. Die Fähigkeit eines übergeordneten Kostenmanagements für das Gesamtunternehmen wäre daher unter einer querschnittlichen Capability wie z.B. `Finanzmanagement` besser aufgehoben. Geht es nur um den Kontext der Beschaffung, dann sollte sich dies idealerweise im Namen widerspiegeln, z.B. als `Procurement Cost Management`.

`Investment Planning` (E3) – Die Investitionsplanung für Produktionsmaschinen und Infrastruktur ist eine wichtige Fähigkeit bei der Vorbereitung der Serienproduktion. Die Zuordnung unterhalb von `Procurement` scheint passend, das es bei der Investitionsplanung um die Beschaffung von Investitionsgütern geht. Ob auf Ebene 2 `Cost Management` die ideale Wahl der übergeordneten Capability ist, lässt sich diskutieren, da die Planung von Investitionen mehr umfasst als das Management von Kosten.

`Material Sourcing` (E2) – Die Beschaffung von Rohstoffen, Materialien und Bauteilen stellt für Hersteller technischer Güter eine kritische Fähigkeit dar, da die fertigen Produkte sehr komplexe Konstruktionen mit einer Vielzahl von mechanischen sowie elektronischen Modulen sind, die das Unternehmen nicht selbst herstellen kann. Die drei untergeordneten Sourcing-Capabilities sind nicht überschneidungsfrei. Während `Forward Sourcing` und `Global Sourcing` eher strategische Ansätze zur Beschaffung in den Vordergrund stellen, bezieht sich `Module Sourcing` auf die zu beschaffende Art der Gegenstände. Bei einer Verfeinerung der Capabilities würden diese Überschneidungen deutlich werden, da sich jeweils gleichartige Unterfähigkeiten wie z.B. `Supplier Identification` zum Finden passender Zulieferer ergeben würden.

`Forward Sourcing` (E3) – Der Begriff *Forward Sourcing* steht für die Fähigkeit, früh während der Produktentwicklung Lieferanten für Bauteile und weitere Betriebsmittel zu finden, die für den gesamten Produktlebenszyklus eine hohe Qualität der Liefergegenstände, verlässliche Lieferungen und zudem einen angemessenen Preis bieten. Die Zulieferer werden in den Entwicklungsprozess mit eingebunden, um eine optimale Angleichung von Anforderungen und Eigenschaften der Liefergegenstände zu erreichen [99].

`Global Sourcing` (E3) – Unter *Global Sourcing* versteht man die Beschaffung von Gütern auf dem Weltmarkt, wodurch die Auswahl an Lieferanten maximiert wird und insbesondere das Potenzial für Kosteneinsparungen zunimmt. Zugleich steigt das Risiko von Lieferausfällen und Qualitätsproblemen.

`Module Sourcing` (E3) – Mit *Module* sind hier Produktmodule gemeint, die als Teilsysteme wichtige Funktionen im fertigen Produkt übernehmen. Ein Modul besteht aus diversen Einzelteilen, die vom Zulieferer als integrierbare Kompletteinheiten geliefert werden und bei der Produktion in das Endprodukt eingebaut werden. Mit *Module Sourcing* ist demnach die Fähigkeit gemeint, passende Module für die Endprodukte zu beschaffen.

`Contract Negotiation` (E3) – Betrachtet man die Beschaffung von Materialien als Prozess, dann wäre die Vertragsverhandlung sicher eine Teilaktivität, die dabei genutzt wird. Im Capability-Modell ließe sich diese Fähigkeit jedoch auch unter `Supplier Management` verorten, da eine Verhandlung immer mit einem Lieferanten erfolgt. Zudem ist die Fähigkeit zur Verhandlung nicht nur für die Beschaffung von Materialien, sondern auch für die von Dienstleistungen (siehe `Service Sourcing`) erforderlich.

`Service Sourcing` (E2) – Im Gegensatz zum Schnitt unter `Material Sourcing` ist hier ein rein informations- bzw. objektorientierter Schnitt gewählt, der sich nach der zu beschaffenden Art von Dienstleistungen richtet. Dies erscheint zunächst logischer, doch auch hier stellt sich die Frage, ob diese Fähigkeiten überschneidungsfrei sind. Zweifelsohne lassen sich die Dienstleistungen gut unterscheiden, doch welche Differenzierung implizieren diese Unterschiede bzgl. der benötigten Fähigkeiten tatsächlich?

Zudem könnte es ggf. weitere Arten von Dienstleistungen geben, die hier nicht abgedeckt sind, beispielsweise für Leistungen im Finanzkontext wie externe Bilanzprüfungen o.Ä. (Stichwort Vollständigkeit des Capability-Modells).

`Added-Value Service Sourcing` (E3) – Ohne weitere Erläuterungen bzw. ohne das Unternehmen zu kennen, ist die Bedeutung dieser Capability kaum zu verstehen. Gemeint sind hier Mehrwertdienste, die mithilfe des Produkts bzw. im Rahmen von dessen Nutzung durch die Kundschaft in Anspruch genommen werden können.

Ein Beispiel für einen solchen Mehrwertdienst ist die Archivierung relevanter Nutzungsdaten des Produkts bei einem Cloud-Dienstleister, um diese später analysieren oder anderweitig nutzen zu können. Da das Unternehmen solche Dienste nicht selbst erbringt, jedoch seinen Kunden als zusätzliche Leistung mit anbieten möchte, ist die Fähigkeit erforderlich, solche Dienste extern bei entsprechenden Dienstleistern zu beschaffen.

`Online Order Management` (E3) – Diese Capability beschreibt durch das Wort »Online« in seiner Bezeichnung eine Art und Weise, wie das Auftragsmanagement zu realisieren ist, nämlich via Internet (und nicht beispielsweise papier- oder faxbasiert). Dies widerspricht der Anforderung an Capabilities, nur das »Was«, nicht aber das »Wie« zu beschreiben. Des Weiteren ist durch die fehlende Angabe, um welche Art von Aufträgen es sich handelt, eine Abgrenzung zu `Production Material Order Management` und `General Material Order Management` (per Bezeichnung) nicht möglich.

`Spare Parts Management` (E2) – Für die Fähigkeit des Ersatzteilmanagements wurde ein objektorientierter Schnitt gewählt. Auch wenn dies in sich logisch ist, kollidiert der Schnitt mit der anderen Struktur des Modells. Die Fähigkeiten rund um den Geschäftsobjekttyp des Ersatzteils sind vielschichtig, sodass eine Verortung im Modell ohnehin schwierig ist. Die Zuordnung unterhalb der Produktion erscheint zumindest insofern nicht passend, als das Unternehmen die Ersatzteile zum Großteil nicht selbst produziert, sondern zukauft.

`Spare Parts Demand Planning` (E3) – Unterhalb der Beschaffung ist ebenfalls auf Ebene 3 (der Capability `Cost Management` untergeordnet) eine Capability `Demand Forecasting` definiert, bei der die Abgrenzung zur Bedarfsplanung für die Ersatzteile unklar ist. Das `Demand Forecasting` schränkt nicht ein, um welche Arten von Bedarfen es sich handelt (z.B. Produktionsmaterialien, Baumaterialien), sodass auch Ersatzteile darunter fallen (könnten).

`Spare Parts Procurement` (E3) – Die Beschaffung ist eine Capability auf Ebene 1, sodass die Beschaffung auch für Ersatzteile dort aus Kohärenzgründen eingeordnet werden müsste.

`Spare Parts Order Mgmt.` (E3) – Eine Capability `Purchase Order Management` ist auch auf Ebene 2 unter `Procurement` definiert.

`Spare Parts Warehouse Management` (E3) – Unterhalb von `Production Logistics` gibt es ebenfalls eine Capability `Warehouse Management`. Letztere ist im Kontext der Produktionslogistik zugeordnet, während es hier um das Lagermanagement für Ersatzteile geht. Es ist fraglich, ob sich die Fähigkeiten tatsächlich so signifikant unterscheiden, dass sich noch sinnvoll zwei Capabilities definieren lassen, die sich nicht überschneiden.

6.2.2 Abgleich des Modells mit einem LeanIX-Standardmodell

Im EAM-Werkzeug *LeanIX* der gleichnamigen Firma ist die *Geschäftsfertigkeit* bzw. in der englischsprachigen Version *Business Capability* ein Element des Metamodells. LeanIX stellt für verschiedene Branchen öffentlich zugängliche Standard-Capability-Modelle zur Verfügung, die einen guten Startpunkt für eigene Modelle bieten können [47]. Abschnitt 8.3.2 bietet eine kurze Vorstellung der LeanIX-Software. Das für produzierende Unternehmen definierte Capability-Modell von LeanIX passt in Grundzügen auch auf das Unternehmen der Fallstudie [46]. Um die unterschiedlichen Modellierungsansätze zu vergleichen, erfolgt an dieser Stelle ein Abgleich für die beiden oben näher betrachteten Capabilities `Procurement` und `Production`. Abbildung 6–7 zeigt zu diesem Zweck die oberen beiden Ebenen der Modelle für die beiden Haupt-Capabilities und deutet durch Pfeile grafisch wesentliche Entsprechungen an.

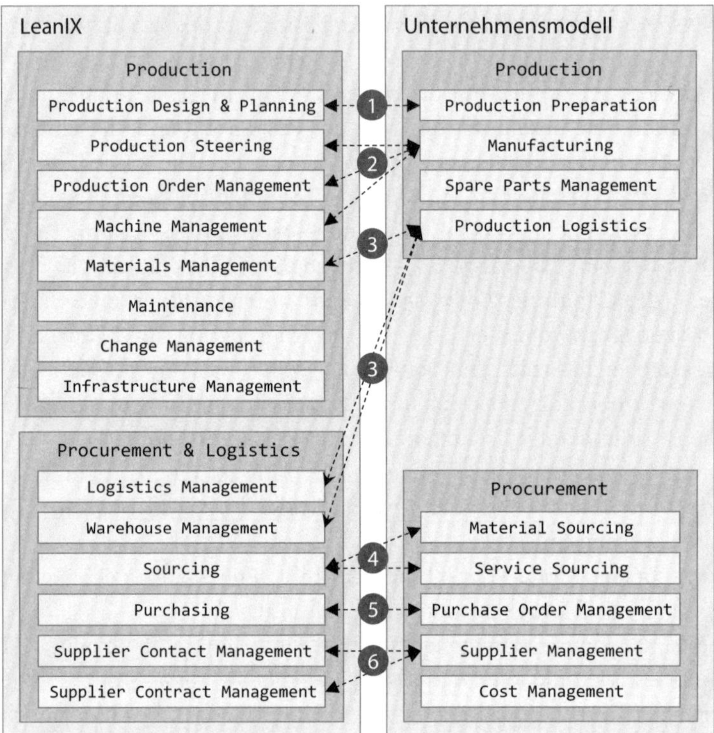

Abb. 6–7: Abgleich des LeanIX-Modells mit der Fallstudie

In der nachstehenden Aufzählung folgen einige Anmerkungen zu den einzelnen in der Abbildung nummerierten Verbindungen.

1. Die beiden Capabilities `Production Design & Planning` und `Production Preparation` haben inhaltlich den gleichen Umfang, nämlich die Vorbereitung der Produktion, sind jedoch anders benannt. Statt »Design & Planning« wie im LeanIX-Modell wird im Unternehmensmodell die Bezeichnung »Preparation« für die Planungsfähigkeit verwendet.
2. Was im Unternehmensmodell auf Ebene 2 als `Manufacturing` zusammengefasst wird, ist im LeanIX-Modell bereits auf Ebene 2 in drei Capabilities aufgeteilt. Im Unternehmensmodell finden sich Entsprechungen auf Ebene 3:
   - `Manufacturing Steering` entspricht `Production Steering` im LeanIX-Modell.
   - `Manufacturing Order Management` heißt bei LeanIX `Production Order Management`.
   - Die Capability `Machine Management` des LeanIX-Modells hat keine direkte Entsprechung im Unternehmensmodell, wird jedoch (mindestens teilweise) von `Factory Maintenance` mit abgedeckt, das sich auf Ebene 3

befindet (siehe Abb. 6–6). Würde man hier die Fähigkeit des Maschinenmanagements noch unterordnen, befände sich die Capability `Machine Management` im Unternehmensmodell bereits auf Modellebene 4. Somit wären es in den beiden Modellen bereits zwei Ebenen Unterschied für die entsprechenden Fähigkeiten.

Man könnte meinen, solange die Fähigkeit im Modell vorhanden ist, ist die Modellebene nicht entscheidend. Das ist einerseits zutreffend, doch oft müssen sich Analysen oder Darstellungen für das Management auf die höheren Ebenen beschränken. Fehlt dann eine wichtige Fähigkeit, weil sie zu weit unten im Modell platziert ist, lassen sich bestimmte Aussagen nur eingeschränkt ausdrücken. Zudem stellt sich die Frage nach der Ausbalanciertheit bzw. Granularität der Capabilities je Ebene. Ein Unterschied von zwei Ebenen in zwei Modellen, die das gleiche Geschäftsmodell abdecken sollen, ist zumindest auffällig.

3. Hier gibt es zwei verschiedene Modellierungsansätze: Im Unternehmensmodell ist die Logistik als Capability `Production Logistics` speziell auf die Produktion zugeschnitten und der Haupt-Capability `Production` untergeordnet. Im LeanIX-Modell ist `Logistics Management` Teil der Haupt-Capability `Procurement & Logistics`. Das `Warehouse Management` befindet sich hier auf Ebene 2, während es im Unternehmensmodell auf Ebene 3 unterhalb der Produktionslogistik platziert ist. Für `Materials Management` im LeanIX-Modell gibt es keine direkte Entsprechung im Unternehmensmodell. Capabilities wie `Inventory Management`, `Container Management` und `Assembly Line Provision` unterhalb von `Production Logistics` decken die Fähigkeit zum Management von Produktionsmaterial mit ab.
4. Was im LeanIX-Modell als `Sourcing` zusammengefasst ist, wird im Unternehmensmodell auf derselben Ebene in zwei Capabilities (objektorientiert) unterteilt: `Material Sourcing` und `Service Sourcing`.
5. Im LeanIX-Modell kurz als `Purchasing` bezeichnet, hebt die Capability im Unternehmensmodell auf die Bestellaufträge und deren Management als `Purchase Order Management` ab.
6. Im Unternehmensmodell befindet sich die Capability `Supplier Management` auf Ebene 2, während das LeanIX-Modell auf dieser Ebene die zwei Fähigkeiten `Supplier Contact Management` und `Supplier Contract Management` differenziert. Beide Capabilities existieren im Unternehmensmodell gleichnamig auf Ebene 3.

Auch das LeanIX-Modell deckt wesentliche Fähigkeiten ab, die das Unternehmen der Fallstudie für sich identifiziert hat. In der Modellierung gibt es die oben bereits diskutierten sowie verschiedene weitere Unterschiede. Das Unternehmensmodell hat beispielsweise die Capability `Added-Value Service Sourcing`, für die es keine Entsprechung im LeanIX-Modell gibt. Das LeanIX-Modell ist ein generisches Modell für verarbeitende bzw. produzierende Unternehmen, das spezielle Fähigkeiten, die sich durch spezifische Geschäftsmodelle ergeben, naturgemäß nicht berücksichtigt.

Eine klare Bewertung, welches Modell »besser« oder »schlechter« ist, ist kaum möglich bzw. sinnvoll. Beide Modelle sind in der Praxis brauchbar. Als Ausgangspunkt für eine unternehmensspezifische Capability-Modellierung wäre das LeanIX-Modell für das Unternehmen der Fallstudie nutzbar gewesen.

6.3 Fallstudie digitale Fahrzeugdienste

Das in diesem Abschnitt vorgestellte Beispiel ist bei einem Automobilhersteller angesiedelt, der als Teil seiner Digitalisierungsstrategie für seine neuen Fahrzeugmodelle digitale Mehrwertdienste eingeführt bzw. bereits vorhandene, einfache Dienste erweitert hat. Ein technisches Entwicklungsprojekt hat die für den Betrieb der konzipierten Fahrzeugdienste erforderlichen technischen Voraussetzungen sowohl im Fahrzeug als auch in der zentralen IT-Infrastruktur geschaffen. Zu beantworten waren im Zuge des Projekts unter anderem die folgenden Fragestellungen:

- Welche Fähigkeiten braucht das Unternehmen *zusätzlich* für die Erbringung der digitalen Dienste?
- Welche bereits vorhandenen Fähigkeiten müssen wegen der digitalen Dienste anders realisiert werden als heute?
- Welche Dienste kann das Unternehmen selbst erbringen, für welche werden externe Dienstleister mit entsprechender technischer Integration benötigt?
- Welche wesentlichen Anforderungen werden an die Umsetzung der Fähigkeiten gestellt?
- Wie sieht eine sinnvolle Zielbebauung für die Fähigkeiten aus?
- Sind Fähigkeiten des Fahrzeugs auch Fähigkeiten des Unternehmens?

Die auf den ersten Blick möglicherweise philosophisch anmutende letzte Frage in der Liste hatte den praktischen Hintergrund, den Umfang des Capability-Modells zu bestimmen. Aus Gründen der Einheitlichkeit und Einfachheit wurde die Frage bejaht. Die Alternative wäre die parallele Pflege zweier Modelle gewesen – eines für das Unternehmen und eines für die Fähigkeiten der Fahrzeuge.

6.3.1 Wertschöpfungskette digitaler Fahrzeugdienste

Für den Einstieg in die prozessuale Unterstützung der digitalen Fahrzeugdienste hat das Projekt eine Wertschöpfungskette definiert, die Abbildung 6–8 zeigt. Die Wertschöpfungskette zeigt die groben Abläufe von der »Geburt« eines Fahrzeugdienstes über dessen Nutzung bis zu seiner Terminierung. Auch wenn die Wertschöpfungskette von den konkreten Diensten abstrahiert, lässt sie sich als grober Prozess verstehen. Die Wertschöpfungskette ermöglicht (später im Projekt) eine

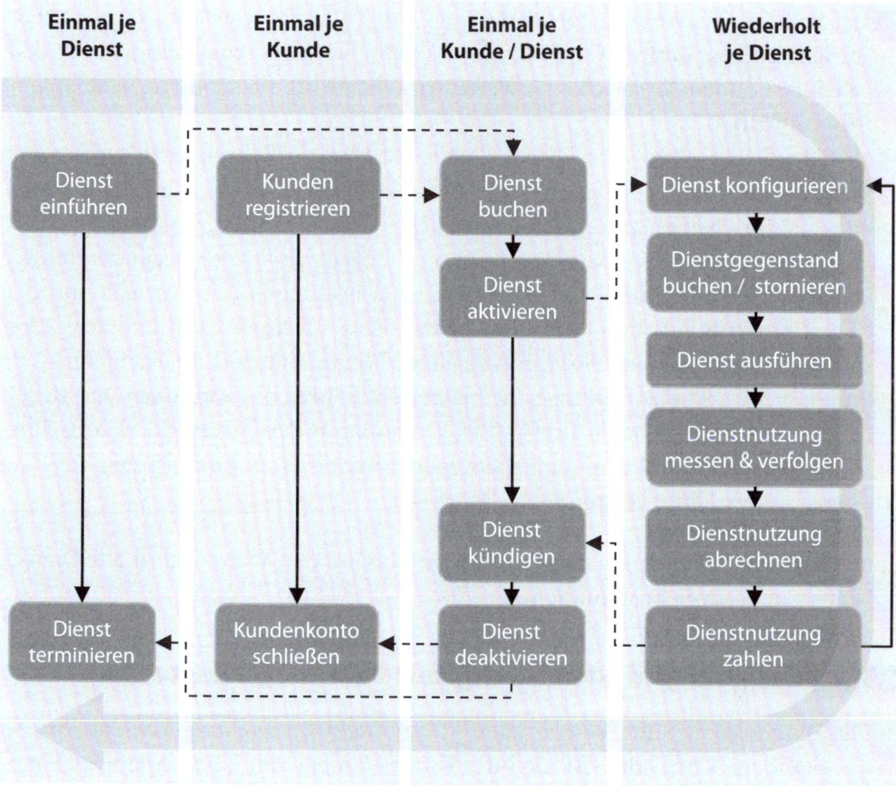

Abb. 6–8: Wertschöpfungskette digitaler Fahrzeugdienste

Prüfung, ob alle Schritte durch entsprechende Capabilities abgedeckt sind. (Dieser Abgleich soll im Rahmen dieser Fallstudie nicht erfolgen.)

6.3.2 Auswahl der Fahrzeugdienste

Von den insgesamt über 50 im Projekt betrachteten digitalen Fahrzeugdiensten skizziert die folgende Aufzählung exemplarisch vier Dienste, die die nachfolgenden Abschnitte im Rahmen der Fallstudie näher beleuchten.

Navigation – Die Fahrzeugnavigation war einer der ersten digitalen Dienste, die Fahrzeughersteller in ihren Fahrzeugen in Form von GPS- und kartengestützten Navigationssystemen angeboten haben. Der hier betrachtete Dienst erweitert die Grundfunktionen der Navigation um aktuelle Online-Verkehrsdaten, die dem Fahrer die Ankündigung von Verkehrshindernissen oder die dynamische Erzeugung von Ausweichrouten im Falle von Staus, Sperrungen o.Ä. ermöglichen. (In den folgenden Abschnitten nicht berücksichtigt sind Erweiterungen wie beispielsweise die Steuerung per Spracheingabe.)

Wetterdienst – Der Wetterdienst bietet dem Fahrer die Anzeige der aktuellen Wetterlage an bestimmten Orten (z.B. dem aktuellen Fahrzeugstandort oder dem Zielort). Zudem lässt sich eine Wettervorhersage für die nächsten Stunden und Tage abrufen.

Tankstellendienst – Mit dem Tankstellendienst können Fahrer sich anzeigen lassen, wo die nächste Möglichkeit zum Tanken bzw. Laden besteht. Dabei werden die für das Fahrzeug passenden Energieträger (Benzin, Wasserstoff, Autogas, Elektrizität usw.) berücksichtigt. Der Begriff *Tankstelle* deckt somit auch elektrische Ladesäulen usw. ab. Der Dienst ermöglicht die Anzeige und den Vergleich von Preisen sowie die Angabe der Entfernung zum Fahrzeug. Auf Wunsch lässt sich eine der Tankstellen als Navigationsziel übernehmen.

Parkplatzsuche – Die Parkplatzsuche bietet dem Fahrer das Auffinden und Reservieren eines Parkplatzes am Zielort. Dabei kann der Fahrer für den Parkbeginn einen Zeitpunkt frei eingeben oder die geschätzte Ankunftszeit aus dem Navigationsdienst verwenden.

Laut einer Festlegung durch den Vertrieb sind bis auf den Wetterdienst alle Dienste für Fahrzeugbesitzer kostenpflichtig.

6.3.3 Capability-Modell für digitale Fahrzeugdienste

In Zusammenarbeit mit der zentralen IT-Architektur-Abteilung hat das Projekt das vorhandene Capability-Modell des Unternehmens um eine Capability `Fahrzeugdiensterbringung` auf oberster Ebene erweitert. Keine der bereits vorhandenen Capabilities auf oberster Ebene wäre für die Aufnahme aller neu benötigten Fähigkeiten als untergeordnete Capabilities gut geeignet gewesen. Eine eigene Capability auf oberster Ebene unterstreicht zudem die Bedeutung der digitalen Fahrzeugdienste für das Unternehmen. Die untergeordneten Capabilities der neuen Haupt-Capability zeigt Abbildung 6–9.

Bis auf einige Ausnahmen sind alle neu benötigten Capabilities der neuen Haupt-Capability `Fahrzeugdiensterbringung` untergeordnet. Wie sich die Capability `Fahrzeugdiensterbringung` in das Gesamtmodell einfügt und welche neuen Capabilities bereits zuvor existierenden Capabilities untergeordnet werden konnten, ist in Abbildung 6–10 auf Seite 178 zu sehen. Die Darstellung ist nicht vollständig, sondern zeigt aus dem ursprünglichen Capability-Modell nur die Capabilities, die für die Erbringung der Fahrzeugdienste relevant sind.

Die Tabellen 6–6 (S. 179) und 6–7 (S. 180) dokumentieren zur Erläuterung einige der Capabilities des Modells (mit Angabe der Ebene) in Form einer Kurzbeschreibung.

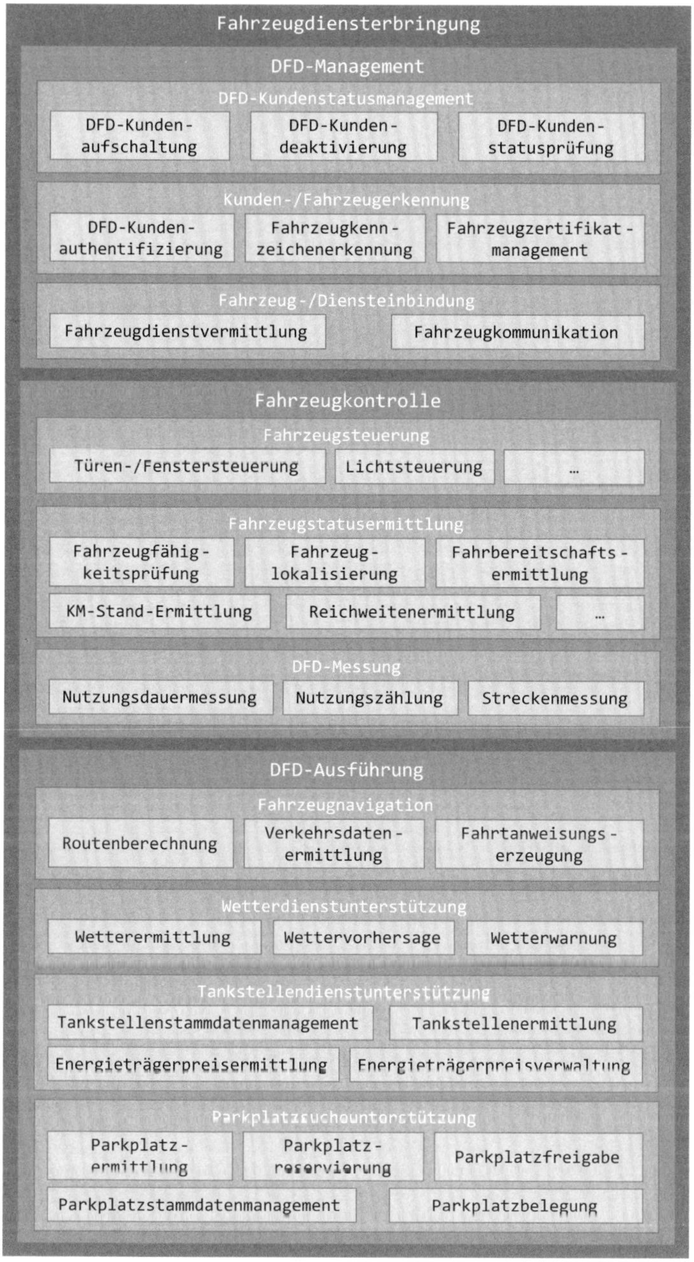

Fahrzeugdiensterbringung

- DFD-Management
  - DFD-Kundenstatusmanagement
    - DFD-Kunden-aufschaltung
    - DFD-Kunden-deaktivierung
    - DFD-Kunden-statusprüfung
  - Kunden-/Fahrzeugerkennung
    - DFD-Kunden-authentifizierung
    - Fahrzeugkenn-zeichenerkennung
    - Fahrzeugzertifikat-management
  - Fahrzeug-/Dienststeinbindung
    - Fahrzeugdienstvermittlung
    - Fahrzeugkommunikation
- Fahrzeugkontrolle
  - Fahrzeugsteuerung
    - Türen-/Fenstersteuerung
    - Lichtsteuerung
    - …
  - Fahrzeugstatusermittlung
    - Fahrzeugfähig-keitsprüfung
    - Fahrzeug-lokalisierung
    - Fahrbereitschafts-ermittlung
    - KM-Stand-Ermittlung
    - Reichweitenermittlung
    - …
  - DFD-Messung
    - Nutzungsdauermessung
    - Nutzungszählung
    - Streckenmessung
- DFD-Ausführung
  - Fahrzeugnavigation
    - Routenberechnung
    - Verkehrsdaten-ermittlung
    - Fahrtanweisungs-erzeugung
  - Wetterdienstunterstützung
    - Wetterermittlung
    - Wettervorhersage
    - Wetterwarnung
  - Tankstellendienstunterstützung
    - Tankstellenstammdatenmanagement
    - Tankstellenermittlung
    - Energieträgerpreisermittlung
    - Energieträgerpreisverwaltung
  - Parkplatzsucheunterstützung
    - Parkplatz-ermittlung
    - Parkplatz-reservierung
    - Parkplatzfreigabe
    - Parkplatzstammdatenmanagement
    - Parkplatzbelegung

Abb. 6–9: Capabilities zur Erbringung digitaler Fahrzeugdienste (DFD)

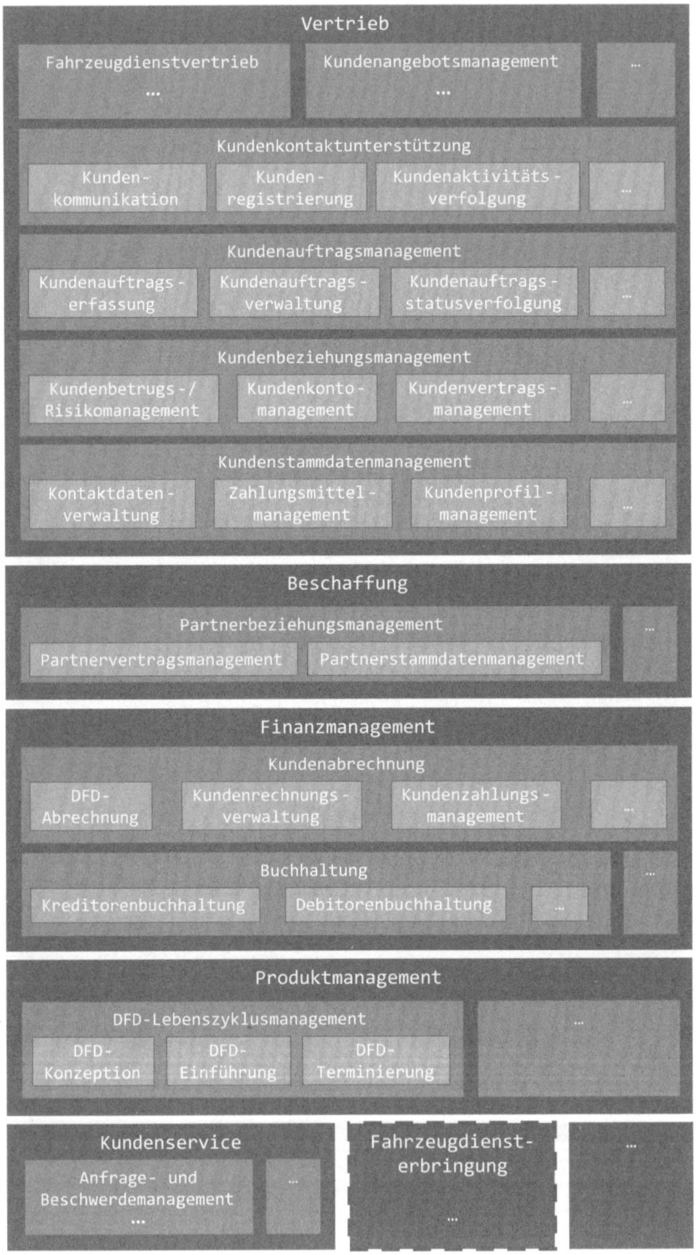

Vertrieb
Fahrzeugdienstvertrieb …
Kundenangebotsmanagement …
…
Kundenkontaktunterstützung
Kunden-kommunikation
Kunden-registrierung
Kundenaktivitäts-verfolgung
…
Kundenauftragsmanagement
Kundenauftrags-erfassung
Kundenauftrags-verwaltung
Kundenauftrags-statusverfolgung
…
Kundenbeziehungsmanagement
Kundenbetrugs-/ Risikomanagement
Kundenkonto-management
Kundenvertrags-management
…
Kundenstammdatenmanagement
Kontaktdaten-verwaltung
Zahlungsmittel-management
Kundenprofil-management
…

Beschaffung
Partnerbeziehungsmanagement
Partnervertragsmanagement
Partnerstammdatenmanagement
…

Finanzmanagement
Kundenabrechnung
DFD-Abrechnung
Kundenrechnungs-verwaltung
Kundenzahlungs-management
…
Buchhaltung
Kreditorenbuchhaltung
Debitorenbuchhaltung
…
…

Produktmanagement
DFD-Lebenszyklusmanagement
DFD-Konzeption
DFD-Einführung
DFD-Terminierung
…

Kundenservice
Anfrage- und Beschwerdemanagement …
…
Fahrzeugdiensterbringung …
…

Abb. 6–10: Capabilities für digitale Fahrzeugdienste im Gesamtmodell

Capability	Kurzbeschreibung
`DFD-Kundenaufschaltung` (E4)	Freischalten eines Kunden für einen Dienst, nachdem die zugehörigen formalen Voraussetzungen erfüllt sind (z.B. Registrierung, hinterlegte Zahlungsmittel), damit der Kunde die Dienste fortan nutzen kann. Die Aufschaltung muss die (technisch) erforderlichen Vorkehrungen zur Nutzung treffen (z.B. Berechtigungen zur Dienstnutzung für den Kunden vergeben, sonstige Grundeinstellungen vornehmen).
`DFD-Kundenstatusprüfung` (E4)	Als Komplement zur Aufschaltung erfasst diese Capability die Fähigkeit, den (Aufschalt-)Status des Kunden abzufragen, damit Entscheidungen möglich sind, ob und inwieweit ein Kunde bestimmte Dienste nutzen darf oder nicht.
`Fahrzeugkennzeichenerkennung` (E4)	Diese Fähigkeit ermöglicht das (optische) Erkennen des Kennzeichens (»Nummernschild«) eines Fahrzeugs und somit dessen eindeutige Identifikation. In vielen Parkhäusern ist diese Fähigkeit bereits umgesetzt, um einen Parkhausbesuch mit einem Fahrzeug zu verknüpfen. Der durch den Parkschein repräsentierte bzw. mit diesem codierte Parkhausbesuch wird mit dem erkannten Kennzeichen assoziiert. Zahlt der Fahrer den Parkhausbesuch z.B. an einem Automaten, so muss der Parkschein beim Ausfahren nicht mehr ausgelesen werden. Durch die Kennzeichenerkennung »weiß« das System, welcher Parkvorgang hier beendet wird und dass er bezahlt wurde, sodass die Ausfahrtschranke sofort geöffnet werden kann. Diese Capability kann in ähnlicher Weise für den Parkdienst verwendet werden.
`Fahrzeugzertifikatmanagement` (E4)	Ebenfalls zum Zweck der Identifizierung von Fahrzeugen bietet diese Capability das Management von Zertifikaten an. Wenn jedes Fahrzeug ein eigenes Zertifikat erhält, kann es sich damit (z.B. beim Einfahren in ein Parkhaus) »ausweisen«, um zu einem reservierten Parkplatz geleitet zu werden.
`Fahrzeugdienstvermittlung` (E4)	Diese Capability ermöglicht die Vermittlung angeforderter Fahrzeugdienste an verschiedene Dienstleister. Sind mehrere Dienstleister für einen Verkehrsdatendienst angeschlossen, so sorgt diese Capability für eine Verteilung der Anfragen an den passenden (z.B. aktuell besser verfügbaren) Dienstleister.

Tab. 6–6: Capability-Beschreibungen digitaler Fahrzeugdienste (Auswahl 1)

Capability	Kurzbeschreibung
`Fahrzeugfähig-keitsprüfung` (E4)	Mit dieser Capability lassen sich die Fähigkeiten eines Fahrzeugs ermitteln. Damit lässt sich herausfinden, ob ein Fahrzeug in der Lage ist, einen bestimmten Dienst zu nutzen (bzw. Teile davon selbst für den Fahrer zu erbringen). Hat ein Fahrzeug beispielsweise keine Standheizung, so steht der Dienst zum automatischen Enteisen im Winter bis zur geplanten Abfahrzeit nicht zur Verfügung. Realisiert das Fahrzeug diese Capability selbst, so repräsentiert sie die Fähigkeit zur Introspektion durch das Fahrzeug.
`Reichweiten-ermittlung` (E4)	Beispielsweise ist es für den Tankdienst erforderlich, die Restreichweite eines Fahrzeugs zu kennen, um nur Tankstellen vorzuschlagen, die das Fahrzeug noch erreichen kann. Diese Capability repräsentiert die Fähigkeit zur Ermittlung der (verbleibenden) Reichweite.
`DFD-Messung` (E3)	Diese Capability ermöglicht verschiedene Arten, um die Ausführung digitaler Fahrzeugdienste zu messen. Jede Art drückt sich durch eine untergeordnete Capability aus. Zweck solcher Messungen sind beispielsweise eine nutzungsbezogene Abrechnung oder statistische Auswertungen zur Nutzungsintensität. Die drei im Modell enthaltenen Unter-Capabilities (`Nutzungsdauermessung`, `Nutzungszählung` und `Streckenmessung`) sind generisch, d.h. dienstunabhängig definiert. Für bestimmte Dienste reichen diese Capabilities möglicherweise nicht aus, um die erforderlichen Messgrößen zu erfassen. Bei der nachträglichen Identifizierung solcher Bedarfe lässt sich das Capability-Modell unterhalb der Capability `DFD-Messung` entsprechend erweitern.
`DFD-Ausführung` (E2)	Hier sind alle Fähigkeiten untergeordnet, die spezifisch für die Unterstützung der individuellen Fahrzeugdienste notwendig sind. Die vier untergeordneten Capabilities korrespondieren daher mit den vier hier betrachteten Diensten. Die untergeordneten Capabilities auf der Ebene 4 sollten durch ihre Namen so weit selbsterklärend sein, dass sich ihr Zweck in Bezug auf den jeweiligen Fahrzeugdienst erkennen lässt.

Tab. 6–7: Capability-Beschreibungen digitaler Fahrzeugdienste (Auswahl 2)

6.3.4 Capability-Bedarf der Fahrzeugdienste

Abbildung 6–11 zeigt für die vier digitalen Fahrzeugdienste einige der Capabilities, die das Unternehmen für die Realisierung des jeweiligen Fahrzeugdienstes benötigt. Bei den Capabilities handelt es sich aus Platzgründen nur um einen kleinen Ausschnitt des Capability-Modells, anhand dessen sich jedoch einige wichtige Aspekte diskutieren lassen.

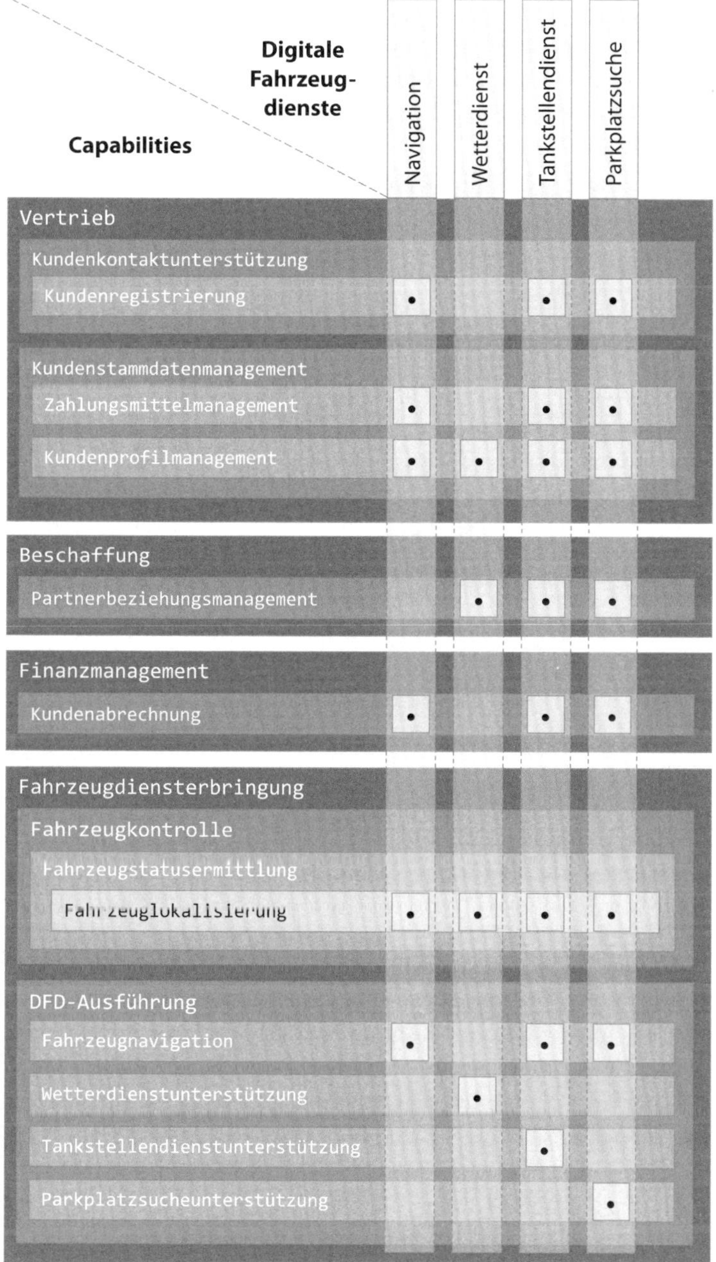

Abb. 6–11: Benötigte Capabilities für digitale Fahrzeugdienste

Die folgende Aufzählung führt einige der Capabilities auf und diskutiert Auffälligkeiten:

`Kundenregistrierung` – Das Unternehmen hat entschieden, den Wetterdienst in jedem Fahrzeug kostenlos anzubieten. Aus diesem Grund ist dieser Dienst der einzige, der keine Kundenregistrierung erfordert.

`Kundenabrechnung` **und** `Zahlungsmittelmanagement` – Da der Wetterdienst für Kunden kostenlos ist, erfordert dieser Dienst keine Abrechnung und auch kein Management von Zahlungsmitteln für den Kunden.

`Kundenprofilmanagement` – Das Management eines eigenen Kundenprofils ist für jeden Dienst sinnvoll, um allen Kunden die Möglichkeit zu geben, je Dienst bestimmte Einstellungen vorzunehmen. (Weitere Ausführungen zum `Kundenprofilmanagement` siehe Abschnitt 6.3.6.)

`Partnerbeziehungsmanagement` – Für alle Dienste außer der verkehrsdatenunterstützten Navigation ist das Unternehmen auf externe Dienstleister (Partnerunternehmen) angewiesen, sodass ein Management der Partnerbeziehungen für alle weiteren Dienste erforderlich ist. Die Erhebung von Verkehrsdaten (`Verkehrsdatenermittlung` usw.) realisiert das Unternehmen selbst.

`Fahrzeuglokalisierung` – Diese Fähigkeit wird für alle Dienste benötigt, da der aktuelle Standort des Fahrzeugs bei allen Diensten eine erforderliche Größe ist: Um eine Route zum Ziel berechnen zu können, muss der Standort des Fahrzeugs bekannt sein. Der Wetterbericht erfolgt für den aktuellen Standort. Der Tankstellendienst sucht eine Tank- bzw. Lademöglichkeit, die möglichst nahegelegen zur Position des Fahrzeugs ist. Analog gilt dies für die Parkplatzsuche, sofern der Dienstnutzer einen Parkplatz in der Nähe sucht (und nicht am Zielort).

`Fahrzeugnavigation` – Außer für den Wetterdienst ist die Fahrzeugnavigation ein Bestandteil aller anderen Dienste, da diese Dienste ortsbezogen und jeweils mit einem bestimmten Fahrtziel verbunden sind.

6.3.5 Entwicklung der Zielbebauung

Als Vorstufe für eine detaillierte Ausgestaltung der Zielarchitektur ist es bei solch komplexen Vorhaben sinnvoll, einen groben Bebauungsplan zu entwickeln, der eine Zuordnung von Capabilities zu abstrakten Zielkomponenten festlegt. Zu diesem Zweck eignet sich eine Bebauungsmatrix sehr gut, mit der sich auch erste Integrationsanforderungen ermitteln bzw. dokumentieren lassen (vgl. Abschnitt 5.4.1). Abbildung 6–12 zeigt die abstrakte Zielbebauung für eine Auswahl der Capabilities auf insgesamt 12 abstrakte Zielkomponenten.

Abstrakte Zielkomponente → / Capability ↓	Kanäle			Zentralsysteme					Dienstleister			
	Fahrzeug	Kundenportal	Mobile App	DFD-Zentrale	B2C-CRM	ERP	Kundenservice	Finanzsystem	Karten-/Verkehrsservice	Wetterdienst	Tankdatenportal	Parkraummanagement
Partnervertragsmanagement (E3)						R						
Kundenregistrierung (E3)	K	K			R							
DFD-Abrechnung (E3)								R				
Kundenrechnungsverwaltung (E3)		K	K				K	R				
DFD-Kundenaufschaltung (E4)				R								
DFD-Kundendeaktivierung (E4)				R								
DFD-Kundenstatusprüfung (E4)	K			R								
DFD-Kundenauthentifizierung (E4)	K			R								
Fahrzeugkennzeichenerkennung (E4)												R
Routenberechnung (E4)	K		K	R								
Verkehrsdatenermittlung (E4)	K		K						R			
Fahrtanweisungserzeugung (E4)	R		R									
Wetterermittlung (E4)	K	K	K							R		
Wettervorhersage (E4)	K	K	K							R		
Wetterwarnung (E4)	K	K	K							R		
Tankstellenstammdatenmanagement (E4)											R	
Energieträgerpreisermittlung (E4)	K	K	K								R	
Tankstellenermittlung (E4)	K	K	K								R	
Energieträgerpreisverwaltung (E4)											R	
Parkplatzermittlung (E4)	K	K	K									R
Parkplatzstammdatenmanagement (E4)												R
Parkplatzreservierung (E4)	K	K	K									R
Parkplatzfreigabe (E4)	K											R
Parkplatzbelegung (E4)	K											R

Abb. 6–12: Abstrakte Capability-Bebauung für digitale Fahrzeugdienste

Die jeweilige Ebene der Capabilities ist in Klammern angegeben. Die Bebauung beschränkt sich auf den Kontext der vier digitalen Dienste. Die Zielkomponenten sind in drei Bereiche aufgeteilt:

- Die *Kanäle* umfassen die Komponenten, die der Nutzerschaft zugewandt sind. Hierzu gehört insbesondere auch das Fahrzeug, das hier als eine eigenständige Komponente zählt.
- Der Bereich *Zentralsysteme* gruppiert die (abstrakten) Applikationen, die vom Unternehmen zentral betrieben werden (müssen). Die als *DFD-Zentrale* be-

zeichnete Komponente bündelt die Basisfunktionalitäten, die spezifisch für die Verwaltung und Erbringung der digitalen Dienste erforderlich sind.
- Im Bereich *Dienstleister* sind die vier zur Realisierung der Dienste zu integrierenden Dienstleister aufgeführt.

Die Matrix enthält zwei verschiedene Arten von Einträgen:

R (Realisierung) – Ein entsprechender Eintrag zeigt, welche Komponente eine Capability implementieren sollte. Je Matrixzeile sollte im Regelfall genau ein solcher Eintrag vorhanden sein. Gäbe es keinen, wäre dies eine Bebauungslücke, mit mehreren Einträgen eine redundante Realisierung. In begründeten Fällen kann eine Redundanz sinnvoll oder sogar erforderlich sein. Tatsächlich umfasst das Beispiel mit der Capability `Fahrtanweisungserzeugung` einen solchen Fall: Bei der Erzeugung von Fahrtanweisungen bei der Navigation ist es sinnvoll, diese dezentral jeweils in den verschiedenen Kanalkomponenten zu realisieren.

K (Konsum) – Die Komponente in der jeweiligen Spalte ist ein Konsument der Capability bzw. von deren Ergebnis. Beispielsweise erbringt der Dienstleister *Wetterdienst* die Capability `Wettervorhersage`. Das Ergebnis der Vorhersage wird jedoch (zur Anzeige) im Fahrzeug sowie in der mobilen App und dem Kundenportal benötigt. Das Beispiel impliziert demnach, dass es eine (wie auch immer geartete) Integration zwischen dem Wetterdienst bzw. dessen Infrastruktur und dem Fahrzeug, dem Kundenportal sowie der mobilen App geben muss.
Die zweite interessante Ableitung aus diesem Beispiel in der Bebauungsmatrix ist die zum Ausdruck gebrachte Festlegung, dass neben dem Fahrzeug auch die mobile App für Kunden sowie das Kundenportal eine Wettervorhersage bieten sollen.

Eine interessante Entscheidung lässt sich bei der Capability `Routenberechnung` ablesen: Diese soll nur zentral in der DFD-Zentrale realisiert werden. Insbesondere das Fahrzeug soll nicht selbst Routen berechnen können, sondern berechnete Routen nur aus dem zentralen System übernehmen. Dies würde die im Fahrzeug benötigte Rechenleistung reduzieren und damit ggf. schwächer ausgelegte, günstigere Chips ermöglichen. Gravierender Nachteil dieser Lösung ist, dass die Fahrzeugnavigation mit dieser Architektur nur dann möglich ist, wenn das Fahrzeug Zugriff auf die zentrale Komponente hat. Bei schlechter Funknetzabdeckung oder einem Ausfall könnte der Fahrer den Dienst nicht nutzen. Die Routenberechnung ist gemäß dieser Architektur nicht *offlinefähig*.

Anmerkung. In einem realen Projekt würde diese Entscheidung wohl nicht so getroffen werden; sie dient hier nur zu Illustrationszwecken.

Die mit einer abstrakten Zielbebauung abgeleiteten Integrationsbedarfe sind zwar nur sehr grobgranular, helfen jedoch bei der ersten Einschätzung der Komplexität der Zielarchitektur. Auf einem hohen Abstraktionsniveau lassen sich damit erste Schnittstellen in der Zielarchitektur definieren.

6.3.6 Festlegung zentraler Anforderungen

Da Capabilities überschneidungsfrei sind und den funktionalen Kern benötigter Fähigkeiten beschreiben, eignen sie sich als Ordnungsrahmen für Erfassung und Dokumentation funktionaler sowie nicht funktionaler Anforderungen (vgl. Abschnitt A.2). Tabelle 6–8 zeigt zur Illustration einen kleinen Ausschnitt erhobener Anforderungen für die digitalen Fahrzeugdienste. Die Anforderungen sind hier nicht ausformuliert, sondern nur durch eine sprechende Bezeichnung angegeben.

Capability	Anforderung
`Kundenprofil-management`	▪ Um Einstellungen für Fahrzeugdienste erweitertes Kundenprofil ▪ Automatische Abfrage der Fahrzeugdiensteinstellungen bei Fahrzeugstart
`Routenberechnung`	▪ Auswahl kürzester oder schnellster Weg ▪ Berücksichtigung von Echtzeit-Verkehrsdaten ▪ Wege für Kraftfahrzeuge, E-Roller und Fußgänger
`Verkehrsdaten-ermittlung`	▪ Berücksichtigung aktueller Verkehrsereignisse mit Latenzzeit < 5 Minuten ▪ Abschätzung von Staulänge und Mehrzeit

Tab. 6–8: Anforderungsaufnahme auf Basis von Capabilities

Als Vertiefung ist nachfolgend eine detailliertere, nach Fahrzeugdienst differenzierte Ausformulierung der Anforderung »Um Einstellungen für Fahrzeugdienste erweitertes Kundenprofil« angegeben. Für die vier digitalen Fahrzeugdienste lassen sich die folgenden Einstellungen als Teil des Kundenprofils vornehmen:

- Verkehrsdatenunterstützte Navigation
  - Angebot Ausweichrouten (Schwellenwert für Zeitverlust in Minuten)
- Wetterdienst
  - Angabe von Windrichtung/-geschwindigkeit (ja / nein)
  - Angabe Sonnenauf-/-untergang (ja / nein)
  - Angabe gefühlte Temperatur (ja / nein)
- Tankstellendienst
  - Präferierter Energieträger
  - Maximale Entfernung (km)
  - Bevorzugte Anbieter / Marken
  - Ausgeschlossene Anbieter / Marken
- Parkplatzsuche
  - Überdachung (zwingend / optional / nein)
  - Maximaler Tagespreis (EUR)
  - Maximale Entfernung zum Reiseziel (km)

Teil III

Business Capabilities für den Einsatz vorbereiten

7 Modellierung von Business Capabilities

Die Voraussetzung für erfolgreiches Arbeiten mit Capabilities ist ein passendes, gut modelliertes Capability-Modell. Die in Kapitel 2 definierten Eigenschaften von Capability-Modellen stellen notwendige Voraussetzungen für gute Capability-Modelle dar, sind jedoch alleine nicht hinreichend für deren Qualität. Es gibt unzählige Möglichkeiten, Capabilities für einen Betrachtungsbereich zu definieren und zu schneiden, von denen nicht *die eine* die einzig richtige Variante ist. Als Hilfestellung zur Modellierung guter Capabilities beschreibt das vorliegende Kapitel einige systematische Ansätze für einen konsistenten Schnitt und gibt Empfehlungen.

7.1 Entwurfs- und Schnittkriterien

Für den Schnitt von Capability-Modellen kann man einige grundlegende Ansätze unterscheiden, die in den folgenden Abschnitten beschrieben sind. Capability-Modelle lassen sich komplett oder in Teilbereichen nach diesen Ansätzen modellieren. Die wichtigsten Schnittkriterien sind die drei folgenden:

- Objektorientierter Schnitt
- Funktionsorientierter Schnitt
- Kontextorientierter Schnitt

Für große Capability-Modelle sind »sortenreine« Schnitte kaum realisierbar bzw. nicht sinnvoll. Abgesehen davon sind die Entwurfskriterien auch nicht absolut trennscharf. In Capability-Modellen findet man daher oftmals Capabilities, deren Definition man mehrere Arten von Schnittkriterien zuordnen kann. Dies wird anhand der Beispiele in den nachfolgenden Abschnitten deutlich werden. Je nach Ebene des Capability-Modells sind andere Schnittkriterien sinnvoll, was Abschnitt 7.1.4 näher beleuchtet.

7.1.1 Objektorientierter Schnitt

Der objektorientierte Schnitt nutzt eine auf *Objekte* fokussierte Perspektive zur Definition und Gruppierung von Capabilities. Dieser Schnitt fasst Fähigkeiten, die sich auf denselben Objekttyp beziehen, auf der nächsthöheren Capability-Ebene zusammen. Unter dem allgemeinen Begriff des Objekttyps lassen sich sowohl Geschäfts- als auch Informationsobjekttypen erfassen. Ein Geschäftsobjekt ist eine reale Entität, die entweder dinglich oder ideell sein kann. Ein Fahrzeug oder eine Produktionsmaschine sind Beispiele für Geschäftsobjekte dinglicher Natur. Ein Kundenauftrag, eine Rechnungsposition oder eine Dienstleistung sind in erster Linie ideelle Geschäftsobjekte, für die es dingliche Repräsentationen geben kann, z.B. in Papierform.

Für alle Geschäftsobjekte gilt, dass sie digital durch ein Informationsobjekt – den sogenannten *digitalen Zwilling* – repräsentiert werden können. Ein Fahrzeug lässt sich beispielsweise durch ein Informationsobjekt repräsentieren, in dem man wichtige Eigenschaften wie die Fahrzeugidentifikationsnummer, das Fahrzeugmodell, seine Ausstattung, das Produktionsdatum usw. speichert. Es kann mehrere Informationsobjekttypen zur Repräsentation von Fahrzeugen geben. Einen Informationsobjekttyp könnte ein Fahrzeughändler nutzen, um z.B. Attribute wie Lieferzeit, Preis usw. zu speichern. Einen anderen Informationsobjekttyp könnte eine Kunden-App nutzen, die für ein Fahrzeug Attribute wie verbleibender Batterieladestand / Tankinhalt, KM-Stand und das letzte Navigationsziel definiert.

Da die Digitalisierung für alle relevanten Geschäftsobjekttypen ohnehin eine elektronische Repräsentation im Sinne eines Informationsobjekttyps erfordert, wird begrifflich oftmals gar nicht mehr explizit zwischen beiden unterschieden. Das Schnittkriterium hätte daher auch »informationsorientierter« Schnitt heißen können. Die Bezeichnung »objektorientierter« Schnitt scheint passender bzw. allgemeingültiger, da bei der Definition von Capabilities eine digitale Abbildung von Objekten im Sinne von Informationsobjekten nicht zwingend ist.

Beispiel. Als Beispiel sei der Informationsobjekttyp `Auftrag` betrachtet, für den sich bei einem objektorientierten Schnitt folgende Capabilities definieren und zu einer übergeordneten Capability `Auftragsmanagement` zusammenfassen lassen:

- `Auftrag erfassen`
- `Auftrag delegieren`
- `Auftrag prüfen`
- `Auftrag löschen`
- `Auftragsstatus verwalten`
- `Auftrag stornieren`

Alle untergeordneten Capabilities nutzen (benötigen, verarbeiten) Instanzen desselben Informationsobjekttyps `Auftrag`.

Abbildung 7–1 zeigt an weiteren Beispielen den Unterschied zwischen objektorientiertem und dem in Abschnitt 7.1.3 beschriebenen kontextorientierten Capability-Schnitt.

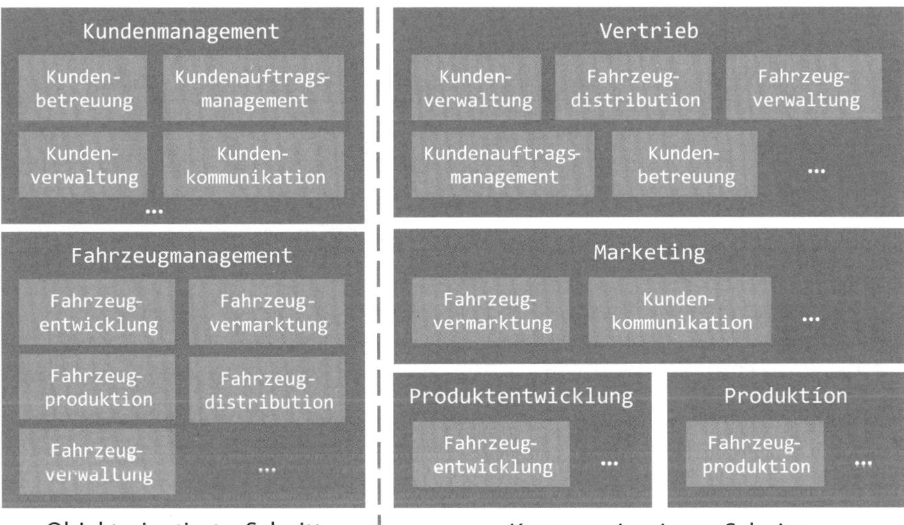

Abb. 7–1: Objekt- vs. kontextorientierter Capability-Schnitt am Beispiel

Beim objektorientierten Schnitt sind die Capabilities den beiden Informationsobjekttypen `Kunde` und `Fahrzeug` bzw. der jeweiligen Management-Capability für den Informationsobjekttyp zugeordnet. Innerhalb dieser beiden übergeordneten Capabilities gibt es keine weitere Gruppierung nach Kontext oder funktionaler Ähnlichkeit. Im Gegensatz dazu hat der kontextorientierte Schnitt vier Capabilities auf oberster Ebene, da für die betrachteten Unter-Capabilities vier fachliche Kontexte relevant sind. Capabilities für dieselben Informationsobjekttypen sind hier nicht gebündelt, sondern über die Kontext-Capabilities verteilt.

Vorteile des objektorientierten Schnitts

Der objektorientierte Schnitt hat einige Vorteile, die im Folgenden kurz zusammengefasst sind:

Gute zeitliche Stabilität des Informationsobjektmodells – Die für Unternehmen relevanten Informationsobjekttypen weisen – zumindest auf den höheren Granularitäts- bzw. Abstraktionsstufen – eine hohe Stabilität auf, da sie eng an das Geschäftsmodell geknüpft sind. Beim objektorientierten Schnitt überträgt sich diese Stabilität auch auf die Capabilities.

Erhöhung von Vertrauen und Akzeptanz – Die Geschäfts- und Informationsobjekttypen sind in Unternehmen typischerweise als Begriffe bzw. relevante Elemente gut bekannt, und im Idealfall herrscht Konsens über die (semantische) Definition der Objekttypen. Durch einen objektorientierten Schnitt sorgt man für eine gute Verständlichkeit der Capabilities, da die Informationsobjekttypen einen hohen Wiedererkennungswert haben. Damit erhöht sich das Vertrauen und auch die Akzeptanz in Bezug auf das Capability-Modell.

Verbesserte Konsistenz von Informations- und Capability-Modellen – Ohne Nutzung eines objektorientierten Schnitts modelliert man schlimmstenfalls an den etablierten und bekannten Informationsobjekttypen vorbei. Dies kann zu inkonsistenten Begriffswelten und Unverständlichkeit des Capability-Modells führen. Auch wenn man nicht explizit einen objektorientierten Schnitt nutzt, so sollte man dennoch auf konsistente Begriffe achten.

Nachteile des objektorientierten Schnitts

Der objektorientierte Schnitt hat nicht nur Vorteile. Die beiden wesentlichen Nachteile sind im Folgenden kurz beschrieben:

Gefahr von Redundanzen im Modell – Funktional gleichartige Fähigkeiten, die für mehrere verschiedene Informationsobjekttyp in analoger Weise benötigt werden, führen im objektorientierten Schnitt zu mehreren Capabilities – jeweils eine pro Informationsobjekttyp. Bei großer Ähnlichkeit bzw. Verwandtschaft der Objekttypen befinden sich im Modell an verschiedenen Stellen die quasi gleichen Capabilities.

Erschwerte Identifizierung funktionaler Synergien – Dieser Nachteil hat dieselbe Ursache wie der erste: Durch die strikte Unterteilung der Capabilities nach Objekttyp lassen sich funktionale Synergien nur schwer identifizieren. Ein Beispiel sind die beiden Capabilities `Rechnungsdruck` und `Mahnungsdruck`, die aus den beiden Informationsobjekttypen `Rechnung` und `Mahnung` abgeleitet wurden. Auch wenn sich noch argumentieren lässt, dass sich diese im engeren Sinne nicht überschneiden, so ist es aus Synergiegründen vermutlich sinnvoller, eine allgemeinere Capability `Dokumentendruck` zu definieren.

Hinweise zum Vorgehen

Ein mögliches Vorgehen besteht darin, zunächst alle relevanten Informations- bzw. Geschäftsobjekttypen zu identifizieren und dann zu ermitteln, welche Fähigkeiten der aktuelle Betrachtungskontext in Bezug auf jeden einzelnen Objekttyp erfordert. Kandidaten für relevante Informationsobjekte kann man beispielsweise aus vorhandenen konzeptionellen oder auch technischen Informations- bzw. Datenmodellen herausziehen. Auch Prozessmodelle eignen sich als Informationsquelle, sofern diese auch die in den Abläufen verarbeiteten Geschäftsobjekttypen umfassen.

Aus dem betrachteten Beispiel des Auftragsmanagements lässt sich ein schematischer Ansatz ableiten: Für einen relevanten Informationsobjekttyp `ABC` definiert man eine Capability `ABC-Management`, unter die alle Fähigkeiten als untergeordnete Capabilities einsortiert werden, die das Management (Handhabung, Verwaltung usw.) des Informationsobjekttyps `ABC` erfordert.

7.1.2 Funktionsorientierter Schnitt

Beim funktionsorientierten Schnitt steht die funktionale Art der Fähigkeit unabhängig von Informationsobjekttypen und fachlichen Kontexten im Vordergrund. Die Zusammengehörigkeit von Unter-Capabilities innerhalb einer übergeordneten Capability orientiert sich an der funktionalen Ähnlichkeit (oder auch Gleichartigkeit) der bereitzustellenden Fähigkeit bzw. der zu bearbeitenden Aufgabe. Die Definition einer einzelnen Capability erfolgt beim funktionsorientierten Schnitt nach der Art der Aktivität, die mit der Fähigkeit verbunden ist.

Beispiel. Die folgenden Capabilities sind Beispiele für funktionsorientiert geschnittene Fähigkeiten, bei denen jeweils eine bestimmte Art von Aktivität, d.h. eine fachlich spezifische »Funktion«, in Form der Capability erfasst wird.

- `Kundenbeziehungsmanagement`
- `Projektzeiterfassung`
- `Beschwerde- und Regressbehandlung`
- `Preisgestaltung`
- `Betrugserkennung`
- `Dokumentendruck`

Auch wenn die Capability `Dokumentendruck` ebenso als objektorientiert geschnitten (im Hinblick auf den sehr allgemeinen Informationsobjekttyp `Dokument`) gelten kann, so lässt sie sich dennoch auch als funktionsorientiert betrachten, da Drucken eine spezifische funktionale Fähigkeit ist. Die untergeordnete Ebene würde dann möglicherweise für verschiedene Informationsobjekttypen spezialisierte Capabilities definieren:

- `Vertragsdruck`
- `Rechnungsdruck`
- `Mahnungsdruck`
- ...

Damit hat man die Fähigkeit, etwas drucken zu können, für alle Informationsobjekttypen in einer gemeinsamen, übergeordneten Capability gebündelt. Bei einem objektorientierten Schnitt würde man ebenfalls einzelne für den jeweiligen Informationsobjekttyp spezifische Druck-Capabilities modellieren, diese jedoch nicht in einer übergeordneten `Dokumentendruck`-Capability zusammenfassen, sondern z.B. in separaten Management-Capabilities je Informationsobjekttyp modellieren.

Abbildung 7–2 zeigt das Beispiel in grafischer Form. Die Abbildung stellt beide Modellierungsansätze gegenüber.

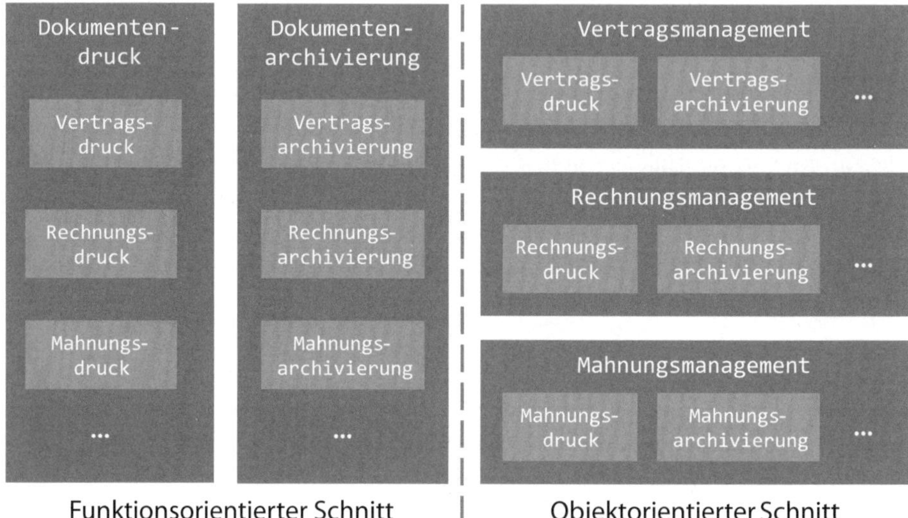

Abb. 7–2: Funktions- vs. objektorientierter Capability-Schnitt am Beispiel

Welche Variante die bessere ist, lässt sich nicht pauschal beurteilen. Der funktionsorientierte Ansatz eignet sich besser, wenn man den Fokus auf die Gemeinsamkeiten bzgl. der Funktionen (hier des Druckens bzw. der Archivierung) legen möchte. Dies ist insbesondere dann eine gute Wahl, wenn das Vorhaben stärker auf die Technik fokussiert und – bezogen auf das Beispiel – passende Druck- bzw. Archivierungssysteme gesucht werden. Die objektorientierte Variante betont eher die fachlichen Gemeinsamkeiten in Bezug auf die Informationsobjekttypen. Dies ist vermutlich die bessere Wahl, wenn die Orientierung stärker in Richtung Fachlichkeit geht. Allerdings weiß man bei der Modellierung manchmal noch nicht, wo der Fokus der Anwendungsfälle liegen wird. Natürlich muss das Capability-Modell unabhängig von den gewählten Schnittkriterien alle notwendigen Eigenschaften erfüllen, sodass es sich grundsätzlich für alle Anwendungsfälle eignet.

Vorteile des funktionsorientierten Schnitts

Der funktionsorientierte Schnitt hat einige Vorteile, die die folgende Zusammenstellung beschreibt:

Gute Identifizierbarkeit von Synergien und Redundanzen – Wegen der Fokussierung auf die funktionalen Aspekte lassen sich (funktionale) Synergien leichter identifizieren und Redundanzen (oder gar Überschneidungen) vermeiden. Im Beispiel oben lässt sich erkennen, für welche Informationsobjekttypen das

Unternehmen die Druck- und Archivierungsfähigkeiten benötigt. Dies zeigt sofort das Potenzial gemeinsamer Realisierungen auf, sodass nur jeweils ein technisches System benötigt wird, um alle Druck- und Archivierungs-Capabilities umzusetzen.

Erhöhung der Wiederverwendbarkeit – Eine funktionsorientiert geschnittene Capability wie `Dokumentendruck` ist unabhängig von konkreten Informationsobjekttypen definiert und ermöglicht damit einen höheren Wiederverwendungsgrad in verschiedenen fachlichen Kontexten bzw. für verschiedene Informationsobjekttypen.

Nachteile des funktionsorientierten Schnitts

Der funktionsorientierte Schnitt birgt auch Nachteile, die im Folgenden kurz beschrieben sind:

Risiko zu hoher Generizität – Abstrahiert das Modell beim funktionsorientierten Schnitt in zu hohem Maße von Informationen und fachlichem Kontext, ergeben sich schnell zu stark verallgemeinerte Capabilities, die dann nur noch schwer zu greifen sind. Mögliche Synergien sind dann eventuell so allgemein, dass sie für die praktische Umsetzung unrealistisch sind. Beispiel hierfür könnte die schon mehrfach als Beispiel herangezogene Capability `Auftragsmanagement` sein. Wenn es in einem Unternehmen mehrere Arten von Auftragsmanagement für verschiedene Auftragstypen in verschiedenen Kontexten gibt, dann scheint der funktionsorientierte Schnitt zunächst naheliegend, um die funktionalen Gemeinsamkeiten zu erfassen. So kann es z.B. bei einem Automobilhersteller (neben weiteren möglichen Varianten) ein Kundenauftragsmanagement, ein Produktionsauftragsmanagement und ein Logistikauftragsmanagement geben. Sind diese Arten des Auftragsmanagements in der Praxis so unterschiedlich, dass eine Synergie trotz der auch vorhandenen funktionalen Gemeinsamkeiten nicht realistisch ist, so ist es sinnvoller, die Capabilities getrennt voneinander (im Sinne eines kontextorientierten Schnitts) zu modellieren.

Geringere fachliche Kohärenz – Der Grund für diesen Nachteil ist derselbe wie bei dem Risiko zu starker Generizität. Fokussiert man zu wenig auf den fachlichen Kontext und die fachlichen Spezifika der Informationen, so sinkt unter Umständen die fachliche Kohärenz und somit auch die fachliche Verständlichkeit. Es ist ggf. ein höherer Aufwand zur Abstimmung und Einführung des Capability-Modells erforderlich.

Hinweise zum Vorgehen

Ein möglicher Ausgangspunkt für einen funktionsorientierten Schnitt ist das Geschäftsprozessmodell, aus dem sich die enthaltenen Aktivitäten / Prozessschritte extrahieren und auf ihren funktionalen Gehalt hin untersuchen lassen. Eine weitere Informationsquelle können die fachlichen Applikationen sein, deren Funktionalitäten Hinweise auf Fähigkeiten liefern.

Ein genereller Ansatz ist das Aufsammeln von Capability-Kandidaten als erster Schritt (auf Basis welcher Quellen auch immer), bevor man diese anhand von funktionalen Gemeinsamkeiten zu übergeordneten Capabilities bündelt. Hier kann auch eine Betrachtung des Synergiepotenzials erfolgen, indem man von fachlichen Kontexten und Informationen abstrahiert, um auf den gemeinsamen funktionalen Kern zu fokussieren. Dabei sollte man darauf achten, dass weder die fachliche Kohärenz zu gering wird noch dass die sich ergebenden Capabilities zu abstrakt / zu generisch sind.

7.1.3 Kontextorientierter Schnitt

Die Gruppierung von Capabilities zu einer übergeordneten Capability erfolgt beim kontextorientierten Schnitt auf Basis des gemeinsamen fachlichen Kontexts. Beispiele für solche Kontexte können z.B. die Produktion eines Unternehmens oder sein Personalwesen sein. Diese fachlichen Kontexte können (annähernd) deckungsgleich mit Organisationseinheiten sein, müssen dies jedoch nicht. Die Deckungsgleichheit mit Organisationsstrukturen ist explizit keine geforderte Eigenschaft und somit nicht gleichbedeutend mit dem kontextorientierten Schnittkriterium.

Beim kontextorientierten Schnitt können sich bei den untergeordneten Capabilities sowohl verschiedene Informationsobjekttypen als auch verschiedene Arten von funktionalen Aspekten wiederfinden. Das Element, das für Kohärenz sorgt, ist der fachliche Kontext. Diese Art des Schnitts eignet sich insbesondere für die oberste Ebene des Capability-Modells, da die Capabilities auf dieser Ebene besonders mächtig sind und viele Unterfähigkeiten für verschiedene Informationsobjekttypen umfassen.

Beispiel. Tabelle 7–1 zeigt einige Beispiele für kontextorientiert geschnittene Capabilities. Der fachliche Kontext differenziert die Capabilities und findet sich ggf. auch direkt in deren Namen wieder.

Die beiden Capabilities `Produktionslogistik` und `Absatzlogistik` des Beispiels haben denselben funktionalen Kern der modellierten Fähigkeit. Mit einem funktionsorientierten Ansatz würde man diese in der nächsthöheren Ebene z.B. zu einer Capability `Unternehmenslogistik` zusammenfassen. Bleibt es beim kontextorientierten Schnitt, so würde sich die Capability `Produktionslogistik` beispielsweise in einer übergeordneten Capability `Produktion` wiederfinden. Die `Absatzlogistik` würde in eine übergeordnete Capability `Vertrieb` passen.

Capability	Funktionaler Kern	Fachlicher Kontext
`Produktionslogistik`	Logistik	Produktion (z.B. eines Fahrzeugherstellers)
`Absatzlogistik`	Logistik	Absatz von Produkten im Sinne der Distribution hergestellter Waren
`Vertriebssteuerung`	Steuerung	Vertrieb eines Unternehmens

Tab. 7–1: Beispiele für Capabilities mit fachlichem Kontext

Der kontextorientierte Schnitt fokussiert weder auf funktionale Gemeinsamkeiten noch auf die Gruppierung anhand gemeinsam genutzter Informationsobjekttypen. Abbildung 7–3 zeigt an weiteren Beispielen den Unterschied zwischen kontext- und funktionsorientiertem Capability-Schnitt.

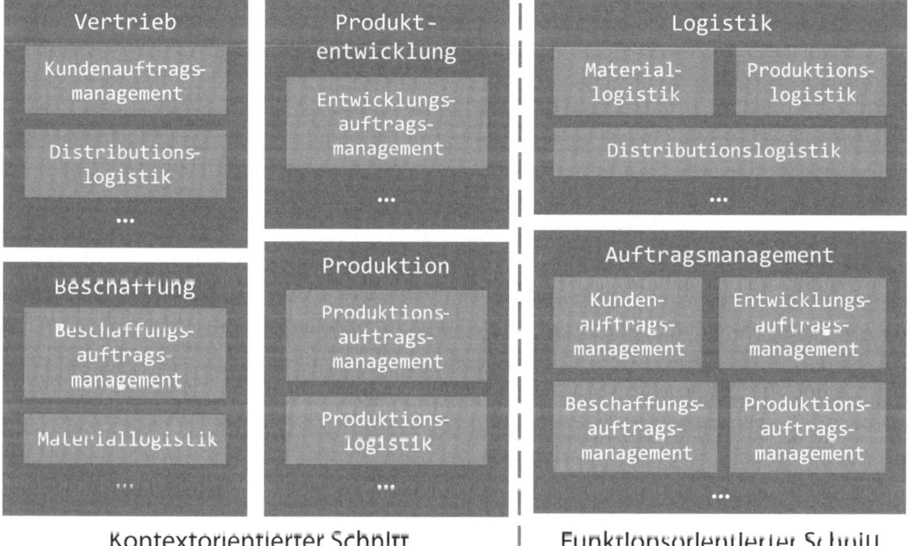

Abb. 7–3: Kontext- vs. funktionsorientierter Capability-Schnitt am Beispiel

Beim kontextorientierten Schnitt ist jede der Capabilities einem der vier fachlichen Kontexte Vertrieb, Produktentwicklung, Beschaffung und Produktion zugeordnet. Verschiedene, funktional ähnliche Capabilities (wie z.B. `Kundenauftragsmanagement`, `Beschaffungsauftragsmanagement` und `Produktionsauftragsmanagement`) sind auf die verschiedenen Kontext-Capabilities verteilt. Im funktionsorientierten Schnitt sind diese wegen ihrer funktionalen Ähnlichkeit gebündelt. Dafür verteilen sich dort die zum selben fachlichen Kontext gehörigen Capabilities auf verschiedene übergeordnete Capabilities. Im kontextorientierten Modell umfassen die übergeordneten Capabilities Unter-Capabilities, die verschiedene funktionale Aspekte abdecken.

Vorteile des kontextorientierten Schnitts

Der kontextorientierte Schnitt bietet verschiedene Vorteile, die im Folgenden zusammengefasst sind:

Wiedererkennbare Ordnungsstrukturen – Oftmals entsprechen die zum Schnitt verwendeten Kontexte bereits vorhandenen Ordnungsstrukturen, wie z.B. Unternehmensbereichen oder Teilen der Wertschöpfungskette. Dieser Wiedererkennungseffekt kann eine verbesserte Verständlichkeit und Akzeptanz des Modells zur Folge haben. Achtsamkeit ist hier dennoch geboten, um die Verwechslungsgefahr von Capabilities mit anderen Elementen wie Organisationseinheiten oder Prozessen aufgrund ihrer Namensgleichheit zu minimieren.

Kontextspezifische Differenzierungsmöglichkeit – Die Hinzunahme des fachlichen Kontexts in die Definition einer Capability ermöglicht mit dem kontextorientierten Schnitt, eine rein funktionale Zusammenfassung zu vermeiden, die ggf. zu einem zu hohen Grad an Generizität führen würde. (Zur Erinnerung: Dies ist einer der möglichen Nachteile eines funktionsorientierten Schnitts.) Zwar minimiert man damit nicht die funktionale Redundanz des Modells, ermöglicht jedoch eine kontextspezifische Differenzierung der Fähigkeiten im Modell, die bei der späteren Verwendung des Capability-Modells nützlich sein kann. Beispielsweise lassen sich Funktionalitäten von Applikationen feiner durch die verschiedenen Kontexte abgrenzen (siehe Beziehungstyp 2 (`Capability` ◀ unterstützt `Applikation`) in Anhang A.3). Das Modell wird insgesamt fachlich reicher und differenzierter. Dennoch ist auch beim kontextorientierten Schnitt Aufmerksamkeit erforderlich, damit nicht zu viele verschiedene Kontexte im Capability-Modell entstehen. Dies vermeidet Redundanzen bzw. stellt die Überschneidungsfreiheit des Modells sicher.

Nachteile des kontextorientierten Schnitts

Zwei Nachteile des kontextorientierten Schnitts beschreibt die folgende Aufstellung:

Übernahme von Altlasten in das Modell – Die Auswahl der für den Schnitt verwendeten Kontexte muss mit Bedacht erfolgen, denn ansonsten übertragen sich möglicherweise Nachteile von vorhandenen Ordnungsstrukturen wie z.B.

der Aufbauorganisation auf das Modell. So können sich ggf. unpassende Kontexte ergeben, in die (implizit oder explizit) ungeeignete Kriterien wie Standorte, spezifische Produktbezeichnungen o.Ä. einfließen.

Erschwerte Erkennung funktionaler Synergien – Auch wenn die Capability-Modelle im Resultat anders aussehen, so gilt dieser Nachteil in analoger Weise wie beim objektorientierten Schnitt. Capabilities, für die funktionale Synergien möglich sind, werden nicht nach diesem Kriterium gruppiert, sondern sind aufgrund der anderen Kontextzugehörigkeit möglicherweise »quer« über das Capability-Modell verteilt. Synergiemöglichkeiten in der Realisierung sind damit schwerer zu erkennen.

Hinweise zum Vorgehen

Es gibt verschiedene Ansatzpunkte zur Identifizierung fachlicher Kontexte. Wichtig ist, dass die im Folgenden genannten Ausgangsgrößen Hinweise für fachliche Kontexte liefern, jedoch nicht mit diesen bzw. den abgeleiteten Capabilities gleichzusetzen sind.

Die Elemente der Wertschöpfungskette auf oberster Ebene sind Kandidaten für fachliche Kontexte, denn die Wertschöpfungskette erfasst wichtige Tätigkeiten zur Erstellung von Marktprodukten bzw. Erbringung von Dienstleistungen. Hinter diesen Tätigkeiten verbergen sich dazugehörige Fähigkeiten, und die Kriterien, nach denen die Wertschöpfungskette in Elemente unterteilt ist, können auch für das Capability-Modell geeignete Schnittkriterien darstellen. Dies gilt zumindest für die oberen Ebenen des Modells.

Auch die Aufbauorganisation ist grundsätzlich ein geeigneter Ausgangspunkt für die Identifizierung von fachlichen Kontexten. Der Schnitt von Organisationsstrukturen richtet sich ebenfalls – zumindest partiell – nach der Gleichartigkeit auszuführender Aktivitäten. Somit können auch die dafür erforderlichen Fähigkeiten ähnlicher Natur sein. Allerdings gibt es für Organisationseinheiten noch verschiedene andere mögliche Schnittkriterien, die sich nicht oder nur bedingt für den Schnitt von Capability-Modellen eignen. Dazu gehören z.B. geografische Kriterien (Region, Standort usw.), die Unterscheidung nach Produktausprägungen oder Zuständigkeiten für Technologietypen. Jede Organisationseinheit lässt sich daraufhin untersuchen, welche Fähigkeiten diese umsetzen und ob sich ein fachlicher Kontext zur Gruppierung daraus ableiten lässt.

7.1.4 Wahl der Schnittkriterien

In den vorangegangenen Abschnitten wurden drei wesentliche Schnittkriterien für Capability-Modelle eingeführt und miteinander verglichen. Neben den grundsätzlichen Vor- und Nachteilen unterscheidet sich die Anwendbarkeit durch die Ebene des zu erstellenden Capability-Modells. Tabelle 7–2 zeigt Empfehlungen für die Wahl der Schnittkriterien je Ebene des Capability-Modells. Die Anzahl der modellierten bzw. betrachteten Ebenen hängt vom Anwendungsfall ab.

Ebene	Schnittkriterien	Anzahl (Unter-)Capabilities
1	▪ kontextorientiert	6 - 15
2	▪ kontextorientiert ▪ funktionsorientiert ▪ objektorientiert	3 - 10
3	▪ funktionsorientiert ▪ objektorientiert	3 - 10
4	▪ funktionsorientiert ▪ objektorientiert	3 - 10

Tab. 7–2: Geeignete Schnittkriterien der Modellebenen

Der kontextorientierte Schnitt eignet sich vor allem für die obersten beiden Ebenen eines Capability-Modells, da Kontexte inhaltlich »breit« sein können und so zu der groben Granularität passen, die in den höheren Ebenen (insbesondere auf der obersten Ebene) benötigt wird. Der objektorientierte Schnitt ist für die oberen Modellebenen in der Regel nicht geeignet, da die zugrunde liegenden Informationsobjekte bereits zu feingranular sind und eine stärkere Aggregation der Informationen auf konzeptioneller Ebene nicht sinnvoll ist. Auch die Funktionen des funktionsorientierten Schnitts sind für die obersten Modellebenen oftmals schon zu detailliert / zu feingranular, um sie dort sinnvoll als Schnittkriterium einzusetzen. Umgekehrt verhält es sich auf den tieferen Ebenen des Capability-Modells. Hier kann der Schnitt zwar auch kontextorientiert erfolgen, wenn der jeweilige Kontext entsprechend feingranular gewählt ist. Besser eignen sich jedoch der funktions- oder objektorientierte Schnitt, da Funktionen bzw. Daten in der Regel ohnehin feingranularer sind.

Die in der Tabelle angegebenen Anzahlen von Unter-Capabilities sind Orientierungswerte, die sich in der Praxis bewährt haben. Generell gilt, dass bei mehr als 10 untergeordneten Capabilities die Übersichtlichkeit des Modells leiden kann. Ergeben sich im Laufe des Modellierungsprozesses einmal mehr als 10 Unter-Capabilities, so ist eine Prüfung angebracht, ob sich die übergeordnete Capability sinnvoll in zwei oder drei Capabilities aufteilen lässt.

Hat eine Capability weniger als drei Unter-Capabilities, dann ist die Frage, ob bereits alle zugehörigen Unter-Capabilities vollständig modelliert sind oder ob das Modell noch ergänzt werden sollte. Ansonsten passen vermutlich entweder die Granularität der übergeordneten Capability oder deren Ebene noch nicht. In jedem Fall sollte man sich das Modell noch einmal genau anschauen und die Gründe für die geringe Anzahl untergeordneter Capabilities herausfinden. Eine hohe oder geringe Zahl untergeordneter Capabilities muss nicht zwingend »pathologisch« sein, doch wenn es solche Fälle gibt, sollten sie gut begründbar sein.

7.1.5 Ungeeignete Entwurfs-/Schnittkriterien

Es gibt eine Reihe von Unternehmenselementen, bei denen die Idee naheliegend erscheinen mag, diese ebenfalls als Schnitt- bzw. Gruppierungskriterien für Capabilities einzusetzen. Tatsächlich eignen sie sich jedoch nicht dafür. Zusammengefasst lassen sich die in Tabelle 7–3 angegebenen wesentlichen Verhinderungsgründe identifizieren, weshalb sich Elemente *nicht* als Strukturierungskriterium für Capability-Modelle eignen. Die nachfolgenden Abschnitte benennen und diskutieren einige solcher Elemente und verweisen auf die jeweils zutreffenden Verhinderungsgründe aus der Tabelle.

Nr.	Grund
VG 1: Überlappung	Die Ausprägungen des potenziellen Gruppierungselements sind bzgl. der benötigten Fähigkeiten nicht überschneidungsfrei.
VG 2: Inkohärenz	Die Ausprägungen des möglichen Gruppierungselements benötigen eine Auswahl an Fähigkeiten, die (funktional) sehr verschiedenartig sind, sodass sich inkohärente Capability-Modelle ergeben würden.
VG 3: Veränderlichkeit	Das potenzielle Gruppierungselement ändert sich häufig, sodass die gewünschte Stabilität des Capability-Modells nicht erreicht werden könnte.
VG 4: Fähigkeitsbezug	Das mögliche Gruppierungselement ist so beschaffen, dass seine Definition bzw. seine Eigenschaften keinen sinnvollen Bezug zu Capabilities erlauben. Das bedeutet, es fehlt eine ausreichende bzw. verständliche Interpretation als *Fähigkeit*, da das Gruppierungselement von seiner Natur her vollkommen andere Aspekte erfasst als Fähigkeiten.
VG 5: Realisierungsbezug	Das fragliche Gruppierungselement umfasst in seiner Definition zu stark das »Wie«, d.h. die Art und Weise der Realisierung, was der Natur der Capabilities zuwiderlaufen würde. Das Element abstrahiert zu wenig von der Umsetzung und konkreten Gegebenheiten, sodass Aspekte einfließen würden, die die Beschränkung auf die reine Geschäftsfähigkeit (das »Was«) aushebeln würden.

Tab. 7–3: Gründe für die fehlende Eignung als Schnittkriterium

Dass sich die genannten Unternehmenselemente nicht unmittelbar als Schnittkriterien eignen, bedeutet allerdings nicht, dass ihre Betrachtung nicht dennoch wertvolle Hinweise auf Capabilities erbringen kann. Abschnitt 7.2 beschreibt die Nutzung von Unternehmenselementen als Informationsquelle für die Identifizierung benötigter Capabilities.

Geschäftsprozess als ungeeignetes Kriterium

Zwischen Prozess- und Capability-Modellen gibt es einige Parallelen: Auch Prozessmodelle sind hierarchisch aufgebaut. Unterprozesse stellen Teilabläufe ihres jeweils übergeordneten Prozesses dar und besitzen daher wie Capabilities eine fachliche Kohärenz bzw. Zusammengehörigkeit. Auch wenn Prozesse funktional (z.B. in Teilabläufen oder einzelnen Aktivitäten) nicht überschneidungsfrei sind, so sollte ein Prozessmodell dennoch redundanzfrei in dem Sinne sein, dass benötigte (Gesamt-)Abläufe nur einmal modelliert sind. Auch ein vollständiges Prozessmodell deckt das gesamte Unternehmen ab, d.h., es gibt keine Abläufe, die nicht durch einen Prozess beschrieben sind. Zu den wichtigsten Unterschieden zwischen Prozessen und Capabilities gehört, dass eine Capability keinen Ablauf beschreibt und dass ein Capability-Modell funktional überschneidungsfrei ist. Ein Prozessmodell ist zwar »prozessual« überschneidungsfrei, aber nicht funktional. Verschiedene Prozesse können gleiche Teilabläufe und insbesondere gleiche Einzelaktivitäten haben. Ein Schnitt des Capability-Modells nach Prozessen könnte somit die Überschneidungsfreiheit verletzen, was dem Verhinderungsgrund VG 1 (Überlappung) entspricht. Auch Verhinderungsgrund VG 2 (Inkohärenz) kann insbesondere auf den höheren Prozessebenen zutreffen, wenn Prozesse funktional so umfangreich sind, dass die entstehende Capability nicht mehr kohärent wäre. Prozesse beschreiben, *wie* etwas umgesetzt werden soll. Selbst, wenn sie von eingesetzten Technologien oder anderen Details der Umsetzung abstrahieren, so beschreiben sie zumindest den Ablauf von Aktivitäten (Reihenfolgen, bedingte Abläufe usw.). Auch diese Eigenschaft läuft der von Capabilities zuwider (Verhinderungsgrund VG 5 (Realisierungsbezug)).

Eine Nutzung der Geschäftsprozesse eines Unternehmens als Ordnungskriterium für eine funktionale, fähigkeitenorientierte Sicht ist also zumindest wegen der fehlenden funktionalen Überschneidungsfreiheit nicht sinnvoll. Geschäftsprozesse (insbesondere der tieferen Ebenen) lassen keine eindeutige Zuordnung von benötigten Fähigkeiten zu, da die Fähigkeiten für gewöhnlich mehrere Prozesse unterstützen. Des Weiteren sind Prozesse (z.B. durch Optimierungen) häufigen Änderungen unterworfen und bilden somit keinen stabilen Ordnungsrahmen. Diese Eigenschaft entspricht Verhinderungsgrund VG 3 (Veränderlichkeit).

Abgesehen von den bereits genannten Gründen: Wollte man ein Capability-Modell nach Prozessen schneiden, so könnte man auch gleich das Prozessmodell als konzeptionellen Ordnungsrahmen einsetzen. Dies ist z.B. bei der IT-Bebauung oder bei der Beschreibung von Projektumfängen durchaus möglich und sinnvoll.

Ist dies allerdings der Plan, so wird vermutlich gar kein Capability-Modell benötigt – zumindest keines, das genauso geschnitten ist wie das Prozessmodell. Die folgenden Beispiele für Prozesse, für die unmittelbar abgeleitete Entsprechungen von Capabilities ungeeignet wären, referenzieren jeweils auf die offensichtlichen oder wahrscheinlichen Verhinderungsgründe aus Tabelle 7–3:

- Öffentlichkeitsarbeit durchführen
  - VG 1 (Überlappung)
  - VG 2 (Inkohärenz)
- Neptune-Datenbanken managen
  - VG 3 (Veränderlichkeit)
  - VG 5 (Realisierungsbezug)
- Einkauf & Logistik
  - VG 2 (Inkohärenz)

Organisationseinheit als ungeeignetes Kriterium

Für den organisatorischen Aufbau von Unternehmen gibt es verschiedene Entwurfskriterien. Neben dem klassischen funktionalen Schnitt, der grundsätzlich zum Schnitt von Capabilities passen könnte, fließen z.B. auch geografische, formal-gesellschaftliche oder technologieorientierte Unterscheidungsmerkmale in die Definition von Organisationseinheiten ein. Die von Organisationseinheiten wahrgenommenen Aufgaben können sich somit überschneiden. So könnte es z.B. zwei IT-Arbeitsgruppen »Betrieb Mainframe« und »Betrieb Linux-Server« geben, die beide für IT-Betrieb zuständig sind und sich nur durch die betriebenen Technologien unterscheiden. Hieraus direkt formulierte Capabilities würden einen zu starken Bezug auf das »Wie« nehmen und zu wenig von konkreten Realisierungsmitteln abstrahieren. Dies entspricht Verhinderungsgrund VG 5 (Realisierungsbezug). Als weiteres Beispiel seien zwei Abteilungen »Vertrieb Niederlassung Nord« und »Vertrieb Niederlassung Süd« angenommen, die inhaltlich die gleichen Aufgaben für zwei unterschiedliche geografische Regionen übernehmen. Eine Orientierung des Capability-Schnitts an solchen Kriterien könnte schnell zu funktionalen Überschneidungen führen, sodass grundsätzlich auch Verhinderungsgrund VG 1 (Überlappung) zutrifft.

Möglicherweise ergeben sich durch den direkten Bezug zu Organisationseinheiten Unterscheidungen von Capabilities, die mit Fähigkeiten nichts zu tun haben (z.B. die geografischen Unterschiede in »Niederlassung Süd« vs. »Niederlassung Nord« im obigen Beispiel), was dem Verhinderungsgrund VG 4 (Fähigkeitsbezug) entspricht.

Des Weiteren finden Reorganisationen insbesondere in größeren Unternehmen häufig statt. Eine Orientierung des Capability-Schnitts an den Organisationseinheiten würde daher auch der gewünschten Stabilität von Capability-Modellen widersprechen (Verhinderungsgrund VG 2 (Inkohärenz)). Um Capabilities als möglichst eigenständigen, von organisatorischen Strukturen unabhängigen Ordnungsrahmen zu erhalten, sollte die Organisationsstruktur sich gerade nicht explizit im Capability-Modell widerspiegeln. Die folgende Aufzählung gibt einige Beispiele für Organisationseinheiten an, für die unmittelbar abgeleitete Entsprechungen von Capabilities ungeeignet wären. Die Beispiele verweisen auf die jeweiligen offensichtlichen oder wahrscheinlichen Verhinderungsgründe gemäß Tabelle 7–3:

- Vertrieb Nord
  - VG 1 (Überlappung)
  - VG 3 (Veränderlichkeit)
  - VG 4 (Fähigkeitsbezug)
- Betrieb Linux-Server
  - VG 3 (Veränderlichkeit)
  - VG 5 (Realisierungsbezug)
- IT-Betreuung Buxtehude
  - VG 4 (Fähigkeitsbezug)
  - VG 5 (Realisierungsbezug)
- Marketing Damenbekleidung
  - VG 1 (Überlappung)
  - VG 5 (Realisierungsbezug)
- Niederlassung Deutschland
  - VG 1 (Überlappung)
  - VG 2 (Inkohärenz)

Applikation als ungeeignetes Kriterium

Applikationen besitzen Funktionalitäten, die bei einer idealen Gesamtarchitektur fachlich kohärent und nur einmal in der Applikationslandschaft ausgeprägt sind sowie in Summe alle vom Unternehmen benötigten Funktionalitäten abdecken. Auch wenn es zunächst so erscheint, als wären Applikationen ein sehr gut geeignetes Schnittkriterium für Capabilities, so dürfte bei real existierenden Applikationslandschaften klar sein, dass die für Capability-Modelle erforderlichen Eigenschaften nicht erfüllt werden: Die von Applikationen zur Verfügung gestellten

Funktionalitäten sind nicht unbedingt kohärent, da es z.B. historisch gewachsene »Gemischtwarenläden« gibt. Die funktionalen Grenzen von Applikationen bzw. der funktionale Schnitt von Applikationen passt (z.B. aus historischen Gegebenheiten) oftmals nicht zu der benötigten fachlich-funktionalen Aufteilung im Capability-Modell. Somit trifft Verhinderungsgrund VG 2 (Inkohärenz) zu. Auch ist die Vollständigkeit nicht unbedingt gegeben, da es Bebauungslücken geben kann, bei denen benötigte Geschäftsfähigkeiten durch keine vorhandene Applikation abgedeckt werden. Zudem ist die funktionale Überschneidungsfreiheit von Applikationen in den meisten Unternehmen ein Wunschtraum, was Verhinderungsgrund VG 1 (Überlappung) impliziert.

Die Applikationslandschaft verändert sich laufend, wenn Applikationen neu eingeführt, funktional angepasst oder abgelöst werden. Eine Stabilität ist nicht gegeben, womit auch Verhinderungsgrund VG 3 (Veränderlichkeit) zutrifft.

Auch sollte man nicht Hersteller- oder Eigennamen von Applikationen in das Capability-Modell aufnehmen. Gegen eine direkte Übernahme spricht Verhinderungsgrund VG 5 (Realisierungsbezug).

Bei den folgenden Beispielen für Applikationen, bei denen die unmittelbare Ableitung von Capability-Entsprechungen nicht sinnvoll wäre, sind jeweils die offensichtlichen oder wahrscheinlichen Verhinderungsgründe aus Tabelle 7–3 angegeben:

- SAP-Customer-Relationship-Management
  - VG 3 (Veränderlichkeit)
  - VG 5 (Realisierungsbezug)
- Microsoft Exchange Mailsystem
  - VG 3 (Veränderlichkeit)
  - VG 5 (Realisierungsbezug)
- Zentrale Berechtigungsapplikation
  - VG 5 (Realisierungsbezug)
- Mainframe-Riesen-Monolith Companybusiness
  - VG 2 (Inkohärenz)
  - VG 5 (Realisierungsbezug)
- Zeiterfassung ABC, Zeiterfassung XYZ
  - VG 1 (Überlappung)

Marktprodukt als ungeeignetes Kriterium

Sein Portfolio an Marktprodukten stellt für ein Unternehmen eine wichtige Strukturierungsgröße dar. Beispielsweise werden Organisationseinheiten so geschnitten, dass sie für bestimmte Produkte verantwortlich sind. Oder einzelne Fabriken sind auf die Herstellung bestimmter Produkte ausgerichtet.

Wenn man ein Produkt als Capability verstehen möchte, so funktioniert das auf direktem Wege nur, wenn es sich dabei nicht um ein dingliches Produkt handelt, sondern um Dienstleistungen. Letztere lassen sich im Gegensatz zu dinglichen Produkten fast unmittelbar in Aktivitäten übersetzen, die zur Erbringung der Dienstleistung für den Kunden gehören und denen notwendige Fähigkeiten zugeordnet sind. So könnte man beispielsweise ein Produkt »Abrechnungsdienst« (z.B. für medizinische Praxen) zumindest in einer Näherung als Capability `Abrechnung` verstehen. Für dingliche Produkte (wie z.B. Bekleidung, Fahrzeuge, Baumaschinen) gilt dies nicht, womit Verhinderungsgrund VG 4 (Fähigkeitsbezug) für solche Produkte zutrifft. Für den Schnitt des Capability-Modells ist das Produktportfolio allerdings noch aus verschiedenen weiteren Gründen nicht geeignet.

Verschiedene Marktprodukte können die gleichen Geschäftsfähigkeiten benötigen. Dies würde der Überschneidungsfreiheit zuwiderlaufen (Verhinderungsgrund VG 1 (Überlappung)). Wenn Marktprodukte hinreichend ähnlich sind, sollten die gemeinsam benötigten Fähigkeiten auch durch gemeinsame Capabilities abgedeckt werden. Zudem sind die Capabilities, die man – sozusagen Ende zu Ende – für den gesamten Lebenszyklus eines Produkts braucht, nicht kohärent, da sie in der Regel sehr vielfältig sind. Die Fähigkeiten decken z.B. vom Entwurf eines Produkts über dessen Produktion bis hin zur Preisgestaltung, Vertrieb, Versand usw. ganz verschiedene funktionale Bereiche ab, die sich für eine Gruppierung unterhalb nur einer Capability nicht eignen. Dies entspricht Verhinderungsgrund VG 2 (Inkohärenz). Je nach Branche und Unternehmen ändert sich das Produktportfolio möglicherweise schnell, sodass auch Verhinderungsgrund VG 3 (Veränderlichkeit) zutreffen kann.

Bei den folgenden Beispielen für Marktprodukte, für die eine unmittelbare Ableitung von Capability-Entsprechungen nicht sinnvoll wäre, sind die jeweils offensichtlichen oder wahrscheinlichen Verhinderungsgründe gemäß Tabelle 7–3 mit aufgeführt:

- Taschenlampenmodell ABC
  - VG 2 (Inkohärenz)
  - VG 4 (Fähigkeitsbezug)
- Baumaschine
  - VG 2 (Inkohärenz)
  - VG 4 (Fähigkeitsbezug)

- Trendprodukt Sommertrallala 23
  - VG 2 (Inkohärenz)
  - VG 3 (Veränderlichkeit)
  - VG 4 (Fähigkeitsbezug)
- Risikolebensversicherung
  - VG 2 (Inkohärenz)
  - VG 4 (Fähigkeitsbezug)
- Zahnarztabrechnung, allgemeinmedizinische Abrechnung
  - VG 1 (Überlappung)

Technologie als ungeeignetes Kriterium

Technologien dienen in Unternehmen der Umsetzung bzw. Automatisierung von Capabilities und beschreiben somit das »Wie« bzw. sind Teil der Umsetzung. Die Modellierung von Capabilities abstrahiert gezielt von technologischen Aspekten. Ein Schnitt von Capabilities nach Technologien ist schon allein deswegen unpassend. Dies entspricht dem Verhinderungsgrund VG 5 (Realisierungsbezug). Auch VG 3 (Veränderlichkeit) trifft zu, da Technologien einem ständigen Wandel unterliegen. Viele Technologien stellen für sich genommen zudem keine fachliche Fähigkeit im engeren Sinne dar, sodass auch VG 4 (Fähigkeitsbezug) auf Technologien zutrifft.

Bei den folgenden Beispielen für Technologien, bei denen die Definition direkt entsprechender Capabilities nicht sinnvoll erscheint, stehen hinter jedem Beispiel die Verhinderungsgründe aus Tabelle 7–3:

- Betriebssysteme
  - VG 4 (Fähigkeitsbezug)
- Oracle DBMS 19c
  - VG 4 (Fähigkeitsbezug)
  - VG 5 (Realisierungsbezug)
- Microservices
  - VG 4 (Fähigkeitsbezug)
  - VG 5 (Realisierungsbezug)
- Maschinelles Lernen/Tensor Flow APIs
  - VG 5 (Realisierungsbezug)

Etwas anders kann es sich mit *Klassen* von Technologien verhalten, bei denen von konkreten Technologieprodukten abstrahiert wird. Ist eine Technologieklasse nach dem Einsatzzweck definiert, kann dieser Zweck ggf. ein Kandidat für eine Capability sein bzw. als Basis dienen. Ein Beispiel wäre eine Technologieklasse «Archivierungstechnologien«, aus der man eine oder ggf. mehrere Archivierungs-Capabilities ableiten könnte.

Ort als ungeeignetes Kriterium

Anhang A.13 definiert den Ortsbegriff, wie er aus Sicht von Unternehmen verstanden werden kann. Mit dieser Definition wird deutlich, dass Fähigkeiten sich nicht sinnvoll nach Orten aufteilen lassen. Ein Ort kann nicht ohne Weiteres als Fähigkeit verstanden werden, was Verhinderungsgrund VG 4 (Fähigkeitsbezug) entspricht.

Auch mit der Fragestellung, welche Fähigkeiten das Unternehmen an einem Ort benötigt, lässt sich aus verschiedenen weiteren Gründen keine direkte Entsprechung von Orten zu Capabilities herstellen. Über die verschiedenen Standorte von Unternehmen hinweg können gleichartige Capabilities erforderlich sein, da z.B. zwei gleichartige Produktionsstätten an zwei Standorten existieren. Das würde der Überschneidungsfreiheit des Capability-Modells widersprechen (Verhinderungsgrund VG 1 (Überlappung)). Der funktionale Umfang dessen, was an einem Standort geschieht, ist nicht fachlich begrenzt. Es kann Standorte geben, an denen das Unternehmen sämtliche Fähigkeiten benötigt. Dies entspricht Verhinderungsgrund VG 2 (Inkohärenz). Insbesondere die Ortsbezeichnungen (Städtenamen o.Ä.) sind als Teile von Capability-Bezeichnungen wenig sinnvoll, da sie nicht aussagekräftig sind, was wiederum unter Verhinderungsgrund VG 4 (Fähigkeitsbezug) fällt. Ein möglichst hoher Grad an orts- bzw. standortübergreifender Standardisierung/Wiederverwendung widerspricht der Nutzung von Orten als Schnittkriterium. Eine Bündelung von Capabilities unterhalb von ortsbezogen definierten Haupt-Capabilities würde – ähnlich wie bei Marktprodukten – zu inkohärenten Capability-Modellen führen bzw. unzulässige Überschneidungen erzeugen. Auch Verhinderungsgrund VG 3 (Veränderlichkeit) trifft grundsätzlich zu: Eine Änderung von Orten (z.B. ein Umzug des Unternehmens an einen anderen Standort oder die Eröffnung einer neuen Fabrik) sollte nicht das Capability-Modell verändern.

Bei den folgenden Beispielen von Orten, aus denen sich nicht unmittelbar Capabilities in sinnvoller Weise ableiten lassen, sind die jeweils (offensichtlich oder möglicherweise) zutreffenden Verhinderungsgründe gemäß Tabelle 7–3 genannt:

- Stammwerk Buxtehude, Werk Braunschweig
  - VG 1 (Überlappung)
  - VG 2 (Inkohärenz)
  - VG 4 (Fähigkeitsbezug)

- Hauptgebäude Berlin, Filialgebäude Potsdam
  - VG 1 (Überlappung)
  - VG 2 (Inkohärenz)
  - VG 3 (Veränderlichkeit)
  - VG 4 (Fähigkeitsbezug)
- Auslieferungshalle, Logistikzentrale
  - VG 1 (Überlappung)
  - VG 2 (Inkohärenz)
- Ausweichlager Derlestraße
  - VG 3 (Veränderlichkeit)

7.1.6 Überschneidungsfreiheit bei großer Modelltiefe

Der hierarchischen Verfeinerung von Capabilities sind theoretisch keine Grenzen gesetzt. Doch irgendwann wird die Granularität der Capabilities so fein, dass diese funktional sehr kleinteilig werden. Würde eine Capability immer weiter in funktionale Einzelbestandteile zerlegt werden, bekäme man es irgendwann mit sehr allgemeinen funktionalen Bausteinen zu tun.

Eine sehr hohe Modellierungsgranularität birgt die Gefahr, die Überschneidungsfreiheit des Capability-Modells zu verletzen, was ein Beispiel demonstrieren soll: Für eine Capability `Rechnungsbetrag berechnen` könnte bei einer weiteren Verfeinerung die Idee aufkommen, auch die Additionsfunktion als Unter-Capability zu modellieren, da zur Berechnung des Rechnungsbetrags die Einzelbeträge der verschiedenen Rechnungspositionen aufzusummieren sind. Spätestens hier ließe sich wohl die Überschneidungsfreiheit des Gesamtmodells nicht mehr aufrechterhalten, denn eine so allgemeine Fähigkeit wie die Addition zweier Zahlen braucht man in sehr vielen verschiedenen Capabilities auf höheren Ebenen, sodass alle diese Capabilities die Addition als Unter-Capability bräuchten. Damit wäre die Capability `Addition` jedoch mehrfach vorhanden.

Das genannte Beispiel hat nur illustrativen Charakter, denn in der Praxis ist eine so große Detailtiefe nicht erforderlich, da sie für Vorhaben der Unternehmensentwicklung keinen weiteren Mehrwert bringt. Gibt es sehr allgemeine, feinteilige Capabilities, deren Modellierung sinnvoll erscheint, so sollten diese im Capability-Modell separat modelliert (»herausfaktorisiert«) werden, damit die Überschneidungsfreiheit nicht in Gefahr gerät.

7.2 Informationsquellen für die Modellierung

Ein Capability-Modell repräsentiert die von einem Unternehmen benötigten Fähigkeiten, muss sich also an dessen Geschäftsmodell orientieren. Das Vorgehen bei der Modellierung hängt u.a. vom jeweiligen Betrachtungsgegenstand, den zu unterstützenden Anwendungsfällen und möglichen Vorarbeiten ab. Es ist kaum möglich, alle Herangehensweisen erschöpfend zu erörtern. In jedem Falle sind für die Modellierung Informationen über das Unternehmen erforderlich. Als Hilfestellung führt dieser Abschnitt einige Informationsquellen auf, die man für die Modellierung heranziehen und daraus wertvolle Hinweise für Capabilities extrahieren kann. Einige dieser Quellen wurden bereits in Kapitel 3 in Form von Informationsobjekttypen betrachtet oder in Abschnitt 7.1 bei den Schnittkriterien genannt. Der Betrachtungswinkel ist hier etwas anders, denn er fokussiert auf die Aufgabe, die jeweiligen Unternehmenselemente als Informationsquelle für die Identifizierung benötigter Capabilities zu nutzen. Ein für alle diese Quellen nutzbarer Ansatz ist es, Capabilities mithilfe zielgerichteter Fragen je Typ von Unternehmenselement zu ermitteln. Die nachfolgenden Abschnitte definieren je betrachteten Typ von Unternehmenselement solche Fragen als Hilfestellung und führen einige Beispiele auf. Zu beachten ist, dass die Beispiele weder Anspruch auf Vollständigkeit noch auf Überschneidungsfreiheit der abgeleiteten Capabilities erheben. (Der Zweck ist hier nur die Identifikation möglicher Beispiele, jedoch nicht die Erstellung kompletter Capability-Modelle.)

7.2.1 Geschäftsprozesse

Abschnitt 2.4.5 hat den Prozessbegriff und seine Abgrenzung zu Capabilities erläutert. Auf Basis der in Anhang A.15 skizzierten Beziehung zwischen Capabilities und Prozessen soll hier nun ein Weg aufgezeigt werden, wie man ein Capability-Modell bzw. Teile davon aus einem Prozessmodell ableiten kann.

Aus dem beispielhaften Geschäftsprozess »Vorgang erfassen und delegieren« in Abbildung 7–4 für den Kundendienst eines Unternehmens lassen sich u.a. die in Tabelle 7–4 auf Seite 212 angegebenen Capabilities ableiten. Zunächst kann man die einzelnen Aktivitäten und Fallunterscheidungen des Prozesses betrachten und in »atomare Tätigkeiten« aufteilen, womit sich die folgende Liste von Tätigkeiten ergibt:

- Schriftgut aus Brief entnehmen
- Brief scannen
- Optische Zeichenerkennung (OCR) durchführen
- Kunden identifizieren
- Kundenkontaktdaten erfassen
- Kundendatensatz anlegen
- Kundenanliegen klassifizieren

- Auf vorhandenen Vorgang prüfen
- Vorgang anlegen
- Formschreiben erstellen
- Formschreiben versenden
- Garantievorgang bearbeiten
- Beschwerdevorgang bearbeiten

Um diese Tätigkeiten ausführen zu können, sind die entsprechenden Fähigkeiten dazu erforderlich. So lassen sich die Capabilities einfach aus den Tätigkeiten des Prozesses ableiten.

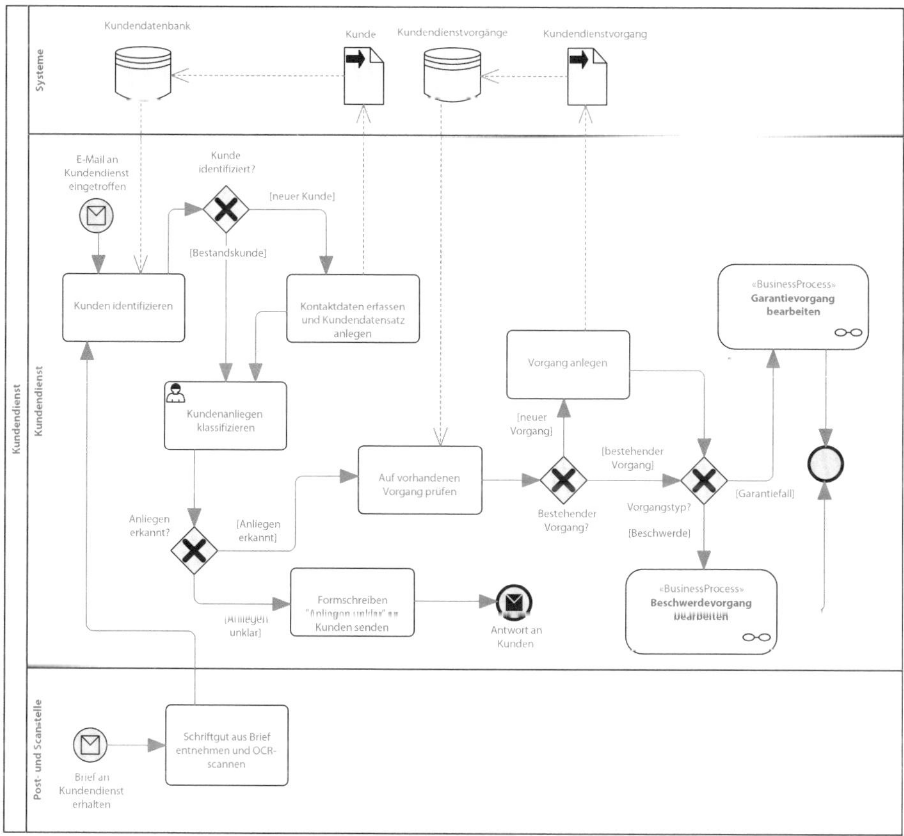

Abb. 7–4: Kundendienstprozess »Vorgang erfassen und delegieren«

Um ein halbwegs »sauberes« Capability-Modell zu erhalten, müssen die einzelnen Capabilities noch zu übergeordneten Capabilities zusammengefasst bzw. gruppiert werden. Eine erste Zusammenfassung für die identifizierten Capabilities ist relativ naheliegend und in Abbildung 7–5 (S. 213) dargestellt. Dass es sich um ein partielles Modell handelt, das (z.B. anhand weiterer Prozesse) vervollständigt werden muss, deuten die Capability-Kästchen mit »…« an.

Wesentliche Fragen bei der Ableitung von Capabilities aus Prozessen sind die folgenden:

- Welche Prozessaktivitäten lassen sich analog als Fähigkeiten auffassen?
- Welche Entscheidungspunkte (»Gateways«) erfordern welche Fähigkeiten der Prüfung?
- Welche Capabilities lassen sich aus verarbeiteten oder erzeugten Ereignissen im Prozess ableiten? (Siehe auch Abschnitt 7.2.12.)
- Welche im Prozess referenzierten Geschäftsobjekte erfordern für ihre Verarbeitung welche Fähigkeiten? (Vgl. Abschnitt 7.2.3.)

Abgeleitete Beispiel-Capability	Zugrunde liegende Prozesstätigkeit(en)
`Schriftgutentnahme`	Schriftgut aus Brief entnehmen
`Schriftgutlesung`	Brief scannen; optische Zeichenerkennung (OCR) durchführen
`Kundenverwaltung`	Kundendatensatz anlegen
`Kundenkontaktdaten-verwaltung`	Kundenkontaktdaten erfassen
`Formschreibenerstellung`	Formschreiben erstellen
`Formschreibenversand`	Formschreiben versenden
`Anschreibenvorlagen-management`	Formschreiben erstellen
`Kundendienstvorgangs-verwaltung`	Vorgang anlegen; auf vorhandenen Vorgang prüfen
`Kundenidentifizierung`	Kunden identifizieren
`Kundenanliegenerkennung`	Kundenanliegen klassifizieren; auf vorhandenen Vorgang prüfen
`Garantiefallabwicklung`	Garantievorgang bearbeiten
`Beschwerdenabwicklung`	Beschwerdevorgang bearbeiten

Tab. 7–4: Beispiele abgeleiteter Capabilities aus dem Geschäftsprozess »Vorgang erfassen und delegieren«

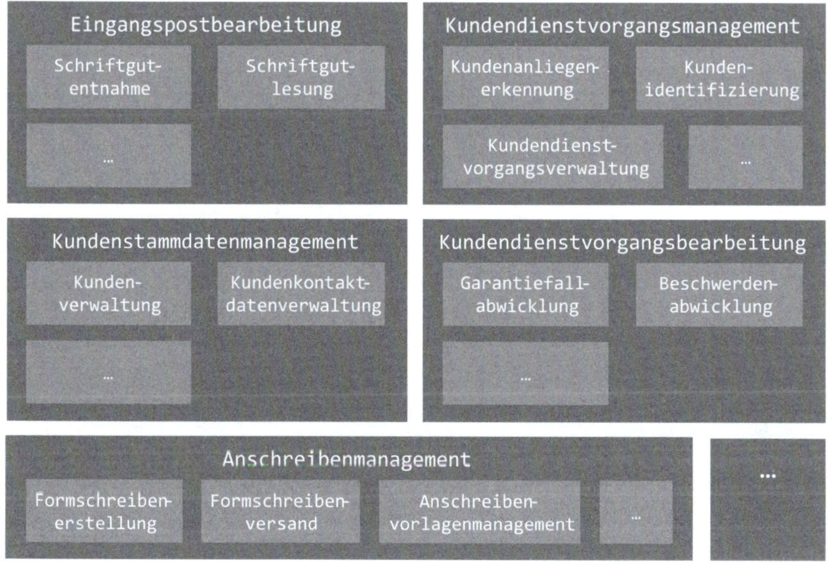

Abb. 7–5: Aus dem Kundendienstprozess abgeleitetes Teilmodell

7.2.2 Wertketten

Ähnlich wie Prozesse beschreiben Wertketten eine Abfolge von Aktivitäten im Kontext des Geschäftsmodells. Wertketten sind dabei keine präzisen Vorschriften für Abläufe, sondern beschreiben in groben Schritten die stufenweise Wertschöpfung im Unternehmen. Die aktive Natur von Prozessschritten und Wertkettenelementen erlaubt es, die in Abschnitt 7.2.1 definierten Prinzipien für die Ableitung von Capabilities aus Prozessen auf die Wertketten zu übertragen. Als erste Hypothese kann der Versuch angesehen werden, jedes Element der Wertkette als Fähigkeit aufzufassen und eine Capability daraus zu formulieren. Abbildung 7–6 zeigt eine Beispiel-Wertkette.

Verpackungsmüll sammeln | Wertstoffe aussortieren & säubern | Wertstoffe zu Rohmaterial aufbereiten | Rohmaterial verpacken | Rohmaterial verkaufen

Abb. 7–6: Beispielhafte Wertkette für Wertstoff-Recycling – aktiv formuliert

Die Schritte der Wertkette sind im Beispiel aktiv als Schritte formuliert. Hat die Wertkette eine grobe Granularität, so sind auch die abgeleiteten Capabilities entsprechend grob. Tabelle 7–5 führt einige Capabilities auf, die sich offensichtlich oder indirekt aus den Elementen der Beispiel-Wertkette ableiten lassen.

Wertkettenelement	Abgeleitete Beispiel-Capabilities
Verpackungsmüll sammeln	▪ `Verpackungsmüllsammlung` ▪ `Verpackungsmülltransport`
Wertstoffe aussortieren & säubern	▪ `Wertstoffaussortierung` ▪ `Wertstoffsäuberung`
Wertstoffe zu Rohmaterial aufbereiten	▪ `Wertstoffaufbereitung` ▪ `Rohmaterialherstellung`
Rohmaterial verpacken	▪ `Rohmaterialverpackung` ▪ `Rohmateriallagerung`
Rohmaterial verkaufen	▪ `Rohmaterialvertrieb`

Tab. 7–5: Beispiele abgeleiteter Capabilities aus der Beispiel-Wertkette

Die Capability `Verpackungsmülltransport` lässt sich aus der Annahme ableiten, dass die Sammlung des Verpackungsmülls an verschiedenen Orten stattfindet und den anschließenden Transport an einen zentralen Verarbeitungsort erfordert. Das zweite Element der Wertkette umfasst zwei Aktivitäten und führt daher zu zwei entsprechenden Capabilities. Aus der Annahme, dass hergestelltes und verpacktes Rohmaterial vor dem Verkauf mindestens kurzzeitig gelagert werden muss, ergibt sich die Capability `Rohmateriallagerung`.

Abbildung 7–7 zeigt für die gleiche Wertschöpfung eine Variante der Wertkette mit Wertkettenelementen, die passiv durch Geschäftsobjekte bzw. Ergebnisobjekte der Wertschöpfungsschritte formuliert sind.

Abb. 7–7: Beispielhafte Wertkette für Wertstoff-Recycling – objektorientiert formuliert

Das einfache Prinzip, die Aktivitäten der Wertkette als entsprechende Fähigkeiten aufzufassen und in Capabilities zu verwandeln, funktioniert hier nicht. Stattdessen kann man für eine objektorientiert formulierte Wertkette den Ansatz für die Ableitung von Capabilities aus Informationsobjekttypen wählen (siehe Abschnitt 7.2.3).

Als Ergänzung zu den Fragen für Geschäftsprozesse (siehe Abschnitt 7.2.1) zielen die folgenden Fragen zur Ableitung von Capabilities auf die speziellen Eigenschaften von Wertketten ab:

- Welche Fähigkeiten sind erforderlich, um die von Wertkettenelementen formulierten Werte (Nutzeneffekte, Mehrwerte usw.) zu schaffen?
- Welche Ressourcen benennt eine Wertkette und welche Fähigkeiten sind zu deren Handhabung erforderlich? (Siehe auch Abschnitt 7.2.5.)

7.2.3 Informations-/Datenmodelle

Informations- und Datenmodelle gibt es in Unternehmen in verschiedenen Abstraktions- und Detailgraden, die von konzeptionellen Objektmodellen der wichtigsten Informationsobjekttypen auf einer groben Granularitätsebene bis hin zu detaillierten physischen Datenbankmodellen von Applikationen reichen. Sie umfassen neben der Definition der reinen Informationsobjekttypen ggf. auch deren Beziehungen zueinander mit ihren Kardinalitäten sowie Attribute (Datenfelder) oder auch weitere Integritätsregeln. Die modellierten Informationen sind eine wertvolle Informationsquelle für die Identifizierung benötigter Capabilities, da sich von den Informationsobjekttypen auf Fähigkeiten schließen lässt, die man für den Umgang mit diesen Informationsobjekttypen (zu ihrer Verarbeitung) benötigt. Bei der Ableitung von Capabilities aus Informations- und Datenmodellen entsteht naturgemäß ein objektorientierter Schnitt des Capability-Modells.

Die folgenden Fragen können bei der Identifizierung von Capabilities aus Informations-/Datenmodellen hilfreich sein:

- Welche Fähigkeiten werden zur Verwaltung und Verarbeitung der im Datenmodell enthaltenen Entitäten benötigt?
- Gibt es Fähigkeiten, die sich aus Beziehungstypen ableiten lassen, um beispielsweise Verknupfungen zwischen Objekten der jeweiligen Typen herzustellen, auszuwerten o.Ä.?
- Was geschieht in (bestehenden oder geplanten) Applikationen mit den Entitäten des Datenmodells und welche Fähigkeiten liegen hier zugrunde?

Tabelle 7–6 zeigt einige Beispiele für Capabilities, die man aus Informations- bzw. Datenmodellen möglicherweise identifizieren könnte.

Element	Abgeleitete Capabilities	Anmerkungen
`Kunde`	■ `Kundenverwaltung` ■ `Kundenstammdaten-management` ■ `Kundenkontakt-historien-verwaltung`	Der Informationsobjekttyp `Kunde` ist für jedes Unternehmen zentral, da er die digitale Repräsentation der zahlenden Kundschaft ist, für die das Unternehmen seine Produkte und Leistungen anbietet. Dementsprechend vielfältig können die abgeleiteten Capabilities sein. Einige dieser Capabilities wie `Kundenverwaltung` wird man (so oder ähnlich) in jedem Unternehmen finden. Speziellere Capabilities, die sich aus Alleinstellungsmerkmalen ableiten, findet man nur in bestimmten Unternehmen.
`Auftrag`	■ `Auftragsmanagement` ■ `Auftragsprüfung` ■ `Auftragsdelegation` ■ `Auftragsabrechnung` ■ `Auftragsarchivie-rung`	Der `Auftrag` dürfte für die meisten Unternehmen ein wichtiger Objekttyp sein. Capabilities wie `Auftragsarchivierung` lassen sich auf die meisten anderen Objekttypen übertragen. Hier ist die Frage, ob solche technisch ähnlich oder gleich zu realisierenden Fähigkeiten im Modell gebündelt werden sollten (funktionsorientierter Schnitt).

Tab. 7–6: Aus Informationsobjekttypen abgeleitete Capabilities

7.2.4 Applikationen

Fachliche Applikationen und Systeme besitzen Funktionalitäten, die wertvolle Hinweise auf Capabilities geben können. Ist eine Applikation nicht ohnehin z.B. aus Nutzersicht oder aus der Perspektive einer anderen Rolle bekannt, finden sich relevante Informationen z.B. in dazugehörigen Handbüchern. Folgende Fragen sind bei der Identifizierung von Capabilities aus Applikationen hilfreich:

- Welche fachlichen Funktionalitäten besitzt eine Applikation?
- Welche Funktionalitäten werden davon tatsächlich verwendet?
- Welche fachlichen Fähigkeiten setzen diese Funktionalitäten um?
- Von welchen spezifischen Realisierungsaspekten der Funktionalitäten gilt es noch zu abstrahieren, um den funktionalen Kern zu ermitteln?

Tabelle 7–7 zeigt einige Beispiele für Capabilities, die sich anhand von Applikationen möglicherweise identifizieren lassen.

Applikation	Abgeleitete Capabilities	Anmerkungen
SAP Customer Relationship Management	■ Kundenverwaltung ■ Kampagnen-management ■ Kundenkontakt-historien-verwaltung	Der funktionale Umfang von Standardsoftware kann beträchtlich sein, sodass die abgeleiteten Capabilities nur ein Auszug sind. Damit das Modell abgeschlossen bleibt, sind nicht verwendete bzw. nicht benötigte Funktionen zu ignorieren.
Microsoft Exchange Mailsystem	■ Unternehmens-kommunikation ■ Kundenansprache ■ Terminverwaltung	Abschnitt 7.4 beleuchtet das Thema Unternehmenskommunikation näher.
Zentrale Berechtigungs-applikation	■ Berechtigungs-verwaltung ■ Nutzerverwaltung ■ Autorisierungs-prüfung	Die Capability-Beispiele sind fachlich wenig spezifisch und könnten z.B. in ein Teilmodell im Bereich Identitäts- und Zugriffsmanagement aufgenommen werden.
Mainframe-Riesen-Monolith AbisZett	■ Auftragsmanagement ■ Kundenabrechnung ■ Warenbestellung ■ Marktprodukt-management	Der Name der Applikation deutet auf ein funktional umfangreiches Altsystem hin, aus dem man eine entsprechend große Zahl an Capabilities ableiten kann. Gerade in solchen »Dinosauriern« verstecken sich manchmal ungeahnte Funktionen, die wertvolle Hinweise auf spezielle Capabilities geben können.
Zeiterfassung ABC, Zeiterfassung XYZ	■ Mitarbeiterzeit-erfassung ■ Urlaubsverwaltung ■ Überstunden-verrechnung	Gibt es mehrere Applikationen mit gleichen oder sehr ähnlichen Funktionalitäten, so sollte man die abgeleiteten Capabilities (begrifflich und funktional) einheitlich definieren und die Nomenklaturen der Applikationen nicht mischen.

Tab. 7–7: Beispiele aus Applikationen abgeleiteter Capabilities

Zu beachten ist, dass die Beispiele keinen Anspruch auf Vollständigkeit oder Überschneidungsfreiheit der abgeleiteten Capabilities erheben. Weder ergibt sich aus den Beispielen ein vollständiges Capability-Modell, noch ist gesagt, dass sich nicht noch weitere Capabilities ableiten ließen. (Dies ergibt sich schon aus der Tatsache, dass die Beispiele lediglich auf Basis der Namen der Applikationen ohne weitere Dokumentation hergeleitet sind. Die Beispiele dienen an dieser Stelle nur zur Illustration für Capability-Ableitungen aus Applikationen.)

7.2.5 Ressourcen

Anhang A.17 beleuchtet den Zusammenhang von Ressourcen und Capabilities. Möchte man aus Ressourcen, mit denen das Unternehmen in irgendeiner Weise umgeht, Capabilities ableiten, so lassen sich einige Fähigkeiten als Basis hierfür identifizieren, die für nahezu jede Ressource anwendbar sind. Die nachfolgende Auflistung führt einige davon auf. Der tatsächliche Bedarf für diese Capabilities hängt vom Unternehmen ab.

- `Ressourcenverwaltung`
- `Ressourcenbedarfsplanung`
- `Ressourcenbeschaffung`
- `Ressourcenqualitätsprüfung`
- `Ressourcenabbau`
- `Ressourcenentsorgung`
- `Ressourcentransport`
- `Ressourcennutzungsverfolgung`

Bei der Identifizierung von Capabilities aus Ressourcen können die folgenden Fragen helfen:

- Welche Fähigkeiten benötigt das Unternehmen zum Umgang mit Ressourcen?
- Welche (Arten von) Ressourcen haben besondere Eigenschaften und erfordern welche speziellen Fähigkeiten, um diesen Eigenschaften Rechnung zu tragen (z.B. Umgang mit Gefahrgut oder verderblichen Ressourcen)?
- Wozu werden die Ressourcen im Unternehmen verwendet und welche Fähigkeiten liegen dieser Verwendung zugrunde?
- Aus welchen Schritten besteht die Verarbeitungskette einer Ressource und welche Fähigkeiten braucht jeder einzelne Schritt dieser Kette?

Beispiel. Angenommen, ein Unternehmen benötigt Quarzsand als Ressource zur Produktion von elektronischen Bauteilen. Damit der Produktionsprozess ordnungsgemäß ablaufen kann, muss der Quarzsand hochrein sein. Eine mögliche Capability zur Verarbeitung des Quarzsandes könnte daher `Quarzsandreinigung` sein.

7.2.6 Kompetenzen

Der Begriff »Kompetenz« wird wie in Anhang A.10 verstanden: Es geht um (fachliche) Fähigkeiten von Mitarbeitern. Der Zusammenhang von Kompetenzen und Capabilities scheint auf den ersten Blick naheliegend zu sein: Theoretisch könnte man jeder Mitarbeiterfähigkeit eine korrespondierende Fähigkeit des Unternehmens und somit eine Capability zuordnen. Bei dem Beispiel der Wirtschaftsprüfung ist dies der Fall: Ein Wirtschaftsprüfer, der genau diese per Staatsexamen öffentlich beurkundete Kompetenz besitzt, könnte für ein Unternehmen arbeiten, für das Wirtschaftsprüfung genau eine der benötigten Fähigkeiten ist. Doch grundsätzlich unterscheiden sich Mitarbeiterkompetenzen von Capabilities, denn bei Letzteren steht die Fähigkeit des Unternehmens im Fokus, zu konkreten Aktivitäten in der Lage zu sein, während Mitarbeiterkompetenzen z.B. auch soziale oder methodische Fähigkeiten umfassen. Zudem sind Kompetenzen von Mitarbeitern oftmals sehr feingranular definiert und spiegeln die Perspektive einer einzelnen Person bzw. einer Rolle wider. Oftmals leisten verschiedene Mitarbeiterkompetenzen gemeinsam einen Beitrag zur Erbringung einer Unternehmensfähigkeit.

Bei der Identifizierung von Capabilities aus Kompetenzen können die folgenden Fragen hilfreich sein:

- Verbirgt sich hinter der vorhandenen Kompetenz eines Mitarbeiters eine vom Unternehmen benötigte Fähigkeit?
- Welche Unternehmensfähigkeiten lassen sich aus welchen (fachlichen) Mitarbeiter- oder Rollenkompetenzen (allein oder ggf. in Kombination) aufbauen?
- Welche Geräte, Ressourcen, Produkte oder Informationsobjekte sind mit Mitarbeiterkompetenzen verbunden und welche Unternehmensfähigkeiten lassen sich aus diesen herleiten?

Beispiel. Eine (benötigte) Mitarbeiterkompetenz »versierter Umgang mit Tachymetern« ist ein Hinweis darauf, dass das Unternehmen die Fähigkeit zur (geografischen) Vermessung benötigt. **Anmerkung**: Tachymeter sind Geräte, mit denen man sehr genaue geografische Vermessungen (insbesondere Entfernungen, Winkel) durchführen kann. Man mag bei diesem Beispiel einwenden, dass eine Capability `Vermessung` sich sicher schon direkt aus dem Geschäftsmodell des Unternehmens ableiten lässt, ohne dass man diese Mitarbeiterkompetenz dafür kennen muss. Doch außer der Vermessung an sich lassen sich hier noch weitere potenzielle Capabilities aus der Kompetenz ableiten, z.B. `Tachymeterwartung` oder `Tachymetermanagement`. Außer der eigentlichen Fähigkeit zur Vermessung liefert der Blick auf die Mitarbeiterkompetenz also einen Hinweis auf weitere indirekt zur Vermessung benötigte Fähigkeiten.

7.2.7 Marktprodukte

Seinen Umsatz generiert ein Unternehmen aus seinen am Markt angebotenen Produkten. Den Zusammenhang von Marktprodukten und Capabilities beleuchtet Anhang A.11. Letztlich dienen alle Capabilities eines Unternehmens direkt oder indirekt der Realisierung von Marktprodukten, sodass sich (theoretisch) alle Capabilities aus dem Produktportfolio und dem dazugehörenden Produktlebenszyklus ableiten lassen müssten. Das Maß an »Indirektion« ist hier jedoch so hoch, dass dies in der Praxis kaum gelingen wird. Nichtsdestotrotz bieten die Marktprodukte eines Unternehmens eine höchst wertvolle Basis zur Definition des Capability-Modells, wie sich an der langen (und dennoch unvollständigen) Liste möglicher Fragestellungen ablesen lässt, die nachfolgend aufgeführt ist.

- Mit welchen Fähigkeiten kann (oder muss) das Unternehmen den Produktlebenszyklus eines Marktprodukts oder einer Produktsparte realisieren?
- Welche Fähigkeiten benötigt das Unternehmen für den Entwurf und die Spezifikation eines Marktprodukts?
- Welche Fähigkeiten dienen dem Unternehmen dazu, ein Produkt anzubieten und zu vermarkten?
- Mit welchen Fähigkeiten kann das Unternehmen für ein Produkt formale, regulatorische oder verwaltungstechnische Anforderungen erfüllen?
- Welche Fähigkeiten dienen dem Unternehmen dazu, ein Produkt herzustellen?
- Welche Services und Dienstleistungen sind mit einem Produkt verbunden und welche Fähigkeiten sind hierfür erforderlich?
- Welche Fähigkeiten braucht das Unternehmen bzgl. eines Marktprodukts für Beschaffung, Logistik und Verteilung von Materialien, Endprodukten usw.?
- Durch welche Fähigkeiten kann das Unternehmen ein Marktprodukt kaufmännisch / buchhalterisch / finanztechnisch handhaben?
- Welche Kunden- oder anderweitige Kanäle bedingt ein Marktprodukt und welche Fähigkeiten benötigt das Unternehmen für deren Realisierung?
- Welche statistischen Auswertungen, Kennzahlen o.Ä. sollte das Unternehmen bzgl. des Produktportfolios betrachten und welche Fähigkeiten sind zu deren Umsetzung notwendig?

Allen Fragen gemein ist ihr Bezug zur Wertschöpfungskette, die den gesamten Lebenszyklus von Marktprodukten abdecken muss.

Beispiel. Ein Unternehmen bietet als Dienstleistung einen Produktfinder an, mit dem Kunden für bestimmte Anforderungen das am besten passende Produkt finden können. Damit das Unternehmen diese Dienstleistung erbringen kann, könnte man (mindestens) folgende Capabilities dazu definieren:

`Bewertungskriteriendefinition` – Festlegung der Bewertungskriterien für die Produktauswahl gemäß den Vorgaben des Kunden

`Produktkandidatensuche` – Ermittlung potenziell infrage kommender, verfügbarer Produkte am Markt

`Produktbewertung` – Bewertung der ermittelten Produktkandidaten gemäß den spezifizierten Kriterien

`Produktvergleich` – Vergleich aller bewerteten Produkte (z.B. Definition von Rangfolgen nach priorisierten Auswahlkriterien)

`Produktempfehlung` – Zusammenfassung der Bewertungen zu einer Produktempfehlung für den Kunden

Für zwei weitere Beispiele sei auf Abschnitt 7.5 verwiesen. Dort sind zwei anschauliche Fälle betrachtet, die Capabilities für die Unterstützung von Produkten ableiten.

7.2.8 Organisationseinheiten

Auch wenn sich aus der Organisationsstruktur Capabilities oder Ideen für diese ableiten lassen, so muss das Capability-Modell dennoch unabhängig von der Organisationsstruktur bleiben. Wenn sich Schnitt oder Bezeichnungen von Organisationseinheiten ändern, darf dies keine Auswirkungen auf das Capability-Modell haben. Wählt man für die oberste Ebene des Capability-Modells einen kontextorientierten Schnitt, so ist die Wahrscheinlichkeit nicht gering, dass es Capabilities auf oberste Ebene gibt, deren Namen dem von Organisationseinheiten entsprechen oder zumindest gleiche Begriffe umfassen. Ein Beispiel aus einem Automobilkonzern könnte eine Capability `Produktion` auf Ebene 1 sein. Diese zweifelsohne zentrale Fähigkeit korrespondiert möglicherweise mit einem gleichnamigen Unternehmensbereich auf hoher Ebene im Organigramm.

Bei der Einführung des Capability-Konstrukts in einem Unternehmen bzw. Vorhaben sind entsprechende Begriffe typischerweise stark mit den gleichnamigen Organisationseinheiten verbunden, und erfahrungsgemäß fällt es vielen Beteiligten nicht leicht, hiervon zu abstrahieren. Ist beispielsweise eine Capability `Rechnungserstellung` im Modell der Capability `Kundenabrechnung` untergeordnet, so kommt möglicherweise der Einwand, diese müsste der Capability `Vertrieb` zugeordnet sein, da doch »der Vertrieb« die Rechnungen erstelle. Die Gefahr dieser Vermischung von Capabilities als reiner Ausdruck von Fähigkeiten mit der organisatorischen Zuständigkeit für die Umsetzung ist kaum vermeidbar. Sie sollte stets explizit adressiert werden, indem der Unterschied zwischen Capabilities und Organisationseinheiten immer wieder verdeutlicht wird. Bei der Namenswahl für Capabilities sollte man Doppelungen so weit wie möglich vermeiden.

Der Schnitt von Organisationseinheiten in Unternehmen richtet sich in der Regel nach betrieblichen Funktionen, die Aufgaben und Verantwortlichkeiten bündeln. Um Aufgaben zu erfüllen und Verantwortlichkeiten gerecht zu werden, bedarf es korrespondierender Fähigkeiten. Eine Methode zur Identifizierung von Capabilities ist es daher, die Unternehmensfunktionen zu untersuchen und die zugrunde liegenden Fähigkeiten abzuleiten. Vor Beginn der Modellierung kann die Betrachtung des Organigramms wertvolle Hinweise auf benötigte Fähigkeiten des Unternehmens liefern.

Beispiel. Einige Unternehmen bieten Aus- und Weiterbildungen für ihre Mitarbeiter an, andere nicht. Um zu entscheiden, ob entsprechende Capabilities in das Capability-Modell aufgenommen werden müssen oder nicht, kann ein Blick auf das Organigramm reichen. Gibt es dort z.B. einen Bereich »Aus- und Weiterbildung« oder »Personalqualifikation«, dann werden die zur Ausbildung bzw. Qualifikation der eigenen Belegschaft erforderlichen Fähigkeiten vom Unternehmen selbst benötigt bzw. ausgeprägt.

Die folgenden Fragen können bei der Identifizierung von Capabilities aus der Organisationsstruktur und ihren Organisationseinheiten als Hilfsmittel dienen:

- Welche Aufgaben hat eine Organisationseinheit und welche fachlichen Fähigkeiten werden zu deren Umsetzung benötigt?
- Welche Verantwortlichkeit übernimmt eine Organisationseinheit und welche fachlichen Fähigkeiten braucht sie, um dieser Verantwortlichkeit gerecht werden zu können?
- Welche Querschnittsfunktionen gibt es im Unternehmen, für die – ggf. abseits der zentralen Wertschöpfungskette – spezielle Fähigkeiten erforderlich sind?

Manchmal finden sich in Organigrammen bzw. Funktionsbeschreibungen Stichworte, die Hinweise auf benötigte Capabilities geben. Tabelle 7–8 enthält einige Beispiele für Begriffe, die typischerweise in Namen von Organisationseinheiten bzw. Funktionsbeschreibungen oder Verantwortlichkeiten zu finden sind. In der zweiten Spalte sind Capabilities aufgeführt, die das Unternehmen möglicherweise braucht. Wichtig: Es handelt sich hier lediglich um *potenzielle* Capabilities, deren tatsächliche Notwendigkeit und deren sinnvoller Schnitt vom konkreten Unternehmen abhängen. Die Beispiele sind bewusst vielfältig gewählt. Wichtig ist, dass die Modellierung der Capabilities nicht die Organisationsstruktur »nachbaut«, sondern aus dieser lediglich notwendige Fähigkeiten extrahiert. Zur Erinnerung: Die Gründe gegen einen solchen Nachbau sind in Abschnitt 7.1.5 erläutert.

Begriff	Potenzielle Capability
Fuhrpark	▪ `Fuhrparkmanagement` ▪ `Fahrzeugflottenmanagement` ▪ `Firmenwagenverwaltung`
Immobilien	▪ `Immobilienmanagement` ▪ `Immobilienbetreuung` ▪ `Immobilienverwaltung`
Veranstaltungen	▪ `Veranstaltungsmanagement` ▪ `Veranstaltungsorganisation` ▪ `Veranstaltungsplanung`
Rechtsangelegenheiten	▪ `Rechtsfallbearbeitung` ▪ `Gerichtsverfahrenbetreuung` ▪ `Rechtsanalysen` ▪ `Rechtsanspruchsdurchsetzung`
Verbände	▪ `Verbandsmitgliedschaftsmanagement` ▪ `Verbandsbetreuung` ▪ `Verbandsmanagement`
Versicherungen	▪ `Versicherungsmanagement` ▪ `Unternehmensversicherung` ▪ `Risikomanagement`

Tab. 7–8: Capability-Ableitung aus Begriffen der Organisationsstruktur

7.2.9 Kanäle

Der Kanalbegriff und seine Beziehung zu Capabilities ist Gegenstand von Anhang A.9. Bei der Ableitung von Capabilities aus Kanälen ist die wesentliche Frage, was über die vorhandenen (oder geplanten) Kanäle angeboten wird und welche Fähigkeiten das Unternehmen dafür benötigt. Hinter einer über einen Kanal angebotenen Leistung können also direkt eine oder mehrere Capabilities stecken (vgl. Beziehungstyp 12 (`Capability` angeboten über ► `Kanal`)). Das bedeutet, die Leistung entspricht quasi 1:1 einer Fähigkeit des Unternehmens, die als Capability modelliert werden kann.

Als weitere Möglichkeit der Capability-Ableitung aus einem Kanal können Fähigkeiten existieren, die das Unternehmen indirekt oder nachgelagert benötigt, um etwas über den Kanal anzubieten oder abzuwickeln. In diesem Fall gibt es nicht unbedingt eine 1:1-Entsprechung einer Capability zu dem Kanalangebot, sondern eine oder mehrere Fähigkeiten, die zum (fachlichen) Betrieb des Kanals erforderlich oder hilfreich sind.

Die folgenden Fragen können bei der Identifizierung von Capabilities aus Kanälen helfen:

- Welche Fähigkeiten werden in Form von Diensten, Dienstleistungen, Services oder Funktionen über einen Kanal angeboten?
- Welche weiteren Fähigkeiten braucht das Unternehmen für diese Art der Leistungserbringung?
- Was wird über vorhandene Kanäle angeboten oder abgewickelt und welche Fähigkeiten werden direkt oder indirekt dazu benötigt oder sind möglicherweise hilfreich?

Beispiele. Ein Beispiel für eine direkte Entsprechung eines Kanalangebots zu einer Fähigkeit könnte eine Capability `Zahlungsabwicklung` sein, die ein Handelsunternehmen über einen elektronischen Kanal anbietet. Existiert also ein Kanal zur Abwicklung von Zahlungen, so lässt sich daraus die entsprechende Capability ableiten.

Bietet ein elektronischer Kanal eines Paketlogistikers z.B. eine Auskunft über den Status von Paketsendungen, so kann man eine Capability-Entsprechung `Sendungsverfolgung` ableiten. Auch in diesem Beispiel entspricht also die benötigte Fähigkeit der Sendungsverfolgung der über den Kanal angebotenen Leistung.

Als Beispiel für einen Kanal, aus dem sich indirekt erforderliche (oder sinnvolle) Capabilities ableiten lassen, soll ein (elektronischer oder auch telefonischer) Kanal zur Kundenregistrierung betrachtet werden. Bei dem Unternehmen könnte es sich beispielsweise um ein Versandhaus handeln. Wenn das fragliche Unternehmen bei dieser Registrierung die Adresse der sich registrierenden Person erfasst, dann könnten sich Capabilities wie `Adressprüfung` oder `Adressvervollständigung` hieraus ableiten. Die Fähigkeit der Adressprüfung dient dazu, nicht existierende Adressen in den Kundenstammdaten von vornherein zu vermeiden. Die Vervollständigung von Adressen könnte einem Telefonagenten die Eingabe der Kundenadresse erleichtern, indem z.B. eine Postleitzahl automatisch ergänzt wird.

7.2.10 Strategien

Das Zusammenspiel von Capabilities und Strategien ist Gegenstand von Anhang A.20. Strategien gibt es auf verschiedenen Ebenen des Unternehmens, mit unterschiedliche Graden von Detaillierung und Konkretisierung. Neben einer übergeordneten Gesamtstrategie des Unternehmens haben einzelne Bereiche oder Abteilungen möglicherweise Teilstrategien, die sich ebenfalls zur Identifizierung von Capabilities heranziehen lassen.

Folgende Fragen können bei der Identifizierung von Capabilities aus Strategien hilfreich sein:

- Welche Fähigkeiten braucht das Unternehmen für die Umsetzung einer Strategie?
- Welche (neuen) Fähigkeiten benötigt das Unternehmen, die sich aus der strategischen Anpassung oder Erweiterung des Geschäftsmodells ergeben?
- Für welche in einer Strategie festgelegten Ziele sind welche Fähigkeiten zur Erreichung erforderlich?

Beispiel. Ein produzierendes Unternehmen definiert als Teil seiner Strategie, die Produktion zu flexibilisieren, damit es schneller auf Bedarfsschwankungen reagieren kann. Zwei mögliche Capabilities, die zur Umsetzung dieser Strategie hilfreich sein könnten, sind `Produktionsskalierung` und `Produktionsumrüstung`. Die Fähigkeit zur Skalierung der Produktion ermöglicht das Hoch- und Herunterregeln der Produktionskapazität, um eine bedarfsgerechte Menge von Gütern zu produzieren. Die Fähigkeit zur Umrüstung der Produktion dient dazu, die Produktionsstätten so umstellen zu können, dass sie je nach Bedarf andere Arten von Gütern produzieren können.

Das vorangegangene Beispiel ist bewusst einfach gehalten und soll lediglich eine Möglichkeit illustrieren, wie man ausgehend von einer Strategie auf benötigte (oder hilfreiche) Capabilities schließen kann. In der Praxis würde ein Unternehmen möglicherweise ein ganzes Programm zur Umsetzung der Strategie aufsetzen, in dem die Ableitung von Capabilities sowie die Fragen zu deren Umsetzung selbstverständlich auf einem deutlich detaillierteren Niveau stattfinden müssten.

7.2.11 Regelwerke

In welcher Beziehung Capabilities und Regelwerke stehen, skizziert Anhang A.16. Regelwerke stellen eine Art von Anforderungsdokumenten dar, denn sie definieren Regeln und fordern deren Einhaltung. Um die Regelwerke einhalten zu können, sind bestimmte Fähigkeiten erforderlich (vgl. Beziehungstyp 24 (`Capability` ◄ benötigt zur Einhaltung `Regelwerk`)). Auf Grundlage dieses Beziehungstyps lassen sich somit die entsprechenden Capabilities ermitteln, indem man die je Regelwerk benötigten Fähigkeiten des Unternehmens identifiziert. Bei der Identifizierung von Capabilities aus Regelwerken können somit die folgenden Fragen dienlich sein:

- Welche Fähigkeiten braucht das Unternehmen zur Einhaltung der in einem Regelwerk spezifizierten Vorschriften?
- Welche Aktivitäten beschreibt oder umfasst ein Regelwerk, und welche Fähigkeiten sind zu deren Umsetzung / Ausführung notwendig?

Beispiel. Ein Wirtschaftsprüfungsunternehmen muss sich an die gesetzlich vorgegebene Wirtschaftsprüferordnung halten. In dieser findet sich u.a. eine Regel, die eine Prüfung durch Wirtschaftsprüfer verbietet, die zu dem zu prüfenden Unternehmen eine unzulässige Bindung (z.B. als Teilhaber) besitzen. Damit das Unternehmen sichergehen kann, die Wirtschaftsprüferordnung nicht zu verletzen, kann eine Capability `Interessenkonfliktprüfung` dazu dienen, solche Fälle zu identifizieren.

7.2.12 Ereignisse

Anhang A.6 enthält einen Überblick über mögliche Beziehungen zwischen Ereignissen und Capabilities. Wie der Abschnitt zeigt, gibt es sehr viele verschiedene Arten von Ereignissen mit unterschiedlicher Relevanz für Unternehmen. Eine systematische Betrachtung bzw. Aufzählung von Ereignissen in Unternehmen gibt es beispielsweise im Rahmen eines *Business Continuity Management* (BCM), für das man die für das Unternehmen kritischen Ereignisse kennen und »behandeln« muss [73]. Auch im Rahmen des Geschäftsprozessmanagements findet eine Betrachtung von prozessauslösenden und abschließenden Ereignissen statt.

Die folgenden Fragen können bei der Identifizierung von Capabilities aus Ereignissen helfen:

- Welche Fähigkeiten braucht das Unternehmen zur Behandlung eines Ereignisses (Reaktion, Verarbeitung, Kompensation usw.)?
- Mit welchen Fähigkeiten kann ein Unternehmen relevante Ereignisse erkennen und einordnen?
- Lassen sich Capabilities identifizieren, mit denen unerwünschte Ereignisse vermieden bzw. erwünschte Ereignisse herbeigeführt werden können?

Beispiel. Zu den im Rahmen eines BCM zu betrachtenden Ereignissen gehört typischerweise der Stromausfall. Da Strom für nahezu jedes Unternehmen eine kritische Ressource darstellt, könnte eine sinnvolle Capability zur Behandlung eines Stromausfall-Ereignisses die `Notstromversorgung` sein.

7.3 Bezeichnungen von Capabilities

»Namen sind Schall und Rauch« hieß es – frei nach Goethes Faust – in der Vorlesung für Theoretische Informatik früher manchmal, um die Wichtigkeit formaler Korrektheit und mathematischer Präzision zu betonen, die nicht von einer schönen Namensgebung der Elemente abhängt, sondern von der richtigen Anwendung der theoretischen Konzepte. Auch das Funktionieren eines Computerprogramms hängt nicht von den konkreten Bezeichnungen von Funktionen, Variablen oder Datenstrukturen ab, solange sie konsistent sind. Dennoch stimmt das Zitat nicht mehr, sobald Menschen ins Spiel kommen, denn die Wahl von Namen und Bezeichnungen ist für Menschen sehr wohl von großer Bedeutung. (Auch dies führte uns ein Professor im Informatikstudium – mein späterer Doktorvater Stefan Jähnichen – eindrucksvoll vor Augen, als er uns ein kurzes, korrekt funktionierendes Programm an die Tafel schrieb, das für menschliche Betrachter allerdings vollkommen unverständlich war. Dies lag einzig an der Wahl von kryptischen und irreführenden Bezeichnern (für Funktionen, Variablen, Parametern usw.) im Programm – sogenannter »obfuscated code«.)

Capability-Modelle sind nicht in erster Linie für eine maschinelle Verarbeitung gedacht, sondern für die Nutzung in praktischen Anwendungsfällen, bei denen Menschen in Unternehmensorganisationen die Hauptakteure sind. Aus diesem Grund hängt das Verständnis von Capability-Modellen entscheidend von der Wahl der Bezeichnungen der Capabilities ab. In der Praxis gibt es in Unternehmen leider nicht selten sowohl uneinheitliche als auch unpassende Namensgebungen, die das Lesen und Verstehen von Capability-Modellen erschweren. Beispielsweise fanden sich in einem Modell eines großen Unternehmens zehn verschiedene Arten der Namensbildung, die vermutlich nicht einmal als solche »offiziell« definiert worden waren, sondern eher dadurch entstanden sind, dass zu viele Personen am selben Modell gearbeitet haben. Offenbar gab es weder klare Vorgaben noch eine ausreichende Qualitätssicherung.

Aus den oben genannten Gründen ist es sinnvoll, für Capability-Modelle *vor* Modellierungsbeginn eine klare Namenskonvention festzulegen. Die folgenden Abschnitte beschreiben zunächst, wie sich die Namensgebung besser nicht gestalten sollte, bevor ich dann sinnvolle Namensbestandteile und mögliche Namenskonventionen beschreibe.

7.3.1 Ungeeignete Namen und Bestandteile

Wie zuvor schon erwähnt, finden sich in Capability-Modellen in »freier Wildbahn« oftmals Namen für Capabilities, die sich nur als unpassend bezeichnen lassen. Das größte Problem sind Bezeichnungen, die von ihrer Art her grundsätzlich ungeeignet sind, die Natur von Capabilities als Fähigkeiten auszudrücken. Tabelle 7–9 führt einige Beispiele für solche Begriffe auf, die kaum als Fähigkeiten zu verstehen sind bzw. die auf ganz andere Arten von Elementen in einem Unternehmen hindeuten. Heißen Capabilities wie die in der Tabelle genannten Bezeichnungen, so ist bei der Nutzung des Capability-Modells eine Interpretation nicht vermeidbar, wenn man verstehen möchte, welche Fähigkeiten konkret gemeint sind. Bei einer Capability Kunde ließe sich spekulieren, ob z.B. die Fähigkeit des Kundenmanagements oder die der Kundenbetreuung gemeint ist. Fehlinterpretationen mit potenziell weitreichenden Folgen sind vorprogrammiert. Abhilfe würde hier eine gute Dokumentation schaffen, die für jede Capability eine aussagekräftige Beschreibung umfasst. Doch selbst dann, wenn eine solche Dokumentation vorliegt, verbieten sich solcherlei unpassende Namen. Die Wahrscheinlichkeit ist zu hoch, dass Nutzer des Capability-Modells die Dokumentation nicht ausreichend würdigen und dann doch (unpassend) interpretieren.

Ungeeignete Bezeichnung	Begründung
`Auftragsprozess`	Capability-Namen sollten nicht mit »Prozess« enden, denn das führt unweigerlich zur Fehlinterpretation, es handele sich um einen Prozess statt um eine Capability.
`Kunde`	Der Begriff »Kunde« legt nahe, es handele sich um einen Akteur oder einen Datenobjekttyp. Als Fähigkeit ist er nicht zu verstehen.
`Zeitkontingent`	Ähnlich wie »Kunde« ist ein »Zeitkontingent« eher als Datenobjekttyp zu verstehen und nicht als Fähigkeit.
`Auftrag erteilt`	Dieser Begriff klingt von seiner Bezeichnung eher nach einem Zustand oder einem Ereignis. Als Fähigkeit ist der Begriff nicht 1:1 zu verstehen.
`Maschinenarchitektur`	Eine Architektur ist keine Fähigkeit, sondern bezeichnet den grundlegenden Aufbau und das Zusammenspiel von Bausteinen sowie dazugehörige Entwurfsprinzipien und Regeln. In diesem Fall wird also die Architektur von Maschinen bezeichnet, jedoch keine Fähigkeit.
`Sicherheitsrichtlinie`	Dieser Name klingt nach einem Dokument bzw. einem Regelwerk, jedoch nicht nach einer Fähigkeit.
`Vertriebsstrategie`	Der Begriff »Strategie« ist für sich alleine passiv und nicht als Fähigkeit zu verstehen. Es fehlt eine Ergänzung um einen Tätigkeitsbegriff, um eine greifbare Fähigkeit wie z.B. »Strategiemanagement« zu bezeichnen.
`Vorserie`	In einem produzierenden Unternehmen findet vor der Serienproduktion oft ein Vorserienprogramm zur Erprobung statt. Für welche Fähigkeit rund um eine solche Vorserie der Begriff jedoch stehen soll, ist nicht eindeutig.
`Quartalsweise Abrechnung`	»Abrechnung« ist zwar ein passender Tätigkeitsbegriff, doch das Adverb »quartalsweise« beschreibt eine Anforderung oder eine Art der Realisierung, die in der Bezeichnung von Capabilities vermieden werden sollte.

Tab. 7–9: Beispiele ungeeigneter Capability-Bezeichnungen

7.3.2 Einheitlichkeit von Bezeichnungen

Ein Capability-Modell kann und soll dazu beitragen, Begrifflichkeiten in Unternehmen und Vorhaben zu standardisieren und zu vereinheitlichen. Dies gelingt nur, wenn man bei der Modellierung auf Konsistenz und einheitliche Begriffswahl achtet. Synonyme Begriffe sollten nicht gemischt eingesetzt werden. Wenn z.B. der Begriff »Auftrag« ein Bestandteil eines Capability-Namens ist, dann sollte die Modellierung nicht an anderer Stelle den Begriff »Bestellung« mit gleicher Bedeutung als Namensbestandteil einer anderen Capability verwenden. Stattdessen sollte das Modell einheitlich »Auftrag« oder aber »Bestellung« nutzen, es sei denn, die Begriffe bedeuten im Unternehmenskontext tatsächlich Unterschiedliches (und sind insofern dann gerade nicht synonym). Ist Letzteres der Fall, dann sollten beide Begriffe in einem Glossar beschrieben und semantisch korrekt differenziert als Namensbestandteile von Capabilities verwendet werden.

7.3.3 Aktivitätsbezeichnungen

Eine Capability beschreibt die Fähigkeit, etwas Bestimmtes zu tun. Der Schwerpunkt liegt also auf dem »Was« im Sinne einer Tätigkeit oder Aktivität, die man im Stande ist, auszuüben. Dieser Fokus sollte sich auch im Namen von Capabilities widerspiegeln, indem Begriffe gewählt werden, die sich ausführen oder ausüben lassen. Passive Begriffe eignen sich hierzu nicht. Ebenso wenig sind Begriffe geeignet, bei denen die Verwechslungsgefahr mit Instanzen anderer Objekttypen hoch ist. Dazu gehören insbesondere die Bezeichnungen von Informationsobjekttypen, Produkten, Orten usw., die im Wesentlichen in Abschnitt 7.2 als mögliche Informationsquellen für die Capability-Modellierung betrachtet wurden.

Hat eine Capability einen Namen `ABCD` erhalten, kann man folgenden Satz konstruieren, um zu prüfen, ob der Name von seiner Art her geeignet ist: »Das Unternehmen führt `ABCD` durch.« Wenn dieser Satz nicht stimmig klingt, dann ist die Wahrscheinlichkeit hoch, dass der Name unpassend ist, da er zu passiv für eine Fähigkeit ist.

Beispiele. Es seien folgende Kandidaten für Capability-Bezeichnungen gegeben: `Zoll`, `Werkzeugbau`, `Rechtswesen`, `Kundenstammdaten`, `Produktmarketing` und `Haushalt`. Es ergeben sich die folgenden Prüfsätze:

1. »Das Unternehmen führt Zoll durch.«
2. »Das Unternehmen führt Werkzeugbau durch.«
3. »Das Unternehmen führt Rechtswesen durch.«
4. »Das Unternehmen führt Kundenstammdaten durch.«
5. »Das Unternehmen führt Produktmarketing durch.«
6. »Das Unternehmen führt Haushalt durch.«

Beim Lesen wird sofort deutlich, dass nur der zweite und der fünfte Begriff als Capability-Bezeichnung passend sind. Beim ersten Begriff könnte man die Capability eventuell `Zollabwicklung` taufen. Beim dritten Begriff scheint die Wahl einer alternativen Bezeichnung gar nicht so einfach zu sein. Die zu beantwortende Frage bei der Modellierung einer Capability lautet stets: »Was muss das Unternehmen fähig sein, **auszuführen**?« Hier geht es vermutlich um die Fähigkeit, juristische Angelegenheiten abwickeln zu können. Als zusammengesetztes Hauptwort lässt sich daraus die Bezeichnung `Rechtsangelegenheitenabwicklung` ableiten. Dies ist zweifelsohne ein langer und etwas sperriger Begriff. Aus Einheitlichkeitsgründen ist er dennoch die bessere Wahl gegenüber »Rechtswesen«, denn bei letzterem kann man nicht erkennen, dass es sich um eine Fähigkeit handelt. Zudem ist die lange Bezeichnung dennoch gut verständlich. Ist der fachliche Kontext nicht gegeben, würde man bei »Rechtswesen« vermutlich eher auf den Namen einer Organisationseinheit des Unternehmens als auf eine Capability tippen. Der Begriff »Kundenstammdaten« ist eindeutig ein passiver Begriff der Informationswelt und keine Fähigkeit. Wenn es um das Management (Pflege, Verwaltung) von Kundenstammdaten geht, müsste eine entsprechende Capability z.B. `Kundenstammdaten-management` heißen. Auch der Begriff »Haushalt« bezeichnet keine Fähigkeit im engeren Sinne. Je nach Bedarf ließe sich eine passende Capability hier z.B. auf den Namen `Haushaltsmanagement` oder `Haushaltsplanung` taufen.

Mit diesem einfachen Test lassen sich unpassende, nicht aktive Begriffe erkennen. Aber Obacht: Auch wenn der Satz inhaltlich stimmig klingt, heißt das noch nicht automatisch, dass der Begriff auch wirklich ein guter Name für die fragliche Capability ist. (Ein gutes Testergebnis ist also eine notwendige, aber noch keine hinreichende Bedingung für einen guten Capability-Namen.)

Typische Tätigkeitsbegriffe

Es gibt einige Tätigkeitsbegriffe, die sich prinzipiell als hinterer Bestandteil einer Capability-Bezeichnung eignen. Dabei variiert die fachliche Bestimmtheit stark und somit auch die Schärfe der Bedeutung, die sich daran ablesen lässt. Es gibt sehr allgemeine, unspezifische Begriffe wie z.B. »Unterstützung« und ebenso hochgradig spezifische wie z.B. »Mitbestimmung«. Tabelle 7–10 definiert verschiedene Grade fachlicher Bestimmtheit von Tätigkeitsbegriffen und gibt Beispiele dazu an.

Je geringer die fachliche Bestimmtheit ist, desto spezifischer und aussagekräftiger muss der vor dem Tätigkeitsbegriff stehende Namensanteil einer Capability sein, da der Name ansonsten insgesamt zu vage bleibt. Bei großer fachlicher Bestimmtheit des Tätigkeitsbegriffs trägt bereits dieser Begriff für sich genommen einen gewichtigen Anteil daran, dass der Capability-Name insgesamt spezifisch und aussagekräftig wird. Bei großen Capability-Modellen kann es sinnvoll sein, eine Art Bibliothek bzw. ein Glossar von Tätigkeitsbezeichnungen und ihren Bedeutungen anzulegen. Damit beschreibt man einmal und übergreifend, wie Begriffe wie »Management«, »Verwaltung«, »Unterstützung« usw. im Capability-Modell zu verstehen sind.

Bestimmtheit	Beschreibung	Beispiele
unbestimmt	Der Name ist so allgemein, dass sich fachlich nicht (oder kaum) vorab bestimmen lässt, was die konkrete Fähigkeit umfasst.	▪ Unterstützung
weitgehend unbestimmt	Der Name gibt grob eine Art von fachlicher Aktivität vor, die jedoch ohne den Kontext kaum näher zu bestimmen bzw. definiert ist.	▪ Optimierung ▪ Management ▪ Erfassung ▪ Verwaltung
mäßig spezifisch	Der Name gibt bereits eine spezifische Art der Aktivität vor, es bestehen jedoch fachlich noch signifikante Freiheitsgrade zur Differenzierung.	▪ Produktion ▪ Archivierung ▪ Planung ▪ Modellierung
spezifisch	Die unterschiedlichen fachlichen Kontexte, die eine Definition eigenständiger Capabilities rechtfertigen, tragen zur fachlichen Differenzierung nur noch wenig bei.	▪ Marketing ▪ Vertrieb ▪ Abrechnung ▪ Mahnung
hochgradig spezifisch	Diese Art von Begriffen ist bereits so spezifisch, dass zu erwarten ist, dass es nur jeweils eine einzige Capability mit dieser Namensendung im Capability-Modell geben wird.	▪ Mitbestimmung

Tab. 7–10: Fachliche Bestimmtheit von Capability-Bezeichnungen

Auf tieferen Ebenen des Capability-Modells können auch Verben als Begriffe gut zum Einsatz kommen, z.B. in der Art `Auftrag delegieren`. Der Aktivitäts- bzw. Fähigkeitscharakter ist bei Verben automatisch gegeben. In jedem Fall sollte man bei der Wahl der Capability-Bezeichnungen einheitlich sein, d.h. konsistent mit Verben arbeiten wie z.B. »... erfassen«, »... ermitteln« und »... dokumentieren«, aber nicht uneinheitlich einmal »...-Erfassung« und an anderer Stelle dann »... ermitteln«.

Anmerkung. Da auch Prozesse »aktive« Entitäten darstellen, sind Prozessnamen oft auch für Capabilities denkbar und umgekehrt. So könnte auf oberster Ebene in einem Capability-Modell die Capability `Produktmarketing` modelliert sein, für die auch ein gleichnamiger Geschäftsprozess in der Prozesslandkarte existiert. Werden beide Modelle häufig im gleichen Kontext verwendet, so bietet es sich an, eine Namenskonvention zu definieren, die Ausprägungen der beiden Modellarten auf den ersten Blick unterscheidbar macht. So könnten Prozessnamen generell mit Verben versehen werden, während Capabilities substantivierte Tätigkeitsbegriffe als Namensbestandteil erhalten. Beispiel: Prozess »Marketing durchführen« vs. `Marketing` als Capability.

7.3.4 Namenskonventionen

Auf Basis der Vorbetrachtungen in den vorangegangenen Abschnitten lassen sich nun Anforderungen an eine Namenskonvention definieren:

- Muss: Ausdruck der aktiven (Tätigkeits-)Natur einer Capability
- Muss: Eindeutige Vorgaben für eine modell- bzw. mindestens ebenenweite Einheitlichkeit im Namensaufbau
- Soll: Möglichst abgeschlossene Namensgebung, d.h. idealerweise kontextfrei verständlich

Die Abgeschlossenheit der Namensgebung bedeutet, dass eine Capability-Bezeichnung verständlich ist, auch wenn der Name der übergeordneten Capability nicht bekannt ist. Wenn eine Capability beispielsweise `Abrechnung` heißt, so könnte es sich um eine Lohnabrechnung, eine Lieferantenabrechnung oder irgendeine andere Form der Abrechnung handeln. Kennt man den Namen der übergeordneten Capability, so erschließt sich die Bedeutung eventuell. Lautet die Bezeichnung der Eltern-Capability hier beispielsweise `Lohnbuchhaltung`, so handelt es sich wohl um die Lohnabrechnung. Besser ist es allerdings, den Interpretationsspielraum so klein wie möglich zu halten und die Capability so zu benennen, dass ihr Name auch kontextfrei möglichst eindeutig zu verstehen ist. Der passende Name wäre hier demnach `Lohnabrechnung`.

Eine Namenskonvention sollte eine Vorgabe je Modellebene umfassen, sofern die Capability-Bezeichnungen nicht ohnehin auf allen Ebenen den gleichen Aufbau haben. Vorschlag für eine Namenskonvention ist die Bezeichnung einer (generischen) Tätigkeit, angewendet auf einen spezifischen und eindeutigen fachlichen Bereich. Dabei kann die Tätigkeit als Substantiv (Tätigkeitsbegriff) oder aber als Verb ausgeprägt sein. Mischformen sind – zumindest innerhalb derselben Ebene – zu vermeiden. Damit ergeben sich die folgenden beiden Regeln zum Namensaufbau:

1. Bezeichnung = <fachlicher Kontext> + <fähigkeitsorientierte Tätigkeitsbezeichnung als Substantiv>
2. Bezeichnung = <fachlicher Kontext> + <fähigkeitsorientiertes Verb>

Der Kontext kann dabei ein fachlicher Kontext wie »Personal« oder »Markt« sein. Alternativ lässt sich auch ein Informationsobjekttyp als Kontext auffassen (siehe Abschnitt 7.1.1).

Anmerkung. Die Beispiel-Capabilities in diesem Buch halten sich an die beiden vorgeschlagenen Regeln für die Namenskonvention.

7.4 Orthogonale Modellierungsaspekte

Da ein Capability-Modell strukturell immer ein Baum ist, kann die Aufteilung einer Capability in Unter-Capabilities nur anhand eines einzelnen Kriteriums erfolgen und nicht mehrere Aspekte parallel widerspiegeln. Abschnitt 7.1 hat einige für den Schnitt von Capability-Modellen grundsätzlich geeignete Kriterien eingeführt. In der Modellierungspraxis lassen sich neben diesen Basiskriterien noch viele weitere Aspekte finden, nach denen man Capabilities prinzipiell gruppieren oder kategorisieren könnte. Viele dieser Kriterien sind unabhängig voneinander, d.h., sie beschreiben Eigenschaften, die sich mit anderen Eigenschaften frei kombinieren lassen. Diese Unabhängigkeit wird als »Orthogonalität« bezeichnet, da die Aspekte sozusagen senkrecht (orthogonal) zueinander stehen und unabhängige Eigenschaftsachsen bilden, die ohne gegenseitigen Einfluss aufeinander ausgeprägt sein können.

Zur Verdeutlichung von zueinander orthogonalen Eigenschaften sollen als Beispiel aus der realen Welt die Karosserieform und das Antriebskonzept von Kraftfahrzeugen betrachtet werden: Egal ob Cabrio, Limousine oder Kombi, jede Karosserieform kann prinzipiell mit Verbrennungsmotor, batterieelektrischem Antrieb oder Brennstoffzelle ausgerüstet sein. Bei einer hierarchischen Gruppierung von Fahrzeugen (als Baum) muss entweder einer der beiden Aspekte führend sein, oder aber alle Kombinationen müssen »ausmultipliziert« werden. Im ersten Fall ergäbe sich dann entweder eine Gruppierung in Cabrios, Kombis und Limousinen usw., oder man würde die Fahrzeuge zunächst in Verbrenner, batterieelektrische Fahrzeuge usw. unterteilen. Bei der ausmultiplizierten Alternative ergäben sich deutlich mehr Gruppen, die dann Verbrenner-Cabrios, Verbrenner-Kombis, Verbrenner-Limousinen, batterieelektrische Cabrios usw. umfassen würden.

Um ein Capability-Modell systematisch und einheitlich zu schneiden, sollten mögliche orthogonale Schnittkriterien Beachtung finden und gezielt zum Schnitt der Capabilities verwendet oder aber als Aspekt bei der Modellierung ignoriert werden. Die Unabhängigkeit der Aspekte bedeutet nicht, dass jede Kombination aus den verschiedenen Ausprägungen der Aspekte relevant für das Unternehmen ist. Somit muss es auch nicht für jede Kombination eine eigene Capability geben.

Modellierungsbeispiel mit orthogonalen Kriterien. Bei der Modellierung von Capabilities werden manchmal erst während des Modellierungsprozesses relevante Aspekte sichtbar. Das folgende Beispiel zeigt einen Fall mit mehreren orthogonalen Aspekten und wie sich diese bei der Modellierung berücksichtigen lassen. Für eine Capability `Unternehmenskommunikation` seien folgende Unter-Capabilities definiert:

- `Investorenkommunikation`
- `Bilanzveröffentlichung`
- `Sozialmedienkommunikation`
- `Kundenansprache`
- `Beschäftigtenzeitungsherausgabe`
- `Produktankündigung`

Aus den ersten Blick erscheinen diese Capabilities inhaltlich zur Unternehmenskommunikation passend und nachvollziehbar. Allerdings ergeben sich bei näherer Betrachtung auch Fragen:

- Gibt es neben der Kommunikation in Richtung Investoren, Kunden und Belegschaft noch andere Adressaten für die Unternehmenskommunikation?
- Muss das Unternehmen neben Bilanzen und Produkten weitere Informationen veröffentlichen oder ankündigen?
- Gibt es neben den sozialen Medien und der Zeitung für die Beschäftigten noch andere zu bedenkende Kommunikationskanäle?

Bei weiter gehender Analyse lassen sich in den Capabilities (mindestens) drei Aspekte identifizieren, die in die Modellierung (bewusst oder unbewusst) eingeflossen sind:

1. Art des Kommunikationsmediums – Über welche Kommunikationsmedien findet die Unternehmenskommunikation statt?
   - Im Beispiel explizit zu erkennen: Soziale Medien und Zeitung
   - Weitere Möglichkeiten: Unternehmenswebseite, Radio & Fernsehen, ...
2. Zielgruppe der Kommunikation – Welches sind die Adressaten der Unternehmenskommunikation?
   - Im Beispiel explizit zu erkennen: Investoren, Kunden und Beschäftigte
   - Weitere Möglichkeiten: Lieferanten, Behörden, ...
3. Kommunikationsgegenstand – Welche Art der Informationen muss die Fähigkeit zur Unternehmenskommunikation abdecken?
   - Im Beispiel explizit zu erkennen: Bilanzen und Produkte
   - Weitere Möglichkeiten: Nachhaltigkeitsberichte, Kriseninformationen, Rückrufe, ...

Die drei folgenden Abschnitte untersuchen eine Modellierung der Capabilities nach jeweils einem dieser identifizierten Aspekte.

Schnitt nach Kommunikationsmedium

Bei einem Schnitt nach Kommunikationsmedium könnten die Unter-Capabilities wie folgt aussehen:

- `Sozialmedienkommunikation`
- `Webpräsenzkommunikation`
- `E-Mail-Kommunikation`
- `Druckmedienveröffentlichung`
- `Telefonkommunikation`
- `TV-Kommunikation`

Je nach benötigten Kommunikationsmedien könnte man ggf. weitere Capabilities ergänzen. Die Aufstellung ist systematisch, und die Capabilities lassen sich klar voneinander abgrenzen. Andererseits sind die anderen wichtigen Aspekte wie Zielgruppen und Kommunikationsgegenstände im Capability-Modell in keiner Weise explizit ausgeprägt. Zudem ließe sich anmerken, dass die Angabe von Technologien wie E-Mail schon zu sehr das »Wie« der Fähigkeiten beschreibt und daher ggf. nicht Teil der Capabilities sein sollte.

Schnitt nach Zielgruppe

Die folgenden Capabilities ergeben sich bei einem Schnitt nach zu adressierenden Zielgruppen der Unternehmenskommunikation:

- `Beschäftigtenkommunikation`
- `Kundenkommunikation`
- `Lieferantenkommunikation`
- `Behördenkommunikation`
- `Investorenkommunikation`

Auch diese Modellierung ist systematisch und nachvollzierbar. Bei Bedarf könnte man weitere Zielgruppen durch entsprechende neue Capabilities ergänzen. Analog zum Schnitt nach Kommunikationsmedium sind die anderen Aspekte hier nicht erkennbar. Dieser Schnitt wäre empfehlenswert, wenn die Unterscheidung nach Kommunikationspartnern wesentlich ist und die Capabilities sich »funktional« deutlich voneinander unterscheiden. (Würden sie sich funktional nicht oder kaum unterscheiden, so würde das die Eigenschaft der Überschneidungsfreiheit verletzen.)

Schnitt nach Kommunikationsgegenstand

Bei einem Schnitt nach Kommunikationsgegenstand könnten sich die folgenden Capabilities ergeben:

- `Bilanzveröffentlichung`
- `Produktankündigung`
- `Rückrufkommunikation`
- `Nachhaltigkeitsberichtveröffentlichung`
- `Krisenkommunikation`

Diese Art der Modellierung ist ebenso wie die anderen Varianten systematisch und nachvollziehbar. Da es jedoch vermutlich deutlich mehr Kommunikationsgegenstände als Zielgruppen und Kommunikationsmedien gibt, ist es mit diesem Ansatz schwieriger, eine Vollständigkeit zu erreichen.

7.5 Capabilities für vererbte Objekttypen

Abschnitt 7.1.1 hat die Grundlagen des objektorientierten Schnitts für Capabilities beschrieben. Dieser Abschnitt stellt eine Ergänzung dar, indem er den Fall einer Vererbungshierarchie von Informationsobjekttypen näher betrachtet und aufzeigt, welche Modellierungsmöglichkeiten sich dabei ergeben. Es folgt zunächst eine abstrakte Betrachtung des Vererbungsfalls, bevor im Anschluss konkrete Beispiele die Modellierungsmöglichkeiten illustrieren.

Abbildung 7–8 zeigt ein abstraktes Beispiel für einen übergeordneten Informationsobjekttyp `Basis` (im Sinne einer Basisklasse) mit drei spezialisierten Informationsobjekttypen U_1, U_2 und U_3 (als Unterklassen). Für das Beispiel sei angenommen, dass für alle Informationsobjekttypen die drei folgenden Capabilities zum Management erforderlich sind: `Verwaltung`, `Prüfung` und `Planung`.

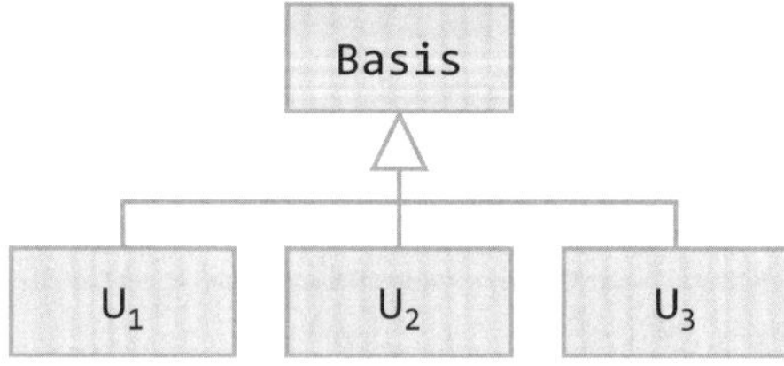

Abb. 7–8: Vererbung von Informationsobjekttypen am abstrakten Beispiel

Im Folgenden werden drei wesentliche Möglichkeiten vorgestellt, mit einem objektorientierten Schnitt der Vererbung in der Capability-Modellierung Rechnung zu tragen.

7.5.1 Capabilities nur für die Basisklasse

Die erste Möglichkeit besteht darin, nur die Basisklasse im Capability-Modell zu berücksichtigen. Dabei modelliert man die benötigten Capabilities nur für den übergeordneten Informationsobjekttyp. Das Ergebnis der Modellierung zeigt Abbildung 7–9.

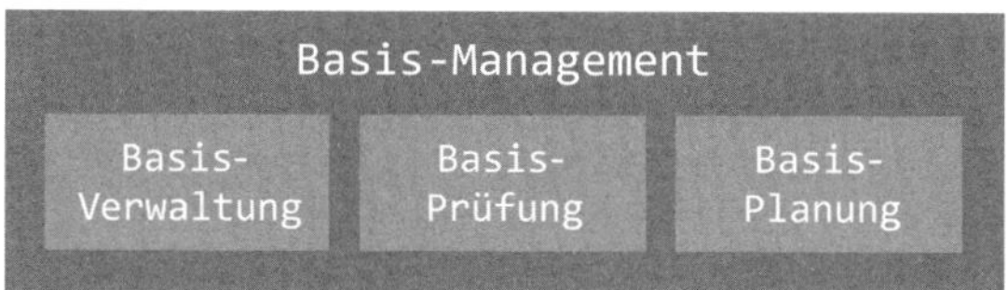

Abb. 7–9: Möglichkeit 1 – Capabilities nur für die Basisklasse

Diese Modellierung ist dann sinnvoll, wenn die benötigten Capabilities für die untergeordneten Informationsobjekttypen (Unterklassen U_1, U_2 und U_3) hinreichend ähnlich sind und eine inhaltliche Differenzierung bzw. Detaillierung auf unterer Ebene keinen Mehrwert für das Capability-Modell brächte. Ein Indikator hierfür ist die Ähnlichkeit der untergeordneten Informationsobjekttypen. Diese Möglichkeit deckt auch den Fall ab, dass die Modellierung der Unterklassen nicht »vollständig« ist, d.h., wenn `Basis` keine abstrakte Klasse ist. In diesem Fall können bzw. müssen die definierten Capabilities für alle Objektausprägungen sowohl des Basis-Informationsobjekttyps als auch der untergeordneten Informationsobjekttypen gleichermaßen anwendbar sein.

Anmerkung. Sind nicht alle der Capabilities je Unterklasse ähnlich genug, so sind Mischformen mit den nachfolgenden Modellierungsvarianten denkbar. Diese Mischformen sollen hier jedoch nicht separat betrachtet werden.

Beispiel für semantisch ähnliche Unterklassen. In Abbildung 7–10 unterteilt sich der Informationsobjekttyp `Möbel` als Basisklasse in drei Unterklassen `Tisch`, `Stuhl` und `Schrank`. Als zu betrachtende, übergeordnete Capability soll `Möbelproduktion` für das Beispiel dienen. Dazu gehören (vereinfacht) das Design der Möbel, die Materialbeschaffung und der eigentliche Bau der Möbel. Annahme ist hier, dass alle Möbelarten in derselben Fabrik aus Holz und Leim produziert werden. Da die drei Arten von Möbeln gemäß den getroffenen Annahmen bzgl. der Produktion sehr ähnlich sind, eignet sich eine Modellierung auf Ebene der Basisklasse. Es ergibt sich das in Abbildung 7–11 dargestellte Capability-Modell. Eine Differenzierung für die einzelnen Möbeltypen (Unterklassen) bringt voraussichtlich keinen relevanten Mehrwert. Das wäre nur dann der Fall, wenn die Annahme nicht zuträfe, dass die Möbelarten hinreichend ähnlich bzgl. der benötigten Fähigkeiten sind. (Ein relevanter Unterschied könnte sich beispielsweise dadurch ergeben, dass die Stühle im Gegensatz zu den anderen Möbelarten aus Metall gefertigt werden. Dann könnte das Modell die Capabilities bzgl. der Verarbeitung von Holz und Metall unterscheiden.)

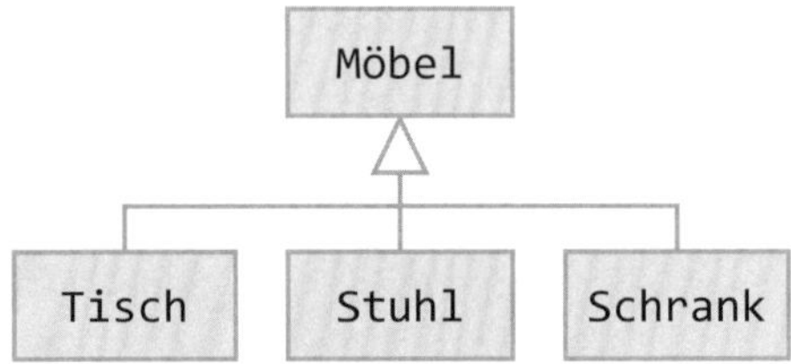

Abb. 7–10: Beispiel semantisch ähnlicher Unterklassen

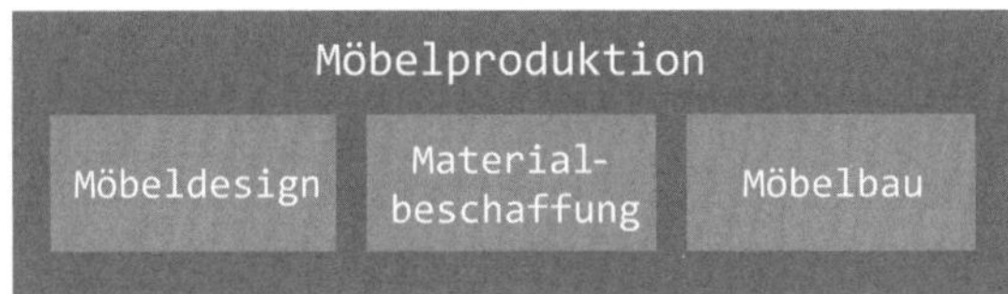

Abb. 7–11: Beispiel-Capabilities nur von der Basisklasse abgeleitet (Möglichkeit 1)

7.5.2 Capabilities für jede Unterklasse

Als zweite Möglichkeit lassen sich die benötigten Capabilities für jede der Unterklassen, nicht jedoch für die Basisklasse an sich definieren. Das Ergebnis zeigt Abbildung 7–12. Im Gegensatz zu Möglichkeit 1 ist diese Variante geeignet, wenn die untergeordneten Informationsobjekttypen bzw. die für diese benötigten Capabilities zu unterschiedlich sind, um sinnvoll zusammengefasst zu werden. Wie im abstrakten Beispiel gezeigt, heißen die Capabilities dann zwar ähnlich (gleiche Tätigkeitsbezeichnung am Ende ihres Namens) und sind funktional verwandt, unterscheiden sich jedoch in mindestens einem wesentlichen Aspekt in ihrer inhaltlichen Beschreibung voneinander.

Diese Modellierungsvariante ist insbesondere dann zu wählen, wenn zusätzlich weitere, komplett unterschiedliche Capabilities je Unterklasse erforderlich sind. Im abgebildeten Beispiel ist für den Informationsobjekttyp `U3` zur Illustration eine zusätzliche Capability `U3-Archivierung` modelliert, für die bei den anderen Informationsobjekttypen und deren Management-Capability keine analoge Fähigkeit notwendig bzw. modelliert ist. Diese Variante deckt nicht den Fall ab, dass es direkte Ausprägungen der Basisklasse gibt, denn alle modellierten Capabilities sind explizit nur für die untergeordneten Informationsobjekttypen definiert. Möglichkeit 2 geht insofern also von einer abstrakten Basisklasse aus.

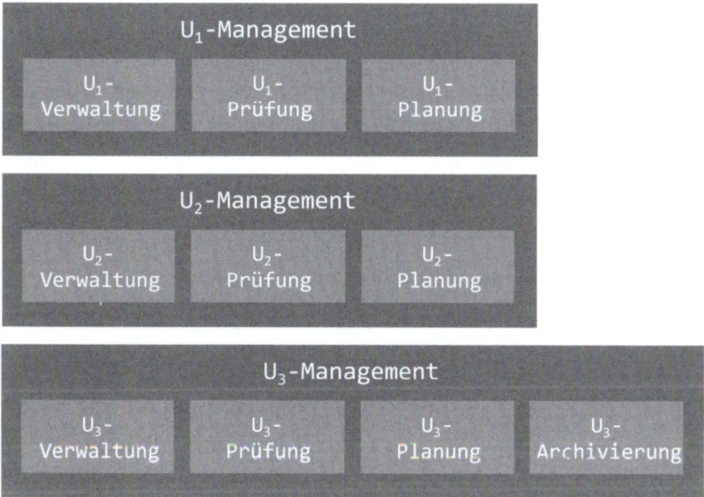

Abb. 7–12: Möglichkeit 2 – Capabilities für alle Unterklassen

Anmerkung. Eine Ergänzung dieser Möglichkeit besteht darin, die drei Capabilities `U1-Management` bis `U3-Management` zu einer übergeordneten Capability `Basis-Management` zusammenzufassen, womit sich hier drei Capability-Ebenen ergäben.

Beispiel für semantisch unterschiedliche Unterklassen. Abbildung 7–13 zeigt (ebenso wie das vorangegangene Beispiel) die Produkte eines Unternehmens. In diesem Fall handelt es sich um einen Betrieb, der Produkte rund um das Fahrrad anbietet.

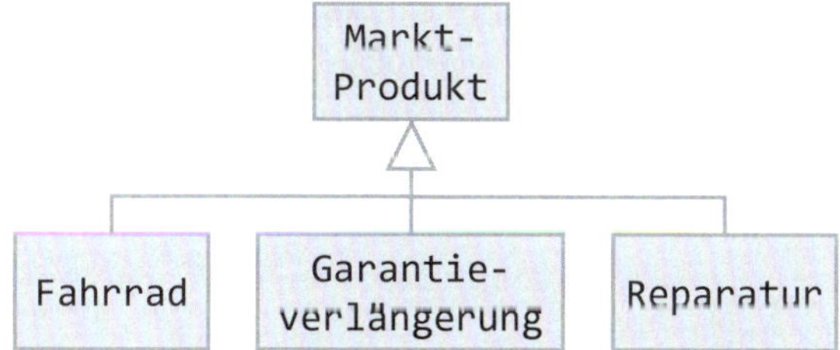

Abb. 7–13: Beispiel semantisch unterschiedlicher Unterklassen

So ist eines der Produkte das `Fahrrad` an sich, das die Kundschaft kaufen kann. Als zweites Produkt können Kunden eine `Garantieverlängerung` für ihr Fahrrad erwerben sowie als Produkt Nummer 3 eine `Reparatur` ihres defekten Fahrrads vornehmen lassen. Die drei Produkte haben zwar alle mit Fahrrädern zu tun, sind aber dennoch aus offensichtlichen Gründen recht unterschiedlich. Ein Fahrrad ist ein materielles Produkt. Sowohl die Garantieverlängerung als auch die Reparatur sind produktbegleitende Dienstleistungen, wobei die Garantieverlängerung eine ideelle Dienstleistung ist, die Reparatur hingegen eine praktische Dienstleistung. Möchte man Capabilities zur Realisierung der Produkte definieren, so ist eine Differenzierung je Produktart (Unterklasse) aufgrund der Verschiedenartigkeit der Produkte sinnvoll. Das Capability-Modell in Abbildung 7–14 zeigt eine differenzierte Menge von Capabilities je Produktart.

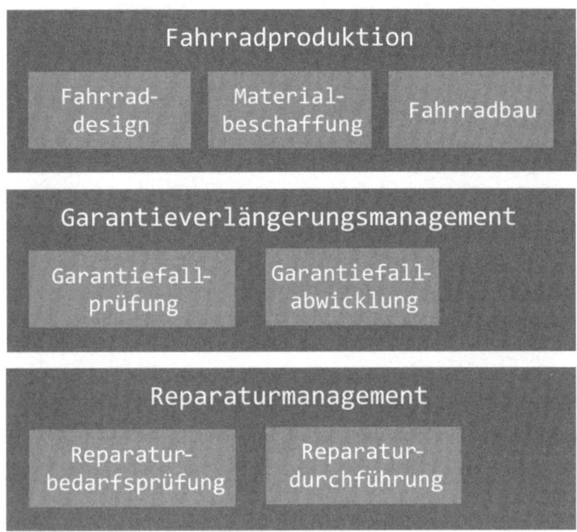

Abb. 7–14: Beispiel-Capabilities für alle Unterklassen (Möglichkeit 2)

7.5.3 Capabilities für Basisklasse und Unterklassen

Möglichkeit 3 verbindet zur Kombination von Capabilities für die Basis- und die Unterlassen einen objekt- mit einem funktionsorientierten Schnitt. Auf Ebene 3 modelliert diese Variante die Capabilities für die drei untergeordneten Informationsobjekttypen explizit sowie einen Satz von Capabilities für die Basisklasse. Die Zusammenfassung auf Ebene 2 erfolgt dann funktionsorientiert. Ebene 1 bündelt alle Capabilities zu einer übergeordneten Gesamt-Capability. Abbildung 7–15 zeigt das Modellierungsergebnis.

Anders als Variante 2 ist diese Möglichkeit nur dann sinnvoll, wenn die Basisklasse nicht abstrakt ist. (Wäre die Basisklasse abstrakt, bräuchte es keine »allgemeinen« Capabilities für die Instanzen der Basisklasse, denn solche Instanzen gäbe es dann gar nicht.) Auf Ebene 3 sind die spezifischen Capabilities für die Unterklassen enthalten sowie die Capabilities für direkte Instanzen der Basisklasse, für die keine der Unterklassen bzw. deren Capabilities geeignet sind. Damit Möglichkeit 3 sinnvoll ist, müssen die Capabilities für die Unterklassen hinreichend verschieden sein, sodass eine Differenzierung gerechtfertigt bzw. erforderlich ist. Ansonsten wäre Variante 1 zu wählen.

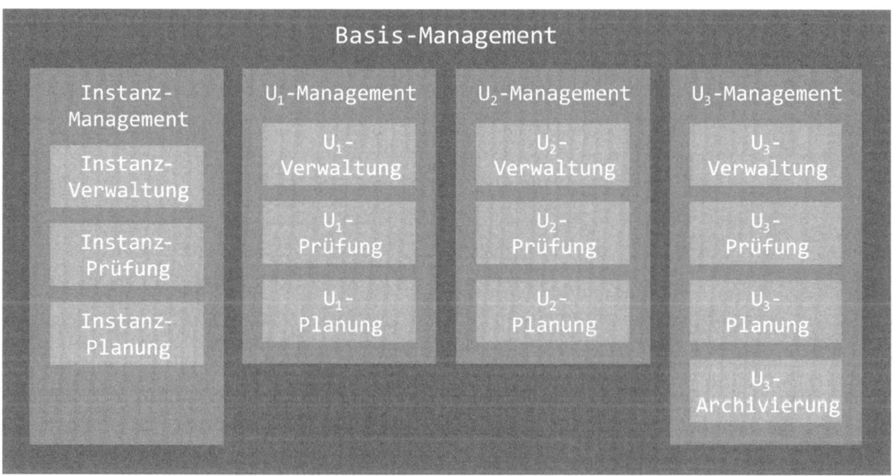

Abb. 7–15: Möglichkeit 3 – Capabilities für Basis- und Unterklassen

7.6 Wahl der Reihenfolge der Ebenenmodellierung

In vielen Fällen wird ein Capability-Modell mit mehreren Ebenen benötigt, um mit verschiedenen Granularitätsstufen arbeiten zu können. Für die »vertikale« Modellierungsrichtung, also die Reihenfolge, in der die Ebenen modelliert werden, sind zwei klassische Ansätze möglich: »top-down« oder »bottom-up«.

Beim Top-down-Ansatz beginnt man mit der obersten (= gröbsten) Capability-Ebene und detailliert diese dann, indem man die zuerst identifizierten, übergeordneten Capabilities in einzelne Fähigkeiten unterteilt und verfeinert. Die nächsttiefere Ebene entsteht bei diesem Ansatz, nachdem die übergeordnete Ebene bereits definiert ist. Das Top-down-Verfahren hat einen deduktiven Charakter: Etwas Allgemeineres wird in speziellere Untereinheiten aufgeteilt/detailliert. Für dieses Verfahren passt auch der Begriff der *funktionalen Dekomposition*. Eine übergeordnete Capability im Sinne einer ausführbaren Funktion oder Aktivität wird in einzelne Unterfunktionen zerlegt.

Der Bottom-up-Ansatz funktioniert genau umgekehrt wie der Top-down-Ansatz, denn hier beginnt man mit der untersten (= detailliertesten) Ebene des Capability-Modells und arbeitet sich dann in den Ebenen bis nach oben. Die nächsthöhere Ebene des Modells entsteht erst, wenn die untere Ebene modelliert ist. Der Charakter des Bottom-up-Ansatzes ist induktiv: Spezielle Fähigkeiten werden zu allgemeineren Fähigkeiten zusammengefasst. Dies entspricht einer *funktionalen Aggregation*, da Teilfähigkeiten zu einem Ganzen vereinigt werden.

Anmerkung. Eine philosophische Betrachtung der Begriffe *Deduktion* und *Induktion* möchte ich an dieser Stelle nicht vornehmen.

In der Praxis ist es selten sinnvoll, Top-down- oder aber Bottom-up-Verfahren in Reinform umzusetzen. Vielmehr ist es günstig, parallel von beiden Richtungen zu starten und die Ergebnisse dann zu kombinieren. Abbildung 7–16 zeigt dieses kombinierte Vorgehen schematisch.

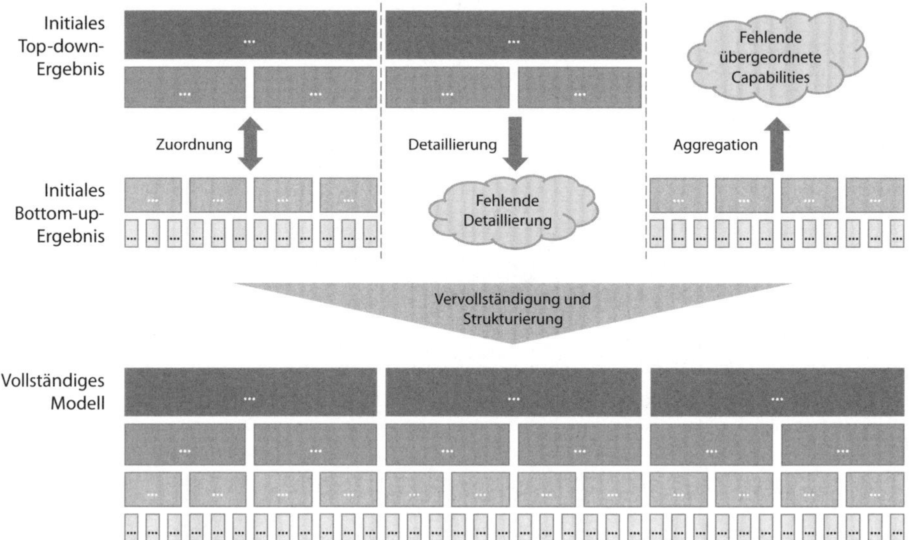

Abb. 7–16: Verzahnung von Top-down- und Bottom-up-Modellierung

Die Abbildung zeigt drei Modellbereiche, die sich typischerweise nach dem ersten Top-down- und Bottom-up-Durchlauf ergeben, wobei sich diese in der Praxis nicht immer so scharf wie hier abgebildet abgrenzen lassen:

- Idealerweise ergänzen sich die identifizierten Capabilities der oberen und der unteren Modellebenen bereits, sodass man diese zu einem Gesamtmodell kombinieren kann (linker Bereich).
- Für einige der Capabilities der oberen Ebene finden sich aus der Bottom-up-Modellierung noch keine detaillierenden Capabilities auf den unteren Modellebenen. Diese sind dann durch Detaillierung der oberen Ebenen noch zu modellieren (mittlerer Bereich).
- Für bestimmte Capabilities der unteren Ebenen gibt es möglicherweise aus der Top-down-Phase noch keine passenden übergeordneten Capabilities auf den oberen Ebenen. Hier sind weitere Zusammenfassungen erforderlich (rechter Bereich).

Es ist bei der Kombination von Top-down- und Bottom-up-Vorgehen unerheblich, ob der Startpunkt bei den oberen Modellteilen liegt (top-down zuerst) oder bei der unteren »Hälfte« (bottum-up zuerst). Wichtig ist, einmal in einem groben Raster zu denken und einmal kleinteilig. Wenn jemand beim Modellieren eine Idee für eine Capability hat, ist es immer hilfreich, diese zu notieren und für eine spätere Zuordnung, Aggregation oder Detaillierung zu »parken«, auch wenn die spätere Modellebene noch nicht klar ist.

8 Leitfaden für die Einsatzvorbereitung

Capabilities sind ein vielseitig einsetzbares Werkzeug, dessen Nutzen vor allem auf der Kombination von fachlicher Orientierung, einfacher Struktur sowie der Verständlichkeit des Konstrukts basiert. Wie die Fallstudien in Kapitel 6 zeigen, lassen sich Capabilities sowohl für unternehmensweite, strategische Zwecke (wie beispielsweise das Enterprise Architecture Management) als auch für taktische, eng umrissene Vorhaben wie die Erneuerung des System-Monitorings nutzen. Die erste zu prüfende Hypothese für jedes Vorhaben kann daher durchaus lauten: Ein fachlicher Ordnungsrahmen ist erforderlich, und Capabilities sind ein geeignetes Werkzeug dafür.

Um Capabilities einsetzen zu können, muss ein passendes Capability-Modell vorhanden sein. Was es bei der Modellierung von Capabilities zu beachten gilt, hat Kapitel 7 detailliert gezeigt. Das Vorhandensein eines Capability-Modells ist für den nutzbringenden Einsatz von Capabilities zwar eine notwendige, aber noch keine hinreichende Voraussetzung. Die jeweiligen Verantwortlichen für Vorhaben bzw. Linientätigkeiten im Unternehmen müssen den Einsatz von Capabilities vorbereiten, um das Werkzeug mit passenden Anwendungsfällen sowie »artgerecht« in die jeweiligen Veränderungsprozesse zu integrieren. Das vorliegende Kapitel bietet einen Praxisleitfaden als Zusammenstellung verschiedener Ansätze und Empfehlungen, um den Einsatz von Capability vorzubereiten und zu initiieren. Die folgenden drei Fragen stehen dabei im Fokus:

- Welche Voraussetzungen für den Einsatz von Capabilities bestehen?
- Wie sieht ein geeignetes Vorgehen zur Vorbereitung des Capability-Einsatzes aus?
- Welche technischen Werkzeuge bieten sich für die Modellierung und Darstellung von Capabilities an?

8.1 Voraussetzungen für den Capability-Einsatz

Capabilities sind nicht für jeden Anwendungsfall in der Unternehmens- und IT-Architektur-Entwicklung als Werkzeug geeignet. Aus meiner Erfahrung können sie dennoch als fachlich-funktionaler Ordnungsrahmen in erstaunlich vielen Kontexten mindestens dazu beitragen, den Betrachtungskontext fachlich abzustecken und wichtige Fragestellungen nach dem »Teile-und-herrsche«-Prinzip zu strukturieren. Der Einsatz von Capabilities kann sich daher selbst dann lohnen, wenn keine umfangreichen Anwendungsfälle, wie in Kapitel 5 beschrieben, umgesetzt werden. Zunächst gibt es zwei grundlegende Voraussetzungen in Bezug auf vorhandene Fachkompetenz in der Organisation:

- Bei den relevanten Beteiligten bestehen grundlegende Kenntnisse des Capability-Konstrukts und seiner Anwendung.
- Es ist ausreichende Modellierungskompetenz vorhanden.

Besteht keine ausreichende Fachkompetenz in der Organisation, ist die temporäre Verstärkung durch externe Expertise eine Lösungsmöglichkeit. Die folgende Liste führt die wichtigsten Voraussetzungen auf, die in Bezug auf den jeweiligen Betrachtungskontext neben der ausreichenden Fachkompetenz vor einem erfolgreichen Einsatz von Capabilities erfüllt sein müssen:

- Identifizierte Verwendungszwecke für den Capability-Einsatz
    - Anwendungsfälle
    - Zu verknüpfende Unternehmenselemente
- Günstiges Verhältnis von Aufwand und Nutzen
- Keine Verfügbarkeit eines alternativ nutzbaren Ordnungsrahmens
- Akzeptanz bzw. Bereitschaft zur Nutzung des Capability-Ansatzes in der Organisation

8.2 Vorbereitung des Capability-Einsatzes

Das Vorgehen zur Vorbereitung des Capability-Einsatzes ist nicht als präzise, exakt zu befolgende Prozessdefinition anzusehen, sondern stellt einen groben Leitfaden zur Orientierung dar, der beim Start in die Welt der Capabilities helfen soll. Abbildung 8–1 zeigt das Vorgehen in drei großen Schritten bis zum Einsatz der Capabilities im Rahmen eines Vorhabens. Das Vorgehen setzt die Vorbedingung der vorhandenen Fachkompetenz als gegeben voraus. Die nachfolgenden Abschnitte beschreiben die einzelnen Schritte im Detail.

8.2.1 Prüfung der Voraussetzungen

Der erste Schritt zur Vorbereitung des Capability-Einsatzes ist die Prüfung, ob die Voraussetzungen zum Einsatz überhaupt gegeben sind. Ist dies nicht der Fall, so kann das Team den Plan zum Einsatz von Capabilities aufgeben und sich stattdessen für ein besser passendes konzeptionelles Werkzeug entscheiden. Die folgende Aufzählung beschreibt die in Abbildung 8–1 aufgeführten Teilschritte mit Fragen, die jeweils beantwortet werden sollten.

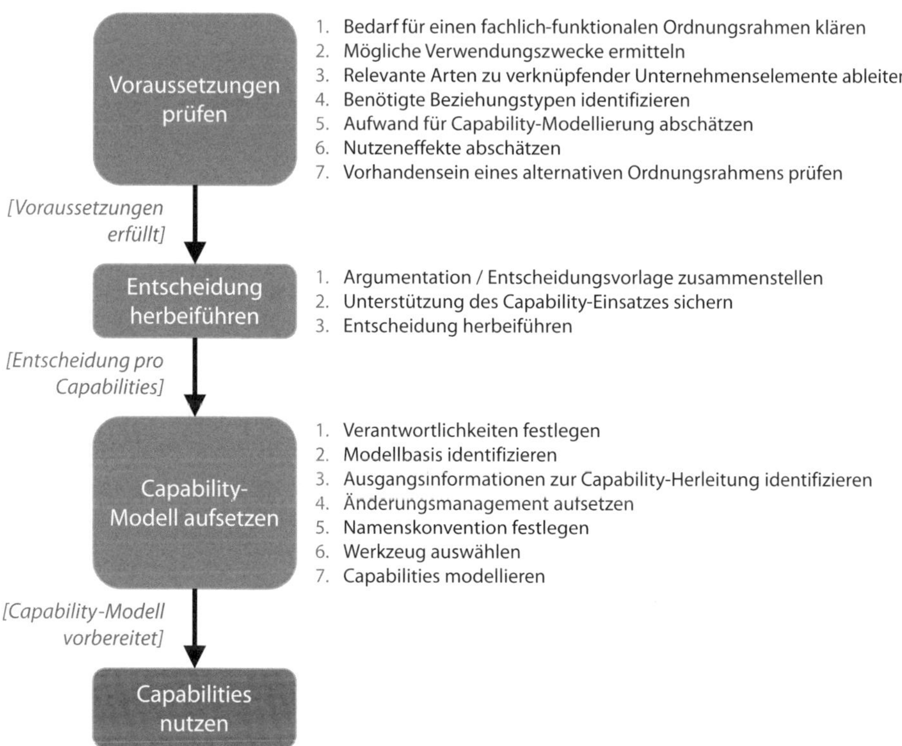

Abb. 8–1: Vorbereitung des Capability-Einsatzes

Bedarf für einen fachlich-funktionalen Ordnungsrahmen klären – Hier muss der Betrachtungskontext untersucht werden, um festzustellen, ob überhaupt Bedarf für den Einsatz eines Capability-Modells besteht. Dabei helfen die folgenden Fragen:

- Was ist der Betrachtungskontext?
- Ist die zu betrachtende Fachlichkeit so umfangreich/komplex, dass eine funktionale Dekomposition (in Form eines Capability-Modells) sinnvoll erscheint?
- Welche Anforderungen für die Verwendung eines fachlich-funktionalen Ordnungsrahmens (z.B. für Beschreibungs- oder Analysezwecke) gibt es?

Mögliche Verwendungszwecke ermitteln – In diesem Teilschritt sind mögliche Beschreibungsaufgaben, Anwendungsfälle, Sichten o.Ä. für Capabilities zu identifizieren. Die Beantwortung der folgenden Fragen hilft bei der Bearbeitung der Aufgabe:

- Welche fachlichen Beschreibungsaufgaben gibt es, die sich auf Basis von Capabilities bearbeiten lassen?
- Welche auf Capabilities basierenden Anwendungsfälle (vgl. z.B. die Anwendungsfälle in Kapitel 5) kommen für das Vorhaben in Betracht?
- Welche für das Vorhaben nützliche/notwendige Sichten lassen sich mithilfe von Capabilities realisieren?

Relevante Arten zu verknüpfender Unternehmenselemente ableiten – Ohne kontextspezifische Verknüpfung mit anderen Entitäten bleibt der Nutzen von Capabilities beschränkt. Mithilfe der folgenden Fragen lassen sich die relevanten Unternehmenselemente in diesem Teilschritt ermitteln:

- Welche Unternehmenselemente sind für die Anwendungsfälle bzw. das Vorhaben insgesamt noch zu betrachten?
- Lässt sich von diesen anderen Unternehmenselementen ein für das Vorhaben relevanter Bezug zu Capabilities herstellen?
- Ist der Aufwand zur Definition bzw. Ermittlung der Unternehmenselemente für das Vorhaben akzeptabel?

Benötigte Beziehungstypen identifizieren – Sind die zu verknüpfenden Unternehmenselemente identifiziert, sollte das Team sich Gedanken machen, welche Verbindungen konkret erforderlich sind. Hilfreich sind für diesen Teilschritt die beiden folgenden Fragen:

- Welche Arten von Beziehungen (Abhängigkeiten, Zusammenhänge usw.) haben die identifizierten Unternehmenselemente zu Capabilities? Vergleiche auch die in Anhang A.1 beschriebenen Beziehungstypen.
- Lassen sich die Ausprägungen der Beziehungen mit vertretbarem Aufwand ermitteln?

Aufwand für Capability-Modellierung abschätzen – Eine Einschätzung, wie aufwendig die Erstellung eines fachlich validen Capability-Modells sein wird, kann anhand der folgenden Fragen erfolgen:

- Wie umfangreich ist das benötigte Capability-Modell voraussichtlich?
- Welche verschiedenen Granularitäten/Detaillierungsstufen muss das Vorhaben betrachten, d.h., wie viele Ebenen benötigt das Capability-Modell voraussichtlich?
- Wie stark ausgeprägt ist der fachliche Erfahrungshintergrund im zukünftigen Modellierungsteam?

- Gibt es bereits ein nutzbares (vollständiges oder partielles) Capability-Modell, auf das das Vorhaben aufsetzen kann?

Nutzeneffekte abschätzen – Die avisierten Anwendungsfälle des Capability-Modells sollten einen ausreichenden Nutzen versprechen. Die folgenden Fragen helfen bei der erforderlichen Abschätzung in diesem Teilschritt:

- Wie nützlich bzw. kritisch sind die identifizierten Anwendungsfälle bzw. Einsatzzwecke für das Capability-Modell im Vorhaben?
- Ist die Umsetzung des Vorhabens auch ohne Capabilities und die identifizierten Anwendungsfälle (leicht) denkbar?

Vorhandensein eines alternativen Ordnungsrahmens prüfen – Es gibt im Unternehmen möglicherweise bereits andere Ordnungsrahmen, die statt Capabilities gleichermaßen einsetzbar sind.

- Gibt es einen vergleichbaren Ordnungsrahmen, den man statt eines (neuen) Capability-Modells alternativ einsetzen kann, z.B. eine Fachfunktionenlandkarte o.Ä.? Vgl. die Ausführungen in Abschnitt 8.2.5.
- Ist ein etwaig vorhandener Ordnungsrahmen sofort einsetzbar oder muss dieser (in Abstimmung mit den dafür Verantwortlichen) erweitert/angepasst werden?

8.2.2 Herbeiführen der Entscheidung

Sind die Voraussetzungen für den Capability-Einsatz erfüllt, sollte es im Vorhaben idealerweise eine »offizielle« Entscheidung für den Capability-Einsatz und die damit verbundenen Aufwände geben. Die folgende Aufzählung beschreibt die einzelnen Teilschritte, deren Ausprägung stark von der Größe des Vorhabens und seinen jeweiligen Formalisierungsanforderungen abhängt.

Argumentation/Entscheidungsvorlage zusammenstellen – Um eine möglichst objektive Entscheidung für oder gegen den Einsatz von Capabilities treffen zu können, ist es sinnvoll, die Argumente für (und gegen) den Einsatz von Capabilities zusammenzustellen. Gibt es einen Lenkungskreis oder ein ähnliches Steuerungsgremium, ist möglicherweise eine Entscheidungsvorlage für einen formalen Beschluss zu erstellen.

Unterstützung des Capability-Einsatzes sichern – Vor der Entscheidung sollte sich das Team vergewissern, ob bzw. dass die relevanten Anspruchsgruppen ein Capability-Modell als Ordnungsrahmen akzeptieren. Ideal ist es, wenn man bereits vor einer (formalen) Entscheidung einen oder mehrere Entscheidungsträger als Sponsoren für den Capability-Einsatz gewinnen kann.

Entscheidung herbeiführen – In diesem Teilschritt führt das Team die Entscheidung für oder gegen den Einsatz von Capabilities herbei. Dies kann bei größeren Vorhaben (z.B. Transformationsprogrammen) in einem formalen Rahmen wie einem Lenkungskreis erfolgen oder in kleineren Vorhaben durch eine einfache Abstimmung zwischen den relevanten Beteiligten. In jedem Fall erscheint es sinnvoll, die Entscheidung in einer nachvollziehbaren Form für die Mitglieder des Vorhabens zu dokumentieren.

8.2.3 Aufsetzen des Capability-Modells

Haben die Verantwortlichen nach erfolgreicher Prüfung der Eignungsvoraussetzungen entschieden, Capabilities als konzeptionelles Werkzeug zu verwenden, muss deren Einsatz vorbereitet werden. Dieser Abschnitt beschreibt die wesentlichen Teilschritte dafür.

Verantwortlichkeiten festlegen – »Viele Köche verderben den Brei.« Das gilt im übertragenen Sinne auch für Capability-Modelle. Es ist sinnvoll, die Verantwortung für die Aufgabe der Modellierung einer Person im Vorhaben zuzuweisen. Geeignet sind hier typischerweise (aber nicht nur) erfahrene IT-Architekten.

Modellbasis identifizieren – Bevor ein eigenes Capability-Modell entwickelt wird, sollte das Team prüfen, ob es nicht bereits ein (vollständig oder partiell) passendes Modell im Unternehmen gibt. Eine mögliche Anlaufstelle ist die zentrale Architekturorganisation, falls eine solche existiert.
Gibt es kein geeignetes Modell, so muss das Team dennoch nicht unbedingt auf der »grünen Wiese« mit der Modellierung anfangen, sondern kann sich nach einem Referenzmodell umschauen, das als Blaupause taugt. Beispielsweise bietet die Bonner Firma LeanIX eine Reihe von Referenzmodellen, die frei zugänglich sind und als Basis für ein eigenes Modell dienen können [46].
Die nachfolgenden Teilschritte sind nur dann erforderlich, wenn kein nutzbares Capability-Modell vorhanden ist bzw. das vorhandene Modell für die Nutzung im Vorhaben Anpassungen erfordert.

Ausgangsinformationen zur Capability-Herleitung identifizieren – Wie sich Informationsquellen im Unternehmen nutzen lassen, um Capabilities zu identifizieren, beschreibt Abschnitt 7.2. In diesem Teilschritt ermittelt das Team als Vorbereitung der Modellierung solche Quellen, die für das Vorhaben eine hohe Relevanz besitzen.

Änderungsmanagement aufsetzen – Eine herausragende Eigenschaft von Capability-Modellen ist ihre hohe Stabilität über die Zeit. Diese Stabilität erreicht ein Modell selbstverständlich erst, wenn es fertig modelliert ist. Während der Modellierungsphase unterliegt das Modell naturgemäß häufigen Änderungen. Doch auch nach der Modellierung können sich im Laufe der Zeit noch Än-

derungen ergeben. Insbesondere beim erstmaligen Einsatz von Capabilities, bei der Nutzung in Vorhaben mit sich änderndem inhaltlichem Umfang oder wenn die Modellierer noch wenig Erfahrung haben, sind Änderungen im Laufe des Vorhabens wahrscheinlich.
Um Modelländerungen nachvollziehen und neue Versionen des Capability-Modells in kontrollierter Art und Weise im Vorhaben berücksichtigen zu können, sollte ein Änderungsmanagement erfolgen. Dies muss kein stark formalisiertes Konstrukt sein, sollte jedoch dafür sorgen, dass Änderungen am Modell in abgestimmter Weise erfolgen und dass es stets genau eine aktuelle Version des Modells gibt. Eine Versionskontrolle mit diszipliniert gepflegten Protokolleinträgen in der Versionshistorie ist empfehlenswert. Änderungen sollten stets zu allen Betroffenen gelangen, damit diese z.B. Sichten usw. an die veränderten Capabilities anpassen können. Ideal ist genau eine Person, die sich um die Pflege des Modells kümmert und bei der Änderungsanforderungen zusammenlaufen.

Namenskonvention festlegen – Vor dem Beginn der Modellierung sollte das Vorhaben unbedingt eine verbindliche Namenskonvention für Capabilities festlegen und dokumentieren. Empfehlungen bzgl. Namenskonventionen sind in Abschnitt 7.3 zu finden.

Werkzeug auswählen – Um das Capability-Modell effizient handhaben zu können, muss ein für den Anwendungskontext geeignetes technisches Werkzeug ausgewählt werden, mit dem das Team die Capabilities erfassen, dokumentieren und darstellen kann. Abschnitt 8.3 befasst sich näher mit der Auswahl eines technischen Werkzeugs.

Capabilities modellieren – In diesem Teilschritt erfolgt schließlich die Modellierung der Capabilities zu einem Modell, das gemäß fachlichem Betrachtungskontext im Vorhaben einsetzbar ist. Das gesamte Kapitel 7 befasst sich mit der Capability-Modellierung.

8.2.4 Tipps für die Praxis

Die folgende Aufzählung bietet eine kleine Sammlung von Tipps für den Einsatz von Capabilities:

Sprache der Organisation – Es empfiehlt sich, bei den Bezeichnungen und Beschreibungen von Capabilities die Sprache der Organisation zu verwenden, insbesondere bei Objekttypen, deren Namen sich bei einem objektorientierten Schnitt auch in den Bezeichnungen von Capabilities wiederfinden. Die Erstellung eines Capability-Modells umfasst auch die Möglichkeit, Begriffe im Unternehmen zu vereinheitlichen und zu präzisieren.

Anzahl der Modellebenen – Es ist oftmals nicht erforderlich, eine große Anzahl von Modellebenen zu definieren. Bevor sich das Team an die Arbeit macht, sollte anhand der zu bearbeitenden Anwendungsfälle und ihrem benötigten Detaillierungsrad geprüft werden, ob nicht zwei oder sogar nur eine Modellebene ausreichend sind. Spätestens ab drei Ebenen werden Sichten komplex und schwerer verständlich; zumindest dann, wenn alle Ebenen zugleich dargestellt werden sollen.

Zentrale Entwurfssteuerung – Wird für größere (z.B. das gesamte Unternehmen abdeckende) Capability-Modelle die Modellierungsarbeit unter verschiedenen Personen oder Arbeitsgruppen aufgeteilt, sollte es dennoch eine zentrale Instanz für Entwurfsentscheidungen und Qualitätssicherung geben, die die Modellkonsistenz und die Einhaltung der Vorgaben inkl. Namenskonventionen für Capability-Modelle (vgl. Abschnitt 2.3) sicherstellt.
Insbesondere in größeren Unternehmen kommt es bei der Definition von Capabilities anstelle einer inhaltlichen Fokussierung leicht zu dem Versuch einer organisatorischen Abgrenzung. Ohne eine solche Kontrollinstanz zur Steuerung des Modellentwurfs – manchmal als *Design Authority* bezeichnet – sind Inkonsistenzen bis hin zu Verletzungen grundlegender Eigenschaften von Capability-Modellen erfahrungsgemäß sehr wahrscheinlich.

Test des Capability-Modells – Auch Capability-Modelle kann und sollte man testen. Ist ein erster Stand modelliert, lassen sich die Capabilities testweise in kleineren Beispiel-Anwendungsfällen ausprobieren. Ein solcher Test kann wichtige Erkenntnisse liefern, auf deren Grundlage das Team den Schnitt des Capability-Modells zu einem frühen Zeitpunkt korrigieren und fehlende Capabilities ergänzen kann.
Bei einem solchen Test ist es sinnvoll, auch relevante Anspruchsgruppen bzw. Adressaten des Capability-Modells mit einzubeziehen, um die Verständlichkeit und Akzeptanz des Modells zu überprüfen.

Start der produktiven Nutzung – Ergänzend zur Empfehlung, ein Capability-Modell zu testen, sollten konsequenterweise die realen, größeren Anwendungsfälle im Vorhaben erst dann angegangen werden, wenn das Modell seinen (vorerst) finalen Zustand erreicht hat. Ansonsten ist der Aufwand hoch, die Anwendungsfälle mit ihren Sichten immer wieder anzupassen, wenn sich das Capability-Modell noch häufig ändert.

Maßschneiderung des Modells – Auch wenn es ideal ist, ein einizges Capability-Modell im Unternehmen in allen Vorhaben im Einsatz zu haben, so ist es keineswegs einfach, dies zu erreichen. Dem steht entgegen, dass die einzelnen Betrachtungskontexte zusammen mit den jeweils benötigten Detaillierungsgraden oft recht unterschiedlich sind. Die jeweiligen Anforderungen im Vorhaben sollten Vorrang haben, denn ein unpassendes Capability-Modell – weil z.B. für den Betrachtungskontext unvollständig oder zu wenig detailliert – ist der Bearbeitung anstehender Anwendungsfälle nicht dienlich.

Implikationen von Modelländerungen – Änderungen am Capability-Modell machen Anpassungen an Anwendungsfällen, Sichten usw. erforderlich, weil z.B. Capabilities nicht mehr existieren oder Beziehungen zu anderen Unternehmenselementen nicht mehr gültig sind. Die notwendigen Anpassungen geraten leicht in Vergessenheit, wenn Änderungen am Capability-Modell nicht ausreichend im Vorhaben kommuniziert werden.

Neuanfang – Das Verwerfen des gesamtem Capability-Modells kann eine sinnvolle Maßnahme sein, wenn der aktuelle Stand des Modells auch nach einer Vielzahl von Anpassungen in den Tests partout nicht funktionieren will. Ein Neuanfang mit einem alternativen Schnittkriterium auf der obersten Ebene kann hilfreicher sein, als zu lange vergeblich am Modell zu »basteln«.

Adaptierung vorhandener Capability-Modelle – Ein bereits vorhandenes Capability-Modell für den eigenen Bedarf anzupassen und zu erweitern, kann eine Menge Modellierungszeit sparen. Ist das Ausgangsmodell jedoch ein im Unternehmen bereits etabliertes Modell und werden die Änderungen nicht im Rahmen eines koordinierten Lebenszyklusmanagements in das Ausgangsmodell integriert, entsteht ein konkurrierendes Modell. Schlimmstenfalls kommt es auf diese Weise zu einer Reihe abweichender Capability-Modelle, die untereinander nicht mehr kompatibel sind, wodurch die Nutzeneffekte eines übergreifenden, einheitlichen Ordnungsrahmens zunichtegemacht werden.

Stammt das Ausgangsmodell von außerhalb des Unternehmens, wie beispielsweise bei einem Referenzmodell, so bestehen die genannten Bedenken nicht. Allerdings führen auch nicht alle Anpassungen automatisch zu einer Inkompatibilität mit dem Ausgangsmodell. Bei Ergänzung einzelner Capabilities oder einer weiteren Modellebene zur Detaillierung bleibt das Ausgangsmodell ein Teilmodell und somit kompatibel. Kritisch sind hingegen Umbenennungen, Löschungen oder Verschiebungen von Capabilities im Modell.

8.2.5 Alternative Ordnungsrahmen

Wird ein Ordnungsrahmen als fachlich orientierte Unterteilung des Betrachtungsgegenstandes benötigt, so kommen neben Capabilities möglicherweise auch andere Typen von Elementen infrage. Ohne diese Begriffe hier näher zu diskutieren, sind als funktionale Ordnungsrahmen grundsätzlich auch Domänenmodelle oder Fachfunktionenlandkarten geeignet. Die in Abschnitt 2.3 für Capability-Modelle definierten Eigenschaften sollten prinzipiell auch für einen alternativen Ordnungsrahmen gelten. Zwei dieser Eigenschaften sind besonders relevant:

Überschneidungsfreiheit – Überschneiden sich Elemente des Ordnungsrahmens inhaltlich bzw. funktional, so sind keine eindeutigen Zuordnungen mehr von anderen Entitäten zu den Ordnungselementen möglich. Ergebnisse enthalten dann entweder Redundanzen oder willkürliche bzw. unvollständige Zuordnungen. Die Arbeitsergebnisse sind zumindest schwer verständlich, schlimmstenfalls ungenau und unvollständig.

Vollständigkeit – Deckt der Ordnungsrahmen den Betrachtungskontext nicht ab, so würden sich bei der Bearbeitung von Anwendungsfällen und der Erstellung von Sichten Lücken (oder bestenfalls Ungenauigkeiten) nicht vermeiden lassen. Die Folge ist eine Beeinträchtigung der Ergebnisqualität, die die Ergebnisse schnell unbrauchbar machen kann.

Wie in Abschnitt 2.4.5 diskutiert, sind Prozesse nicht überschneidungsfrei. Somit eignen sich Prozesslandkarten nur bedingt als funktionale Ordnungsrahmen. Denkbar ist eine Nutzung von Prozessen auf hohen Modell- bzw. Abstraktionsebenen, da hier durch die grobe Granularität typischerweise eine klare funktionale Abgrenzung zwischen den Prozessen gegeben ist.

8.3 Technische Werkzeuge

Die ersten Entwürfe für ein Capability-Modell lassen sich durchaus noch auf einem Blatt Papier erstellen. Doch Darstellung, Pflege und Verwendung fertiger Capability-Modelle ohne digitale Unterstützung durch Software sind kaum empfehlenswert. Der vorliegende Abschnitt gibt einen Überblick über mögliche Software und technische Werkzeuge zum Umgang mit Capabilities. Dabei unterteilen sich diese Werkzeuge in zwei Gruppen:

1. Fachspezifische Software für Architektur- bzw. Capability-Management
2. Allgemeine, unspezifische Werkzeuge

Die Unterstützung von Capabilities durch Software der ersten Gruppe ist spezifisch, jedoch sind solche Lösungen typischerweise mit signifikanten Lizenz- und Einführungskosten verbunden. Die Vertreter der zweiten Gruppe haben keinen spezifischen Capability-Bezug und bieten somit auch keine speziellen Funktionen für Capabilities an. Sie sind jedoch in der Regel bereits im Unternehmen verfügbar und gut bekannt, sodass weder zusätzliche Einführungs- noch Lizenzkosten anfallen.

8.3.1 Architektur- und Capability-Software

Dem Management der Unternehmensarchitektur kommt bei der Entwicklung eines Unternehmens eine herausragende Bedeutung zu. Das *Enterprise Architecture Management* (EAM) ist die zugehörige strategische Fähigkeit, die Gegenstand zahlreicher Rahmenwerke und Methoden in Theorie und Praxis ist [55, 40]. Ein funktionierendes EAM bildet die Voraussetzung für ein Unternehmen, die Entwicklung seiner IT-Landschaft systematisch anzugehen, sein Technologie- und

Anwendungsportfolio zu managen sowie Transformationen (wie Digitalisierung, Cloud-Migrationen usw.) erfolgreich umzusetzen.

EAM-Werkzeuge sind dazu gedacht, die Disziplin des Enterprise Architecture Management zu unterstützen. Beschreibung und Analyse der Architektur in Ist und Soll sind wesentliche Bestandteile von EAM. EAM-Werkzeuge bieten entsprechende Funktionalitäten zur Unterstützung an. Capabilities können hierbei als ausdrucksmächtiges Mittel dienen, um die Unternehmensarchitektur fachlich zu beschreiben. Es ist daher nicht verwunderlich, dass sich oftmals ein Capability-Element in der einen oder anderen Form als integraler Bestandteil des Metamodells von EAM-Werkzeugen wiederfindet.

Es gibt eine Vielzahl von EAM-Werkzeugen, von denen die folgenden Abschnitte eine kleine Auswahl vorstellen. Ziel ist es, eine kurze Charakterisierung der Werkzeuge vorzunehmen und aufzuzeigen, inwiefern die Werkzeuge Capabilities berücksichtigen bzw. unterstützen. Dabei liegt der Fokus auf den folgenden Aspekten:

- Wesentlicher Einsatzzweck und Funktionalitäten
- Berücksichtigung der Capabilities im Metamodell
- Capability-spezifische Funktionen
- Capability-orientierte Sichten

Die nachfolgenden Ausführungen bieten weder eine vollständige Einführung in die Werkzeuge noch eine Bewertung oder einen Vergleich der Werkzeuge.

8.3.2 LeanIX

Die Software LeanIX des gleichnamigen Bonner Unternehmens LeanIX GmbH ist ein Vertreter von EAM-Werkzeugen, der wesentliche Anwendungsfälle des Architekturmanagements abdeckt. Aus der Beobachtung und Erfahrung heraus, dass gängige EAM-Werkzeuge zu hoher Komplexität neigen, haben die Urheber LeanIX bewusst »schlank« gehalten, was auch das »Lean« im Produktnamen andeutet. LeanIX wird via Cloud als *Software as a Service* (SaaS) angeboten. Das Kernprodukt für das EAM bietet drei Module:

Application Portfolio Management (APM) – Basismodul für die Anwendungsfälle rund um das Management des Applikationsportfolios eines Unternehmens, mit dem ein Unternehmen Transparenz über die Applikationen, Schnittstellen, IT-Komponenten und unterstützten Capabilities gewinnen kann.

Technology Risk Management (TRM) – Ergänzungsmodul zur Ermittlung und Behebung von technologischen Risiken der Applikationslandschaft.

Business Transformation Management (BTM) – Unterstützung von Transformationsvorhaben durch Erstellung und Verfolgung sogenannter *Architektur-Roadmaps*.

Zudem gibt es die beiden folgenden LeanIX-Produkte:

SaaS Management Platform (SMP) – Management der im Unternehmen eingesetzten SaaS-Produkte zur Optimierung von Nutzung und Kosten. Die SMP bietet eine automatische Identifizierung einer Vielzahl gängiger SaaS-Produkte (sogenanntes *Auto Discover*).

Value Stream Management (VSM) – Wertstrommanagement für Softwareentwicklung zur übergreifenden Verknüpfung von (Entwicklungs-)Teams, Technologien und (Software-)Produkten, um die Entwicklungsleistungen zu bewerten, Abhängigkeiten und Flaschenhälse zu erkennen sowie die Produktivität zu steigern.

LeanIX definiert den Capability-Begriff wie folgt:

> »Business capabilities (also called domains) model what your applications do in order to support your business goals. Business capabilities are typically nested to allow analyses at different granularity level, e.g. with the application landscape report.«

Sinngemäß übersetzt modellieren Capabilities, auch Domänen genannt, was die Applikationen des Unternehmens tun, um die Geschäftsziele zu unterstützen. Capabilities sind typischerweise verschachtelt, um Analysen auf verschiedenen Granularitätsstufen zu erlauben. Zum Thema Capabilities bietet LeanIX einen eigenen, 14-seitigen Leitfaden mit dem durchaus selbstbewussten Titel »Der ultimative Guide zu Business Capabilities« [48].

Unterstützte Anwendungsfälle. LeanIX unterstützt mit seinem EAM-Basismodul die nachfolgend skizzierten Anwendungsfälle:

Application Portfolio Management – Management des Portfolios fachlicher Applikationen. Die Verknüpfung von Applikationen zu den unterstützten Capabilities ist in LeanIX eine wesentliche Voraussetzung für die Beschreibung, Analyse und Gestaltung der IT-Bebauung.

Application Modernization & Cloud Migration – Ermittlung des bestehenden Eignungsgrads zur Cloud-Migration (»Cloud Readiness«) sowie Erstellung, Auswahl und Verfolgung von Migrationsszenarien.

Post-Merger-Integration – Ermittlung von Redundanzen und Lücken in der IT-Landschaft im Rahmen von Unternehmensfusionen mit Gegenüberstellung der Ist- und Zielbebauungen auf Basis eines einheitlichen, fachlichen Capability-Modells.

IT/Obsolence Risk Management – Ermittlung von Abhängigkeiten zu nicht mehr unterstützten IT-Komponenten in der Applikationslandschaft und Planung der Behebung. Technische Risiken können je Applikation/Modul erfasst und die Module den unterstützten Capabilities zugeordnet werden. Somit ist eine

Zuordnung von Risiken zu fachlichen Fähigkeiten sowie eine Abschätzung von Auswirkungen von Risikoeintritten möglich.

Data & Integration Management – Gewinnung von Transparenz über Applikationen, ihre Schnittstellen, die übertragenen Daten sowie die verwendeten Transferprotokolle.

SAP S/4HANA-Transformation – Projektvorbereitung und Harmonisierung der Unternehmensziele für eine reibungslose Migration zu SAP S/4HANA.

Innovationsmanagement – Identifizierung der Fähigkeiten, bei denen Innovation benötigt wird bzw. bei denen sich Potenzial dafür ergibt.

Capability-Referenzmodelle. LeanIX bietet einige frei verfügbare Capability-Referenzmodelle (mit englischen Bezeichnungen) für die nachfolgend aufgelisteten Branchen an, die als Ausgangsbasis für eigene Capability-Modelle dienen können [46].

- Default
- Energy
- Finance
- Manufacturing
- Pharma
- SaaS

Der (partielle) Abgleich des LeanIX-Referenzmodells für »Manufacturing« mit dem Capability-Modell aus der Fallstudie im Kontext der Güterproduktion hat Abschnitt 6.2.2 vorgestellt.

Capabilities im LeanIX-Metamodell. Das Standardmetamodell von LeanIX beschränkt sich bewusst auf nur wenige Kernelementtypen, die für das EAM essenziell sind (siehe Abb. 8–2).

Einer der Elementtypen ist die *Business Capability*, die LeanIX (in seiner deutschsprachigen Variante) als Geschäftsfertigkeit bezeichnet. Capabilities bilden in LeanIX den zentralen fachlich-funktionalen Ordnungsrahmen für die Abbildung der wesentlichen Anwendungsfälle. Bei Bedarf lässt sich das Metamodell um weitere Elementtypen, Attribute und Beziehungstypen erweitern, wodurch einerseits große Flexibilität entsteht, jedoch andererseits auch der Aufwand zur Pflege eines nicht mehr mit dem Standard konformen Metamodells.

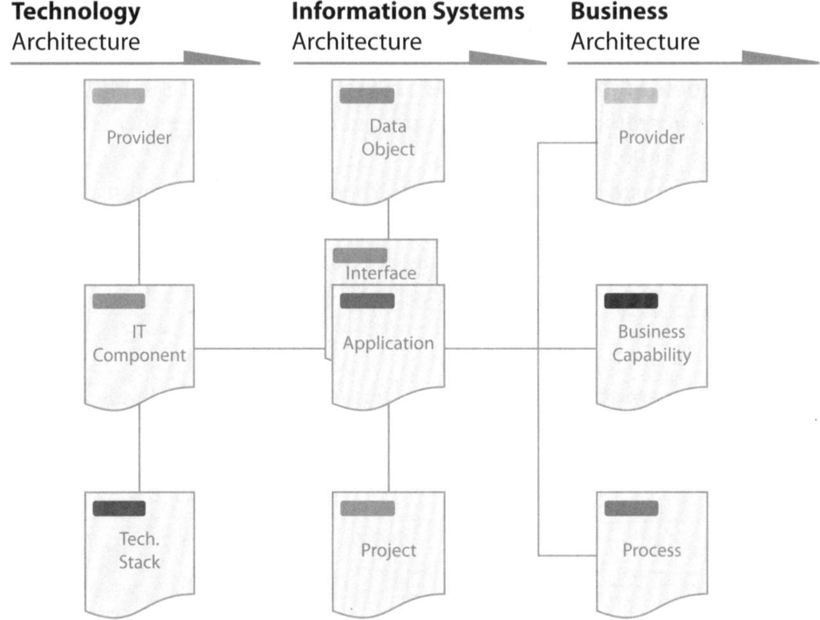

Abb. 8–2: Standardmetamodell von LeanIX

Funktionalitäten und Sichten. Unternehmenselemente werden in LeanIX durch sogenannte *Fact Sheets* (»Faktenblätter«) erfasst, die je nach Elementtyp über eine Reihe von Beschreibungsattributen verfügen. Über standardisierte Beziehungen lassen sich die Elemente verknüpfen und in diversen Sichten flexibel visualisieren. Capabilities lassen sich in mehreren Ebenen in LeanIX recht einfach erfassen oder aus Excel-Dateien importieren. LeanIX bietet verschiedene, teils kostenpflichtige Integrationsmöglichkeiten, z.B. mit dem Visualisierungswerkzeug LucidChart oder mit dem Geschäftsprozessmanagementsystem SAP Signavio. Möglich ist die Kommentierung von Elementen aller Art, was einen themenspezifischen Austausch innerhalb der Nutzerschaft erlaubt. Mit Qualitätssiegeln können alle erfassten Elemente bewertet werden. LeanIX bietet ein typisiertes Tagging für alle Elemente an. Typisiert bedeutet, dass sich Tags zu Typen gruppieren und mit Vorgaben zur Belegung (exklusiv oder mehrfach) versehen lassen. Tags dienen somit als ein Kriterium zum Filtern von Sichten und Berichten.

Eine hervorzuhebende Funktionalität von LeanIX ist der Diagramm-Editor, mit dem sich Freihanddiagramme auf Basis von im Datenbestand befindlichen Unternehmenselementen und Beziehungen erstellen lassen. Der Editor fügt bei Bedarf abhängige Elemente automatisch ein und aktualisiert z.B. die Beschriftungen in den Diagrammelementen automatisch, wenn sich die Namen der Elemente im Datenbestand ändern.

Abbildung 8–3 zeigt eine Ausprägung der sogenannten Applikationsmatrix, mit der sich die Verknüpfungen zwischen den vier Elementen *Application* (Applikation), *Business Capability*, *Provider* (Dienstleister) und *Technology Stack* (IT-Komponente) visualisieren lassen.

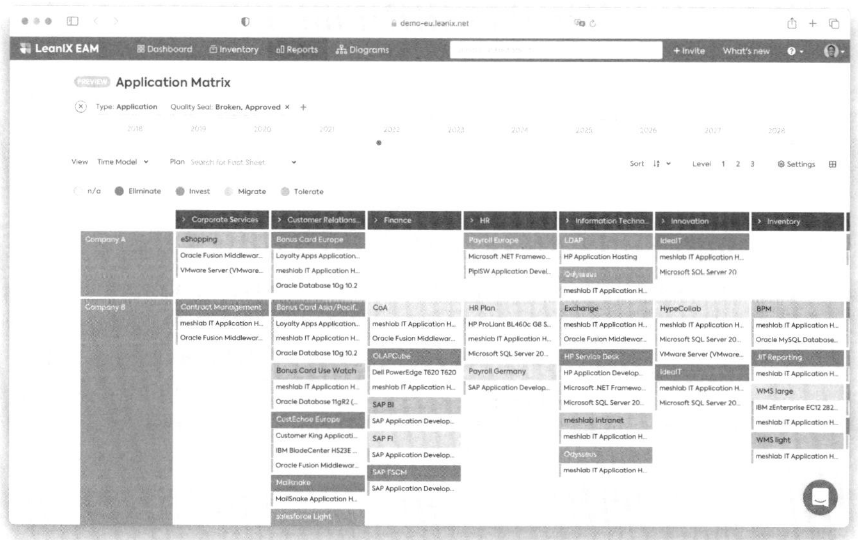

Abb. 8–3: Beispiel für die Applikationsmatrix-Sicht in LeanIX

Eine Applikation unterstützt eine Capability mit verschiedenen IT-Komponenten und wird ihrerseits durch einen Dienstleister bereitgestellt. Der Status einer Applikation ist farblich markiert (in Abb. 8–3 nur in Grautönen ersichtlich). Sichten lassen sich durch Auswahl von Elementtypen, Filter und Ebenenwahl anpassen, sodass ein schneller Wechsel der Perspektive auf die Daten möglich ist.

Fazit. LeanIX ist ein modernes Werkzeug, das sich durch die Kombination (relativer) konzeptioneller Einfachheit und gleichzeitig mächtiger Funktionalität mit flexiblen Visualisierungsmöglichkeiten zur Unterstützung wesentlicher Anwendungsfälle des EAM auszeichnet. Diese Leistung ist mit relevanten laufenden Kosten für die Lizenzierung verbunden, deren Höhe sich primär nach den gewünschten Funktions- und Integrationsmodulen sowie der Anzahl zu verwaltender Unternehmenselemente richtet.

Capabilities spielen in LeanIX eine herausragende Rolle, denn dieser Elementtyp ist im schlanken Metamodell derjenige, der als fachlich-funktionaler Ordnungsrahmen für das Applikationsportfoliomanagement und andere Anwendungsfälle dient.

LeanIX bietet einen beachtlichen Fundus an Informationsmaterial, das teilweise (nach Registrierung) kostenlos zugänglich ist. Allerdings ist auch einiges an Material recht oberflächlich gehalten und hat eher den Charakter von Werbebroschüren.

Ausblick. Im aktuellen »Gartner Magic Quadrant for Enterprise Architecture Tools« besitzt LeanIX die Auszeichnung als »Leader« (führendes Produkt) [26]. Motiviert durch seine bisherigen Erfolge und die wachsende Kundenbasis erweitert und optimiert LeanIX seine Produkte ständig. Neben neuen Funktionalitäten wird auch die Integrationsfähigkeit zu anderen Softwareprodukten laufend erweitert und verbessert. Wesentliche Anforderungen für die Weiterentwicklung sind die Bedürfnisse der Unternehmen, sich entlang moderner Technologien und Ansätze wie Cloud Computing, Microservices oder DevOps digital zu transformieren. Um die digitale Transformation der Automobilbranche voranzutreiben, engagiert sich LeanIX seit 2022 als Partner in der digital.auto-Initiative, die Automobilhersteller dabei unterstützen möchte, selbst zu digitalen Unternehmen zu werden. Der Anspruch an die LeanIX-Produkte ist es, eine *kontinuierliche Transformation* von Unternehmen zu ermöglichen. LeanIX veröffentlicht regelmäßig Informationen zu seinen Produkt-Roadmaps [49].

8.3.3 CAPAMAP

CAPAMAP ist ein speziell auf die Erstellung und Präsentation von *Capability-Maps* ausgerichtetes Werkzeug des Beratungsunternehmens GP+S Consulting GmbH [29]. Mithilfe der Capability-Maps lassen sich die zugrunde liegenden Capabilities in ihren Verwendungskontext einordnen, nutzerübergreifend diskutieren und über die Laufzeit von Transformationsvorhaben hinweg einschätzen. CAPAMAP ist eine Webanwendung, die via Cloud als Software as a Service (SaaS) angeboten wird. Der angestrebte Nutzen von CAPAMAP besteht aus den folgenden wesentlichen Punkten:

- Strukturierter Überblick über vorhandene und benötigte Fähigkeiten eines Unternehmens im jeweiligen Betrachtungskontext
- Unterteilung und Strukturierung komplexer Vorhabenumfänge
- Strategische Planung, Priorisierung und Steuerung von Entwicklungs- und Transformationsvorhaben
- Visualisierung von Handlungsbedarfen
- Effektives Aufeinanderabstimmen von Geschäft und IT mit einer gemeinsamen Sprache (Business-IT-Alignment)

Um eine konkretere Vorstellung einer Capability-Map in CAPAMAP zu erhalten, zeigt Abbildung 8–4 ein Beispiel, auf das die nachfolgenden Abschnitte Bezug nehmen.

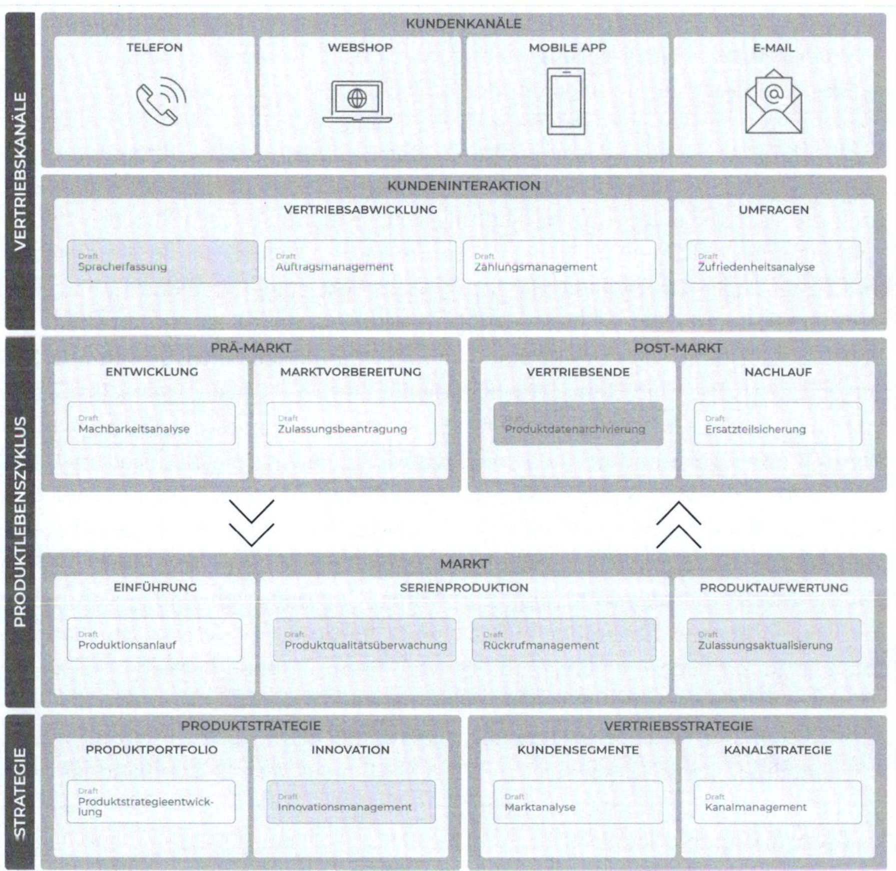

Abb. 8–4: Capability-Map in CAPAMAP

Ein Fokus von CAPAMAP ist die Vernetzung und Kommunikation zwischen den Beteiligten im Vorhaben, um das gemeinsame Verständnis der Ausgangssituation und der Prioritäten zu verbessern. CAPAMAP soll dazu dienen, wichtige Zusammenhänge eines Betrachtungskontexts mithilfe von Capability-Maps für möglichst viele Anspruchsgruppen zu erklären.

Aufbau von Capability-Maps. Eine Capability-Map ist in CAPAMAP stets eine hierarchische Darstellung, die sich aus folgenden Arten von Elementen (von grob nach fein) zusammensetzt:

- *Lane* – Unterteilung der Capability-Map in horizontal verlaufende Bahnen
- *Super-Cluster* – Gruppierungselement der Ebene 1
- *Cluster* – Gruppierungselement der Ebene 2
- *Sub-Cluster* – Gruppierungselement der Ebene 3
- *Capabilities* – Fähigkeiten (eine Ebene)

Durch die Vorgabe einer (überschneidungsfreien) hierarchischen Struktur dürfen Capabilities in der Karte nur einmal vorkommen, sind also in einer Ebene genau einem Cluster zugeordnet. Nicht alle Strukturierungselemente müssen Capabilities enthalten. Es ist möglich, Cluster zur Darstellung weiterer Architekturbestandteile zu nutzen, ohne hier direkt eine Capability unterzuordnen. Abbildung 8–4 zeigt beispielsweise eine Reihe von Kundenkanälen als Cluster, die selbst keine Capabilities umfassen. Die Capability-Maps lassen sich durch grafische Symbole optisch anreichern und können so gemäß dem Prinzip »ein Bild sagt mehr als 1.000 Worte« die Verständlichkeit der Darstellung verbessern. Dabei bietet CAPAMAP eine kleine Bibliothek gängiger Symbole. Zudem lassen sich beliebige eigene Bilder in das Werkzeug hochladen. Die Hierarchie von Lanes und Clustern dient der Strukturierung von Capability-Maps. Capabilities befinden sich nur in der jeweils untersten Ebene der Hierarchie (»Blattknoten« des Strukturbaums). Die Lanes untergliedern eine Capability-Map in horizontale Bereiche (»Zeilen«) und eignen sich für eine grobe Kategorisierung von Capabilities bzw. der zugeordneten Cluster. Zur Kategorisierung von Capabilities siehe auch Abschnitt 3.2.

Capabilities selbst lassen sich in CAPAMAP nicht verschachteln, sodass sich die erfassten Capabilities stets in einer Ebene befinden und weder über- noch untergeordnete Capabilities besitzen. Allerdings lässt sich ein Cluster mit einer Capability durch Hinterlegung eines Verweises verknüpfen, sodass man eine Hierarchie von Capabilities über die Cluster zumindest andeuten kann.

Dass Capabilities nur an einer Stelle in einer Map verortet werden können, sorgt zwar für Übersichtlichkeit, verhindert jedoch matrixartige Darstellungen, mit denen sich auf Basis von n:m-Beziehungen zwischen Capabilities und anderen Elementtypen Redundanzen, Lücken usw. darstellen lassen. Gibt es (außerhalb von CAPAMAP) bereits ein Capability-Modell mit mehreren Ebenen, so muss bei der Übertragung nach CAPAMAP bzw. in eine Capability-Map eine Entscheidung getroffen werden, welche Ebene dort zur Darstellung kommen soll, sofern keine Vermischung der Ebenen gewünscht ist. Über- und untergeordnete Capabilities sind dann nicht sichtbar. Für eine übergeordnete Capability lässt sich prinzipiell auch ein Cluster zur Darstellung verwenden und mit der Capability verknüpfen. Allerdings ist das nur ein grafisches Hilfsmittel. Mischt man die Ebenen, indem eine Auswahl von Capabilities aus verschiedenen Ebenen zur Darstellung in der

Capability-Map erfolgt, gehen die Informationen zur Hierarchie des Modells in der Darstellung verloren, und die Granularitäten der ausgewählten Capabilities können sehr unterschiedlich sein.

Capability-Steckbriefe. Jede Capability hat einen sogenannten *Steckbrief*, der ihre wesentlichen Eigenschaften beschreibt. Je nach Bedarf im konkreten Vorhaben lassen sich Steckbriefe um eigene Attribute erweitern. Bei der Erstellung einer Capability in CAPAMAP ist die Eingabe einer verbalen Beschreibung zwingend, um von Beginn an für einen hohen Informationsgehalt der hinterlegten Capabilities zu sorgen.

Sowohl Capabilities als auch die Cluster (aller Hierarchieebenen) haben als Qualitätsmerkmal einen von fünf Reifegraden, der eine Quantifizierung der Umsetzungsqualität einer Capability ermöglicht. Der eingeschätzte Reifegrad ist ein wesentliches Merkmal, das dabei hilft, Handlungsbedarfe auf Capability-Basis zu identifizieren, sichtbar zu machen und Prioritäten zu setzen. In der Beispiel-Capability-Map in Abbildung 8–4 sind die Reifegrade durch die Farbgebung sichtbar. Zwei der Capabilities haben einen besonders niedrigen Reifegrad und sind daher in roter Farbe dargestellt: `Spracherfassung` und `Zulassungsaktualisierung`.

CAPAMAP ermöglicht in einem Capability-Steckbrief die Zuordnung zu *Tools*, d.h. die Erfassung von Angaben zur funktionalen Bebauung (vgl. Abschnitt 5.4). Abbildung 8–5 zeigt einen Ausschnitt einer Capability-Map, in dem auch die Bebauungsinformationen dargestellt sind.

Abb. 8–5: Bebauungsdarstellung in CAPAMAP (Ausschnitt)

CAPAMAP bietet für Capabilities eine einfache Form des Taggings. Die Abbildung zeigt illustrativ die Markierung von Capabilities mit zwei Tags »Nord« und »Süd«. Eine Typisierung von Tags, wie sie beispielsweise in LeanIX möglich ist, bietet CAPAMAP in der aktuellen Version nicht.

Capability-Lebenszyklus. Jede Capability hat einen Lebenszyklus, der sich auf die drei Stufen *Draft* (»Entwurf«), *Pending* (»ausstehend«) und *Final* (»final«) stützt. Nach der Erstellung erhält eine Capability automatisch den Status *Draft*.

Ist eine Capability noch nicht freigegeben, zeigt CAPAMAP dies in einer Capability-Map an.

Kommunikation. Um die Kommunikation und den fachlichen Austausch zu erleichtern, ist für jede Capability ein Ansprechpartner hinterlegt. Es ist möglich, Capabilities in CAPAMAP zu kommentieren. Andere Nutzer haben die Möglichkeit, auf diese Kommentare zu antworten, sodass ein fachlicher Austausch direkt im Kontext der fraglichen Capability möglich und für alle Beteiligten nachvollziehbar wird.

Fazit. Die Strukturierung von Capability-Maps durch Cluster resultiert in einem hohen Maß an Flexibilität. Da Lanes und Cluster frei definierbar sind und keine feste Bedeutung (im Sinne einer starren Typisierung) haben, können unterschiedliche Capability-Maps dieselben Capabilities nach verschiedenen, beliebig wählbaren Merkmalen strukturieren. So kann für denselben Satz an Capabilities eine Map beispielsweise einen technischen, eine andere hingegen einen fachlichen Fokus haben.

Anders als bei reinen Bebauungsdarstellungen muss sich eine Capability-Map nicht (zwingend) auf bereits vorhandene Elemente der Unternehmensarchitektur bestimmter Typen (wie Prozesse, Applikationen, Datenobjekttypen usw.) stützen. Dieser Ansatz der Strukturierung lässt viele Freiheiten, birgt jedoch auch die Gefahr, zu viele Aspekte in einer Darstellung zu mischen. Capability-Maps fehlt es dann unter Umständen an Klarheit und Konsistenz: Es ist dann eventuell nicht klar, ob es sich um eine konkrete oder abstrakte Zielarchitektur, um ein Organigramm, eine Sicht auf die Wertschöpfung, ein Capability-Modell oder um eine Sicht auf eine Capability-Bebauung handelt. Die Erstellung einer wirklich informationsreichen, konsistenten und Fehlinterpretationen möglichst gut vermeidenden Capability-Map erfordert Erfahrung und gute Strukturierungsfähigkeiten.

Für die Erstellung und Darstellung von Capability-Modellen mit mehreren Ebenen ist CAPAMAP weder gedacht noch tatsächlich geeignet. Die Nutzung der Cluster-Hierarchie zur Abbildung der übergeordneten Modellebenen ist zwar möglich, jedoch nur bedingt zu empfehlen, da CAPAMAP Cluster anders als Capabilities behandelt. So lassen sich für die Cluster keine Capability-Steckbriefe erfassen, und Cluster gehören im Gegensatz zu Capabilities fest zu einer bestimmten Capability-Map. Zur schnellen ersten Erfassung von Capabilities scheint CAPAMAP nur dann geeignet, wenn der Betrachtungskontext klar umrissen ist und kein umfangreiches, mehrstufiges Capability-Modell entstehen soll. Die Nutzeroberfläche von CAPAMAP hat noch ein paar Kinderkrankheiten, die in den zukünftigen Versionen behoben werden sollen. Darstellungen, wie sie im Beratungs- und Transformationskontext ansonsten oft händisch mit PowerPoint & Co erstellt werden, lassen sich in CAPAMAP basierend auf einem Modell von Capability-Objekten und einem vorgegebenen grafischen Raster von Strukturierungselementen deutlich schneller erstellen. Dies kann eine Menge Zeit gegenüber händischen »Layout-Arien« à la PowerPoint sparen. Eine Capability-Map lässt sich mit CAPAMP für ein komplexes Transformationsvorhaben als eine zentrale Darstellung zur Orientierung mit hoher Aussagekraft und hohem Wiedererkennungswert gestalten. Dies ist einer der wesentlichen Mehrwerte, die CAPAMAP bietet.

Ausblick. CAPAMAP befindet sich in der Weiterentwicklung, und die zukünftigen Versionen sollen die Funktionalität deutlich erweitern. Geplant ist unter anderem die Einführung neuer bzw. die Erweiterung bestehender Objekttypen, um die Ausdrucksmöglichkeiten von Capability-Maps deutlich zu vergrößern:

- Das neue *Prozess*-Element wird die Erfassung und Darstellung von Zusammenhängen zwischen wichtigen Prozessen und Capabilities ermöglichen.
- Das Tool-Element soll zukünftig – ebenso wie die Capabilities – über einen vollwertigen, individualisierbaren Steckbrief verfügen.
- Für Tools ist eine Gruppierung vorgesehen, um die Differenzierung von Marke und Softwareprodukt zu ermöglichen.
- Das neue *Team*-Element soll dazu dienen, eine Übersicht zu erhalten, welche Teams im Unternehmen in welchen Bereichen an welchen Themen arbeiten.

Die neu einzuführenden Objekttypen sollen künftig sowohl auf Datenebene als auch visuell (auf den Capability-Maps) miteinander verknüpfbar sein, um deutlich mehr Abhängigkeiten zwischen Capabilities und anderen Unternehmenselementen erfassen zu können, als dies heute in CAPAMAP möglich ist.

8.3.4 Sparx Enterprise Architect

Die Software *Enterprise Architect* (EA) der australischen Firma *Sparx Systems* ist ein visuelles Modellierungswerkzeug für Entwurf und Konstruktion von softwaregestützten Systemen. Dazu gehört auch die modellgestützte Spezifikation von Prozessen, Datenmodellen und anderen Bestandteilen von Unternehmens- und IT-Architekturen. Ein klassisches Einsatzgebiet des Enterprise Architect ist die Erstellung von UML-Modellen aller Art [39].

Der Kernunterschied zu Werkzeugen, die primär »Zeichenwerkzeuge« zum Erstellen von Diagrammen sind (wie z.B. Microsoft Visio), ist die Modellbasiertheit des Enterprise Architect. Grafische Elemente in Diagrammen stammen aus einem zugrunde liegenden Objektmodell. Diagrammelemente inkl. der Verbindungen zwischen diesen entsprechen Ausprägungen von Objekt- und Beziehungstypen im Modell. Eine Änderung an einem Modellelement (z.B. dessen Umbenennung) hat implizit Auswirkungen auf alle Diagramme, die das Element referenzieren.

Durch das grafische Verschachteln von Elementen in einem Diagramm wird eine entsprechende (hierarchische) Beziehung in das Modell aufgenommen. Beim

Verschieben des umfassenden Elements im Diagramm bewegen sich dessen untergeordnete Elemente automatisch mit, ohne dass Elemente explizit gruppiert werden müssen. Auch dies ist ein wesentlicher Unterschied zu reinen Malwerkzeugen wie Microsoft PowerPoint und Ähnlichem. Der Enterprise Architect hat eine als weitgehend ausgereift zu bezeichnende grafische Nutzeroberfläche, mit der sich auch komplexe Diagramme mit der entsprechenden Übung zügig erstellen lassen. Die effiziente Bedienung kommt beispielsweise dann besonders deutlich zum Tragen, wenn komplex verlaufende Verbindungslinien zwischen grafisch weit entfernten Elementen in einem Diagramm gezogen werden müssen.

Relevante Notationen und Beispiele. Neben UML als der wohl prominentesten Notation unterstützt der Sparx Enterprise Architect eine Vielzahl weiterer Notationen und Modellierungssprachen. Einige für die Capability-Modellierung relevante Beispiele sind nachfolgend skizziert und beispielhaft illustriert.

TOGAF. Der Sparx Enterprise Architect bietet einige der Diagrammtypen von TOGAF mit zugehörigen Elementen des TOGAF-Metamodells. Näheres zum Architekturrahmenwerk der Open Group ist in Abschnitt 4.1.2 sowie in Anhang B.2 zu finden. Die vollständige TOGAF-Unterstützung ist nur in den höherwertigen Lizenzstufen des Enterprise Architect verfügbar. Die im Enterprise Architect (Version 16) angebotenen Objekt- und Beziehungstypen sind nicht vollständig konsistent mit den Metamodellelementen von TOGAF 10. So umfasst beispielsweise der Diagrammtyp »Architecture Content Diagram« zur Darstellung von Architekturen zwar den allgemeinen Capability-Objekttyp, jedoch fehlt der Objekttyp `Business Capability`. Ein illustratives Beispiel eines solchen Architecture Content-Diagramms zeigt Abbildung 8–6, das einen kleinen Ausschnitt einer möglichen Zielarchitektur für die *Digitalen Fahrzeugdienste* aus der Fallstudie in Abschnitt 6.3 verdeutlicht. Auf Basis des allgemeinen Capability-Typs lassen sich die Hierarchien von Capabilities darstellen. Die Fahrzeugdienste sind als *Business Services* modelliert, die von bestimmten Akteuren konsumiert werden. Die *Provide*-Beziehungen drücken aus, dass bestimmte Capabilities die Fahrzeugdienste unterstützen und ihrerseits durch IT-Services (sinngemäß als Systeme oder Applikationen zu verstehen) realisiert werden. Dabei können diese Beziehungen Elemente unterschiedlicher Ebenen verknüpfen, um beispielsweise zum Ausdruck zu bringen, dass eine Capability für alle Fahrzeugdienste erforderlich ist. Dies ermöglicht eine minimale Anzahl von Verbindungen und hilft dabei, die Abbildung möglichst übersichtlich gestalten zu können. Das Fahrzeug ist als Technologie-Komponente dargestellt. Zwischen den IT-Services und dem Fahrzeug befinden sich die Schnittstellen zum Austausch der erforderlichen Daten.

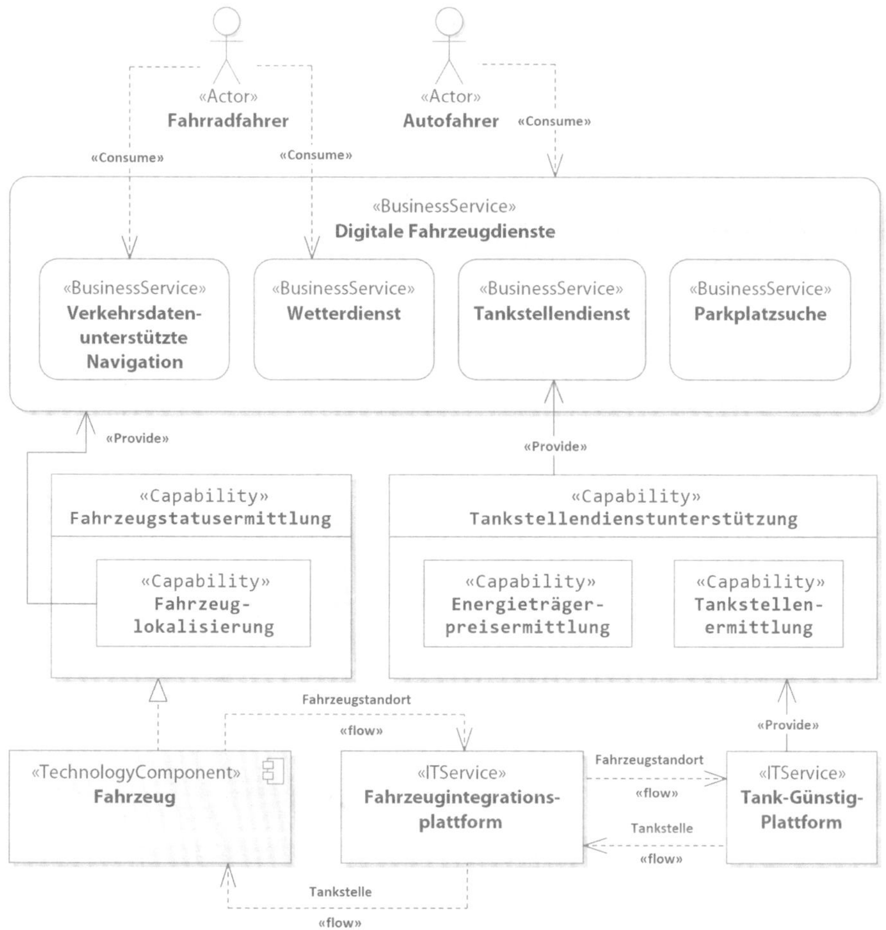

Abb. 8–6: Architecture Content-Diagramm (TOGAF) mit Capabilities im Sparx EA

Auch wenn die Abbildung das Beispiel der digitalen Fahrzeugdienste nur zu einem Bruchteil einer Gesamtarchitektur abdeckt, so zeigt es dennoch das Potenzial, mit nur wenigen TOGAF-Elementen aussagekräftige Architekturdarstellungen zu erzeugen.

ArchiMate. Die Modellierungssprache *ArchiMate* ist eine Ergänzung der Open Group zu TOGAF. Sie bietet eine visuelle Sprache zur Darstellung von Architekturen, die zu den Konzepten von TOGAF passt, jedoch nicht auf demselben Metamodell basiert [89]. Das Capability-Element in ArchiMate dient zur Erfassung einer strategischen Sicht auf ein Unternehmen. Das Element ist Teil der Strategieschicht des Metamodells.

Eine Capability unterstützt definierte *Value Streams* (»Wertströme«), die als eine Art Vorstufe zu konkreten Geschäftsprozessen wertschöpfende Aktivitäten repräsentieren. Eine Capability kann einen sogenannten *Course of Action* (»Vorgehen«, »Handlungsweise«) realisieren, den man grob als strategische Handlungsweise im Sinne einer Aus- oder Zielrichtung auffassen kann. Des Weiteren lassen sich den Capabilities die benötigten Ressourcen in Form von *Resource*-Elementen zuordnen. Auch wenn es im ArchiMate-Metamodell keine direkte Beziehung zwischen Capabilities und dem *Outcome*-Element (»Ergebnis«, »Resultat«) gibt, so bietet der Enterprise Architect dieses Element in seinen Diagrammen an. Abbildung 8–7 zeigt ein illustratives Beispiel eines Strategiediagramms im Enterprise Architect in der ArchiMate-Notation.

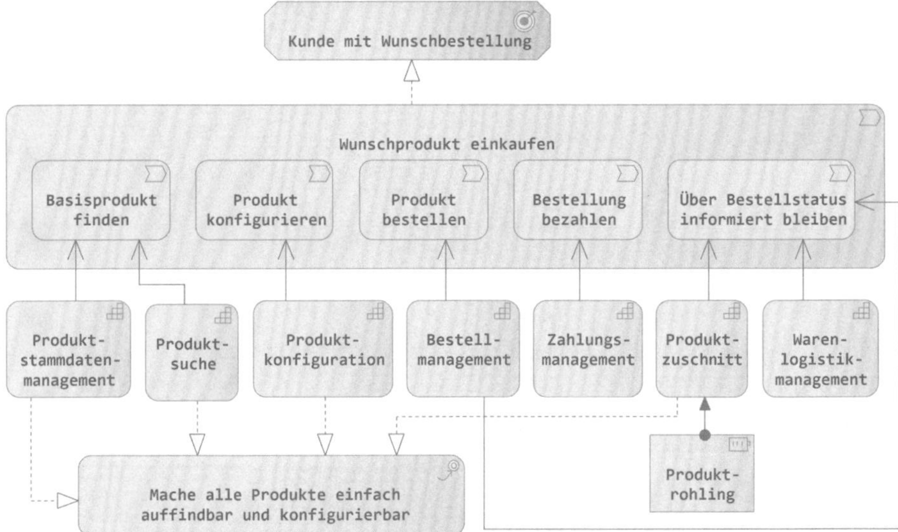

Abb. 8–7: ArchiMate-Strategiediagramm mit Capabilities im Sparx EA

Jedem Elementtyp in ArchiMate ist ein eigenes (jeweils in der oberen, rechten Ecke dargestelltes) Symbol zur Erkennung zugeordnet. Für Capabilities ist dieses Symbol eine dreistufige »Treppe« aus 6 Kästchen. Die Ebenen des Capability-Modells werden durch Verschachtelung dargestellt. Die Ressourcen haben ein Batteriesymbol, das Outcome-Element kennzeichnet eine Zielscheibe, und Value-Stream-Elemente tragen ein sogenanntes Chevron-Symbol, das ansonsten üblicherweise für die Repräsentation von Prozessen Verwendung findet.

BABOK. Der Enterprise Architect unterstützt die Notation und die Diagrammtypen des in Abschnitt 4.3.1 vorgestellten und in Anhang B.4 vertieften Rahmenwerks BABOK für Geschäfts- und Fachanalyse. Das in Abbildung B–9 (S. 386) gezeigte Anforderungsdiagramm in BABOK-Notation wurde mit dem EA erstellt.

BIZBOK. Der EA stellt für die Notation von BIZBOK, dem in Abschnitt 4.1.1 vorgestellten Rahmenwerk für Geschäftsarchitektur, die zugehörigen Elemente und Diagrammtypen zur Verfügung. Anhang B.1 betrachtet BIZBOK in größerer Detailtiefe. Die dort präsentierte Abbildung B–4 (S. 363) zur Darstellung eines Wertstroms wurde mithilfe des EA erstellt.

UML. Bei der Nutzung von UML schlägt Sparx für die Modellierung von Capabilities die Verwendung von UML-Klassendiagrammen vor, in denen eine Capability jeweils als eine Klasse modelliert werden kann. Nach meiner Erfahrung eignen sich bei der Nutzung von UML auch Komponentendiagramme, denn Komponenten lassen sich entsprechend der Modellhierarchie schachteln und ermöglichen Darstellungen analog zur Sicht 1 (Capability-Karte). Komponenten sind aktive Elemente einer Architektur und können Funktionalitäten kapseln, was mit der funktionalen Natur von Capabilities korrespondiert. Eine Komponente zur Repräsentation einer Capability lässt sich als logische Komponente verstehen, die die zugehörige Fähigkeit repräsentiert und in diesem Sinne keine physisch realisierte (Applikations-)Komponente darstellt. Sinnvoll zur einfachen grafischen Unterscheidung von anderen Komponententypen ist die Kennzeichnung durch einen Stereotyp »Capability«.

Fazit. Wird im jeweiligen Vorhaben ohnehin eine Methode wie die TOGAF-ADM eingesetzt, oder soll eine Notation wie ArchiMate zur Spezifikation von Ist- und Zielarchitekturen zum Einsatz kommen, bietet sich die Nutzung des Enterprise Architect an, denn neben den Capabilities sind auch die anderen Elemente der Methode verfügbar.

Auch für die bloße Modellierung von Capabilities ist der Enterprise Architect geeignet. Capability-Karten lassen sich leicht erstellen. Inwieweit die weitere Nutzung des Werkzeugs im Vorhaben sinnvoll ist, hängt von den anstehenden Anwendungsfällen ab. Die Unterstützung von Analysen und Auswertungen (mit den erforderlichen Darstellungen) ist kein primärer Fokus des Enterprise Architect. Als Modellierungswerkzeug unterscheidet sich der funktionale Umfang auch deutlich von EAM-Software wie LeanIX.

Der Lizenzpreis des Enterprise Architect ist im Gegensatz zu EAM-Werkzeugen wie LeanIX & Konsorten deutlich günstiger. Vor der Anschaffung solcher Werkzeuge muss selbstverständlich ein Auswahlprozess mit Anforderungsanalyse und Vergleich erfolgen. Eine frei verfügbare Alternative zum Enterprise Architect ist Modelio [58], das ebenfalls UML und ArchiMate unterstützt.

Ausblick. Etwa alle sechs Monate erscheint eine neue Version des Enterprise Architect. Seit dem Erscheinen der ersten Version im Jahr 2000 wird der Enterprise Architect laufend um die Unterstützung weiterer Modelltypen, Notationen und Methoden erweitert. Neben den Modellierungs- und Designdisziplinen stehen unter anderem die Zusammenarbeit mehrerer Nutzer mit Funktionen für Kommentare, Diskussionen oder Chats im Fokus der aktuellen Releases.

8.3.5 Allgemeine Werkzeuge

Nicht immer stehen (zu Beginn) spezielle Werkzeuge für IT-Architektur oder Capabilities zur Verfügung. Eventuell ist auch die Nutzung solcher Software (z.B. aufgrund von Lizenzpreisen oder wegen ihrer Komplexität) nicht für jedes Mitglied des Teams möglich. Für die reine Modellierung und einfache Darstellung von Capabilities eignen sich erfreulicherweise auch verschiedene Allzweckwerkzeuge wie Tabellenkalkulationen oder Textverarbeitungsprogramme. Im Gegensatz zu spezialisierter Software haben solche allgemeinen Werkzeuge kein fachlich spezifisches Metamodell und somit auch kein dediziertes Capability-Element. Der vorliegende Abschnitt beschreibt einige solcher Werkzeuge und ihre Nutzung im Kontext von Capability-Modellen.

Tabellenkalkulationen

Tabellenkalkulationen sind erstaunlich vielseitig einsetzbare Werkzeuge, wenn man bedenkt, dass die Grundstruktur der zu erfassenden Daten stets zweidimensionale Matrizen mit Spalten und Zeilen sind. Auch der Funktionsumfang, über den Tabellenkalkulationen wie LibreOffice Calc oder Microsoft Excel inzwischen verfügen, ist beeindruckend. Funktionalitäten wie beispielsweise Pivot-Tabellen, Diagramme verschiedenster Art, bedingte Formatierungen sowie nicht zuletzt mächtige Formeln und selbst programmierte Module bieten umfangreiche Möglichkeiten, deren Nutzung allerdings entsprechenden Konfigurations- und Programmieraufwand mit sich bringt. Vorteil von Tabellenkalkulationen ist ihre weite Verbreitung; es gibt in Unternehmen vermutlich kaum einen Arbeitsplatzrechner, auf dem keine Tabellenkalkulation zu finden ist.

Bei aller Flexibilität von Tabellenkalkulationen setzt die Grundstruktur der zweidimensionalen Matrix dennoch schnell Grenzen für das, was sich mit ihnen ausdrücken lässt. Zudem haben diese Werkzeuge keinerlei fachspezifische Logik in Bezug auf Capabilities, EAM oder Unternehmensentwicklung, wie dies insbesondere bei EAM-Werkzeugen der Fall ist. Die zweidimensionale Struktur von Spalten und Zeilen eignet sich dennoch gut für die Modellierung von Capabilities, wobei es hier verschiedene Möglichkeiten gibt. Abbildung 8–8 zeigt eine Möglichkeit, Capabilities mit einer Tabellenkalkulation (hier Microsoft Excel) unter Nutzung der Gruppierungsfunktion für Zeilen zu erfassen.

	A	B	C
1	**Ebene 1**	**Ebene 2**	**Ebene 3**
2	Überwachung		
3		Log-Monitoring	
4			Logerstellung
5			Logdatensammlung
6			Logauswertung
7		Metrik-Monitoring	
11		Funktionsmonitoring	
15		Leistungsprüfung	
16			Lasterzeugung
17			Leistungsermittlung
18			Leistungsdatensammlung
19			Leistungsauswertung
20	Analyse		
21		Zustandsanalyse	
22			Kennzahlenberechnung
23			Zustandskategorisierung
24			Zustandsvisualisierung
25			Suche und Recherche
26		Problemanalyse	
27			Fluss-Ermittlung
28			Mustererkennung
29			Trend- und Indikatorenanalyse
30			Zustandskorrelation
31		Langzeitanalyse	

Abb. 8–8: Modellstruktur per Zeilengruppierung in einer Tabellenkalkulation

Jede Zeile entspricht einer Capability, wobei die Modellebene durch die Auswahl der entsprechenden Spalte spezifiziert wird. Diese Art der Erfassung ist einfach und auch beim Betrachten intuitiv zu erfassen. In zusätzlichen Spalten lassen sich weitere Eigenschaften der jeweiligen Capability erfassen, wie beispielsweise eine verbale Beschreibung oder eine Kategorie. Die Nutzung der Gruppierungsfunktion ist für die Repräsentation der Modellstruktur verzichtbar, bietet jedoch Vorteile bei Filterung und Navigation im Modell. Jede gängige Tabellenkalkulation – wie z.B. auch Libre Office Calc – ist für diese Art der Erfassung geeignet [87]. Alternativ reicht auch eine einzige Spalte für die Capability-Namen aus. Die Angabe der Modellebene kann entweder durch die oben gezeigte Gliederung erfolgen, oder eine weitere Spalte nimmt die Ebenenangabe auf.

Eine weitere Möglichkeit ist die Definition einer Zeile pro Capability der untersten Ebene. Tabelle 8–1 zeigt ein Beispiel mit demselben Modellausschnitt wie in Abbildung 8–8, wobei in letzterer nicht alle Einträge der Ebene 3 zu sehen sind, da sie per Gliederungsfunktion »zugeklappt« sind. Capabilities der oberen Ebenen haben hier keine eigene Zeile. Nachteil dieser Struktur ist daher, dass Eigenschaften der Capabilities der oberen Ebenen nicht in einer weiteren Spalte zu erfassen sind. Vorteil ist die Möglichkeit, Spaltenfilter zu definieren, mit denen sich komplette Teilbäume als Ausschnitte des Modells leicht filtern lassen.

Ebene 1	Ebene 2	Ebene 3
Überwachung	Log-Monitoring	Logerstellung
Überwachung	Log-Monitoring	Logdatensammlung
Überwachung	Log-Monitoring	Logauswertung
Überwachung	Metrik-Monitoring	Sensormessung
Überwachung	Metrik-Monitoring	Sensordatensammlung
Überwachung	Metrik-Monitoring	Metrikberechnung
Überwachung	Funktionsmonitoring	Funktionstestaufruf
Überwachung	Funktionsmonitoring	Funktionsdatensammlung
Überwachung	Funktionsmonitoring	Funktionstestauswertung
Überwachung	Leistungsprüfung	Lasterzeugung
Überwachung	Leistungsprüfung	Leistungsermittlung
Überwachung	Leistungsprüfung	Leistungsdatensammlung
Überwachung	Leistungsprüfung	Leistungsauswertung
Analyse	Zustandsanalyse	Kennzahlenberechnung
Analyse	Zustandsanalyse	Zustandskategorisierung
Analyse	Zustandsanalyse	Zustandsvisualisierung
Analyse	Zustandsanalyse	Suche und Recherche
Analyse	Problemanalyse	Fluss-Ermittlung
Analyse	Problemanalyse	Mustererkennung
Analyse	Problemanalyse	Trend- und Indikatorenanalyse
Analyse	Problemanalyse	Zustandskorrelation

Tab. 8–1: Capability-Modell als Tabelle

Als Fazit lässt sich sagen, dass Tabellenkalkulationen sich gut für die ersten Schritte mit Capability-Modellen eignen und gleichzeitig wegen ihrer weiten Verbreitung eine geringe technische Hürde darstellen.

Textverarbeitungen

Auch gängige Textverarbeitungen eignen sich grundsätzlich gut für die ersten Modellierungsschritte von Capabilities, indem hierarchische Aufzählungen zur Darstellung der Modellstruktur genutzt werden. Die Bestimmung von Ebene und Zuordnung der Capabilities lässt sich einfach durch die Struktur der Aufzählung definieren, wobei je nach konkreter Software entsprechende Bedienelemente oder Tastaturbefehle helfen können, Änderungen sehr schnell vornehmen zu können. Die folgenden Tastaturbefehle funktionieren in LibreOffice Impress ebenso wie in den Microsoft-Programmen Word und PowerPoint.

Umschalten-Alt-↑ – Verschieben der markierten Zeilen bzw. der Zeile mit der Eingabemarke (»Cursor«) nach oben zur Änderung der Reihenfolge von Capabilities im Modell bzw. zum Verschieben untergeordneter Capabilities zu einer anderen übergeordneten Capability

Umschalten-Alt-↓ – Verschieben nach unten analog zum Pfeil nach oben

Umschalten-Alt-→ – Versetzen der markierten Zeilen bzw. der Zeile mit der Eingabemarke um eine Einrückungsstufe nach rechts, um die Capabilities eine Modellebene nach unten zu verschieben

Umschalten-Alt-← – Versetzen der markierten Zeilen bzw. der Zeile mit der Eingabemarke um eine Einrückungsstufe nach links, um die Capabilities eine Modellebene nach oben zu verschieben

Abbildung 8–9 zeigt ein Beispiel für die schnelle Anpassung der Modellstruktur mithilfe von Tastaturkürzeln für verschachtelte Aufzählungen.

Nach der ersten Definition eines Capability-Modells als verschachtelte Aufzählung empfiehlt es sich, die Informationen in ein anderes Format zu überführen, denn eine bloße Aufzählung ist keine dauerhaft geeignete Art zur Dokumentation und Pflege eines Capability-Modells. Auch Tabellen in Textverarbeitungen lassen sich grundsätzlich zur Erfassung von Capabilities nutzen. Hierbei gibt es ähnliche Möglichkeiten und Einschränkungen wie bei den Tabellenkalkulationen, wobei Letztere deutlich flexiblere Funktionen für Ergänzungen, Filterungen usw. bieten.

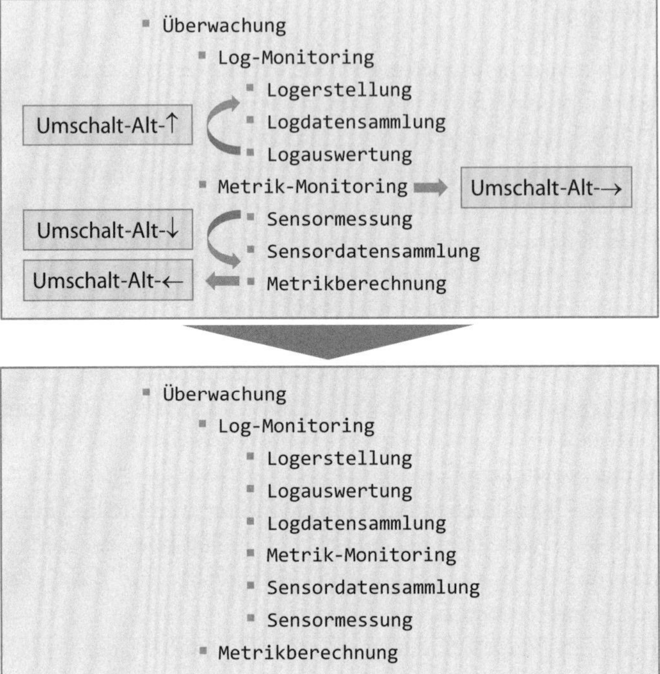

Abb. 8–9: Editieren von Capabilities mit verschachtelten Aufzählungen

Mindmap-Werkzeuge

Mindmap-Werkzeuge dienen dem Zweck, Gedanken und Themen zu erfassen, zu strukturieren und in Beziehung zueinander zu setzen. Ähnlich wie bei verschachtelten Aufzählungen lässt sich eine Mindmap dazu nutzen, die Hierarchie von Capabilities zu erfassen. Ausgehend vom Wurzelknoten in der Mitte verästeln sich die Ebenen des Capability-Modells in alle Richtungen nach außen. Der Pfad von einem äußeren Knoten (Blattknoten) in Richtung Wurzel entspricht der Navigation in die jeweils übergeordnete Capability.

Anmerkung. Mathematisch betrachtet ist ein Capability-Modell ein Wurzelbaum. Die Wurzel repräsentiert das Gesamtmodell. Sie ist im engeren Sinne keine Capability bzw. keine Fähigkeit, sondern bündelt die Capabilities auf der obersten Ebene. (Aus Gründen der graphentheoretischen Konsistenz könnte der Wurzelknoten auch als Gesamt-Capability – also als Gesamtfähigkeit des Unternehmens – betrachtet werden.)

Abbildung 8–10 zeigt ein Beispiel für ein Capability-Modell als Mindmap, das mit der freien, allerdings nicht mehr weiterentwickelten Software *FreeMind* erstellt wurde [24].

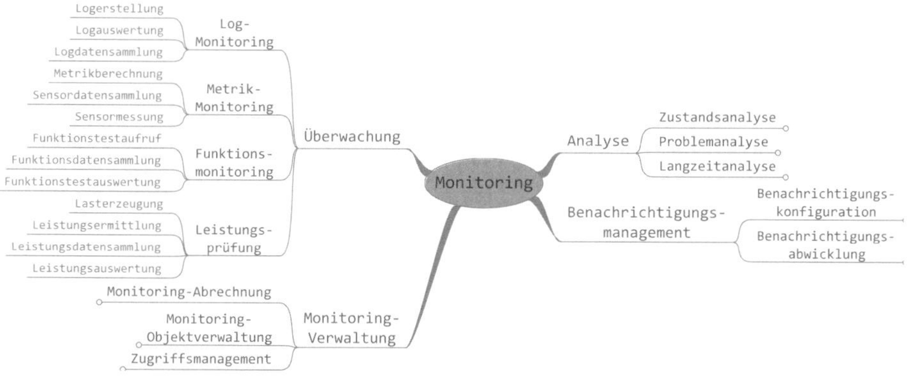

Abb. 8–10: Ein Capability-Modell als Mindmap

Wer die Nutzung von Mindmap-Software gewohnt ist, kann damit effizient Capability-Modelle dokumentieren bzw. strukturieren. Sofern das jeweilige Mindmap-Werkzeug dies anbietet, lassen sich neben dem Modell an sich auch weitere Informationen per Tagging, Farbgebung usw. darstellen. Beispiele sind Kategorisierungen von Capabilities (vgl. Abschnitt 3.2) oder Priorisierungen.

Teil IV

Anhang

A Ausgewählte Objekt- und Beziehungstypen

Kapitel 3 hat in Abschnitt 3.1 eine Reihe typischer Unternehmenselemente eingeführt, die sich sinnvoll mit Capabilities in Beziehung setzen lassen. Zweck dieser Objekt- und Beziehungstypen ist es vor allem, den relevanten Bearbeitungskontext abzubilden und die in Kapitel 5 definierten Anwendungsfälle zu unterstützen. Wie in Abschnitt 7.2 beschrieben, können zudem einige der Objekttypen zur Identifizierung benötigter Capabilities dienen. Das vorliegende Kapitel bietet eine systematische und detaillierte Betrachtung der Objekt- und Beziehungstypen.

Formal gesehen beschreibt diese Aufstellung von Elementen und Zusammenhängen Ausschnitte eines Metamodells von Objekt- und Beziehungstypen. Der Anspruch ist hier allerdings nicht, ein vollständiges und konsistentes Gesamt-Metamodell zur Repräsentation eines Unternehmens zu definieren. Mit der umfassenden und systematischen Modellierung ganzer Unternehmen beschäftigt sich die Disziplin der Unternehmensmodellierung, wie beispielsweise in [75] definiert. Die Ausführungen hier beschränken sich auf Elemente, die für die Anwendungsfälle relevant sind bzw. einen Bezug zu Capabilities haben.

Anmerkungen Es ist möglich und empfehlenswert, die nachfolgenden Abschnitte zu einzelnen Objekttypen gezielt nach Interesse und Bedarf zu lesen. Eine vollständige, lineare Lektüre ist nicht erforderlich. Übersprungene Objekt- und Beziehungstypen können auch nachträglich konsultiert werden, wenn diese beispielsweise später für Anwendungsfälle relevant sind. Die Abschnitte sind in alphabetischer Reihenfolge der Objekttypen sortiert und stellen keine Gewichtung dar.

A.1 Beschreibung der Objekt- und Beziehungstypen

Die folgenden Abschnitte betrachten jeweils einen Objekttyp und mögliche Beziehungstypen zwischen diesem Objekttyp und Capabilities. Als Notation kommen UML-Klassendiagramme zum Einsatz. Alle betrachteten Beziehungstypen sind zweistellig. Sie sind ungerichtet, da eine Richtung für die konzeptionelle Betrachtung nicht relevant ist. Zum Verständnis zeigt (wie in UML üblich) das kleine

Richtungsdreieck die Leserichtung des Beziehungstyps an. Als Konvention steht auf der linken Seite immer der Objekttyp Capability und rechts dementsprechend der jeweils andere Objekttyp.

Verwandte Begriffe. Vor der Betrachtung der eigentlichen Beziehungstypen erfolgt zur Einordnung eine kurze Beschreibung verwandter Begriffe (z.B. Synonyme) des jeweiligen Objekttyps, die in der Praxis in Unternehmen nicht selten anzutreffen sind.

Beispiele. Zur Illustration der Beziehungstypen ist jeweils mindestens ein Beispiel für miteinander in Beziehung gesetzte Capabilities und Objekte angegeben. Die Beispiele dienen dem Verständnis des jeweiligen Beziehungstypen und sind daher einfach gehalten. Zudem sind die Beispiele bewusst unterschiedlich gewählt, um die inhaltliche Bandbreite von Capability-Modellen zu verdeutlichen.

Attribute. Der Unterabschnitt »Attribute« enthält eine Auflistung von möglichen Beziehungsattributen, die die jeweiligen Beziehungen bei Bedarf um weitere, hilfreiche Angaben erweitern können, die über die reine Information des Vorhandenseins der Beziehung zwischen den Objekten hinausgeht. Die Beschreibung der Attribute erfolgt rein verbal ohne Angabe von formalen Datentypen. Bei einigen Attributen ist die Möglichkeit zur Angabe mehrerer Werte denkbar bzw. sinnvoll. Diese mehrfach belegbaren Attribute sind mit hinten angefügten eckigen Klammern (»[ ]«) markiert. Fehlt diese Markierung, so ist die Angabe maximal eines Wertes sinnvoll.

Die Auflistungen der Attribute sind nicht als abschließend zu betrachten, sondern stellen Hinweise dar, welche Arten von zusätzlichen Informationen die jeweilige Beziehung zwischen einer Capability und dem anderen Objekttyp detaillierter beschreiben können. Man muss diese Attribute nicht unbedingt nutzen, weder einzeln noch alle zusammen. Ob diese (oder noch weitere) Angaben erforderlich sind und wenn ja, in welcher konkreten Form, muss je nach Anwendungskontext im Einzelfall entschieden bzw. festgelegt werden. In einigen Fällen sind Attribute definiert, die auch als eigene Objekttypen aufzufassen sind bzw. denen im Rahmen dieses Buchs tatsächlich ein eigener Abschnitt mit Betrachtung als separater Objekttyp gewidmet ist. In solchen Fällen könnte (bzw. müsste) statt eines Attributs eigentlich ein dreistelliger Beziehungstyp modelliert werden, um ein »sauberes« Meta- bzw. Informationsmodell zu erhalten. Um die Beschreibung von Beziehungen zwischen Capabilities und Objekttypen jedoch möglichst einfach zu halten, sind nur jeweils zweistellige Beziehungstypen mit Attributen definiert.

A.2 Anforderungen

Anforderungen definieren einen Bedarf in Bezug auf die Beschaffenheit, die Ausprägung oder ganz allgemein die Eigenschaften eines bestimmten Objekts, auf das sich die Anforderungen beziehen. So kann beispielsweise eine Anforderung an die Benutzeroberfläche einer Applikation deren Barrierefreiheit sein. Als Anforderung an eine bestimmte Schnittstelle zwischen zwei Applikationen könnte festgelegt werden, dass ihre Aufrufe nicht blockierend sein sollen.

In der Software- bzw. Systementwicklung lassen sich Anforderungen grob in fachliche und technische Anforderungen unterteilen sowie in funktionale und nicht funktionale. Außer für Applikationen bzw. Software lassen sich Anforderungen grundsätzlich für eine Vielzahl informationstechnischer oder anderweitiger Objekte im Unternehmen definieren. Beispielsweise könnte für das neu zu errichtende Fabrikgebäude die Anforderung bestehen, dass die verwendeten Baumaterialien eine gewisse Feuerwiderstandsklasse besitzen müssen. Analog lassen sich auch für Capabilities Anforderungen definieren, die für ihre Umsetzung gelten sollen.

Das Management von Anforderungen ist eine wichtige Disziplin in der Gestaltung komplexer Systeme, zu denen insbesondere auch Softwaresysteme, IT- oder ganze Unternehmensarchitekturen gehören. Das Anforderungsmanagement im Kontext der Softwareentwicklung ist Gegenstand des ISO-Standards 29148 [36] sowie zahlreicher weiterer Veröffentlichungen. Das Thema des Anforderungsmanagements kann an dieser Stelle nicht vertieft werden. Ich möchte auf Abschnitt 4.3 verweisen, der das Thema Business- und Anforderungsanalyse im Kontext der Business Capabilities näher beleuchtet.

Verwandte Begriffe. Anforderungen können aus ganz verschiedenen Quellen stammen. Neben den individuellen, unternehmensspezifischen Anforderungen (z.B. aus der Strategie oder Richtlinien abgeleitet) sind beispielsweise Gesetze, Verordnungen und Regularien eine wichtige Quelle von Anforderungen. Bei der folgenden Aufzählung werden diese Quellen nicht im Sinne verwandter Begriffe mit aufgeführt.

Funktionale Anforderung (FA) – Eine funktionale Anforderung (an eine Software) beschreibt ein gewünschtes Verhalten, d.h. eine benötigte Funktion oder Funktionalität. Dass z.B. in einem Banksystem Überweisungen mit einem Betrag über einer festgelegten Summe x eine spezielle Prüfroutine durchlaufen müssen, ist ein typisches Beispiel für eine funktionale Anforderung. Da Capabilities die von einem Unternehmen benötigten Fähigkeiten sind, etwas zu tun, lässt sich eine Capability als spezielle Art der funktionalen Anforderung verstehen.

Nicht funktionale Anforderung (NFA) – Nicht funktionale Anforderungen beschreiben nicht eine gewünschte Funktionalität oder ein gewünschtes Verhalten als solches, sondern die Art und Weise, wie etwas erfolgen soll. In Bezug auf Software können dies insbesondere Qualitätsmerkmale (wie z.B. Benutzbarkeit, Effizienz u.Ä.) sein [35]. Ein typisches Beispiel für eine nicht funktionale Anforderung ist die maximal zulässige Antwortzeit der Benutzeroberfläche. Auch Compliance-Anforderungen sind häufig nicht funktionale Anforderungen.

Fachliche Anforderung – Eine fachliche Anforderung definiert einen Bedarf aus (rein) fachlicher Perspektive, ohne dabei (zu starken) Bezug auf Technologien oder Umsetzungsdetails zu nehmen. Ein Beispiel für eine fachliche Anforderung ist »Rechnungsbeträge < 5 EUR werden nicht im aktuellen Monat fakturiert, sondern in den nächsten Rechnungslauf übertragen«.

Technische Anforderung – Zielen Anforderungen auf gewünschte technische Eigenschaften einer Lösung ab, so lässt sich dies in Abgrenzung zu fachlichen Anforderungen als technische Anforderungen bezeichnen. Die Anforderung »Die Schnittstelle muss eine Transportverschlüsselung vom Typ TLS 1.2 nutzen« ist ein Beispiel für eine technische Anforderung.

Beziehungstyp zur Anforderung. In diesem Abschnitt ist ein hilfreicher Beziehungstyp zwischen Capabilities und Anforderungen definiert.

Beziehungstyp 1: `Capability` ◀ gestellt an Realisierung von `Anforderung`

Dieser Beziehungstyp zeigt auf, welche Anforderungen an die Realisierung einer Capability bestehen.

Beispiel. Eine Anforderung an die Realisierung der Capability `Auftrag stornieren` könnte sein, dass eine Stornierung nur bis zu drei Tage vor der Auftragsausführung möglich sein soll. Abbildung A–1 zeigt das Metamodell für den Beziehungstyp 1.

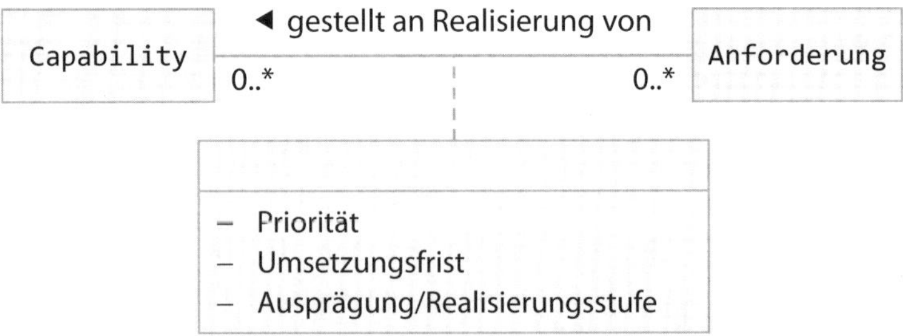

Abb. A–1: `Capability` ◀ gestellt an Realisierung von `Anforderung` (Metamodell)

Attribute. Die folgende Aufzählung beschreibt mögliche Attribute des Beziehungstyps:

Priorität – Wenn die Priorität nicht für die Anforderung an sich gilt, sondern sich möglicherweise je Capability unterscheidet, kann eine Zuordnung der Priorität zur Verknüpfung von Capability und Anforderung erfolgen. (Andernfalls wäre die Priorität eine Eigenschaft der Anforderung selbst.) Sinnvoll sind hier z.B. Stufen wie »kann«, »soll«, »muss« und »darf nicht«. Letzteres drückt explizit aus, dass etwas *nicht* umgesetzt werden darf.

Umsetzungsfrist – Wenn für die Umsetzung der Anforderung in Bezug auf die Capability eine Umsetzungsfrist gilt – z.B. aufgrund von gesetzlichen Vorgaben – dann lässt sich diese Frist an die Beziehung anhängen. Auch hier gilt, dass die Umsetzungsfrist eine Eigenschaft (und somit ein Attribut) der Anforderung ist, sofern die Frist über alle Capabilities hinweg gleichermaßen gilt.

Ausprägung/Realisierungsstufe – Ähnlich wie beim Beziehungstyp 37 (`Capability` ◀ adressiert Realisierung von `Ziel`) (vgl. Anhang A.24) lässt sich mit diesem Attribut angeben, in welcher Ausprägung bzw. zuvor festgelegter Realisierungsstufe eine Anforderung an eine Capability umgesetzt werden soll.

A.3 Applikationen

Die Applikation stellt ein zentrales Element der IT-Landschaft von Unternehmen dar, da sie ein wesentlicher technischer »Container« von fachlicher Funktionalität ist. Applikationen sind der Aufhänger für viele andere Elemente im Unternehmen. Beispielsweise kümmert sich eine Entwicklungsabteilung um die (Weiter-)Entwicklung einer spezifischen Applikation, ein Dienstleister übernimmt den Betrieb einer Applikation, oder ein eigener Budgetposten in der Finanzplanung ist für die Lizenzkosten einer bestimmten Applikation vorgesehen.

Verwandte Begriffe. Die folgende Aufzählung führt zur begrifflichen Einordnung und Abgrenzung einige verwandte Begriffe der Applikation auf:

System – Der Begriff »System« wird oftmals synonym zu »Applikation« genutzt. Wenn man die Begriffe abgrenzen möchte, dann kann man System als ein fachlich unspezifisches, technisches System (z.B. ein Active Directory Verzeichnisdienst, ein E-Mail-System, ein Datensicherungssystem o.Ä.) verstehen, während eine Applikation eine fachlich spezifische Anwendung bezeichnet, also z.B. eine CRM- oder ERP-Applikation. In manchen Unternehmen ist ein System ein übergeordneter Begriff zu Applikation, mit dem eine Anzahl fachlicher Applikationen zu einem Verbund zusammengefasst wird. Welche Definition man auch immer wählt, es sollte Einigkeit herrschen, ob »System« ein echtes

Synonym von »Applikation« ist oder ob die beiden Begriffe Unterschiedliches bezeichnen (und wenn ja, was).

Informationssystem – Auch das »Informationssystem« kann man als Synonym zur Applikation oder zum System auffassen. Dem allgemeinen Systembegriff ist hier noch der Informationsbegriff vorangestellt, was die Bedeutung des zusammengesetzten Wortes dahingehend präzisiert, dass es sich um ein System handelt, das Informationen speichert bzw. verarbeitet.

Anwendung – In der Regel ist »Anwendung« ein Synonym von Applikation. Möchte man diese beiden Begriffe voneinander abgrenzen, so sollte man die Unterschiede klar definieren (und dokumentieren). Anwendung ist allerdings auch die Substantivierung des Verbs »anwenden«, kann also als Begriff auch dafür stehen, dass etwas angewendet (genutzt) wird.

App – Der Begriff der »App« entstand als Abkürzung von »Applikation« und bezeichnet hauptsächlich kleinere Anwendungen für Mobilgeräte (z.B. auf Android- oder iOS-Telefonen). Zunehmend findet der Begriff auch für Anwendungen auf weiteren Endgeräten und Betriebssystemen Verwendung, z.B. auf Windows-PCs oder in den sogenannten Infotainmentsystemen von Kraftfahrzeugen.

IT-Service – Im Kontext des IT-Service-Managements (z.B. gemäß ITIL) steht der »IT-Service« als zentrales Element für verschiedene Arten von Diensten, die mithilfe von Informationstechnologie erbracht werden und die es während ihres Lebenszyklus systematisch zu unterstützen und zu managen gilt [2]. Auch eine fachliche Applikation lässt sich als eine wesentliche Art von IT-Service auffassen; beide Begriffe werden dementsprechend häufig synonym verwendet.

Beziehungstypen zur Applikation. Es folgt eine Beschreibung typischer Beziehungstypen zwischen den Objekttypen Capability und Applikation.

Beziehungstyp 2: `Capability` ◄ unterstützt `Applikation`

Eine Applikation unterstützt (realisiert, implementiert) eine Capability, d.h., sie stellt die Fähigkeit komplett oder teilweise IT-technisch nutzbar zur Verfügung.

Beispiel. Eine CRM-Applikation »Mein CRM« (z.B. in Form einer Standardsoftware) unterstützt verschiedene Capabilities wie z.B. `Kundenstammdatenmanagement`, `Kundenkampagnenmanagement` und `Kundenkontakthistorienverwaltung`. Eine zweite Applikation »AMS« hingegen unterstützt die Capabilities `Auftragserfassung`, `Auftragsprüfung`, `Auftragsverwaltung` und `Auftragsdelegation`. Somit handelt es sich bei der Applikation »AMS« offenbar um eine Auftragsmanagementapplikation.

Dies ist ein wesentlicher Beziehungstyp, mit dem die Funktionalitäten von Applikationen auf Basis eines Capability-Modells in Sinne einer *funktionalen Bebauung* systematisch beschrieben werden können. Er dient als Basis für den Anwendungsfall der funktionalen Bebauung, der Gegenstand von Abschnitt 5.4 ist. Abbildung A–2 zeigt das Metamodell für den Beziehungstyp 2.

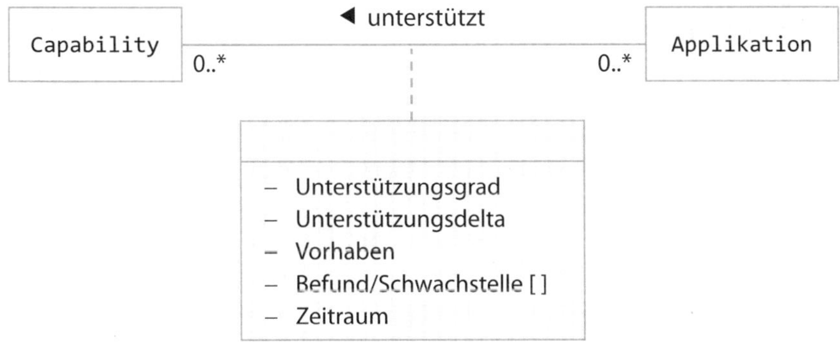

Abb. A–2: `Capability` ◀ unterstützt `Applikation` (Metamodell)

Attribute. Die folgende Aufzählung beschreibt mögliche Attribute des Beziehungstyps:

Unterstützungsgrad – Statt der einfachen Ja-Nein-Logik (= existierende Beziehung oder nicht) lassen sich differenziertere (prozentuale oder andere) Abstufungen der funktionalen Abdeckung angeben. Damit kann der Grad der Unterstützung dokumentiert werden, wenn Applikationen nur Teile von Capabilities realisieren. Dies kann ein Attribut des Beziehungstyps sein.
Sinnvoll sind hier z.B. prozentuale Angaben in Stufen (z.B. 25%, 50%, 75%, 100%). Eine genauere Angabe ist in der Regel kaum sinnvoll, da ansonsten eine Präzision nahegelegt würde, die nicht vorhanden ist. Was würde es z.B. bedeuten, dass eine Applikation 43,6% einer Capability implementiert?
Eine einfachere Möglichkeit ist die Differenzierung zwischen vollständiger und teilweiser Unterstützung, sodass es dann drei Werte gibt: »vollständig«, »teilweise« und »nicht«, wobei Letzteres kein Attributwert wäre, sondern sich durch das Nichtvorhandensein der Beziehung zwischen Capability und Applikation ausdrücken würde.

Unterstützungsdelta – Wenn man neben einer quantitativen Angabe des Unterstützungsgrads die Unterstützung qualitativ näher beschreiben möchte, so kann man hier im Sinne eines Deltas beschreiben, welche Anteile einer Fähigkeit in der Applikation fehlen oder worin Einschränkungen bestehen. Ein Beispiel wäre »Vorhandensein der Fähigkeit nur für Geschäfts-, aber nicht für Privatkunden«. **Anmerkung:** Stellt man bei der Befüllung des Unterstützungsdeltas fest, dass sich bei nahezu jeder Capability detaillierte Beschreibungen von Abweichungen ergeben, so kann das auch ein Hinweis auf ein zu grobes bzw. nicht ausreichend kohärentes Capability-Modell sein.

Vorhaben – Durch welches Vorhaben wurde oder soll die Unterstützung herbeigeführt werden? Für Vorhaben gibt es einen eigenen Objekttyp, den Anhang A.22 betrachtet. Möglich ist hier also auch ein dreistelliger Beziehungstyp zwischen Capability, Applikation und Vorhaben.

Befund/Schwachstelle [ ] – Sind Schwachstellen (oder allgemein Bewertungen) in Bezug auf die Unterstützung einer Capability durch eine Applikation bekannt, so lassen sich diese als Beziehungsattribut beschreiben. Für solche Bewertungen ist ein separater Objekttyp `Befund` definiert (siehe Anhang A.5). Auch hier ist ggf. statt eines Beziehungsattributs für den Befund ein dreistelliger Beziehungstyp sinnvoller.

Zeitraum – Eine sinnvolle Anreicherung dieses Beziehungstyps ist eine zeitliche Einordnung zur Unterscheidung, ob eine Applikation die Capability zum aktuellen Zeitpunkt unterstützt, nicht mehr oder noch nicht unterstützt. Damit wird neben dem Istzustand auch ein Blick in die Vergangenheit zur Historisierung sowie ein Blick in die Zukunft zur Planung ermöglicht.

Beziehungstyp 3: `Capability` wird angewendet auf ▶ `Applikation`

Dieser Beziehungstyp drückt aus, dass eine Applikation Gegenstand der Anwendung bzw. Nutzung einer oder mehrerer Capabilities ist.

Beispiele. Wenn eine technisch orientierte Capability, wie z.B. `Datensicherung`, für verschiedene Applikationen genutzt wird, lässt sich dieser Umstand mit dem Beziehungstyp zum Ausdruck bringen. Im Umkehrschluss gilt dann für alle Applikationen, die nicht in Beziehung zur Capability `Datensicherung` stehen, dass für diese keine Datensicherung ausgeführt wird. Weitere Capabilities, die typischerweise auf Applikationen angewendet bzw. für diese genutzt werden, sind beispielsweise `Systemüberwachung`, `Softwareentwicklung` oder `Systemwartung`.

Dieser Beziehungstyp stellt in gewissem Sinne ein Gegenstück zum Beziehungstyp 2 (`Capability` ◀ unterstützt `Applikation`) dar. Letzterer drückt aus, welche Applikationen selbst (aktiv) welche Capabilities realisieren bzw. IT-technisch unterstützten. Bei dem hier beschriebenen Beziehungstyp 3 (`Capability` wird angewendet auf ▶ `Applikation`) ist die Applikation ein passives Element, d.h., sie ist Gegenstand der Anwendung einer Capability, die auf welche Weise auch immer (z.B. durch eine andere Applikation) realisiert wird. Das Metamodell des Beziehungstyps 3 zeigt Abbildung A–3.

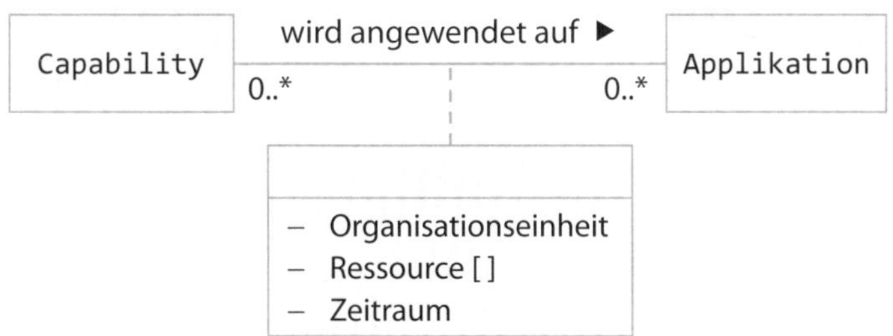

Abb. A–3: Capability wird angewendet auf ▶ Applikation (Metamodell)

Attribute. Die folgende Aufzählung beschreibt mögliche Attribute des Beziehungstyps:

Organisationseinheit – Mit diesem Attribut lässt sich ausdrücken, welche Organisationseinheit die Capability auf die jeweilige Applikation anwendet, also z.B. eine Datensicherung für eine Applikation durchführt. Die Organisationseinheit wird als eigener Objekttyp in Anhang A.12 behandelt. (Als eigener Objekttyp betrachtet, ergäbe sich eine dreistellige Beziehung zwischen Capability, Applikation und Organisationseinheit.)

Ressource [ ] – Wenn für die Anwendung einer Capability auf eine Applikation spezielle Ressourcen zum Einsatz kommen, können diese als Attribut ergänzt werden. Analog zur Organisationseinheit wird die Ressource auch als eigenständiger Objekttyp betrachtet (siehe Anhang A.17).

Zeitraum – Dieses Attribut erlaubt die Präzisierung der Zuordnung auf einen bestimmten Zeitraum, um aktuelle, vergangene und zukünftige Zustände unterscheiden zu können.

A.4 Auswirkungen

Jede Aktivität und jedes Ereignis in einem Unternehmen hat eine Auswirkung. Auswirkungen konnen ganz unterschiedlicher Natur sein und alle Arten von Unternehmenselementen direkt oder indirekt betreffen. Beispielsweise können ein erstelltes Dokument oder eine erfolgte Bestellung konkrete, greifbare Auswirkungen von Aktivitäten sein. Eine Auswirkung kann in ihrer Folge eine Ursache für weitere Auswirkungen und somit Teil einer Ursache-Wirkungs-Kette sein. Auswirkungen können erwünscht oder unerwünscht sein, ihre Ursachen bekannt oder unbekannt. Transparente Ursache-Wirkungs-Ketten helfen dabei, Abhängigkeiten zu erkennen.

Im Rahmen der Unternehmensentwicklung ist es von großer Bedeutung, sowohl die Auswirkungen aktueller Eigenschaften und Gegebenheiten (Handlungsweisen, Umsetzungen von Fähigkeiten usw.) der Ist-Unternehmensarchitektur zu kennen als auch die potenzieller Zukunftsszenarien. Die Ermittlung und Bewertung von Auswirkungen und Ursache-Wirkungs-Ketten ist eine wichtige Aufgabe im Rahmen der Entwicklung von Unternehmens- und IT-Architekturen.

Verwandte Begriffe. Der Begriff »Auswirkung« ist sehr allgemein und kann bei Bedarf durch eine Reihe verwandter Begriffe konkretisiert werden:

Resultat – Ein Resultat ist eine greifbare bzw. (diskret) beschreibbare Folge einer ausgeführten (oder unterlassenen) Handlung und lässt sich in diesem Sinne als Spezialisierung von »Auswirkung« verstehen.

Ergebnis – Der Begriff »Ergebnis« lässt sich als Synonym zu »Resultat« und somit als Spezialisierung von »Auswirkung« im Sinne einer greifbaren Auswirkung betrachten. Berechnungen und (mathematische bzw. programmierte) Funktionen haben Ergebnisse.

Effekt – Dieser Begriff ist ebenso generisch wie »Auswirkung« und lässt sich als Synonym betrachten.

Wirkung – Der Begriff ist hier als Synonym zu Auswirkung zu verstehen. Einen Unterschied gibt es allenfalls in Nuancen: Eine Wirkung fokussiert eher auf den Vorgang des Wirkens, wohingegen eine Auswirkung meist ein Resultat des Wirkens bezeichnet.

Outcome – Englischer Begriff für »Ergebnis« oder »Resultat«, das in der Beratersprache auch im deutschsprachigen Raum manchmal genutzt wird.

Impact – Immer häufiger anzutreffender Anglizismus für »Auswirkung«.

Mehrwert – Auch ein (zu erreichender) Mehrwert einer Aktivität ist eine Form von Auswirkung, wobei mit diesem Begriff stets eine positive Bewertung der Auswirkung verbunden ist.

Beziehungstyp zu Auswirkungen. Im Folgenden ist ein Beziehungstyp zwischen Capabilities und Auswirkungen definiert.

Beziehungstyp 4: `Capability` trägt bei zu ▶ `Auswirkung`

Dieser Beziehungstyp drückt aus, dass eine Capability bzw. die Nutzung der repräsentierten Fähigkeit eine Auswirkung hat bzw. zu dieser beiträgt. Erreichte Auswirkungen können konkrete, greifbare Resultate bzw. Ergebnisse sein.

Beispiele. Eine Capability `Brieffrankierung` hat als Auswirkung bzw. Ergebnis frankierte Briefsendungen.

Die Capability `Qualitätssicherung` wirkt sich so aus, dass das Unternehmen seine produzierten Waren mit einer garantierten Mindestqualität ausliefert. Eine passende Bezeichnung für diese Auswirkung wäre hier beispielsweise »qualitätsgesicherte Ware«.

Der Beziehungstyp 9 (`Capability` hat als Ergebnis ▶ `Informationsobjekttyp`) kann als Spezialisierung des hier definierten Beziehungstyps angesehen werden. Ersterer beschränkt die Auswirkung auf die Erstellung bestimmter Informationsobjekte. Abbildung A–4 zeigt das Metamodell des Beziehungstyps 4.

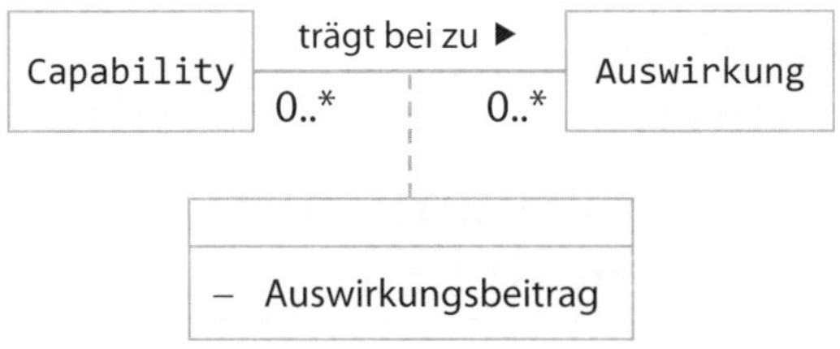

Abb. A–4: `Capability` trägt bei zu ▶ `Auswirkung` (Metamodell)

Die Bezeichnung »trägt bei zu« für den Beziehungstyp ist schwächer als »führt zu« oder einfach »hat«. Die beiden letztgenannten Bezeichnungen würden jedoch den Ausdruck eines nur partiellen Beitrags einer Capability zu einer Auswirkung nicht zulassen.

Attribute. Nachfolgend wird ein mögliches Attribut des Beziehungstyps beschrieben:

Auswirkungsbeitrag – Mit diesem Attribut lässt sich der Beitrag der Capability zur Auswirkung charakterisieren. Eine Capability kann beispielsweise die Auswirkung vollständig hervorrufen oder einen partiellen Beitrag leisten. Durch einen Aufzählungstyp mit den Werten »notwendig« und »unterstützend« ist die Unterscheidung möglich, ob eine Capability zwingend für das Eintreten einer Auswirkung ist oder ob sie die Auswirkung nur unterstützt bzw. verstärkt.

A.5 Befunde

Ein Befund repräsentiert eine diagnostische oder analytische Erkenntnis zu einem oder mehreren Untersuchungsobjekten. Ganz allgemein können Befunde eine negative oder auch positive Bewertung haben, müssen also nicht immer per se auf Schwachpunkte oder Probleme hinweisen, auch wenn der Begriff typischerweise negativ konnotiert verstanden wird. Im Rahmen einer SWOT-Analyse findet beispielsweise eine gezielte Suche nach Stärken des jeweiligen Untersuchungsgegenstandes mit anschließender Dokumentation statt [76]. Auch diese Stärken sind eine Form von Befunden. Nichtsdestotrotz sollen hier Befunde in erster Linie im Sinne von Schwachpunkten verstanden werden.

Hat man z.B. im Zuge einer Vorstudie in einem Unternehmen eine Analyse durchgeführt, dann kann eine Zusammenfassung der Erkenntnisse zu vorhandenen Schwachpunkten und Problemen in Form eines Katalogs von Befunden erfolgen. Jeder Befund dokumentiert dann einen bestimmten Schwachpunkt.

Verwandte Begriffe. Die folgenden Absätze führen zur begrifflichen Einordnung und Abgrenzung einige verwandte Begriffe von »Befund« auf:

Schwachpunkt – Ein Schwachpunkt ist ein Befund mit negativer Bewertung. Da hier ein Befund immer als Schwachpunkt aufgefasst werden soll, sind hier Befund und Schwachpunkt als synonym zu betrachten.

Schwachstelle – Synonym zu Schwachpunkt, siehe dort.

Schmerzpunkt – Synonym zu Schwachpunkt, siehe dort.

Problem – Synonym zu Schwachpunkt, siehe dort.

Stärke – Wie oben diskutiert, kann ein Befund grundsätzlich auch etwas Positives dokumentieren. Statt eines Schwachpunkts wäre das dann z.B. eine Stärke des Untersuchungsgegenstandes.

Risiko – Auch ein bestehendes Risiko lässt sich als eine Art von Befund auffassen (vgl. SWOT-Analyse).

Potenzial – Als weiteren Ergebnistyp betrachtet eine SWOT-Analyse Potenziale, die im positiven Sinne Möglichkeiten der Veränderung bzw. Verbesserung aufzeigen. Auch diese kann man als eine Form von Befunden verstehen.

Finding – Immer öfter wird im Unternehmensalltag der englischen Begriff »Finding« statt Befund genutzt, der insofern als Synonym zu betrachten ist.

Pain Point – In der Praxis immer häufiger anzutreffender Anglizismus als Synonym zu Schwachpunkt, siehe dort.

Beziehungstypen zum Befund. Dieser Abschnitt definiert verschiedene Beziehungstypen zwischen Capabilities und Befunden.

Beziehungstyp 5: `Capability` ◄ dokumentiert Schwachpunkt von `Befund`

Mit diesem Beziehungstyp wird ein Befund einer Capability zugeordnet, um einen Schwachpunkt bei der Realisierung der Capability zu dokumentieren.

Beispiel. Wenn die Analyse des Softwareentwicklungsprozesses eines Unternehmens ergibt, dass Softwarereleases oft später als geplant erfolgen und häufig fehlerbehaftet sind, dann könnte man diese beiden Schwachpunkte als Befunde der Capability `Softwarereleasemanagement` zuordnen. Auf diese Weise sind sie feiner zugeordnet als bei der alleinigen Zuordnung der Befunde zum Softwareentwicklungsprozess.

Ein Befund kann sich entweder direkt (und nur) auf eine Capability beziehen oder eine etwas breitere Definition besitzen und einen Schwachpunkt eines etwas größeren Kontexts erfassen. Abbildung A–5 zeigt das Metamodell für den Beziehungstyp 5.

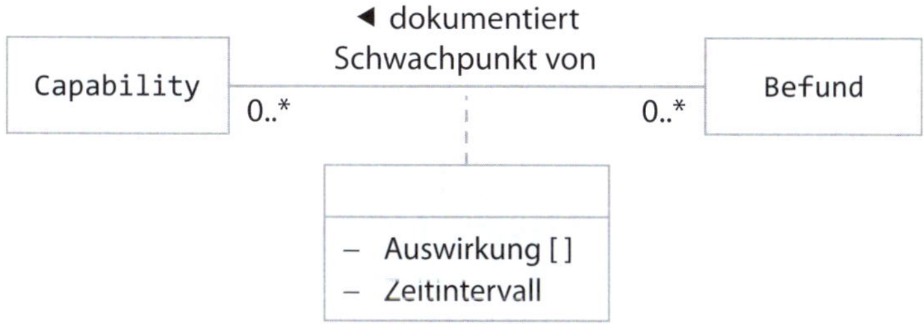

Abb. A–5: `Capability` ◄ dokumentiert Schwachpunkt von `Befund` (Metamodell)

Attribute. Die folgende Aufzählung beschreibt mögliche Attribute des Beziehungstyps:

Auswirkung [ ] – Wenn ein Befund Auswirkungen hat, die spezifisch für eine betroffene Capability sind, dann könnte diese Tatsache ein Beziehungsattribut erfassen. Bei einer umfangreicheren Betrachtung von Auswirkungen (von Befunden auf Capabilities und weitere Objekttypen) ist jedoch zu überlegen, die Auswirkungen separat als eigenen Objekttyp und nicht als bloßes Beziehungsattribut zu modellieren (siehe Anhang A.4). Zudem lassen sich auch Auswirkungen wiederum als Befunde (z.B. als Teil von Ursache-Wirkungs-Ketten) auffassen. Eine weitere Erörterung dieses Themas soll an dieser Stelle nicht erfolgen.

Zeitintervall – Dieses Attribut ergänzt eine zeitliche Gültigkeit eines Befundes für eine Capability. Dadurch lassen sich z.B. historische Zustände konservieren bzw. markieren.

Beziehungstyp 6: `Capability` ◄ wirkt sich aus auf `Befund`

Dieser Beziehungstyp drückt aus, dass ein Befund eine Auswirkung auf eine Capability hat.

Im Gegensatz zu dem zuvor definierten Beziehungstyp 5 (`Capability` ◄ dokumentiert Schwachpunkt von `Befund`) beschreibt diese Beziehung keinen Schwachpunkt der Realisierung einer Capability, sondern eine (direkte oder indirekte) Auswirkung eines Schwachpunkts auf die Capability.

Anmerkung. Mit dieser Beziehung und einer weiteren, reflexiven Folgt-aus-Beziehung zwischen Befunden lassen sich Ursache-Wirkungs-Ketten auf Capabilities beschreiben.

Beispiel. Für die Capability `Paketzählung` eines Paketlogistikers gibt es den Befund, dass die transportierten Pakete in bestimmen Fällen nicht korrekt gezählt werden. Wenn die Abrechnung für den Kunden von dem Ergebnis dieser Zählung abhängt, da dem Versender jedes tatsächlich zugestellte Paket einzeln berechnet werden soll, dann wirkt sich dieser Befund indirekt auch auf die Capability `Abrechnung` aus: Die falsche Anzahl von Paketen führt zu einem falschen Rechnungsbetrag und somit zu einer falschen Rechnung, auch wenn die Realisierung der Capability `Abrechnung` für sich genommen korrekt ist. Das Metamodell des Beziehungstyps 6 zeigt Abbildung A–6.

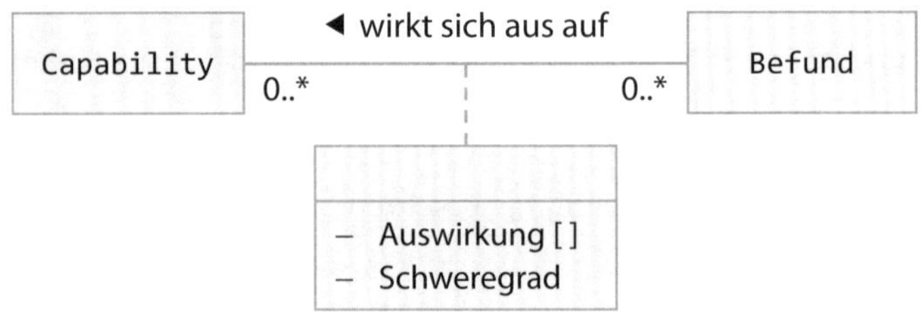

Abb. A–6: `Capability` ◀ wirkt sich aus auf `Befund` (Metamodell)

Attribute. Die folgende Aufzählung beschreibt mögliche Attribute des Beziehungstyps:

Auswirkung [ ] – Hier können die (direkten oder indirekten) Auswirkungen des Befundes auf die Capability näher beschrieben werden. Siehe auch das gleichlautende Attribut des Beziehungstyps 5 (`Capability` ◀ dokumentiert Schwachpunkt von `Befund`).

Schweregrad – Die Auswirkungen eines Befundes auf eine Capability können unterschiedlich schwerwiegend sein. Mit diesem Attribut lässt sich dieser Schweregrad angeben, indem z.B. eine Aufzählung mit Abstufungen zwischen »sehr gering« bis »sehr schwer« o.Ä. definiert wird. Dieses Attribut kann auch zur Markierung dienen, ob eine Capability so stark beeinträchtigt ist, dass die dazugehörige Fähigkeit dem Unternehmen de facto nicht mehr zur Verfügung steht, solange der Befund vorliegt.

A.6 Ereignisse

Als Ereignis wird etwas bezeichnet, das (erwartet oder unerwartet) stattfindet und sich sowohl zeitlich als auch von seinem Umfang her gut abgrenzen lässt. Bei der Softwareentwicklung nutzen Programmierer bzw. Entwicklungsframeworks typischerweise eine sehr feingranulare Definition von Ereignissen, wenn z.B. ein einzelner Mausklick als ein eigenständiges Ereignis betrachtet wird.

Ereignisse können unerwartet bzw. willkürlich (quasi zufällig) auftreten. Dies gilt beispielsweise für die Interaktionen eines Nutzers mit einer Software, die auf einzelne vom Benutzer ausgelöste Ereignisse (Mausbewegungen, Mausklicks, Tastatureingaben usw.) reagieren muss. Auftreten und Reihenfolge der Ereignisse hängen dabei von der Bedienung ab.

Auch größere Ereignisse wie Naturkatastrophen lassen sich nur bedingt vorhersagen. Es gibt jedoch auch Ereignisse, die sich exakt vorhersagen lassen, wenn sie z.B. wie der Jahreswechsel oder gesetzlich definierte Fristabläufe zeitlich fixiert sind. Nicht alle Ereignisse treten also unerwartet oder willkürlich auf.

Begrifflich ist ein Ereignis zunächst etwas Neutrales, d.h. ohne dazugehörige Bewertung der Ereignisfolgen als positiv oder negativ. Der Ereignisbegriff hat für Unternehmen an verschiedenen Stellen Bedeutung. Ein Beispiel ist das Risikomanagement, bei dem mögliche Ereignisse in Bezug auf ihre Eintrittswahrscheinlichkeit und ihre potenzielle Schadenswirkung untersucht werden. Beim *Business Continuity Management* (Betriebskontinuitätsmanagement) versucht ein Unternehmen, möglichst alle (äußeren und inneren) Ereignisse zu identifizieren und zu bewerten, die den Geschäftsbetrieb beeinträchtigen können, um passende Gegenmaßnahmen ergreifen zu können. Diese Gegenmaßnahmen sollen dazu dienen, die Eintrittswahrscheinlichkeit von Ereignissen zu mindern, ihre Auswirkungen zu reduzieren oder zumindest die verursachten Schäden möglichst schnell wieder beheben zu können.

Bei der Prozessmodellierung spielen Ereignisse eine große Rolle, da sie z.B. als Auslöser oder Ergebnis von Aktivitäten und Prozessen fungieren. Bei den sogenannten ereignisgesteuerten Prozessketten (EPK) stellen Ereignisse ein wesentliches Modellierungselement dar [79].

Verwandte Begriffe. Begrifflich wird oft nicht präzise zwischen Ereignissen und Ereignistypen oder Ereigniskategorien unterschieden, so auch nicht in diesem Buch. Bei der Definition von Maßnahmen im Rahmen des Business Continuity Management beispielsweise sind eigentlich zunächst Ereignistypen (z.B. der Ausfall der Stromversorgung) Gegenstand der Betrachtung, um dann auf konkrete Ausprägungen dieses Ereignistyps reagieren zu können. Ein an einem bestimmten Tag, zu einer bestimmten Uhrzeit, in einem bestimmten Abschnitt des Stromnetzes auftretender Stromausfall ist dann ein Ereignis dieses Typs.

Event – Dies ist der englische Begriff für »Ereignis«, der auch hierzulande immer häufiger Verwendung findet. Er ist hier synonym zu »Ereignis« zu verstehen. (Das Verständnis von Event als Veranstaltung spielt hier keine Rolle.)

Vorfall – Als Vorfall wird ein Ereignis bezeichnet, wenn es negative Folgen für ein Unternehmen hat oder haben kann. Das Eindringen eines Hackers in das Unternehmensnetz ist z.B. ein Sicherheitsvorfall. Ebenso lässt sich der Ausfall einer Applikation als Vorfall bezeichnen.

Incident – Der Begriff »Incident« ist das englische Wort für »Vorfall«. Im Unternehmenskontext wird er oft statt »Vorfall« im Rahmen des Incident-Managements (z.B. gemäß ITIL) verwendet, um Störungen und beeinträchtigende Vorfälle zu behandeln [2].

Störung – Auch eine Störung kann als eine Art von Ereignis aufgefasst werden, wenn z.B. eine Applikation beeinträchtigt ist und die durch die Applikation angebotenen Dienste gestört sind. Eine Störung kann jedoch auch den Zustand des Beeinträchtigt-Seins beschreiben.

Ereigniskategorie – Ereignistypen lassen sich weiter zu Ereigniskategorien gruppieren. Beispielsweise könnten die Ereignistypen »Vulkanausbruch«, »Sturmflut« und »Erdbeben« zu einer Ereigniskategorie »Naturkatastrophen« gehören. Im weiteren Sinne kann man auch Ereigniskategorien als grobgranulare Ereignisse auffassen, sodass die hier definierten Beziehungstypen sich auch für Ereigniskategorien anwenden lassen.

Beziehungstyp zum Ereignis. Es folgt die Beschreibung eines nützlichen Beziehungstyps zwischen Capabilities und Ereignissen (bzw. Ereignistypen).

Beziehungstyp 7: `Capability` ◄ wirkt auf `Ereignis`

Dieser Beziehungstyp zeigt auf, welche Ereignisse eine Auswirkung auf welche Capabilities haben.

Beispiel. Das Ereignis »Ausfall geschäftsrelevanter Banken« (z.B. im Zuge einer Bankenkrise) hat eine Auswirkung auf die Capability `Rechnungsbegleichung`, da diese ohne die Bank nicht mehr auf dem üblichen Wege der Überweisung umgesetzt werden kann.

Mit diesem Beziehungstyp lassen sich insbesondere die Auswirkungen von Ereignistypen auf kritische Capabilities im Zuge der Konzeption eines Business Continuity Management untersuchen bzw. darstellen. Abbildung A–7 zeigt das Metamodell für den Beziehungstyp 7.

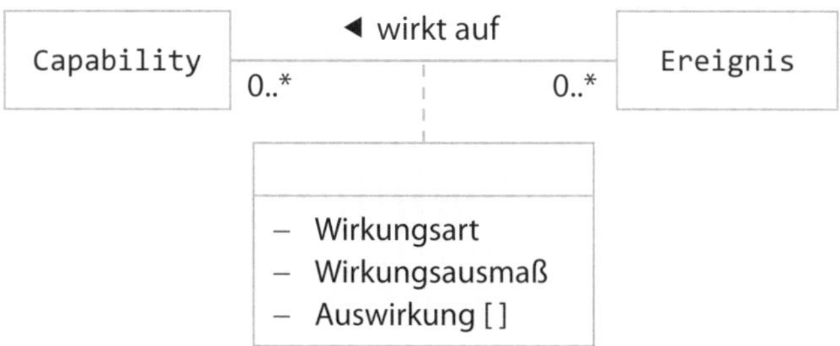

Abb. A–7: `Capability` ◄ wirkt auf `Ereignis` (Metamodell)

Attribute. Die folgende Aufzählung beschreibt mögliche Attribute des Beziehungstyps:

Wirkungsart – Mit einem solchen Attribut lässt sich die Art der Wirkung angeben. Für eine einfache Bewertung kann ein Aufzählungstyp mit den Werten »verbessert«, »verschlechtert« und »neutral« ausreichen. Damit kann eine grobe Kategorisierung erfolgen, ob die Auswirkung eines entsprechenden Ereignisses eher erwünscht oder unerwünscht ist. Andere, stärker differenzierte Definitionen der Wirkungsart sind denkbar.

Wirkungsausmaß – Hiermit lässt sich die Auswirkung quantitativ näher beschreiben, z.B. als Schweregrad bei der Betrachtung negativer Folgen. Denkbar sind hier etwa diskrete Werte wie »gering«, »mittel« und »hoch« oder auch numerische Werte, um z.B. einen finanziellen Schaden zu beziffern.

Auswirkung [ ] – Neben der Kategorisierung und der Quantifizierung kann ein solches Attribut die Auswirkungen qualitativ (z.B. verbal als Freitext) genauer beschreiben. Sind die Auswirkungen als eigener Objekttyp definiert (vgl. Anhang A.4), dann ergibt sich eine dreistellige Beziehung zwischen `Capability`, `Ereignis` und `Auswirkung`.

A.7 Informationsobjekttypen

Ein Informationsobjekt repräsentiert eine zusammengehörige, typisierte Menge an Informationen, die im Kontext des Unternehmens eine Bedeutung hat. Mit »typisiert« ist hier gemeint, dass ein Informationsobjekt gemäß einer zugehörigen Typdefinition ausgeprägt ist. Diese Typdefinition ist der Informationsobjekttyp. In der objektorientierten Programmierung würde man analog von Klasse als Typ und Objekten als Instanzen sprechen. Informationsobjekttypen sind oftmals aus Geschäftsobjekttypen abgeleitet und repräsentieren diese in digitaler Form (digitale Zwillinge). Ein Beispiel für einen Informationsobjekttyp ist `Kunde`, für den es in der Regel eine Vielzahl konkreter Informationsobjekte als Ausprägungen gibt.

Die Ausprägungen sind digitale Repräsentationen einzelner Kunden, z.B. »Schulze & Schultze GmbH« oder »Münchhausen AG«.

Daten und die damit digital repräsentierten Informationen haben eine herausragende Bedeutung für Unternehmen. Da bereits heute die meisten Capabilities eines Unternehmens mit IT unterstützt sind, geht ohne Daten nichts mehr. Die technologische Entwicklung ermöglicht die Speicherung von mehr und mehr Daten, sowohl was die reine Quantität der Daten angeht als auch die Vielfalt verschiedener Informationsobjekttypen. Die Welt des Informations- und Datenmanagements ist vielschichtig und komplex. Zur Vereinfachung betrachtet dieser Abschnitt nur das Informationsobjekt bzw. dessen Typisierung als konzeptionelles Konstrukt, bei dem es nicht um die technische Abbildung der Informationen geht.

Verwandte Begriffe. Die folgenden Absätze führen zur begrifflichen Einordnung und Abgrenzung einige verwandte Begriffe von »Informationsobjekttyp« auf:

Datenobjekttyp – Eine gängige Unterscheidung zwischen Informationen und Daten sieht Daten als digitale Repräsentation von Informationen. Daten haben für sich genommen keinen Wert, sondern sind nur Bits und Bytes. Um aus Daten Informationen zu gewinnen, ist eine Interpretationsvorschrift für die Daten erforderlich. Ein Datenobjekt lässt sich daher als die technische Abbildung eines Informationsobjekts betrachten. Im Unternehmensalltag ist die Unterscheidung der Begriffe nicht immer notwendig; in der Regel herrscht bei der Nutzung der Begriffe nicht unbedingt viel Präzision vor. So wird nicht zwischen Daten und Informationen unterschieden. Auch der Unterschied zwischen Typ und Instanz wird oftmals nicht beachtet. Es wird dann von »Informationsobjekten« gesprochen, wo eigentlich die Rede von »Informationsobjekttypen« sein müsste, denn es geht beispielsweise nicht um konkrete, einzelne Kunden (Ausprägungen), sondern um den Objekttyp `Kunde` im konzeptionellen Sinne.

Geschäftsobjekttyp – Ein Geschäftsobjekt ist eine reale Entität, die entweder dinglich oder ideell sein kann und die für das Unternehmen relevant ist. Ein Lieferfahrzeug, ein Schraubenschlüssel oder ein Tank voller Flüssiggas sind Beispiele für Geschäftsobjekte dinglicher Natur. Ein Kundenauftrag, eine Rechnungsposition oder eine Dienstleistung sind in erster Linie ideelle Geschäftsobjekte, für die es dingliche Repräsentationen geben kann, z.B. in Papierform. Das Geschäftsobjekt bezeichnet dabei ein reales Objekt und nicht dessen technische (digitale) Repräsentation.

Für alle Geschäftsobjekte gilt allerdings, dass sie durch eine oder auch mehrere Informationsobjekte als digitale Zwillinge elektronisch repräsentiert werden können. So könnte ein Geschäftsobjekt z.B. ein physischer Behälter zum Transport von Waren sein. Wenn dieser Behälter informationstechnisch erfasst ist oder werden soll, dann wäre dies ein digitaler Zwilling in Form eines Informationsobjekts. Auch ein reales Fahrzeug lässt sich beispielsweise durch ein Informationsobjekt repräsentieren, in dem man die Fahrzeugidentifikationsnummer, das Fahrzeugmodell, seine Ausstattung, das Produktionsdatum usw. speichert. Es kann mehrere Informationsobjekttypen zur Repräsentation von Fahrzeugen geben. Einen Informationsobjekttyp könnte ein Fahrzeughändler nutzen, um z.B. Attribute wie Lieferzeit, Preis usw. zu speichern. Einen weiteren Informationsobjekttyp könnte eine Kunden-App nutzen, die für ein Fahrzeug Attribute wie verbleibender Batterieladestand oder Tankinhalt, KM-Stand und das letzte Navigationsziel nutzt.

Auch den Begriff des Geschäftsobjekttyps verwenden manche Unternehmen synonym zu Informations- oder Datenobjekttyp. Solange sich alles auf der konzeptionellen Ebene abspielt, ist das nicht unbedingt bedenklich. Relevant wird die Unterscheidung, wenn es gilt, die rein geschäftlichen Aspekte von den technischen Aspekten zu trennen und dafür eine saubere Abgrenzung der Begriffe erforderlich ist.

Entität – Eine Entität ist ein allgemeiner Begriff und steht für ein abgegrenztes bzw. abgrenzbares Objekt mit Unternehmensbezug. Eine Entität kann sowohl real als auch digital ausgeprägt sein. Digital ausgeprägt ist eine Entität z.B. Teil von Entity-Relationship-Modellen [8]. Wenn die Absicht besteht, den Begriff zu nutzen, sollte es dafür im jeweiligen Kontext eine klare Definition geben.

Unternehmenselement – Ein Unternehmenselement ist ein abgrenzbarer Bestandteil eines Unternehmens. Letztlich sind alle in diesem Kapitel definierten Objekttypen Repräsentationen für Unternehmenselemente. Zudem gibt es eine Vielzahl weiterer Unternehmenselemente, für die sich digitale Zwillinge in Form von Informationsobjekttypen definieren ließen, wenn Bedarf für eine informationstechnische Betrachtung bzw. Repräsentation besteht. Ein Unternehmenselement kann in einem engeren Sinne als zum Unternehmen selbst gehörendes Geschäftsobjekt verstanden werden. In diesem Sinne wäre z.B. ein Lieferant zwar ein Geschäftsobjekt, aber kein Unternehmenselement (oder nur ein »externes« Element).

Beziehungstypen zum Informationsobjekttyp. Für die folgenden beiden Beziehungstypen ist eine gemeinsame Betrachtung sinnvoll.

Beziehungstyp 8: `Capability` hat als Eingabe ▶ `Informationsobjekttyp`

Mit diesem Beziehungstyp wird ausgedrückt, dass eine Capability eine (oder mehrere) Instanz(en) des jeweiligen Informationsobjekttyps als Eingabe benötigt, um die zugehörige Fähigkeit zu realisieren.

Beziehungstyp 9: `Capability` hat als Ergebnis ▶ `Informationsobjekttyp`

Dieser Beziehungstyp repräsentiert die Eigenschaft einer Capability, dass sie eine (oder mehrere) Instanz(en) des jeweiligen Informationsobjekttyps als Ergebnis erzeugt.

Beispiel. Gegeben sei die Capability `Rechnungserstellung`, die die Fähigkeit repräsentiert, eine Rechnung zu erstellen. Für das Beispiel soll angenommen werden, dass das fragliche Unternehmen Produkte an Kunden zu Preisen verkauft, die speziell mit dem Kunden vereinbart sind. Um eine Rechnung zu erstellen, bedarf es also einer Liste der an den Kunden gelieferten Produkte (im Sinne eines Warenkorbs), einer kundenspezifischen Preisliste sowie natürlich der Angabe des betreffenden Kunden. So könnten also diese drei Informationsobjekttypen (`Warenkorb`, `Kundenpreisliste` und `Kunde`) als Eingaben für die `Rechnungserstellung` mit dem Beziehungstyp 8 (`Capability` hat als Eingabe ▶ `Informationsobjekttyp`) spezifiziert werden. Als Ergebnis (»Ausgabe«) von `Rechnungserstellung` würde der Informationsobjekttyp `Rechnung` mithilfe des Beziehungstyps 9 (`Capability` hat als Ergebnis ▶ `Informationsobjekttyp`) festgelegt werden.

Je nach Anwendungsfall ist es zumeist (wie im Beispiel) ausreichend, die wichtigsten Informationsobjekttypen anzugeben, die als Eingabe erforderlich sind bzw. das Ergebnis der Capability darstellen. Für eine detaillierte Spezifikation von technischen Funktionen als Vorbereitung für die Entwicklung von Softwaremodulen sind Capabilities nur bedingt geeignet.

Die beiden Beziehungstypen lassen sich zur näheren Beschreibung von Capabilities in Bezug auf deren Informationsbedarf bzw. ihr Ergebnis im Sinne erzeugter Informationen nutzen. Versteht man die beiden oben definierten Beziehungstypen als Teil der Spezifikation einer Capability, so erhält diese einen noch stärkeren funktionalen Charakter und rückt in die Nähe von tatsächlichen (programmiertechnischen) Funktionen, die aus typisierten Eingaben definierte Ausgaben erzeugen. Abbildung A–8 zeigt das Metamodell für die Beziehungstypen 8 und 9.

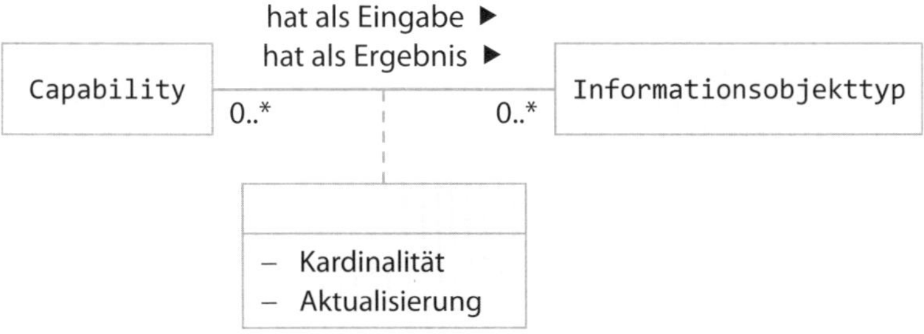

Abb. A–8: `Capability` hat als Eingabe/hat als Ergebnis ▶ `Informationsobjekttyp` (Metamodell)

Bezüglich der Kardinalitäten ließe sich diskutieren, ob die Mindestanzahl auf beiden Seiten des Beziehungstyps nicht jeweils 1 sein müsste, denn es stellen sich die folgenden Fragen: Kann es wirklich Capabilities geben, die weder eine Ein- noch eine Ausgabe haben? Kann es Informationsobjekttypen geben, die von keiner einzigen Capability als Eingabe benötigt oder als Ergebnis erzeugt werden?

Attribute. Die folgende Aufzählung beschreibt mögliche Attribute des Beziehungstyps:

Kardinalität – Hiermit lässt sich bei Bedarf angeben, wie viele Objektinstanzen des jeweiligen Informationsobjekttyps die Capability benötigt bzw. verarbeiten kann oder erzeugt. Wenn ein Informationsobjekttyp optional als Eingabe benötigt oder als Ergebnis erzeugt wird, könnte hier eine Kardinalität »0..n« stehen.

Aktualisierung – Mit diesem Attribut ist die Angabe möglich, ob die Capability auf den betreffenden Informationsobjekttyp nur lesend zugreift oder ihn auch verändert. Dieses Attribut ist nur für den Beziehungstyp 8 (`Capability` hat als Eingabe ▶ `Informationsobjekttyp`) sinnvoll, denn eine Ausgabe wird ohnehin entweder neu erstellt oder entsteht durch Aktualisierung einer Eingabe. An dieser Stelle sei der Hinweis erlaubt, dass die Sichtweise hier tatsächlich eine objektorientierte ist. Zu einer rein funktionalen Sicht (im Sinne funktionaler Programmierung) passt sie nicht, da dort durch die Eigenschaft der referenziellen Transparenz ohnehin keine Änderungen an Eingaben möglich wären.

Beziehungstyp 10: `Capability` nutzt ▶ `Informationsobjekttyp`

Als Verallgemeinerung der Beziehungstypen 8 (`Capability` hat als Eingabe ▶ `Informationsobjekttyp`) und 9 (`Capability` hat als Ergebnis ▶ `Informationsobjekttyp`) beschreibt dieser Beziehungstyp die Nutzung eines Informationsobjekttyps durch eine Capability, ohne dabei die Art und Weise der Nutzung schon durch den Beziehungstyp festzulegen.

Beispiel. Die Capability `Tankstellensuche` zum Auffinden einer passenden Tankstelle für ein Kraftfahrzeug nutzt die folgenden Informationsobjekttypen:

`Fahrzeug` – Das aufzutankende Fahrzeug. Abhängig vom Motor bzw. der Antriebstechnik kommen nur Tankstellen infrage, die den passenden Energieträger (z.B. Dieselkraftstoff) im Angebot haben.

`Fahrzeugstandort` – Der Standort des Fahrzeugs, das (nach möglichst kurzem Fahrweg bis zur Tankstelle) aufgetankt werden soll.

`Tankstellennetz` – Das Netz an Tankstellen, aus denen eine passende Tankstelle herausgesucht werden soll.

Je nach gewünschtem oder benötigtem Detailgrad können für die Suche weitere Informationsobjekttypen wie z.B. die Uhrzeit (Öffnungszeiten) oder akzeptierte Zahlungsmittel einer Tankstelle relevant sein. Abhängig vom Anwendungskontext ist hier eine Abgrenzung zu einem detaillierten Softwareentwurf bzw. der Definition von aufrufbaren Serviceoperationen zu treffen. Für eine grobe Beschreibung der Informationsnutzung von Capabilities reicht die Angabe der wesentlichen Informationsobjekttypen in der Regel aus, ohne dass eine Genauigkeit wie bei der Spezifikation von Applikationsfunktionen erforderlich ist. Aufgrund der Ähnlichkeit mit den Beziehungstypen 8 (`Capability` hat als Eingabe ▶ `Informationsobjekttyp`) und 9 (`Capability` hat als Ergebnis ▶ `Informationsobjekttyp`) sei für die nähere Beschreibung ergänzend auch auf diese verwiesen. Abbildung A–9 zeigt das Metamodell für den Beziehungstyp 10.

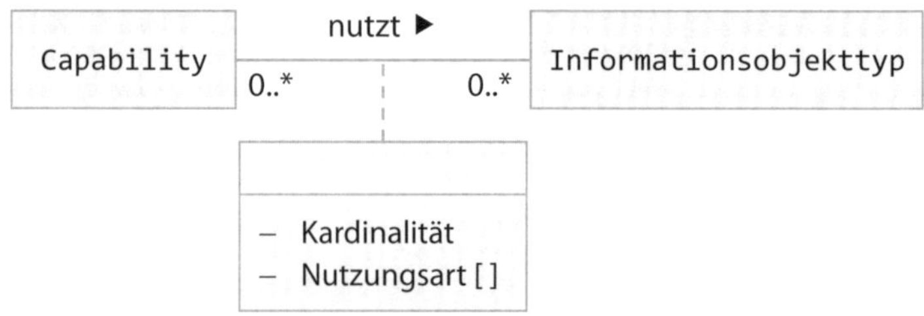

Abb. A–9: `Capability` nutzt ▶ `Informationsobjekttyp` (Metamodell)

Attribute. Die folgende Aufzählung beschreibt mögliche Attribute des Beziehungstyps:

Kardinalität – Hiermit kann bei Bedarf die Angabe erfolgen, wie viele Objektinstanzen des jeweiligen Informationsobjekttyps die Capability nutzt.

Nutzungsart [ ] – Mit diesem Attribut kann spezifiziert werden, in welcher Weise die Capability auf Objekte des betreffenden Informationsobjekttyps zugreift. Denkbar ist hier z.B. die Angabe einer (oder mehrerer) der sogenannten CRUD-Operation(en). Das Akronym »CRUD« steht für »Create« (Erstellen), »Read« (Lesen), »Update« (Aktualisieren) und »Delete« (Löschen).

A.8 IT-Infrastrukturkomponenten

Eine IT-Infrastrukturkomponente ist eine (virtuelle oder physische) informationstechnische Gerätschaft, wie z.B. ein Server, ein Router, eine Firewall oder ein Storage-System. Ohne IT-Infrastrukturkomponenten ist keine Software, keine fachliche Applikation lauffähig. IT-Infrastrukturkomponenten sind Teil der technischen Architektur und somit auf der untersten der typischen Architekturebenen angesiedelt. Zumindest für dieses Buch sind die IT-Infrastrukturkomponenten die Objekttypen mit der stärksten technischen Prägung und als Bestandteil der Infrastruktur am weitesten weg von der Fachlichkeit. Es ist im Zusammenhang mit Capabilities kaum erforderlich, die technische Infrastruktur noch detaillierter zu modellieren.

Verwandte Begriffe. Die folgende Aufzählung führt zur begrifflichen Einordnung und Abgrenzung einige verwandte Begriffe der IT-Infrastrukturkomponente auf:

Konfigurationselement (»Configuration Item«) – Als Konfigurationselement wird in der Regel ein Eintrag in einer Konfigurationsdatenbank (»Configuration Management Data-Base« – kurz »CMDB«) bezeichnet, und diese Einträge repräsentieren IT-Infrastrukturelemente.

Hardware – Hardware bezeichnet die physischen Gerätschaften der Informationstechnologie, die zur Verarbeitung von Daten (Berechnen, Speichern, Übertragen usw.) dienen und manchmal umgangssprachlich als »Blech« bezeichnet werden. IT-Infrastrukturkomponenten sind in der Regel Hardware, sofern sie nicht virtualisiert sind.

Gerät – Als Synonym für die etwas sperrige Bezeichnung »IT-Infrastrukturkomponente« könnte schlicht der Begriff »Gerät« verwendet werden. Server, Appliances, Switches, Router usw. lassen sich allesamt als spezielle Arten von Geräten bezeichnen. Allerdings ist der Gerätebegriff sehr generisch, da er allgemein nicht nur elektronische Geräte, sondern jegliche Art von Gerätschaft (wie z.B. Gartengeräte) umfasst.

Beziehungstypen zur IT-Infrastrukturkomponente. Ein typischer Beziehungstyp zwischen den Objekttypen Capability und IT-Infrastrukturkomponente ist im Folgenden aufgeführt.

Beziehungstyp 11: `Capability` läuft auf ▶ `IT-Infrastrukturkomponente`

Eine Capability im Sinne einer Funktionalität wird durch IT realisiert und läuft auf einer oder mehreren IT-Infrastrukturkomponenten.

Beispiel. Die Fähigkeit `Auftragsmanagement` könnte in einer fachlichen Applikation implementiert sein, die auf einem bestimmten Server ausgeführt wird. Dieser Server als IT-Infrastrukturkomponente steht dann mit der Capability in der »läuft auf«-Beziehung. Ebenso könnte die Beziehung die Gegebenheit abbilden, dass eine technisch ausgeprägte Capability wie `Datenarchivierung` auf einer bestimmten Backup-Appliance läuft.

Dieser Beziehungstyp ist in der Praxis schwierig bzw. aufwendig zu erfassen, denn Capabilities, die in größeren Applikationen realisiert sind, laufen oft auf einer Vielzahl einzelner IT-Infrastrukturkomponenten, die zur Applikation gehören. Noch schwieriger wird die Erfassung und Zuordnung der IT-Infrastrukturkomponenten im Fall von Virtualisierung (z.B. mit virtuellen Maschinen oder Containern), da dann noch eine zusätzliche Indirektion besteht, bevor man auf die Ebene des tatsächlichen »Blechs« kommt. Fast hoffnungslos wird das Unterfangen, wenn Capabilities mithilfe von Public-Cloud-Diensten umgesetzt werden, denn hier besteht so gut wie keine Transparenz über die vom Cloud-Dienstleister eingesetzten IT-Infrastrukturkomponenten. Doch in der Regel ist diese auch nicht erforderlich. Vor der tatsächlichen Verwendung dieses Beziehungstyps sollte daher eine Prüfung stattfinden, ob der Nutzen in Relation zum Aufwand der Erfassung hoch genug ist.

Ein Thema, bei dem dieser Beziehungstyp sinnvoll einsetzbar sein kann, ist die Notfallwiederherstellung (»Disaster Recovery«): Für bestimmte kritische Capabilities lässt sich damit darstellen, welche IT-Infrastrukturkomponenten zu deren Funktionsfähigkeit benötigt werden und daher besonders schützenswert sind, sodass die Anforderung besteht, sie im Falle eines Desasters besonders schnell wiederstellen zu können. Abbildung A–10 zeigt das Metamodell für den Beziehungstyp 11.

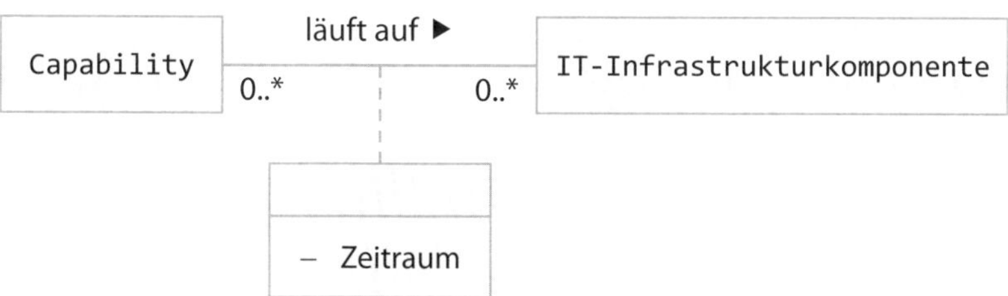

Abb. A–10: `Capability` läuft auf ▶ `IT-Infrastrukturkomponente` (Metamodell)

Attribute. Der folgende Aufzählungspunkt beschreibt ein mögliches Attribut des Beziehungstyps:

Zeitraum – Zur Historisierung bzw. Planung kann die Ergänzung von Zeitangaben (Intervalle) nützlich sein, zu denen die Zuordnung zwischen Capability und IT-Infrastrukturkomponente gilt.

A.9 Kanäle

In der Informationstheorie ist ein Kanal ganz allgemein ein Übertragungsweg für Information. Im Folgenden soll der Begriff ähnlich breit verwendet werden: Ein Kanal stellt einen Weg für ein Unternehmen dar, mit der Außenwelt zu kommunizieren, um z.B. mit Kunden, Lieferanten oder anderen externen Partnern zu interagieren. Ausprägungen von Kanälen können z.B. das Web, Telefonie, SMS, mobile Apps o.Ä. sein. Kanäle können u.a. die verwendeten Kommunikationstechnologien (z.B. Mobilfunk, Satellitentelefonie, Kabelnetz) unterscheiden oder die verschiedenen Arten repräsentieren, wie Endgeräte bzw. der Kommunikationspartner zu erreichen sind (z.B. Webanwendung, mobile App, Telefon, persönlicher Kontakt). Kanäle müssen nicht immer technisch ausgeprägt sein.

Eine konsistente Definition aller für das Unternehmen relevanten Kanäle ist nicht immer einfach, denn schnell vermischen sich Aspekte wie Übertragungstechnologie, Art der Endgeräte oder Clients, Übertragungsprotokolle, Anwendungen oder auch örtliche und organisatorische Aspekte. Eine weiter gehende Betrachtung von Kanälen und Möglichkeiten zu ihrer systematischen Kategorisierung würde den Rahmen an dieser Stelle sprengen. Statt den Definitionsversuch einer vollständig konsistenten Systematik für Kanäle zu wagen, kann die einfache Frage, welche verschiedenen Kommunikationswege das Unternehmen unterscheiden sollte, hilfreich sein. Dies ermöglicht z.B. die Zusammenfassung verschiedener technischer Kommunikationswege zu einem Kanal, wenn diese logisch stets gleich behandelt werden. Oder technisch gleichartige Kanäle werden in mehrere logische Kanäle aufgeteilt, wenn außer der Basistechnologie die Verwendung der Kanäle vollkommen unterschiedlich ist. So könnte es beispielsweise einen SMS-Kanal zur Übermittlung von Einmalpasswörtern (*One-Time Passwords* – OTPs) im Rahmen einer Zwei-Faktor-Authentifizierung für das interne Personal geben und einen anderen für die Kundschaft zur Teilnahme an Gewinnspielen.

Verwandte Begriffe. Die folgenden Absätze führen zur begrifflichen Einordnung und Abgrenzung einige verwandte Begriffe von »Kanal« auf:

Kontaktpunkt – Soll ein Kontaktpunkt nicht als Synonym zu einem Kanal betrachtet werden, so lässt er sich stattdessen als (End-)Punkt oder Ort definieren, an dem eine Interaktion mit dem Kunden stattfindet. So kann z.B. das Internet ein Kontaktpunkt sein, ein Automat oder eine Filiale vor Ort, die ein Kunde besuchen kann. Werden beide Begriffe unterschieden, so lässt sich im Sinne einer n:m-Beziehung definieren, welche Kanäle an welchen Kontaktpunkten angeboten werden.

Vertriebskanal – Ein Vertriebskanal ist ein Kanal, der zum Vertrieb genutzt wird. Dieser ist als technischer Kanal im obigen Sinne zu verstehen oder aber stärker als Vertriebsweg (z.B. Direktvermarktung vs. Verkauf via Großhändler o.Ä.).

Kundenschnittstelle – Eine Kundenschnittstelle bezeichnet einen Kanal zur Interaktion mit Kunden, der unterschiedlich ausgeprägt sein kann, z.B. als Chatbot oder via soziale Medien. Der hier verwendete Begriff der Schnittstelle unterscheidet sich somit von den in Anhang A.19 betrachteten, technischen Schnittstellen zwischen Applikationen.

Beziehungstyp zum Kanal. Folgender Beziehungstyp zwischen Capability und Kanal ist eine sinnvolle Verknüpfung.

Beziehungstyp 12: `Capability` angeboten über ▶ `Kanal`

Dieser Beziehungstyp beschreibt, welche Kanäle welche Capabilities nach außen für die Nutzung durch definierte Akteure zur Verfügung stellen.

Beispiel. Die Capability `Auftragserfassung` kann ein Unternehmen über verschiedene Kanäle anbieten, z.B. via Webanwendung, mobile App oder auch vor Ort über ein Ladengeschäft (Filiale), wobei bei Letzterem ein Mitarbeiter in der Filiale die Aufträge von Kunden entgegennimmt. Abbildung A–11 zeigt das Metamodell für den Beziehungstyp 12.

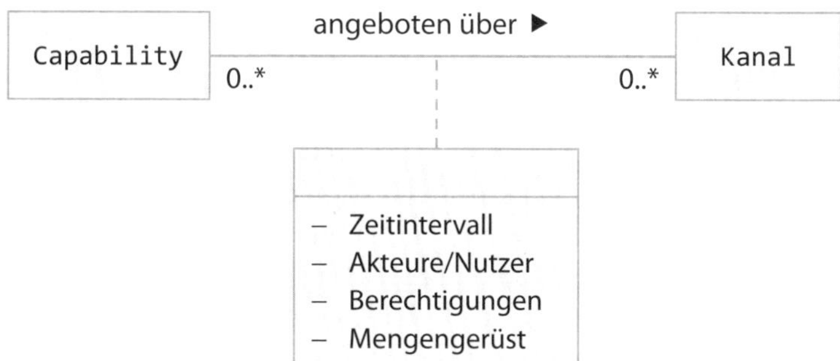

Abb. A–11: `Capability` angeboten über ▶ `Kanal` (Metamodell)

Attribute. Die folgende Aufzählung beschreibt mögliche Attribute des Beziehungstyps:

Zeitintervall – Dieses Attribut kann die zeitliche Gültigkeit des Angebots von Capabilities über einen Kanal eingrenzen, um z.B. zukünftig zu realisierende Kanäle von bereits vorhandenen oder historischen abzugrenzen.

Akteur/Nutzer [ ] – Dieses Attribut kann spezifizieren, wer die Capability über den jeweiligen Kanal nutzt bzw. nutzen kann. Akteure könnten z.B. Kunden, Behörden oder interne Mitarbeiter sein.

Berechtigung [ ] – Je Kanal sind u.U. verschiedene Berechtigungen (oder Einschränkungen) vorhanden, die Capability über den Kanal zu nutzen, die man mit einem Beziehungsattribut je Paar von Kanal und Capability spezifizieren kann.

Mengengerüst – Mit einem solchen Attribut kann man erfassen, welche Mengen an Transaktionen (ggf. differenziert nach Nutzungszeiten) zur Verwendung einer Capability über den jeweiligen Kanal zu rechnen ist bzw. worauf der Kanal technisch auszulegen ist.

A.10 Kompetenzen

Der Begriff der Kompetenz lässt sich zum einen als Entscheidungs- oder Gestaltungshoheit verstehen, wie sie einer Rolle in einem Unternehmen für bestimmte, inhaltlich abgegrenzte Regelungsbereiche zugewiesen wird. So hat beispielsweise die Rolle des IT-Chefarchitekten die Richtlinienkompetenz in Fragen der IT-Architekturrichtlinien. Dies ist eine Entscheidungskompetenz. Zum anderen ist Kompetenz ein Synonym für das Können oder die Fertigkeit im Sinne dessen, was ein Mensch oder Mitarbeiter aufgrund seiner Ausbildung, Qualifikation und Erfahrung in der Lage ist, fachgerecht zu tun. Dies entspricht einer Fachkompetenz.

Im Folgenden soll der Begriff Kompetenz in dieser zweiten Bedeutung der Fachkompetenz verwendet werden.

Während eine Capability eine Fähigkeit eines Unternehmens ist, kann der Begriff der Kompetenz als Fähigkeit eines Menschen bzw. des Personals verstanden werden. Dem Personal eines Unternehmens kommt eine herausragende Bedeutung zu: Ein Geschäftsmodell mit seinen Produkten und Dienstleistungen kann noch so vielversprechend sein; ohne kompetentes Personal ist es nicht möglich, es zum Erfolg zu führen. Insofern spielt die Kompetenz der Mitarbeiter in Bezug auf die vom Unternehmen benötigten Capabilities eine große Rolle: Die Realisierung von Fähigkeiten des Unternehmens hängt (auch) entscheidend von den dazu notwendigen Mitarbeiterkompetenzen ab.

Verwandte Begriffe. Die folgenden Absätze führen zur begrifflichen Einordnung und Abgrenzung einige verwandte Begriffe von »Kompetenz« auf:

Fachkompetenz – Wie oben beschrieben, ist der Begriff der Fachkompetenz (eines im Unternehmen tätigen Menschen) hier als Synonym von »Kompetenz« zu verstehen.

Entscheidungskompetenz – Der Begriff der Entscheidungskompetenz bedeutet, dass jemand (eine Person, ein Gremium o.Ä.) die Macht hat, bestimmte Entscheidungen zu treffen. Diese Art von Kompetenz ist für die hier definierten Beziehungstypen nicht gemeint.

Skill – Dieser Anglizismus ist immer häufiger als Synonym für die Kompetenz oder Fertigkeit von Mitarbeitern zu hören. Oft werden hier noch sogenannte »Soft Skills« abgegrenzt, die sich auf die sozialen Kompetenzen eines Menschen beziehen (statt auf rein fachliche).

Fertigkeit – Der Begriff der Fertigkeit lässt sich synonym sowohl zu Kompetenz als auch zu Fähigkeit verstehen, wobei der Fokus bei Fertigkeit eher auf praktischen Aspekten liegt, wie z.B. in der Ausprägung einer »Kunstfertigkeit«.

Ausbildung – Eine Ausbildung dient einem Menschen der Erlangung von fachlichen (oder anderweitigen) Kompetenzen. In den unterschiedlichen Branchen und Fachgebieten gibt es spezialisierte Berufsausbildungen. Neben diesen stärker praktisch bzw. auf die Ausübung eines bestimmten Berufes orientierten Berufsausbildungen kann man auch Studiengänge an Hochschulen und Universitäten als Ausbildungen ansehen.

Qualifikation – Der Begriff der Qualifikation hat eine ähnliche Bedeutung wie Kompetenz, formalisiert diese Bedeutung jedoch stärker. Das bedeutet, dass für eine Qualifikation ein (wie auch immer gearteter und von wem auch immer zertifizierter) Abschluss oder Nachweis erforderlich ist. Für eine Vielzahl von Tätigkeiten sind (gesetzlich vorgeschriebene) Qualifikationen erforderlich. Beispielsweise darf jemand nur als Rechtsanwalt tätig werden, wenn die betreffende Person die entsprechenden formalen Qualifikationen (wie u.a. ein abgeschlossenes Jurastudium) erfolgreich erworben hat.

Beziehungstyp zur Kompetenz. Ein nützlicher Beziehungstyp zur Verknüpfung von Capabilities und Kompetenzen ist nachfolgend definiert.

Beziehungstyp 13: `Capability` benötigt ▶ `Kompetenz`

Dieser Beziehungstyp beschreibt den Umstand, dass eine Capability eine menschliche Fertigkeit zu ihrer Realisierung benötigt.

Beispiel. Die Capability `Bilanzprüfung` erfordert die menschliche Kompetenz eines Wirtschaftsprüfers. Das Beispiel kann man einerseits so verstehen, dass die Bilanzprüfung so komplex ist, dass sie sich nur mit menschlicher Hilfe erledigen und nicht (vollständig) automatisieren lässt. Andererseits lässt sich damit ausdrücken, dass die formale Qualifikation des Wirtschaftsprüfers notwendig ist.

Ebenso wie eine Capability möglicherweise bestimmte materielle Ressourcen (vgl. Beziehungstyp 25 (`Capability` nutzt zur Realisierung ▶ `Ressource`) in Anhang A.17) oder Informationen (siehe Beziehungstyp 8 (`Capability` hat als Eingabe ▶ `Informationsobjekttyp`) in Anhang A.7) benötigt, kann sie auch menschliche Kompetenzen erfordern, damit die durch sie repräsentierte Fähigkeit realisiert werden kann. Abbildung A–12 zeigt das Metamodell für den Beziehungstyp 13.

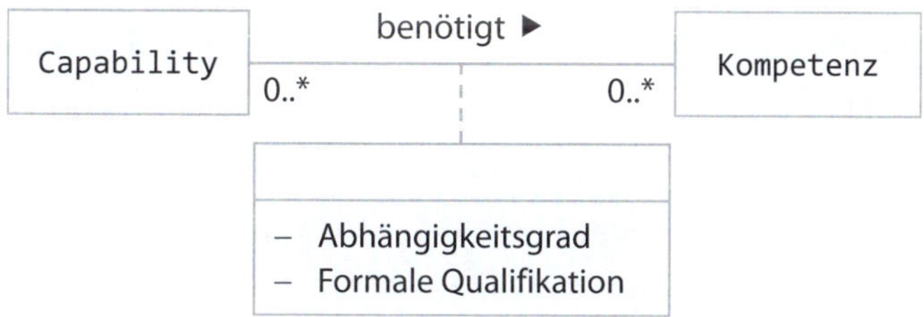

Abb. A–12: `Capability` benötigt ▶ `Kompetenz` (Metamodell)

Attribute. Die folgende Aufzählung beschreibt mögliche Attribute des Beziehungstyps:

Abhängigkeitsgrad – Mit diesem Attribut kann die Angabe erfolgen, wie hoch der Abhängigkeitsgrad der Capability-Realisierung von der jeweiligen Kompetenz ist. Denkbar ist hier die Angabe von Abhängigkeitsstufen wie »zwingend« und »optional«, um unterscheiden zu können, ob eine Kompetenz zwingend erforderlich ist oder nicht.

Formale Qualifikation – Dieses Attribut kann dazu dienen, die Erfordernis einer formalen Qualifikation (z.B. als Rechtsanwalt, Handwerksmeister, Facharzt) anzugeben. Im einfachsten Fall wäre dies eine Ja-Nein-Angabe, ob die durch die Kompetenzangabe repräsentierte formale Qualifikation erforderlich ist oder nicht.

A.11 Marktprodukte

Ihre Marktprodukte haben für Unternehmen eine herausragende Bedeutung, denn mit diesen erzielen sie ihren Umsatz. Entwicklung, Produktion und Vermarktung ihrer Marktprodukte sind für Unternehmen zentrale Aufgaben. Marktprodukte können materieller Art sein, wie z.B. Kleidung, Automobile, Maschinen oder Spielzeug. Ebenso können Marktprodukte auch Dienstleistungen sein, also eine immaterielle Natur haben. Auch Kombinationen sind möglich. Ein Beispiel könnte ein Kombiprodukt aus einem Fahrrad als dinglichem Erzeugnis und einem jährlichen Werkstattservice für das Fahrrad als Dienstleistung sein.

Verwandte Begriffe. Die folgende Aufzählung enthält zur weiteren Einordnung einige mit dem Begriff »Marktprodukt« verwandte Termini:

Dienstleistung – Eine Dienstleistung ist zunächst eine immateriell erbrachte Leistung. Als Marktprodukt verstanden ist es ein nicht dingliches Produkt, d.h. ein immaterielles Gut. Eine Dienstleistung muss nicht unbedingt ein Marktprodukt des jeweiligen Unternehmens sein, wenn es sich z.B. um intern erbrachte (nicht vermarktete) Dienstleistungen handelt oder wenn es die Leistung eines anderen Unternehmens ist, die das Unternehmen selbst in Anspruch nimmt.

Service – Der Begriff »Service« ist mehrdeutig, da er in vielen verschiedenen Kontexten mit jeweils spezifischer Bedeutung Verwendung findet. So kann ein Service z.B. ein Synonym für Dienstleistung sein, was zu dem hier betrachteten Begriff des Marktprodukts passt. Ebenso gibt es jedoch auch diverse andere Verwendungen, z.B. als »Webservice« für eine von außen aufrufbare Funktion einer Applikation. Im Sinne des IT-Service-Managements kann ein Service synonym zu einer gesamten Applikation oder zu einem technischen Dienst sein, die jeweils als »Service« betrieben und gewartet werden. In manchen Unternehmen ist ein Service eine Zusatzleistung, die nur in Kombination mit dem Hauptprodukt angeboten wird. Beispiel ist der Transport eines Pakets, für den sich als Zusatzleistung eine Abholung oder die Zustellung zu einer bestimmten Tageszeit hinzubuchen lässt. Beide Zusatzleistungen sind ohne den Pakettransport als Hauptprodukt nicht zu erbringen. Aufgrund der vielen Überladungen sollte man den Begriff »Service« sehr bedacht verwenden.

Produkt – Der Begriff »Produkt« kann zunächst als eine Kurzform für »Marktprodukt« zu verstehen sein. Ein Produkt kann jedoch auch allgemeiner als Ergebnis eines Prozesses verstanden werden. Verarbeitungs- oder Herstellungsprozesse können z.B. Zwischenprodukte zum Ergebnis haben, die für sich genommen noch keine vollständigen Marktprodukte sind.

Unter dem Begriff Produkt können auch technische Produkte im Sinne von Applikationen, Lösungen oder Technologien verstanden werden (vgl. Anhänge A.3 und A.21). In der agilen Entwicklung wird die zu erstellende Lösung als Produkt bezeichnet.

Angebot – Ein Angebot ist eine Offerte an einen potenziellen Abnehmer einer Leistung bzw. eines dinglichen Produkts. Umgangssprachlich wird der Begriff des Angebots auch synonym zu »Marktprodukt« verwendet.

Beziehungstyp zum Marktprodukt. Der folgende Beziehungstyp eignet sich zur Verknüpfung von Capabilities und Marktprodukten.

Beziehungstyp 14: `Capability` ◀ benötigt zur Realisierung `Marktprodukt`

Mit diesem Beziehungstyp bringt man zum Ausdruck, dass ein Unternehmen bestimmte Fähigkeiten benötigt, um ein bestimmtes Marktprodukt »herstellen« und anbieten zu können.

Beispiel. Ein Automobilhersteller möchte in seinen Fahrzeugen digitale Dienstleistungen anbieten, z.B. eine Wettervorhersage für den jeweiligen Fahrzeugstandort oder das Finden eines Parkplatzes. Dafür sind verschiedene Fähigkeiten im Fahrzeug und an zentraler Stelle erforderlich, die sich mit diesem Beziehungstyp zuordnen lassen. Für das Finden eines Parkplatzes sind u.a. Capabilities wie `Fahrzeuglokalisierung` und `Parkplatzverwaltung` erforderlich. Die Wettervorhersage benötigt (neben weiteren) ebenfalls die `Fahrzeuglokalisierung` als Capability, jedoch nicht die `Parkplatzverwaltung`.

Handelt es sich bei einem Marktprodukt um eine Dienstleistung, dann kann eine einfache Annahme darin bestehen, dass das anbietende Unternehmen genau die Erbringung dieser Dienstleistung als Fähigkeit benötigt. Bietet ein Unternehmen beispielsweise die Dienstleistung »Gebäudereinigung« an, so kann daraus für das Capability-Modell – zumindest als erste, einfache Hypothese – eine gleichlautende Capability `Gebäudereinigung` abgeleitet werden. Die konkrete Modellierung hängt noch von anderen Faktoren ab, deren Erörterung an dieser Stelle zu weit führen würde. Abbildung A–13 zeigt das Metamodell für den Beziehungstyp 14. Die Annahme ist hier, dass ein Marktprodukt mindestens *eine* Capability für seine Realisierung benötigt. Umgekehrt lässt sich nicht jeder Capability ein spezielles Marktprodukt zuordnen, für das die Capability erforderlich ist.

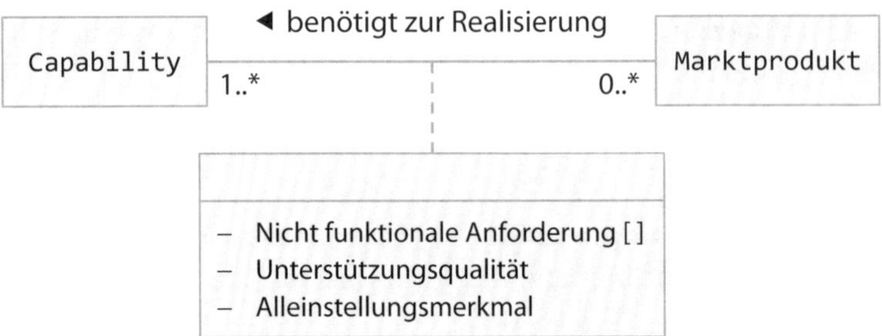

Abb. A–13: `Capability` ◄ benötigt zur Realisierung `Marktprodukt` (Metamodell)

Attribute. Die folgende Aufzählung beschreibt mögliche Attribute des Beziehungstyps:

Nicht funktionale Anforderung [ ] – Marktprodukte können sehr spezifische Eigenschaften besitzen, die für die Umsetzung benötigter Capabilities entsprechende Anforderungen implizieren. Mit diesem Attribut ist es möglich, nicht funktionale Anforderungen an die jeweilige Capability zu erfassen, die diese in der Realisierung erfüllen muss, um das Marktprodukt realisieren zu können. Ein Beispiel könnte ein Produkt für Menschen mit bestimmten körperlichen Einschränkungen sein, für das eine barrierefreie Realisierung der Capability `Kundenauftragserfassung` erforderlich ist. Die Barrierefreiheit könnte hier als nicht funktionale Anforderung erfasst werden. Dieses Attribut kann mehrfach ausgeprägt sein, wenn mehr als eine Anforderung angehängt werden soll. Sind Anforderungen durch einen separaten Objekttyp modelliert, so sollte statt eines Beziehungsattributs besser ein dreistelliger Beziehungstyp zum Einsatz kommen.

Unterstützungsqualität – Dieses Attribut kann für ein Marktprodukt und die dazu benötigte Capability angeben, wie gut (oder schlecht) die jeweilige Unterstützung (in der aktuellen Capability-Realisierung) ausgeprägt ist. Eine solche Angabe könnte die Unterstützungsqualität z.B. in mehreren Stufen von »sehr schlecht« bis »sehr gut« erfassen. Alternative, auch freitextliche Angaben zur Qualität der Unterstützung sind hier denkbar. Die Systematik der Qualitätsangabe kann sich je nach Bedarf bzw. Anwendungskontext gestalten.

Alleinstellungsmerkmal – Ist eine Capability, die zur Realisierung eines Marktprodukts notwendig ist, als Alleinstellungsmerkmal zu sehen, so ließe sich dies mithilfe eines Attributs markieren, um auf die besondere Wichtigkeit der Capability für das Marktprodukt hinzuweisen. Ein Beispiel könnte eine Capability `Propellerausrichtung` sein, die implizit als Dienstleistung bei dem materiellen Produkt eines »Schiffspropellers« mit inbegriffen ist und die ansonsten kein anderes Unternehmen seinen Kunden bietet.

A.12 Organisationseinheiten

Eine Organisationseinheit ist ein Element der Aufbauorganisation eines Unternehmens. Dabei kann es sich um größere Legaleinheiten eines Konzerns wie z.B. eine Tochtergesellschaft handeln oder um einzelne Bereiche, Abteilungen und Arbeitsgruppen innerhalb einer Legaleinheit. Die Aufbauorganisation ist üblicherweise eine hierarchische Struktur und bildet das organisatorische Gerüst eines Unternehmens. Eine Organisationseinheit ist ein Element dieser hierarchischen Unternehmensstruktur. An die Aufbauorganisation werden u.a. die Definition von organisatorischen Funktionen, Positionen und Rollen sowie die disziplinarischen Verhältnisse innerhalb der Belegschaft geknüpft. Die Aufbauorganisation von Unternehmen mit den diversen Aspekten ihrer Entwicklung ist eine Disziplin für sich und Gegenstand wissenschaftlicher Untersuchungen, deren umfängliche Betrachtung an dieser Stelle nicht möglich ist [30].

Verwandte Begriffe. Die folgende Aufzählung setzt einige verwandte Begriffe zum Zwecke der Einordnung und Abgrenzung mit der »Organisationseinheit« in Bezug:

Organisation – Der Begriff der Organisation ist vielschichtig und hat eine Reihe verschiedener Bedeutungen. Im hier betrachteten Kontext ist eine Organisation als Überbegriff für Organisationseinheiten zu betrachten, mit der neben Wirtschaftsunternehmen im engeren Sinne auch andere Organisations- oder Rechtsformen wie Verbände, Vereine, NGOs, Universitäten, Behörden usw. erfasst werden.

Aufbauorganisation – Wie oben beschrieben, bezeichnet der Begriff der Aufbauorganisation die organisatorische Grundstruktur eines Unternehmens. Eine Organisationseinheit ist ein Bestandteil der Aufbauorganisation. In Abgrenzung dazu bezeichnet die Ablauforganisation im Wesentlichen die Prozesse und Abläufe des Unternehmens.

Gremium – Ein Gremium ist eine zweckgebundene und mit definierten Aufgaben, Verantwortlichkeiten und Mandaten versehene Organisationseinheit, die typischerweise nicht Teil der hierarchischen Linienorganisation ist und mit Vertretungen aus verschiedenen Organisationseinheiten der Linienorganisation besetzt ist.

Stabsstelle – Eine Stabsstelle ist in der Regel eine Organisationseinheit, die nicht Teil der organisatorischen Hierarchie ist, sondern einer anderen Organisationseinheit oder einer Führungsposition zur Unterstützung zugeordnet ist und übergreifende, querschnittliche, oft regulierende Aufgaben übernimmt. Beispiele sind Stabsstellen für IT-Architektur oder IT-Strategie.

Linienorganisation – Im Gegensatz zu einer temporären Programm- oder Projektorganisation bezeichnet die Linienorganisation die feste Aufbaustruktur eines Unternehmens. Den Organisationseinheiten der Linienorganisation sind feste

Aufgaben, Kompetenzen und Verantwortlichkeiten zugeordnet. Die Zuschreibung »feste Aufbaustruktur« gilt nur insofern, als eine Linienorganisation zwar nicht per se temporärer Natur ist, de facto jedoch Reorganisationen mit Änderungen an der Aufbauorganisation in Unternehmen häufig vorkommen.

Rolle – Eine (fachliche) Rolle fasst zusammengehörige Aufgaben, Kompetenzen und Verantwortlichkeiten zusammen. Rollen dienen vor allem der »Indirektion« (logischen Entkopplung) zwischen Prozessen und daran beteiligten Mitarbeitern. Statt explizit Personen als Akteure in Prozessen zu benennen, werden Rollen verwendet, um von Personen zu abstrahieren. Insofern stellt eine Rolle ein organisatorisches Element eines Unternehmens dar. Die in diesem Abschnitt beschriebenen Beziehungstypen lassen sich von der Organisationseinheit auch analog auf Rollen übertragen. Diese Übertragungen sind jedoch nicht explizit beschrieben (vgl. auch Anhang A.18, der die Rolle als eigenen Informationsobjekttyp explizit betrachtet).

Beziehungstypen zur Organisationseinheit. Nachfolgend sind einige nützliche Beziehungstypen zwischen Capabilities und Organisationseinheiten beschrieben.

Beziehungstyp 15: `Capability` ◄ verantwortet `Organisationseinheit`

Mit diesem Beziehungstyp lässt sich festlegen bzw. transparent machen, welche Organisationseinheit für eine Capability bzw. deren Umsetzung zuständig ist.

Beispiel. Der Unternehmensbereich »Produktion & Logistik« verantwortet die Umsetzung der Capability `Fahrzeugproduktion`.

Der Begriff der Umsetzung ist hier so zu verstehen, dass eine Organisationseinheit dafür verantwortlich ist, die (einmalige, initiale) Herstellung einer Fähigkeit zu bewerkstelligen, d.h., die konkrete Umsetzung einer Capability im Sinne ihrer (wiederholbaren) Ausführbarkeit. Die Umsetzung bringt die Capability vom Status einer Anforderung in den Status des tatsächlichen Vermögens, die Fähigkeit anzuwenden bzw. auszuüben. Die initiale Umsetzung kann man im weiteren Sinne auch als Aufrechterhaltung verstehen, d.h., die Organisationseinheit ist auch verantwortlich dafür, dass die Umsetzung dauerhaft erhalten bleibt.

Die Ebene der Capability im Capability-Modell korrespondiert typischerweise mit der Hierarchieebene der Organisationseinheit in der Aufbauorganisation. Wird ein ganzer Unternehmensbereich betrachtet, so ist dieser typischerweise für Capabilities auf der obersten Ebene zuständig. Die Verantwortung für spezialisierte Capabilities auf den tieferen Modellebenen haben eher kleinere Organisationseinheiten wie Abteilungen oder Arbeitsgruppen. Diese Korrespondenz der Hierarchieebenen besteht zwar in vielen Fällen, ist jedoch nicht erforderlich. Abbildung A–14 zeigt das Metamodell für den Beziehungstyp 15.

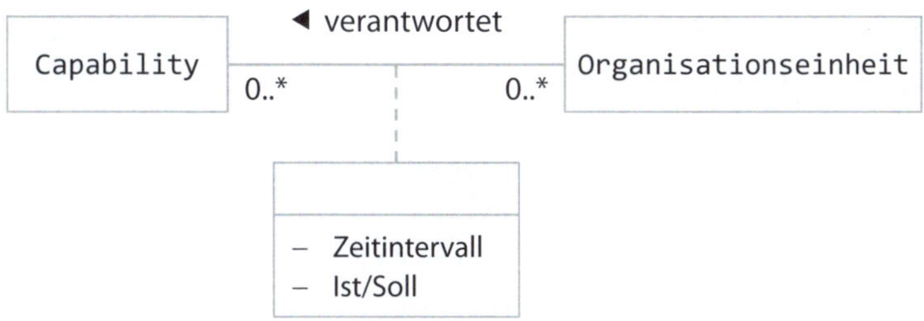

Abb. A–14: `Capability` ◄ verantwortet `Organisationseinheit` (Metamodell)

Gemäß Kardinalität kann eine Capability mehrere für die Umsetzung verantwortliche Organisationseinheiten haben. Ist dies tatsächlich der Fall, dann sollten etwaige Konflikte analysiert und die Verantwortung ggf. abgegrenzt werden, z.B. auf der nächsttieferen Ebene des Capability-Modells. Es ist auch möglich, per Attribut zwischen dem Ist- und dem Sollzustand bzgl. der Umsetzungsverantwortung zu unterscheiden. Dies kann sinnvoll sein, wenn eine Veränderung der Umsetzungsverantwortung von einer Organisationseinheit zu einer anderen im Bearbeitungskontext darzustellen ist.

Attribute. Die folgende Aufzählung beschreibt mögliche Attribute des Beziehungstyps:

Zeitintervall – Hiermit lässt sich ein Zeitraum angeben, in dem die Verantwortung besteht bzw. bestand oder zukünftig bestehen soll.

Ist/Soll – Hiermit lässt sich – wie oben bereits angedeutet – unterscheiden, ob die Umsetzungsverantwortung (heute) de facto besteht oder ob sie zukünftig bestehen soll, sofern die Abbildung dieser Information nicht über ein Zeitintervall erfolgen soll.

Beziehungstyp 16: `Capability` ◄ erbringt `Organisationseinheit`

Dieser Beziehungstyp drückt aus, welche Organisationseinheit eine Capability im Sinne ihrer (wiederholten) Ausführung praktisch erbringt.

Beispiel. Die Abteilung »Gebäudemanagement« erbringt die Capability `Gebäudereinigung`.

Im Gegensatz zur Verantwortung für die (initiale) Umsetzung einer Capability ist hier gemeint, welche Organisationseinheit die regelmäßige, wiederholte Ausführung einer Capability übernimmt. Dabei impliziert diese Beziehung nicht, dass eine Capability von Mitgliedern der Organisationseinheit manuell ausgeführt wird, sondern dass sie die Capability auf eine zunächst nicht näher definierte Weise erbringt bzw. für die Erbringung sorgt. Auch hier korrespondiert die Ebene der Capability im Capability-Modell in vielen Fällen mit der Hierarchieebene der Organisationseinheit in der Aufbauorganisation.

Anmerkung. Nimmt man das sogenannte »RACI«-Modell zur Unterscheidung verschiedener Arten von Verantwortung als Referenz, so besteht der Unterschied zum Beziehungstyp 15 (`Capability` ◄ verantwortet `Organisationseinheit`) darin, dass letzterer die »Accountability« (»A«) abbildet, während der hier beschriebene Beziehungstyp 16 (`Capability` ◄ erbringt `Organisationseinheit`) die »Responsibility« (»R«) repräsentiert [38].

Abbildung A–15 zeigt das Metamodell für den Beziehungstyp 16.

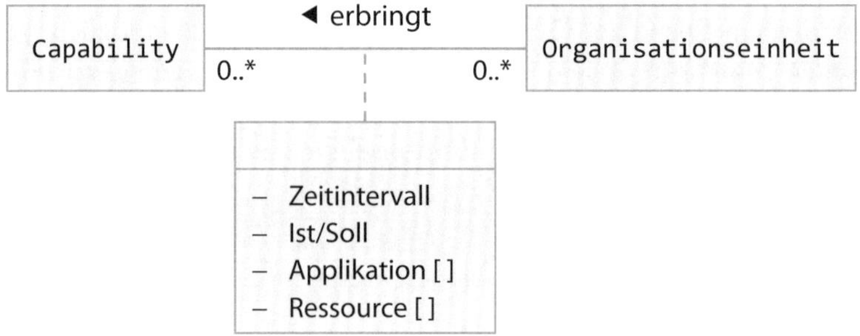

Abb. A–15: `Capability` ◄ erbringt `Organisationseinheit` (Metamodell)

Attribute. In der folgenden Aufzählung sind einige sinnvolle Attribute für den Beziehungstyp beschrieben:

Zeitintervall – Hiermit lässt sich ein Zeitraum angeben, in dem die Organisationseinheit die Capability erbringt bzw. erbrachte oder zukünftig erbringen soll.

Ist/Soll – Mit diesem Attribut ist eine Unterscheidung möglich, ob die Erbringung heute de facto besteht oder ob sie zukünftig bestehen soll, sofern diese Information nicht über ein Zeitintervall abgebildet werden soll.

Applikation [ ] – Hiermit lässt sich zum Ausdruck bringen, welche Applikation(en) eine Organisationseinheit nutzt, um die Capability zu erbringen. Statt eines Attributs könnte auch ein dreistelliger Beziehungstyp diesen Zusammenhang im Metamodell erfassen.

Ressource [ ] – Analog zur Applikation ist hiermit die Angabe möglich, welche Ressourcen die Organisationseinheit zur Erbringung der Capability benötigt. Auch hierbei lässt sich der Zusammenhang durch einen dreistelligen Beziehungstyp zwischen Capability, Organisationseinheit und Ressource modellieren.

Beziehungstyp 17: `Capability` ◀ benötigt `Organisationseinheit`

Mit diesem Beziehungstyp wird zum Ausdruck gebracht, welche Organisationseinheiten des Unternehmens welche Capabilities benötigen, um ihre jeweiligen Aufgaben erfüllen zu können.

Beispiel. Die Stabsstelle »Strategie & Planung« benötigt die Capability `Unternehmenskommunikation`, um wichtige strategische Entscheidungen innerhalb des Unternehmens verbreiten zu können. Die Stabsstelle erbringt die Kommunikation nicht selbst, sondern ist darauf angewiesen, dass diese (auf welche Weise auch immer) zur Verfügung steht (z.B. als Dienstleistung einer anderen Organisationseinheit).

Dieser Beziehungstyp stellt ein Gegenstück zu Beziehungstyp 16 (`Capability` ◀ erbringt `Organisationseinheit`) dar. Letzterer erfasst die Tatsache, dass eine Organisationseinheit eine Capability erbringt, während der Beziehungstyp 17 ausdrückt, dass eine Organisationseinheit eine Capability als Dienstleistung oder Nutzer benötigt. Als Pendant zum Beispiel des vorangegangenen Beziehungstyps 16 (`Capability` ◀ erbringt `Organisationseinheit`) ließe sich für alle Abteilungen, die ein Bürogebäude nutzen, die Capability `Gebäudereinigung` in die Benötigt-Beziehung setzen, um festzuhalten, dass all diese Organisationseinheiten einen Bedarf an der Reinigung ihrer Büroräume haben. Abbildung A–16 zeigt das Metamodell für den Beziehungstyp 17.

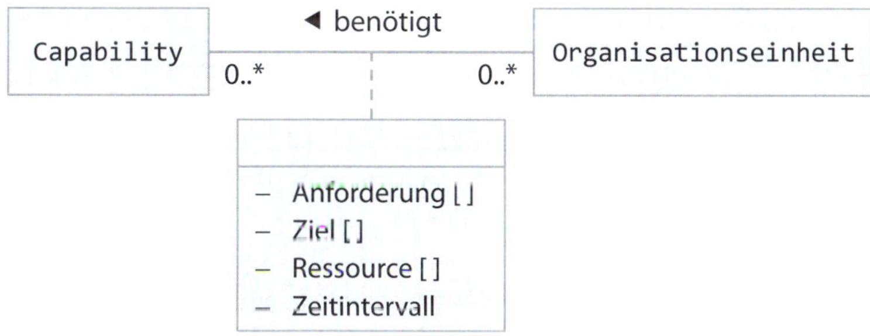

Abb. A–16: `Capability` ◀ benötigt `Organisationseinheit` (Metamodell)

Attribute. Die folgende Aufzählung beschreibt mögliche Attribute des Beziehungstyps:

Anforderung [ ] – Ein solches Attribut kann wichtige Anforderungen an die Art und Weise ergänzen, in der eine Organisationseinheit die Capability benötigt. Statt als Attribut könnte dieser Zusammenhang mit einem dreistelligen Beziehungstyp zwischen Capability, Organisationseinheit und Anforderung modelliert werden.

Ziel [ ] – Das Ziel (oder der Zweck), für das eine Organisationseinheit eine Capability benötigt, lässt sich mit diesem Attribut angeben. Statt als Attribut kann alternativ ein dreistelliger Beziehungstyp zwischen Capability, Organisationseinheit und Ziel diesen Zusammenhang darstellen.

Ressource [ ] – Wenn eine Organisationseinheit für die benötigte Capability zusätzlich bestimmte Ressourcen braucht (z.B. die eigenen Büros im Falle der Capability `Gebäudereinigung`, dann lassen sich diese als Attribut ergänzen. Auch hier muss eine Abwägung erfolgen, ob die Ressource als eigenständiger Objekttyp betrachtet und daher besser eine dreistellige Beziehung definiert werden sollte.

Zeitintervall – Hiermit lässt sich ein Zeitraum angeben, in dem die Organisationseinheit die Capability benötigt. Dies ermöglicht eine zeitliche Einordnung in vergangene, aktuelle oder geplante Zuordnungen.

A.13 Orte

Ort und Zeit sind zwei wesentliche Dimensionen der physischen Welt, die für fast alle Prozesse von großer Bedeutung sind. Geografisch verstanden ist ein Ort ein »Punkt auf der Landkarte«, wobei »Punkt« nicht mathematisch zu verstehen ist, denn dann wäre er flächenlos. Ein geografischer Ort kann für Unternehmen verschiedene Bedeutungen haben. Beispielsweise kann ein Ort ein bestimmtes Land und damit u.a. spezifische Regularien, eine eigene Landessprache, eine besondere Kultur usw. implizieren. An einem Ort können sich für das Unternehmen relevante Dinge befinden, z.B. eine Fabrik, ein Lager oder ein Bürogebäude. Neben dem rein geografischen Verständnis des Ortsbegriffs kann ein Ort auch einer eher »logischen« Betrachtungsweise unterliegen. Beispielsweise könnte man mit dem Begriff die verschiedenen Produktionsstandorte (z.B. Werke, Fabriken) eines produzierenden Unternehmens erfassen oder die Länder, in denen ein Unternehmen tätig ist. In der Regel ist für Unternehmen eher die logische Sichtweise auf Orte relevant und weniger die konkreten Ortsangaben in Form von Geokoordinaten. Diese eher logische Sichtweise gilt auch für die im Folgenden beschriebenen Beziehungstypen zwischen Orten und Capabilities.

Bei logischen Orten ist eine Unterscheidung zwischen Ausprägungen und Typen sinnvoll. Beispielsweise ließe sich ein »Produktionsstandort« als abstrakter Ort im Sinne eines Typs verstehen, zu dem es für ein Unternehmen mehrere Ausprägungen an verschiedenen geografischen Orten gibt. Am selben geografischen Ort (z.B. auf dem Firmengelände in einer Stadt) können sich Ausprägungen mehrerer Ortstypen befinden, z.B. eine Produktionsstätte und ein Verwaltungsgebäude.

Eine tiefergehende Diskussion des Ortsbegriffs ist an dieser Stelle nicht möglich. Insbesondere bei einem logischen Verständnis des Ortsbegriffs ist eine Abgrenzung zur Organisationseinheit wichtig. Bei Orten ist entscheidend, dass auch verschiedene logische Orte (derselben Art) sich in der Regel auch an verschiedenen geografischen Orten befinden. Spielt dieser örtliche Unterschied keinerlei Rolle, so stellt sich die Frage, ob statt Orten nicht eigentlich gerade Organisationseinheiten der Aufbauorganisation betrachtetet werden müssten. Ist dies der Fall, so sei auf Anhang A.12 verwiesen, der Capabilities in Beziehung zu Organisationseinheiten setzt. Bei der hier folgenden Betrachtung von Orten geht es daher nicht um die Aufbauorganisation eines Unternehmens, sondern um logische oder geografische Orte, die unabhängig von der Aufbauorganisation zu betrachten sind.

Verwandte Begriffe. Da der Ortsbegriff sehr allgemein und weitläufig ist, kann die folgende Aufzählung nur einige wenige relevante Begriffe abdecken:

Standort – Ein Standort ist ein Ort, an dem ein Unternehmen tätig ist. Dies ist ein häufig verwendetes Verständnis des Ortsbegriffs. Ein Standort kann z.B. der Ort von Fabriken oder von Verkaufsstellen sein. Da auch der Standortbegriff noch sehr allgemein ist, sollte vorab geklärt werden, welche Arten von Standorten im Kontext der jeweiligen Aufgabe zu betrachten sind.

Geschäftsstelle – Eine Geschäftsstelle ist ein logischer Ort, der einem geografischen Ort zugeordnet ist. Beispielsweise könnten Geschäftsstellen durch Adressangaben und einen eindeutigen Namen unterschieden werden. Hier ist zu klären, ob eine Geschäftsstelle als Ort oder als Organisationseinheit verstanden werden soll.

Niederlassung – Eine Niederlassung lässt sich ähnlich wie eine Geschäftsstelle verstehen, wobei die Niederlassung ein etwas breiteres Verständnis zulässt. Beispielsweise könnte ein ganzes Land als Niederlassung aufgefasst werden, wenn das Unternehmen dort tätig ist. Auch hier ist eine Abgrenzung zur Organisationseinheit nötig.

Fabrik – Als Ort verstanden ist eine Fabrik eine bestimmte Art von Standort eines Unternehmens. Der Begriff steht dabei exemplarisch für eine Vielzahl weiterer denkbarer Arten von Standorten, wie z.B. Lager, Verteilzentrum, Verkaufsstelle oder Schauraum. Eine Fabrik kann man auch als Ressource auffassen. Der Objekttyp der Ressource ist in Anhang A.17 separat beschrieben.

Land – Ein Land lässt sich als logischer Ort verstehen, der auch geografisch (bis auf Sonderfälle) klar abgegrenzt ist.

Beziehungstyp zum Ort. Nachfolgend sind hilfreiche Beziehungstypen definiert, die Capabilities mit Orten verbinden.

Beziehungstyp 18: `Capability` ortsgebunden an ▶ `Ort`

Dieser Beziehungstyp erfasst die Gebundenheit einer Capability an einen oder mehrere geografische oder logische Orte.

Beispiel. Die Capability `Verkehrszählung` (im Sinne der Zählung von Fahrzeugen im Straßenverkehr) kann nicht überall stattfinden, sondern ist an einen (beliebigen, aber festen) Punkt im Straßennetz gebunden. Eine Umsetzung dieser Fähigkeit im Wald oder in einem Fußballstadion ist nicht möglich bzw. sinnlos.

Je nach Definition logischer Orte lassen sich diese auch als Ressource verstehen. Wenn z.B. eine Fabrik als Ort definiert ist, zu dem für die Capability `Produktion` eine Ortsgebundenheit besteht, so kann die Fabrik auch als eine Art (sich nicht verbrauchender) Ressource verstanden werden, die für die Umsetzung der Capability erforderlich ist. Abbildung A–17 zeigt das Metamodell für den Beziehungstyp 18.

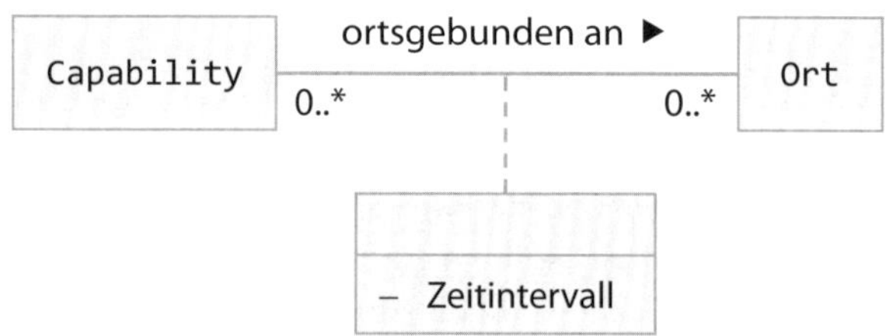

Abb. A–17: `Capability` ortsgebunden an ▶ `Ort` (Metamodell)

Attribute. Der folgende Aufzählungspunkt beschreibt ein mögliches Attribut des Beziehungstyps:

Zeitintervall – Wenn die Ortsgebundenheit der Capability für einen bestimmten Zeitraum gilt, ermöglicht dieses Attribut das Anhängen eines entsprechenden Zeitintervalls an die Beziehung.

Beziehungstyp 19: `Capability` erfordert spezielle Ausprägung für ▶ `Ort`

Mit diesem Beziehungstyp wird ausgedrückt, dass bei der Realisierung einer Capability für einen bestimmten Ort eine spezielle Ausprägung (Realisierung) der Capability notwendig ist.

Beispiel. Wenn ein Unternehmen in verschiedenen Ländern tätig ist, dann gibt es ggf. länderspezifische Regularien, die für eine Capability relevant sind und je nach Land eine für diese Regularien ausgerichtete Ausprägung bzw. Realisierung der Capability erfordern. Ein Beispiel für eine solche Capability ist die `Unternehmenssteuerberechnung`, die in jedem Land nach individuellen Regeln erfolgt. Abbildung A–18 zeigt das Metamodell für den Beziehungstyp 19.

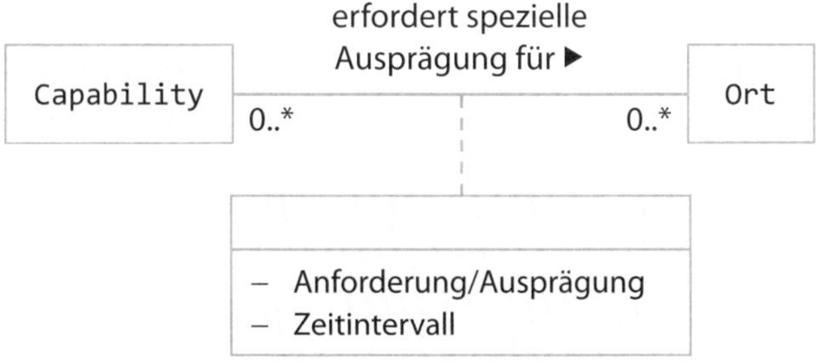

Abb. A–18: `Capability` erfordert spezielle Ausprägung für ▶ `Ort` (Metamodell)

Attribute. Die folgende Aufzählung beschreibt mögliche Attribute des Beziehungstyps:

Anforderung/Ausprägung – Mit diesem Attribut kann man die spezifische Anforderung an die Capability-Ausprägung für den Ort definieren. Je nach Anwendungsfall kann diesen Sachverhalt ggf. auch eine dreistellige Beziehung zwischen Capability, Ort und Anforderung ausdrücken.

Zeitintervall – Gilt die Notwendigkeit einer speziellen Ausprägung nur temporär, dann kann dieses Attribut das betreffende Zeitintervall aufnehmen.

A.14 Partner

Kein Unternehmen agiert für sich alleine, sondern arbeitet auf die eine oder andere Weise mit Partnern zusammen und ist ggf. von diesen abhängig. Der Begriff des Partners soll hier weit gefasst sein. Er umfasst insbesondere Kunden, Lieferanten und Behörden, mit denen das Unternehmen in einer Geschäfts- oder sonstigen Rechtsbeziehung steht. Auch Forschungs- oder Kollaborationspartner stellen Arten von Partnern dar, die eine Beziehung zum Unternehmen haben und mit diesem interagieren.

Verwandte Begriffe. Durch die breite Bedeutung des Partnerbegriffs gibt es eine ganze Reihe verwandter Begriffe, von denen einige wesentliche in der folgenden Aufzählung betrachtet werden sollen:

Kunde – Kunden sind eine entscheidende Art von Partner für ein Unternehmen, da sie den Umsatz bringen (müssen), der das Unternehmen am Leben hält. Die Interaktion mit Kunden kann auf verschiedene Weisen erfolgen und hat letztlich die zahlungspflichtige Inanspruchnahme von Leistungen bzw. den Konsum von Produkten zum Ziel.

Debitor – Der Begriff des Debitors wird vor allem im Kontext der Finanzbuchhaltung verwendet und steht für einen Geschäftspartner als »Schuldner aus Lieferungen und Leistungen«. Somit kann man einen Debitor als synonym zu Kunde verstehen.

Kundengruppe – Eine Kundengruppe fasst eine Menge von Kunden nach einem oder mehreren Kriterien zusammen. Typische Kundengruppen sind beispielsweise Geschäfts- und Privatkunden oder Groß- vs. Kleinkunden. Auch eine Kundengruppe kann als Partner (im Sinne einer Abstraktion) verstanden werden.

Kundenkategorie – Ähnlich wie eine Kundengruppe klassifiziert eine Kundenkategorie die Kunden eines Unternehmens nach bestimmten Aspekten. Insofern können die beiden Begriffe hier als Synonyme betrachtet werden.

Kundentyp – Auch der Kundentyp ist als Synonym zum Begriff der Kundengruppe oder Kundenkategorie zu verstehen.

Lieferant – Wie der Name sagt, liefert ein Lieferant einem Unternehmen dingliche Waren oder anderweitige (Dienst-)Leistungen. Hier ist also das Unternehmen selbst Kunde des Lieferanten. Auch eine Lieferantenbeziehung ist eine Partnerbeziehung des Unternehmens.

Dienstleister – Den Begriff des Dienstleisters kann man als Synonym des Lieferantenbegriffs verstehen, wobei hier der Fokus auf Dienstleistungen statt auf der Lieferung dinglicher Waren liegt.

Kreditor – Komplementär zum Debitor ist ein Kreditor ein »Gläubiger von Forderungen aus Lieferungen und Leistungen«. Auch dieser Begriff stammt aus dem Kontext der Finanzbuchhaltung. Er kann als Synonym zu Lieferant bzw. Dienstleister verstanden werden.

Behörde – Auch Behörden (z.B. ein Zoll- oder Finanzamt) stellen eine wichtige Art von Partnern für ein Unternehmen dar. Die Beziehung zwischen Behörde und Unternehmen kommt in der Regel durch gesetzliche Bestimmungen zustande.

Mitarbeiter – Eine spezielle und besonders wichtige Art des Partners stellen die Mitarbeiter eines Unternehmens dar. Ohne seine Mitarbeiterinnen und Mitarbeiter könnte kein Unternehmen funktionieren. Die Mitarbeiter stellen eine spezielle Form von Partnern dar, da sie Teil des Unternehmens selbst (und somit keine externen Partner) sind.

Mitbewerber – Mitbewerber eines Unternehmens sind in der Regel keine direkten Partner, sondern Konkurrenten. Dennoch sind auch Mitbewerber Akteure, mit denen das Unternehmen in Beziehung stehen kann, um z.B. im Rahmen von Kooperationen auf bestimmten Gebieten gemeinsame Forschung zu betreiben. Im weiteren Sinne kann man also auch Mitbewerber zu Partnern am Markt zählen.

Je nach Anwendungsszenario kann es sinnvoll sein, bestimmte Ausprägungen von Partnern (z.B. Kunden) als eigene Objekttypen zu modellieren, um deren Spezifika und die Beziehungen zu Capabilities explizit zu berücksichtigen.

Beziehungstypen zum Partner. Die zuvor genannten, speziellen Arten von Partnern werden hier nicht separat betrachtet, sondern ganz allgemein als Partner. Je nach Verwendungskontext kann es sinnvoll sein, einzelne Partner (z.B. konkrete Großkunden oder Lieferanten) in Beziehung zu Capabilities zu setzen oder aber zu abstrahieren und statt konkreter Partner Gruppen oder Kategorien von Partnern zu betrachten. Die Definition der folgenden Beziehungstypen ist unabhängig von dieser Wahl.

Beziehungstyp 20: `Capability` ◀ nutzt `Partner`

Mit diesem Beziehungstyp drückt man aus, welche Partner des Unternehmens welche Capabilities des Unternehmens nutzen, um ihre jeweilige Partnerrolle auszufüllen.

Beispiel. Ein Lieferant eines Unternehmens versorgt dessen Produktion mit benötigten Bauteilen und ist dazu in die Unternehmensprozesse eingebunden, z.B. um anstehende Lieferungen anzukündigen und dem Unternehmen auf elektronischem Wege Rechnungen für die gelieferten Waren zu stellen. Diese beiden Arten der Interaktion könnten im Capability-Modell durch zwei Capabilities `Lieferankündigung` und `Rechnungserfassung` repräsentiert werden, die der Lieferant bei der Abwicklung der Geschäftsprozesse nutzt. Abbildung A–19 zeigt das Metamodell für den Beziehungstyp 20.

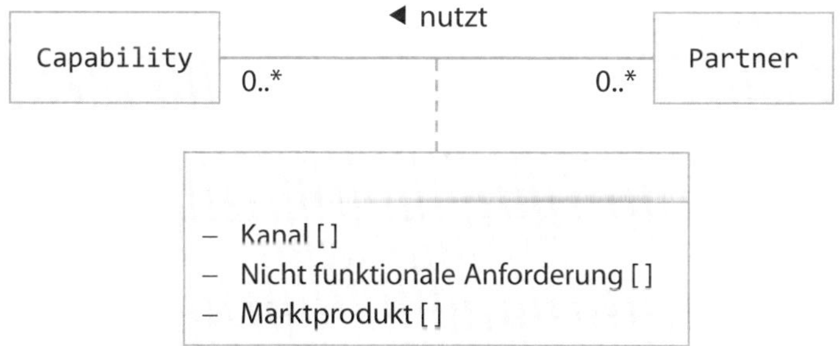

Abb. A–19: `Capability` ◀ nutzt `Partner` (Metamodell)

Attribute. Die folgende Aufzählung beschreibt mögliche Beziehungsattribute:

Kanal [ ] – Erfolgt die Nutzung der Capability durch den Partner über einen oder mehrere Kanäle, so können diese als Beziehungsattribut ergänzt werden, um die Beziehung detaillierter zu beschreiben. Modelliert man die Kanäle mit einem eigenen Objekttyp (siehe Anhang A.9), dann ist eine dreistellige Beziehung sinnvoller, um jeweils Tripel von Capability, Partner und Kanal zu verknüpfen.

Nicht funktionale Anforderung [ ] – Ähnlich wie bei Schnittstellen (siehe Anhang A.19) können für die Nutzung von Capabilities durch Partner nicht funktionale Anforderungen bestehen, die man an die Beziehung anhängen kann. Ausprägungen für nicht funktionale Anforderungen sind hier beispielsweise ein barrierefreier Zugriff für den Partner oder eine Mandantenfähigkeit der Capability. Wenn (z.B. im Rahmen eines systematischen Anforderungsmanagements) Anforderungen mit einem eigenständigen Objekttyp repräsentiert werden, sollte man aus Konsistenzgründen statt eines Beziehungsattributs eine dreistellige Beziehung nutzen (siehe auch Anhang A.2). Des Weiteren ist hier zu prüfen, ob die Anforderung an die Capability tatsächlich nur im Kontext der Beziehung zu einem bestimmten Partner besteht, oder ob sie generell für die Capability (unabhängig von einem bestimmten Partner) gilt. Ist dies der Fall, so ist eine Modellierung der Anforderung als Beziehungsattribut nicht sinnvoll.

Marktprodukt [ ] – Steht die Nutzung einer Capability durch einen Partner im Kontext eines oder mehrerer Marktprodukte, so können diese hier als Attribut erfasst werden. Ein Kunde könnte beispielsweise die Capability `Produktregistrierung` zur Verknüpfung eines gekauften Artikels mit seinem Kundenkonto nur für bestimmte Arten von Produkten nutzen (dürfen). Auch hier gilt: Wenn das Marktprodukt als eigener Objekttyp modelliert ist, dann benötigt man eine dreistellige Beziehung, um die Nutzung von Capabilities durch Lieferanten im Kontext der Marktprodukte zu repräsentieren.

Beziehungstyp 21: `Capability` ◄ stellt bereit `Partner`

Wenn ein Partner eine für das Unternehmen benötigte Fähigkeit bereitstellt (= für das Unternehmen nutzbar realisiert), so lässt sich dies mit diesem Beziehungstyp ausdrücken.

Unternehmen können benötigte Capabilities entweder selbst realisieren (z.B. mithilfe passender Technologien in Form von IT-Applikationen) oder stattdessen die Dienste eines Partners nutzen, der diese Fähigkeit für das Unternehmen in einer nutzbaren Form anbietet. Die Art der Realisierung ist dabei nicht vorgegeben und für das Unternehmen auch nicht in jedem Fall relevant, solange der Partner die benötigten Capabilities zu passenden Bedingungen realisiert.

Beispiel. Ein Dienstleister übernimmt den IT-Betrieb für das Unternehmen im Sinne von »Out-Sourcing«. Die korrespondierenden Capabilities wie z.B. `Betriebsüberwachung` und `Incident-Management` werden dem Partner zugeordnet, um diese externe Realisierung der benötigten Fähigkeiten zu dokumentieren. Das Metamodell für den Beziehungstyp 21 zeigt Abbildung A–20.

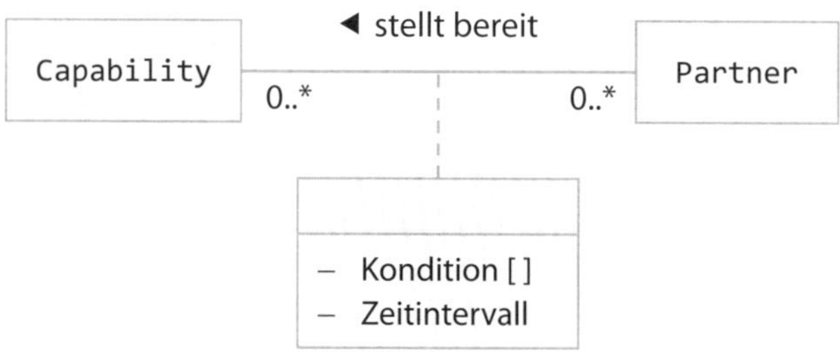

Abb. A–20: `Capability` ◄ stellt bereit `Partner` (Metamodell)

Attribute. Mögliche Beziehungsattribute führt die folgende Aufzählung auf:

Kondition [ ] – Mit einem solchen Attribut kann man Bedingungen und Vereinbarungen angeben, die für die Bereitstellung der Leistung durch den Partner gelten sollen. Dazu können bei Bedarf beispielsweise konkrete Leistungsvereinbarungen (typischerweise in Form von »SLAs« – »Service Level Agreements«) angegeben werden, die bei der Bereitstellung der Leistung durch den Partner einzuhalten sind. Auch die Vergütung für den Partner könnte hier ggf. zugeordnet werden.

Zeitintervall – Analog zu anderen Beziehungstypen lässt sich die Unterstützung durch einen Partner zeitlich eingrenzen, wenn man die Zeitachse (z.B. zur Historisierung oder zur Spezifikation von Übergangszeitpunkten von einem Partner zu einem anderen) betrachten möchte.

A.15 Prozesse

Zur Abgrenzung von Capabilities und Prozessen hat Abschnitt 2.4.5 bereits den Prozessbegriff näher erläutert, und der hier betrachtete Objekttyp `Prozess` orientiert sich an dieser Definition.

Verwandte Begriffe. Zur weiteren begrifflichen Einordnung betrachtet die folgende Aufzählung einige verwandte Begriffe von »Prozess«:

Informationsprozess – Bei einem Informationsprozess steht der Fluss von Informationen bzw. Daten im Vordergrund. Der Informationsprozess beschreibt, wie Daten von ihrer Entstehung (an einer oder mehreren definierten Quellen) zu Stellen ihrer Verwendung (und schließlich Löschung) gelangen.

Aktivitätsdiagramm – Im Sinne der UML beschreibt ein Aktivitätsdiagramm den Ablauf einer (grobgranularen) Aktivität. Typischerweise nutzt man Aktivitätsdiagramme zur Spezifikation des Ablaufs eines Anwendungsfalls (für ein Softwaresystem). Auch Prozesse kann man mit Aktivitätsdiagrammen modellieren.

Ablauf – Der Begriff Ablauf lässt sich synonym zu Prozess verwenden. Ein Ablauf beschreibt, wie etwas Schritt für Schritt oder in parallel laufenden Aktivitäten gleichzeitig vonstatten geht.

Standard Operating Procedure – Mit »Standard Operating Procedure« (kurz »SOP«) bezeichnet man eine standardisierte Arbeitsprozedur in einem betrieblichen Ablauf. SOP kann als synonym zum Prozessbegriff aufgefasst werden, wobei eine SOP in der Regel kürzere Arbeitssequenzen (z.B. in der Logistik) durch sehr konkrete, detaillierte Beschreibungen standardisiert.

Beziehungstyp zum Prozess. Ein zentraler Beziehungstyp zwischen Capability und Prozess wird nachfolgend definiert.

Beziehungstyp 22: `Capability` ◄ nutzt `Prozess`

Ein Prozess nutzt eine Capability, d.h., der Prozess setzt die durch die Capability repräsentierte Fähigkeit in seinem Ablauf ein.

Die Capability stellt somit eine Fähigkeit dar, die zur Ausführung des Prozesses erforderlich ist.

Beispiel. In einem Großhandelsunternehmen wird als Teil des Geschäftsprozesses »Bestellvorgang abwickeln« unter anderem geprüft, ob die bestellte Ware vorhanden ist oder kurzfristig beschafft werden kann. Zudem prüft das Unternehmen bei der ersten Bestellung eines Käufers dessen Bonität, um sich vor unschönen Überraschungen bei der Bezahlung der versandten Ware zu schützen. Hierfür nutzt dieser Prozess die beiden Capabilities `Warenverfügbarkeitsprüfung` und `Bonitätsprüfung`. Dieser Zusammenhang lässt sich mit dem hier definierten Beziehungstyp darstellen.

Abschnitt 7.2.1 vertieft den Zusammenhang von Capabilities und Prozessen, indem er aufzeigt, wie sich Capabilities bei der Modellierung aus Geschäftsprozessen ableiten lassen. Grundlage dieser Ableitung ist der hier definierte Beziehungstyp. Abbildung A–21 zeigt das Metamodell für den Beziehungstyp 22.

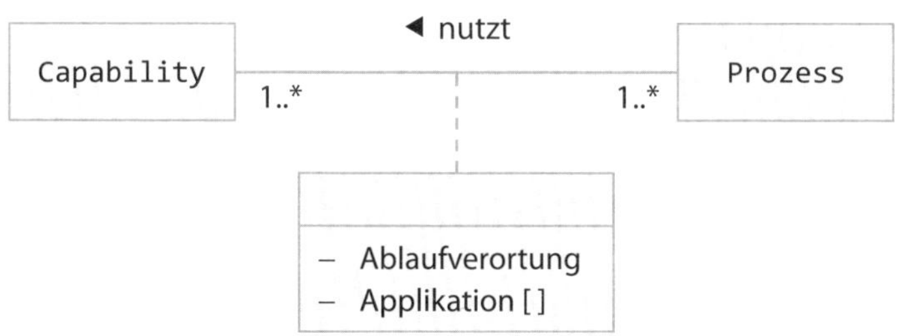

Abb. A–21: `Capability` ◀ nutzt `Prozess` (Metamodell)

Die Kardinalitäten drücken zwei Annahmen aus:

1. Eine Capability wird mindestens von einem Prozess genutzt, da sie ansonsten überflüssig wäre.
2. Ein Prozess nutzt mindestens eine Capability, da er mindestens aus einer Aktivität bestehen muss und diese sich im Sinne der damit verbundenen Fähigkeit irgendwo im Capability-Modell wiederfinden muss.

Attribute. Die folgende Aufzählung beschreibt mögliche Beziehungsattribute:

Ablaufverortung – Der Beziehungstyp alleine stellt lediglich eine Zuordnung zwischen Capability und Prozess her, ohne zu erfassen, wo bzw. an welcher Stelle der Prozessablauf die Fähigkeit (z.B. in Form einer Aktivität) benötigt. Um dies zu spezifizieren, muss man den Ablauf modellieren, sprich ein Prozessmodell erstellen. Hierfür sind in Modellierungswerkzeugen komplexe Datenmodelle erforderlich, die sich nicht als simples Beziehungsattribut darstellen lassen. Insofern stellt die »Ablaufverortung« eigentlich kein Beziehungsattribut im engeren Sinne dar. Es ist hier angegeben, um auf den Umstand hinzuweisen, dass der Beziehungstyp 22 (`Capability` ◀ nutzt `Prozess`) nur einen Teil des Zusammenhangs zwischen Capabilities und Prozessen erfassen kann.

Applikation [ ] – Mit diesem Attribut kann die Angabe erfolgen, welche Applikation die Capability im Kontext des zugeordneten Prozesses unterstützt, d.h., welche Applikation an der entsprechenden Stelle des Prozesses zum Einsatz kommt. Eigentlich handelt es sich hier um einen dreistelligen Beziehungstyp, wie er für die Sicht 7 (Funktionale Prozessbebauung) definiert ist. Gegebenenfalls kommen auch – beispielsweise abhängig von der Niederlassung oder Zweigstelle – verschiedene Applikationen zum Einsatz, was eine mehrfache Ausprägung des Beziehungsattributs erfordert. Es gilt Ähnliches wie für die »Ablaufverortung«: Um hier komplexere Zusammenhänge darzustellen, reicht ein einfacher Beziehungstyp mit einem Beziehungsattribut nicht mehr aus. Die Angabe als Beziehungsattribut erfolgt hier, um auf die Möglichkeit (oder ggf. Notwendigkeit) hinzuweisen, die reine Zuordnung von Capabilities zu Prozessen durch die unterstützenden Applikationen anzureichern.

A.16 Regelwerke

Ein Regelwerk ist eine Zusammenfassung von (inhaltlich zusammengehörigen) Vorgaben (Regeln, Prinzipien, Richtlinien, Vorschriften usw.), die von einem Unternehmen an bestimmten Stellen zu beachten sind. Regelwerke bzw. einzelne Vorgaben darin können verpflichtend sein oder Empfehlungscharakter haben. Unternehmensinterne Regelwerke können z.B. Sicherheitsrichtlinien mit Vorgaben bzgl. der Daten- und IT-Sicherheit oder auch ein Verhaltenskodex (»Code of Conduct«) sein, der Selbstverpflichtungen zu ethischen oder möglichst umweltfreundlichen Handlungsweisen auf Basis der Unternehmenswerte enthält. Eine Vielzahl von Regelwerken wirkt in Form von Gesetzen, Verordnungen usw. von außen auf Unternehmen. Diese können ganz allgemeiner Natur sein und (zumindest theoretisch) für alle Unternehmen gelten (z.B. die Steuergesetze). Oder sie sind branchenspezifisch wie z.B. die Regeln zur Homologation von Kraftfahrzeugen, die nur für Fahrzeug- bzw. Teilehersteller relevant sind.

Die Übereinstimmung bzw. Einhaltung von Regelwerken wird als »Compliance« bezeichnet. Regelwerke definieren in diesem Sinne Compliance-Anforderungen.

Verwandte Begriffe. Architektur als Disziplin verstanden, kümmert sich ganz allgemein formuliert um die Gestaltung von Architekturen. Zu diesem Zweck kommen oftmals Vorgaben zum Einsatz, die bei der konkreten Ausgestaltung der Architektur helfen (sollen). Architektur ist also auch eine Governance-Disziplin, die verschiedene Arten von Vorgaben kennt (definiert und nutzt).

Gesetz – Ein Gesetz ist ein staatlich bzw. hoheitlich verbindliches Regularium, dessen Missachtung als Gesetzesverstoß mit Konsequenzen versehen und möglicherweise strafbewehrt ist. Ein Gesetz wirkt somit von außen auf ein Unternehmen. Der Beachtung von Gesetzen (und Vorschriften) kann sich ein Unternehmen nicht entziehen, solange es sich im Rahmen der Legalität bewegen möchte. Ein Gesetz stellt somit eine Form von Regelwerk dar.

Vorschrift – Eine Vorschrift hat einen gesetzesähnlichen Charakter und ist z.B. im Fall von Durchführungsvorschriften für Gesetze als Ergänzung ebenso rechtlich bindend. Auch eine Vorschrift lässt sich somit als Regelwerk verstehen.

Richtlinie – Eine Richtlinie enthält verpflichtende oder empfohlene Regelungen zu einem speziellen Themenkomplex. Typische Beispiele von Richtlinien, die man in Unternehmen findet, sind etwa Sicherheitsrichtlinien, Reisekostenrichtlinien oder Urlaubsrichtlinien. Eine Richtlinie ist ebenfalls eine Ausprägung von Regelwerken.

Leitlinie – Eine Leitlinie ist begrifflich etwas schwächer als eine Richtlinie einzuordnen, da sie oftmals einen empfehlenden Charakter hat. Dennoch kann man auch Leitlinien als eine Form von Regelwerken ansehen.

Standard – Standards wie z.B. DIN- oder ISO-Normen helfen dabei, Industrie- und Handelsgüter, Technologien, Software usw. (bzw. deren Entstehung und Bearbeitung) durch genormte Vorgaben zu vereinheitlichen, sodass sie als eine Form von Regelwerk anzusehen sind [16, 37]. In vielen Fällen ist die Anwendung solcher Standards gesetzlich vorgeschrieben oder Voraussetzung für bestimmte Zertifizierungen. Auch Methoden und Rahmenwerke als »offizielle« oder De-facto-Standards, wie z.B. das Architekturrahmenwerk TOGAF, können als Regelwerke angesehen werden [88].

Architekturprinzipien – Architekturprinzipien dienen ganz allgemein der Festlegung grundlegender Vorgaben für den Entwurf der Architektur der IT-Landschaft. Architekturprinzipien können sich auf die unterschiedlichen Architekturdimensionen wie z.B. die Geschäfts-, die Applikations-, Informations- oder die technische Architektur beziehen. Auch für unterschiedliche Detailebenen bzw. Abstraktionsgrade lassen sich jeweils Architekturprinzipien festlegen. Architekturprinzipien können sehr allgemein und übergreifend definiert sein oder sich auf einzelne Bestandteile der Architektur beziehen. Capabilities haben einen fachlichen Fokus, und da sie unabhängig von ihrer technischen Realisierung definiert sind, kann man sie als Teil der Geschäftsarchitektur sehen. Architekturprinzipien können sich somit prinzipiell auch auf Capabilities beziehen und beispielsweise Vorgaben dazu machen, auf welche Weise die Realisierung einer oder mehrerer Capabilities erfolgen soll.

Anforderung – Im Gegensatz zu konkreten Anforderungen (siehe Anhang A.2 zum Objekttyp `Anforderung`) stellen Architekturprinzipien allgemeine Vorgaben dar, aus denen sich Anforderungen ableiten lassen. Je nach Formulierung eines Architekturprinzips kann im Einzelfall die Abgrenzung zu einer Anforderung schwierig sein.

Beziehungstypen zum Regelwerk. Im Folgenden sind zwei Beziehungstypen zwischen Capabilities und Regelwerken definiert.

Beziehungstyp 23: `Capability` ◄ relevant für Realisierung von `Regelwerk`

Dieser Beziehungstyp bringt zum Ausdruck, dass ein bestimmtes Regelwerk für die Realisierung einer oder mehrerer Capabilities zu beachten ist. Bei der Gestaltung der Umsetzung der Capabilities definiert bzw. impliziert das Regelwerk relevante Vorgaben.

Beispiel. Das Umsatzsteuergesetz ist ein Regelwerk, das bei der Realisierung der Capabilities `Umsatzsteuerberechnung` und `Umsatzsteuervoranmeldung` zu beachten ist. Der Capability `Vertragsunterzeichnung` könnte man das Vertrauensdienstegesetz als relevant für die Realisierung der Capability in elektronischer

Form (mit digitalen Signaturen) zuordnen. Abbildung A–22 zeigt das Metamodell für den Beziehungstyp 23.

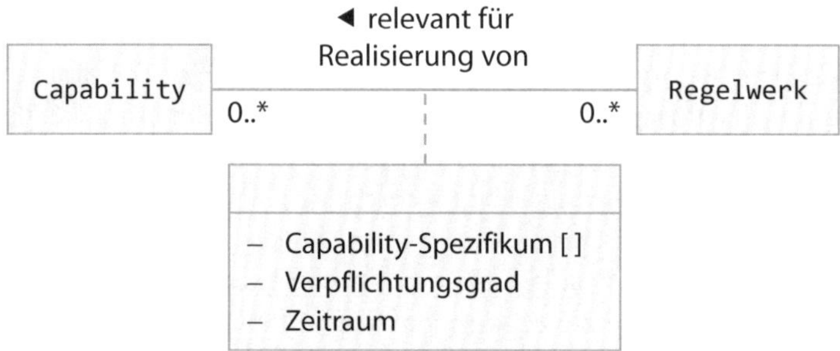

Abb. A–22: `Capability` ◄ relevant für Realisierung von `Regelwerk` (Metamodell)

Attribute. Die folgende Aufzählung beschreibt mögliche Attribute des Beziehungstyps:

Capability-Spezifikum [ ] – Dieses Attribut kann für die jeweilige Capability spezifische Informationen aufnehmen, die bei der Realisierung in Bezug auf das Regelwerk relevant sind. Je Capability und relevanter Richtlinie kann es mehrere solcher Spezifika geben. Hier könnten z.B. bestimmte Abschnitte eines Regelwerks benannt werden, die für die jeweilige Capability zu berücksichtigen sind.

Verpflichtungsgrad – Hiermit kann man ergänzen, wie hoch der Grad der Verpflichtung bzw. Relevanz des Regelwerks für die jeweilige Capability ist. Denkbar ist hier z.B. eine Aufzählung mit den Ausprägungen »optional«, »empfohlen« und »verpflichtend«.

Zeitraum – Mit diesem Attribut lässt sich ein Zeitraum angeben, für den das Regelwerk relevant ist. (Dieses Beziehungsattribut benötigt man nur dann, wenn der Gültigkeitszeitraum nicht bereits als Eigenschaft des Regelwerks hervorgeht und somit für alle betroffenen Capabilities gleichermaßen gilt.)

Beziehungstyp 24: `Capability` ◄ benötigt zur Einhaltung `Regelwerk`

Um ein vorgegebenes Regelwerk einzuhalten, benötigt ein Unternehmen verschiedene Fähigkeiten. Diesen Zusammenhang erfasst dieser Beziehungstyp, indem er einem Regelwerk die zur Einhaltung erforderlichen Capabilities zuordnet.

Beispiel. Ein typisches Regelwerk für jedes Unternehmen sind die Grundsätze ordnungsgemäßer Buchführung. Eine Anforderung ist hier die Aufbewahrung buchführungsrelevanter Dokumente, zu denen auch Rechnungen gehören. Mit dieser Beziehung würde man für das Beispiel also den Grundsätzen der ordnungsgemäßen Buchführung die Capability `Rechnungsarchivierung` mit einer Aufbewahrungsdauer von 10 Jahren zuordnen. Abbildung A–23 zeigt das Metamodell für den Beziehungstyp 24.

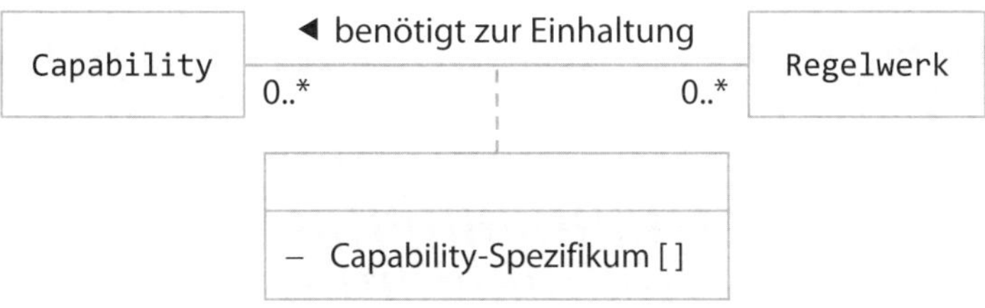

Abb. A–23: `Capability` ◄ benötigt zur Einhaltung `Regelwerk` (Metamodell)

Attribute. Ein mögliches Attribut des Beziehungstyps beschreibt die folgende Aufzählung:

Capability-Spezifikum [ ] – Mit diesem Attribut lassen sich für die jeweilige Capability spezifische Informationen aufnehmen, die für die Erfüllung des jeweiligen Regelwerks bedeutsam sind. Ein Beispiel wäre die 10-jährige Frist für die Rechnungsarchivierung aus dem zuvor genannten Beispiel.

A.17 Ressourcen

Eine Ressource ist ein hilfreiches oder auch benötigtes Mittel zur Bewältigung einer Aufgabe. Ressourcen können materieller oder immaterieller Natur sein. Beispiele für materielle Ressourcen sind Dachziegel, die zum Dachdecken verwendet werden, oder bestimmte Maschinen, die in einer Fabrik zur Produktion von Gütern im Einsatz sind. Auch Rohstoffe wie Erdöl oder Eisenerz bezeichnet man als Ressourcen. Immaterielle Ressourcen können beispielsweise finanzielle Mittel, Energie oder auch Arbeitszeit sein. Ressourcen können sich bei der Nutzung verbrauchen oder (wie eine Katalysator) erhalten bleiben. Der Begriff der Ressource ist Gegenstand verschiedener Fachdisziplinen wie u.a. der Volks- und Betriebswirtschaftslehre, aber auch der Sozialwissenschaften. Eine ausführliche Erörterung des Begriffs würde an dieser Stelle wegen seiner breiten Bedeutung den Rahmen sprengen. Der Begriff der Ressource soll hier im Unternehmenskontext ganz allgemein als etwas verstanden werden, das ein Unternehmen als Hilfsmittel für die Erledigung seiner betrieblichen Aufgaben verwendet, verbraucht, verarbeitet oder in diesem Zuge erschafft. Insofern kann man auch Capabilities als eine Art immaterieller Ressource betrachten, da Capabilities für Fähigkeiten stehen, die ein Unternehmen braucht, um sein Geschäftsmodell zu realisieren. Daneben gibt es aber noch viele andere Arten von Ressourcen, die in einem Unternehmen eine Rolle spielen. Grundsätzlich stellen Beschaffung, Verwaltung, Nutzung, Pflege usw. von Ressourcen wichtige Aufgaben von Unternehmen dar, die sich durch entsprechende Capabilities abbilden lassen.

Verwandte Begriffe. Es gibt viele Ausprägungen von Ressourcen, die ein Unternehmen nutzen kann. Die folgende Aufzählung erhebt daher keinen Anspruch auf Vollständigkeit, sondern beschreibt nur eine kleine Auswahl relevanter Begriffe:

Rohstoff – Rohstoffe wie Erdöl, Metalle und viele andere sind der Ausgangspunkt für die industrielle Produktion von Gütern und stellen daher eine Form materieller Ressourcen dar.

Material – Im Kontext von Ressourcen ist Material vor allem als dingliche Art von Hilfsmitteln zu verstehen, die sich in der Regel selbst beim Einsatz verbrauchen (z.B. Rohstoffe, Teile). Auch wenn es der Wortherkunft eigentlich widerspricht, so kann Material wie im Fall von Schulungsunterlagen oder Handbüchern auch ein Oberbegriff für immaterielle Ressourcen sein.

Personal – Personal ist oft die wichtigste Ressource eines Unternehmens, da seine Mitarbeiter Wissen, Kenntnisse und Fähigkeiten besitzen, die essenziell für das Unternehmen und sein Tagesgeschäft sind.

Rechenleistung – Auch Rechenleistung (und noch allgemeiner Informationstechnologie) stellt heute eine entscheidende Ressource für Unternehmen dar.

Information – Auch Informationen sind heute wichtige – oft die entscheidenden – Ressourcen. Beispielsweise könnte man Wetter- oder Verkehrsdaten als Ressourcen betrachten, die ein Unternehmen verwendet. Hier ist eine Abgrenzung zum Informationsobjekttyp (siehe Anhang A.7) erforderlich. Die Leitfrage bei der Abgrenzung ist, ob es ausreicht, die Informationen eher als Ressource (Mittel zum Zweck) zu betrachten, oder ob (strukturierte) Informationsobjekttypen modelliert werden sollen, die man dann in seinem Ausschnitt des Unternehmensmodells mit Attributen und Beziehungstypen genauer beschreiben und verknüpfen kann.

Beziehungstypen zur Ressource. Nachfolgend sind typische Beziehungstypen zwischen Capabilities und Ressourcen beschrieben.

Beziehungstyp 25: `Capability` nutzt zur Realisierung ▶ `Ressource`

Mit diesem Beziehungstyp bringt man zum Ausdruck, welche Ressource(n) zur Realisierung von Capabilities verwendet werden.

Beispiel. Die Capability `Stromverbrauchsmessung` nutzt für ihre Realisierung ein Strommessgerät als Ressource. Da der Ressourcenbegriff so weit gefasst ist, könnte man mit diesem Beziehungstyp theoretisch sehr viele Arten von Ressourcen zuordnen (z.B. benötigte Stellflächen, Gebäude, Stromversorgung, Finanzmittel). Die Auswahl der zu betrachtenden Ressourcentypen sollte daher in Vorhaben mit Bedacht erfolgen, um den Modellierungsaufwand möglichst gering zu halten.

Sinnvoll kann der Beziehungstyp z.B. bei einem Logistiker sein, der seinen logistischen Capabilities Ressourcen wie Sortiermaschinen, Transportbehälter, Lieferfahrzeuge, Waagen, Handscanner usw. zuordnen möchte, um einen Überblick über wichtige Abhängigkeiten zwischen den notwendigen Fähigkeiten und seinen Ressourcen zu erhalten. Für eine detaillierte Beschreibung von Stücklisten für den Bau von Fahrzeugen bei einem Automobilhersteller ist eine Modellierung mit diesem einfachen Beziehungstyp (als Gegenbeispiel) sicher nicht geeignet.

Zu den Beziehungstypen 8 (`Capability` hat als Eingabe ▶ `Informationsobjekttyp`) und 10 (`Capability` nutzt ▶ `Informationsobjekttyp`), die einer Capability einen Informationsobjekttyp als Eingabe bzw. allgemein genutzte Information zuordnen, besteht eine Analogie. Statt einer Capability Informationen in Form von Informationsobjekttypen zuzuordnen, ordnet dieser Beziehungstyp allgemein verwendete Ressourcen zu. Letztere können hier insbesondere auch materieller Form sein. Abbildung A–24 zeigt das Metamodell für den Beziehungstyp 25.

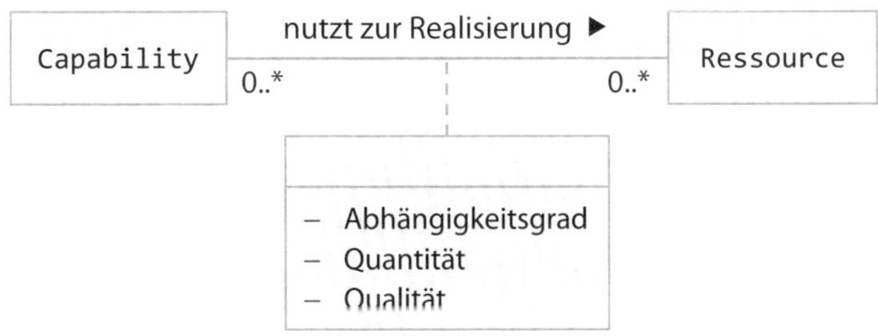

Abb. A–24: `Capability` nutzt zur Realisierung ▶ `Ressource` (Metamodell)

Attribute. Die folgende Aufzählung beschreibt mögliche Attribute des Beziehungstyps:

Abhängigkeitsgrad – Mit diesem Attribut kann man angeben, wie hoch der Abhängigkeitsgrad der Capability-Realisierung von der jeweiligen Ressource ist. Denkbar ist hier die Angabe von Abhängigkeitsstufen wie »zwingend« und »optional«, um unterscheiden zu können, ob eine Ressource zwingend erforderlich ist oder nicht.

Quantität – Mit einem solchen Attribut lässt sich die Menge (= der quantitative Bedarf) an der benötigten bzw. verwendeten Ressource festlegen. Die Einheit kann z.B. Stück oder das Gewicht in kg sein, sofern es im jeweiligen Anwendungskontext überhaupt möglich (und dienlich) ist, die Mengen exakt anzugeben. Ist eine genaue Angabe nicht möglich oder hilfreich, kann man die Quantität auch in Stufen angeben (z.B. von »gering« bis »umfangreich« o.Ä.). Sinnvoll ist hier ggf. die Definition einer zeitlichen oder anderen Bezugsgröße, für die die angegebene Quantität gilt, also z.B. genutzte Menge pro Tag.

Qualität – Analog zur Quantität der Ressource kann man mit diesem Attribut die genutzte oder erforderliche Qualität der Ressource in Bezug auf die Realisierung der Capability dokumentieren. Beispielsweise könnte für einen benötigten Rohstoff ein bestimmter Reinheitsgrad zwingend sein.

Beziehungstyp 26: `Capability` schafft ▶ `Ressource`

Dieser Beziehungstyp erfasst die Erzeugung bzw. Schaffung von Ressourcen durch Capabilities.

Beispiele. Die Capability `Rohstoffabbau` erschafft die Ressourcen Mineralöl und Erdgas. (Dabei geht es weniger darum, ob die Rohstoffe schon vorher als solche in der Erde vorhanden waren, sondern darum, dass die Capability diese dem Unternehmen als nutzbare Ressourcen zur Verfügung stellt.) Eine weitere Capability `Benzinherstellung` nutzt die Ressource Mineralöl, um daraus Benzin als weitere Ressource (mit erfolgter Wertschöpfung) herzustellen. Die Capability `Benzinherstellung` hat dann nicht nur eine Beziehung des hier definierten Typs zur Ressource Benzin, sondern auch eine Beziehung des Typs 25 (`Capability` nutzt zur Realisierung ▶ `Ressource`) zur Ressource Mineralöl.

Der Beziehungstyp hat eine Analogie zum Beziehungstyp 9 (`Capability` hat als Ergebnis ▶ `Informationsobjekttyp`). Letzterer verknüpft eine Capability mit einem Informationsobjekttyp als Ergebnis bzw. Ausgabe der Capability. Der hier beschriebene Beziehungstyp ordnet einer Capability ganz allgemein eine Ressource als Ergebnis zu, sodass man auch diesen verwenden könnte, wenn man Information als Ressource versteht bzw. als solche modelliert. Abbildung A–25 zeigt das Metamodell für den Beziehungstyp 26.

Attribute. Die folgende Aufzählung beschreibt mögliche Attribute des Beziehungstyps:

Quantität – Analog zu Beziehungstyp 25 (`Capability` nutzt zur Realisierung ▶ `Ressource`) kann man hier angeben, wie viel einer Ressource die Capability (je Bezugseinheit wie z.B. Zeiteinheit) erzeugt.

Qualität – Ebenfalls analog zu Beziehungstyp 25 (`Capability` nutzt zur Realisierung ▶ `Ressource`) lässt sich mit diesem Attribut die Qualität der erzeugten Ressource angeben.

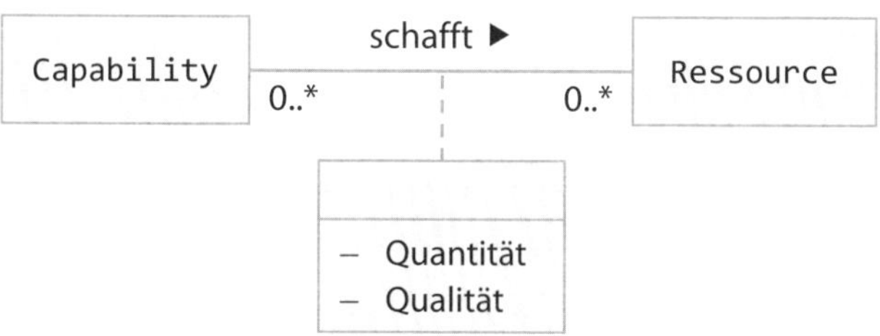

Abb. A-25: Capability schafft ▶ Ressource (Metamodell)

A.18 Rollen

Eine fachliche bzw. organisatorische Rolle bündelt zusammengehörige Aufgaben, Verantwortlichkeiten, Entscheidungsbefugnisse und Kompetenzen in einem Unternehmen. Eine Rolle dient der Abstraktion von konkreten Personen, um Abläufe, Aufgabenbeschreibungen, Verantwortlichkeiten usw. allgemein und losgelöst von einzelnen Mitarbeitern in einem Unternehmen definieren zu können.

Geschäftsprozesse nehmen Bezug auf Rollen statt auf Personen, um festzulegen, wer bestimmte Prozessschritte zu erledigen hat. Rollendefinitionen helfen dabei, konzeptionelle Klarheit zu schaffen. Insbesondere verhindert die Nutzung von Rollen, dass Prozessdefinitionen bei Veränderungen innerhalb der Belegschaft angepasst werden müssen. Sind Prozesse, Aufgaben usw. auf Basis von Rollen definiert, müssen für die Instanzen bzw. konkreten Abläufe je Rolle eine oder mehrere Personen zugeordnet werden, die die Rolle innehaben sollen.

Viele fachliche Applikationen nutzen ein rollenbasiertes Berechtigungsmodell. Die Autorisierung für Personen, bestimmte Funktionen in der Applikation nutzen zu dürfen, hängt davon ab, ob die jeweilige Person eine zugehörige Rolle hat oder nicht.

Verwandte Begriffe. »Rolle« ist ein recht allgemeiner Begriff zur konzeptionellen Entkopplung von Zuständigkeiten (für Aufgaben, Verantwortlichkeiten usw.) von konkreten Personen, die diese Zuständigkeiten übernehmen. Die folgende Aufstellung beschreibt eine Reihe verwandter Begriffe:

Rolleninhaber – Ein Rolleninhaber übernimmt die mit einer Rolle verbundenen Aufgaben, Verantwortlichkeiten usw. zeitweise oder dauerhaft. Das Instanziieren einer Rolle mit einem Rolleninhaber ist die Voraussetzung für die Ausführung von rollenbasierten Prozessen, Systemaktivitäten und so weiter. Ein Rolleninhaber ist in der Regel eine Person, kann jedoch ggf. auch eine Organisationseinheit oder Arbeitsgruppe sein. Für die hier definierten Beziehungstypen zur Capability ist es nicht erforderlich, zwischen Rolle und Rolleninhaber zu unterscheiden.

Funktionsträger – Im organisatorischen Sinne ist eine Funktion in einem Unternehmen ein abgegrenzter Aufgabenbereich. Ein Funktionsträger ist eine Person, die diesen Aufgabenbereich verantwortet bzw. die zugehörigen Aufgaben übernimmt. Das Verhältnis von (organisatorischer) Funktion zu Funktionsträger ist daher ähnlich wie das von Rolle zu Rolleninhaber. Vereinfacht kann man Rolleninhaber und Funktionsträger als Synonyme betrachten.

Anspruchsgruppe – Eine Anspruchsgruppe ist eine (ggf. einelementige) Gruppe von Personen oder Rollen, die bzgl. eines Betrachtungsgegenstandes (z.B. eines Vorhabens, eines Prozesses, einer Applikation) einen – wie auch immer gearteten – Anspruch besitzen. Der jeweilige Anspruch ergibt sich in vielen Fällen aus der Rolle heraus, die der Anspruchsgruppe (oder ihren Mitgliedern) zugeordnet ist. Siehe auch »Stakeholder«.

Stakeholder – Der englische Begriff »Stakeholder« wird heute oftmals synonym zu Anspruchsgruppe verwendet. Der englische Begriff »Stake« bedeutet in diesem Kontext Einsatz, Einlage oder Beteiligung. »Holder« bedeutet Inhaber, Halter oder Besitzer. Ein Stakeholder ist also jemand, der eine Beteiligung besitzt und somit den Anspruch darauf hat, in einer Sache »mitzureden«.

Interesseneigner – Wörtlich genommen der Eigentümer eines Interesses. Dieser Begriff wird als Synonym zu Stakeholder verwendet [65].

Mitarbeiter – Ein Mitarbeiter ist eine (interne oder externe) Arbeitskraft eines Unternehmens. Ein Mitarbeiter kann ein Rolleninhaber bzw. Funktionsträger oder ein Teil einer Anspruchsgruppe sein.

Person – Noch allgemeiner als Mitarbeiter ist der Begriff der Person. Dieser Begriff wird z.B. im Kontext des Datenschutzes verwendet, um die Rechte einer Person unabhängig von jeglicher Rolle, Funktion und dem Verhältnis, in dem jemand zum Unternehmen steht, zu beschreiben.

Organisationseinheit – Eine Rolle kann neben einzelnen Personen prinzipiell auch eine Organisationseinheit übernehmen. Zu Organisationseinheiten als Informationsobjekttyp siehe Anhang A.12.

Beziehungstypen zur Rolle. Im Folgenden sind zwei Beziehungstypen zwischen Capabilities und Rollen definiert.

Beziehungstyp 27: `Capability` betrifft ▶ `Rolle`

Dieser Beziehungstyp drückt aus, dass eine (fachliche bzw. organisatorische) Rolle von einer Capability betroffen ist. Die Art des Betroffenseins kann durch ein Beziehungsattribut ergänzt werden, denn der Beziehungstyp selbst spezifiziert dies nicht.

Beispiel. Ein Wirtschaftsprüfungsunternehmen wird für seine Kunden auf Basis umfangreicher, komplex definierter Prüfaufträge tätig. Die Fähigkeit zur Abrechnung der erbrachten Leistungen wird durch die Capability `Auftragsabrechnung` repräsentiert. Da die Abrechnung komplex ist, gibt es die eigens dafür vorgesehene fachliche Rolle des »Abrechnungsmanagers«, die für die Durchführung der Abrechnung zuständig ist. Zudem gibt es eine Rolle »Auftragsmanager«, die einen Prüfauftrag in Gänze – also inkl. Abrechnung – verantwortet. Das Betroffensein der beiden Rollen zur Capability `Auftragsabrechnung` lässt sich durch den definierten Beziehungstyp ausdrücken. Abbildung A–26 zeigt das Metamodell für den Beziehungstyp 27.

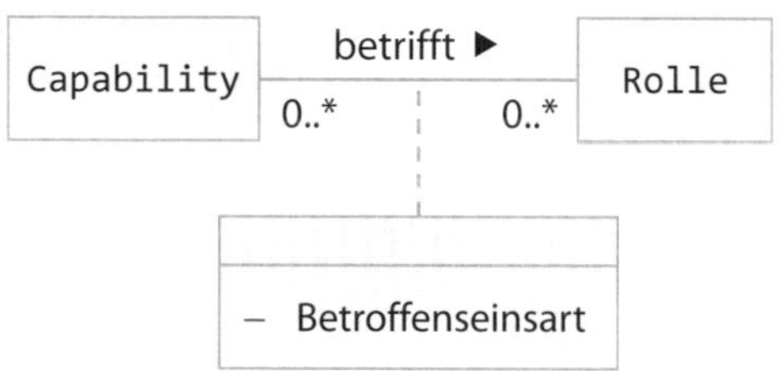

Abb. A–26: `Capability` betrifft ▶ `Rolle` (Metamodell)

Attribute. Der folgende Aufzählungspunkt beschreibt ein mögliches Attribut des Beziehungstyps:

Betroffenseinsart – Der Beziehungstyp an sich ist sehr generisch definiert, da er nur ein Betroffensein, aber nicht die Art des Betroffenseins spezifiziert. Mit diesem Attribut lässt sich diese Art angeben. Dies kann freitextlich oder idealerweise auf Basis eines Aufzählungstyps erfolgen, der alle relevanten Arten des Betroffenseins umfasst. Typische Arten von Betroffensein sind beispielsweise »durchführungsverantwortlich«, »resultatabhängig« oder »realisierungsverantwortlich«. Auch die Verwendung der RACI-Systematik ist denkbar [38].

Beziehungstyp 28: `Capability` ◀ ist kompetent für `Rolle`

In Betrachtungskontexten (z.B. in Projekten, Vorstudien) wird Kompetenz für bestimmte Capabilities benötigt. Welche Rollen Kompetenz in Bezug auf welche Capabilities besitzen, kann dieser Beziehungstyp erfassen.

Beispiel. Die Rolle »Lösungsarchitekt« ist kompetent in Bezug auf die Capability `Lösungsentwurf`. Die Rolle »Kundenbetreuer« ist kompetent für die Capability `Kundenanliegenbearbeitung`. Das Metamodell des Beziehungstyps 28 stellt Abbildung A–27 dar.

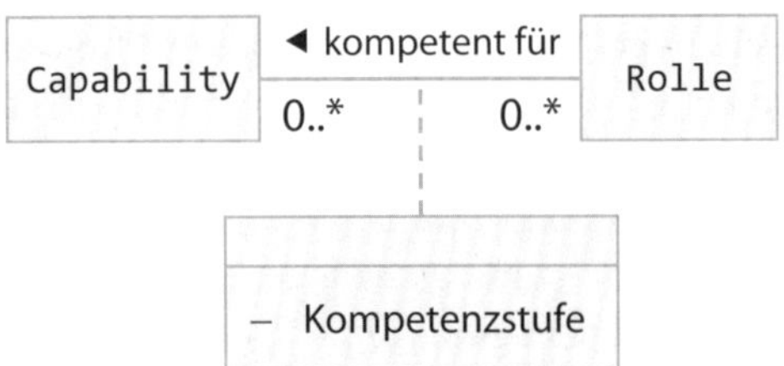

Abb. A–27: `Capability` ◀ ist kompetent für `Rolle` (Metamodell)

Statt eine Zuordnung von Kompetenzen für Rollen vorzunehmen, kann man den Beziehungstyp analog auch auf Ebene der Rolleninhaber einsetzen. Dies erscheint dann sinnvoll, wenn es mehrere Rolleninhaber gibt, die unterschiedlich hohe Kompetenzen besitzen.

Mit diesem Beziehungstyp lässt sich für ein Capability-Modell eine Aufstellung kompetenter Rollen (oder ggf. Rolleninhaber) anfertigen, auf deren Basis sich im Bedarfsfall (z.B. für Projekte) die passenden (fachlichen) Experten finden lassen.

Attribute. Ein mögliches Attribut des Beziehungstyps führt die folgende Aufzählung auf:

Kompetenzstufe – Mit diesem Attribut lässt sich bei Bedarf der Grad der Expertise näher beschreiben. Denkbar ist eine einfache, quantitative Abstufung, z.B. von 1 (Grundkenntnisse) bis 5 (Experte). Alternativ kann ein Aufzählungstyp zum Einsatz kommen, der mit verschiedenen Stufen (oder auch Arten) der Kompetenz für die nötige Differenzierung sorgt. Illustrative Werte sind »Durchführungsexperte«, »Konzeptexperte« und »Realisierungsexperte«.

A.19 Schnittstellen

Eine Schnittstelle bezeichnet ganz allgemein eine Verbindungsstelle zwischen zwei Entitäten, z.B. zwischen zwei Prozessen oder zwei Organisationseinheiten. Im engeren, hier verwendeten Sinne ist eine Schnittstelle ein Kopplungsmechanismus zwischen zwei (oder mehr) Applikationen zum Zwecke des Datenaustauschs oder zur Nutzung eines angebotenen Dienstes per (entferntem) Aufruf (z.B. per Webservice). Klassische Schnittstellen zwischen Applikationen koppeln genau zwei solcher Applikationen in Form von Punkt-zu-Punkt-Schnittstellen. Modernere, flexiblere Ansätze ermöglichen die Verbindung zwischen verschiedenen Applikationen durch sogenannte *APIs* (»Application Programming Interfaces«), die standardisierte Serviceaufrufe eines Servicegebers durch verschiedene Servicenehmer erlauben. Hinter dem Begriff der Schnittstelle verbirgt sich das ganze Universum der

Integration von Applikationen, Plattformen, Komponenten, Diensten usw., das an dieser Stelle nicht weiter vertieft werden soll.

Verwandte Begriffe. Die folgende Aufzählung führt zur begrifflichen Einordnung und Abgrenzung einige verwandte Begriffe der Schnittstelle auf:

Service – Grob lässt sich bei Schnittstellen zwischen Daten- und Funktionsschnittstellen unterscheiden, wobei erstere der reinen Datenübertragung dienen, die z.B. per Dateitransfer mittels Protokollen wie (S)FTP, HTTP(S) o.Ä. erfolgen kann. Funktionsschnittstellen hingegen dienen dazu, eine ausführbare Funktion eines internen oder externen »technischen Dienstleisters« in einer anderen Applikation, System, Plattform o.Ä. aufzurufen. Diese Funktionen werden oft als Service bezeichnet. Services können technisch z.B. als Web- oder Microservices ausgeprägt sein. Der Anbieter eines Service wird als Servicegeber (»Service Provider«), der Aufrufer als Servicenehmer (»Service Consumer«) bezeichnet. Serviceschnittstellen realisieren in der Regel 1:n-Schnittstellen, da ein Service von mehreren Servicenehmern genutzt wird (oder zumindest werden kann). **Anmerkung:** Wie in Anhang A.11 ausgeführt, ist der Begriff »Service« mehrfach überladen und sollte daher mit Bedacht verwendet werden.

Integration – Der Begriff »Integration« ist ein Überbegriff für eine (wie auch immer geartete) technische Kopplung zwischen zwei oder mehr Applikationen oder anderen technischen Komponenten. Es gibt unzählige technische Integrationsmöglichkeiten. Eine Schnittstelle stellt in diesem Sinne eine Ausprägung einer Integration dar. Sprachlich werden die Begriffe »Schnittstelle« und »Integration« jedoch manchmal auch synonym verwendet.

API – Ein »Application Programming Interface« (kurz »API«) ist eine von außen (über das Netzwerk) aufrufbare Funktionsschnittstelle einer Applikation (oder einer Plattform), die eine festgelegte Menge an Funktionen und Zugriffsmöglichkeiten auf die Applikation bietet. Nahezu jede Standardsoftware verfügt heutzutage über eine oder mehrere APIs, die z.B. das Einspielen oder Auslesen von Applikationsdaten von außen ermöglicht. Eine API stellt in diesem Sinne eine Schnittstelle der Applikation nach außen dar, auch wenn der Schnittstellenpartner nicht festgelegt ist, sondern grundsätzlich beliebig ist. Voraussetzung der API-Nutzung ist neben einer entsprechenden Netzverbindung zwischen API-Anbieter und -Konsumenten vor allem die Zugriffsberechtigung des API-Konsumenten.

Beziehungstypen zur Schnittstelle. Typische Beziehungstypen zwischen den Objekttypen Capability und Schnittstelle sind im Folgenden aufgeführt.

Beziehungstyp 29: `Capability` liefert Ergebnis via ▶ `Schnittstelle`

Dieser Beziehungstyp schlägt eine Brücke zwischen der konzeptionellen und der technischen Welt, indem er einer technischen Schnittstelle die Capability zuordnet, deren Ergebnis die technische Schnittstelle bereitstellt.

Beispiel. Die Capability `Auftragsprüfung` repräsentiert die Fähigkeit, einen gegebenen Auftrag zu prüfen und ein Prüfergebnis zu liefern. Dabei lässt sich der Informationsobjekttyp `Auftrag` als Eingabe und `Prüfergebnis` als Ergebnis dieser Capability betrachten. Technisch könnte eine Applikation diese Fähigkeit in Form einer Serviceschnittstelle realisieren. Der hier beschriebene Beziehungstyp setzt dann die `Auftragsprüfung` in Beziehung zur Schnittstelle, d.h., das Prüfergebnis aus der Anwendung der Fähigkeit der Auftragsprüfung wird als Objekt vom Typ `Prüfergebnis` über die Schnittstelle zur Verfügung gestellt. Abbildung A–28 zeigt das Metamodell für die Beziehungstypen 29 und 30.

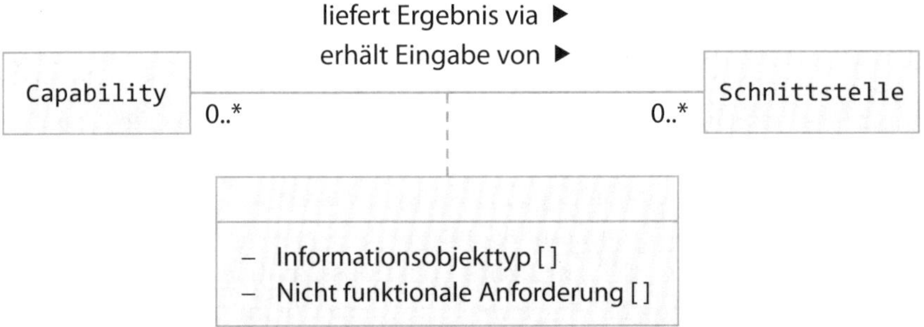

Abb. A–28: `Capability` liefert Ergebnis via/erhält Eingabe von ▶ `Schnittstelle` (Metamodell)

Attribute. Die folgende Aufzählung beschreibt mögliche Attribute des Beziehungstyps:

Informationsobjekttyp [ ] – Um näher zu spezifizieren, was die Capability an die Schnittstelle liefert, kann man die entsprechenden Informationsobjekttypen angeben. Abbildbar wäre dies auch mit einem dreistelligen Beziehungstyp zwischen Capability, Schnittstelle und Informationsobjekttyp.

Nicht funktionale Anforderung [ ] – Nicht funktionale Anforderungen spezifizieren geforderte Eigenschaften, die nicht die Funktionalität an sich betreffen, sondern davon unabhängige Größen wie z.B. Qualitätsmerkmale, Performanceanforderungen, Mengengerüste und anderes. Betreffen nicht funktionale

Anforderungen die Schnittstelle im Zusammenhang mit der Capability, so kann man diese an die Beziehung anheften. Ein Beispiel ist die Anzahl der Datenobjekte, die die Schnittstelle von der Capability pro Zeiteinheit erhält und verarbeiten muss.
Anforderungen und ihre Beziehung zu Capabilities betrachtet Anhang A.2 näher. Beziehen sich nicht funktionale Anforderungen auf die Schnittstelle (oder die Capability) als Ganzes, so sollten sie diesen direkt zugeordnet werden und nicht dem Beziehungstyp.

Beziehungstyp 30: `Capability` erhält Eingabe von ▶ `Schnittstelle`

Analog zum Beziehungstyp 29 (`Capability` liefert Ergebnis via ▶ `Schnittstelle`) betrachtet dieser Beziehungstyp die Eingabe einer Capability in Form benötigter Informationsobjekte, die eine Schnittstelle zur Verfügung stellt.

Beispiel. Als Fortsetzung des Beispiels für Beziehungstyp 29 (`Capability` liefert Ergebnis via ▶ `Schnittstelle`) betrachtet dieser Beziehungstyp die notwendige Eingabe der Capability `Auftragsprüfung`, die die in Beziehung stehende Schnittstelle in Form eines Objekts des Typs `Auftrag` bereitstellt.

Die Sicht 19 (Capability-basierte Zielarchitektur) im Anwendungsfall der Architekturdokumentation (siehe Abschnitt 5.9) verwendet zwei Beziehungstypen, die von den hier definierten Beziehungstypen abgeleitet sind.

Attribute. Die Beziehungsattribute sind die gleichen wie für den Beziehungstyp 29 (`Capability` liefert Ergebnis via ▶ `Schnittstelle`).

A.20 Strategien

Im Kontext von Wirtschaftsunternehmen bezeichnet der Begriff der Strategie eine bewusst gewählte, längerfristige Ausrichtung des Unternehmens auf Verhaltensweisen und dazugehörige Umsetzungsmittel zur Erreichung von Unternehmenszielen und Wettbewerbsvorteilen. Eine für das gesamte Unternehmen definierte Unternehmensstrategie soll als Orientierung für die Aktivitäten im Unternehmen dienen und eine Fokussierung aller Bereiche auf ein gemeinsames Ziel ermöglichen.

Eine Strategie hat maßgeblichen Einfluss auf die Art und Weise, wie Capabilities realisiert werden (sollen). Je Capability lassen sich aus strategischen Vorgaben Anforderungen daran ableiten, wie die entsprechende Fähigkeit zu realisieren ist. Bei Capabilities auf der obersten Modellebene kann man zugehörige, spezifische Strategien definieren, z.B. eine Produktions- oder Vertriebsstrategie als spezifische Strategien für die Capabilities `Produktion` bzw. `Vertrieb`.

Verwandte Begriffe. Die folgende Aufzählung führt einige verwandte Begriffe der Strategie auf. Strategien lassen sich grundsätzlich für fast alle Bereiche von Unternehmen definieren bzw. aus der Unternehmensstrategie ableiten. Einige solcher Teilstrategien sind in der Aufzählung exemplarisch enthalten. Weitere solcher Teilstrategien sind denkbar.

Geschäftsstrategie – Als Geschäftsstrategie wird die Strategie bezeichnet, die die Ausrichtung für das Geschäftsmodell eines Unternehmens vorgibt. Diesen Begriff kann man als Synonym der Unternehmensstrategie auffassen.

IT-Strategie – Als Beispiel für eine wichtige Teilstrategie eines Unternehmens sei die IT-Strategie genannt. Diese definiert die Ausrichtung der Unternehmens-IT. Da IT ein sehr vielschichtiges Thema ist, kann auch die IT-Strategie viele Aspekte wie Technologien, Betrieb, Entwicklung usw. adressieren und in entsprechende Teilstrategien aufgegliedert sein.

Taktik – Wie eine Strategie gibt auch eine Taktik Verhaltensweisen vor. Letztere ist jedoch kurzfristiger und operativer angelegt und bestimmt die Verhaltensweisen somit auf eine konkretere Weise und bezogen auf einen kürzeren Zeitraum.

Ziel – Der Begriff des Ziels ist Teil der Definition des Strategiebegriffs (siehe oben). Eine Strategie dient dem Erreichen von Geschäftszielen. Ein Ziel als solches beschreibt einen gewünschten Zustand, ohne dabei notwendigerweise zu erfassen, auf welche Art und Weise das Ziel erreicht werden soll. Anhang A.24 beschreibt die Beziehungen von Capabilities zum Begriff des Ziels als eigenen Objekttyp.

Beziehungstypen zur Strategie. Es folgen zwei Beschreibungen von Beziehungstypen, die Strategien in Bezug zu Capabilities setzen.

Beziehungstyp 31: `Capability` ◄ macht Vorgaben für `Strategie`

Mit diesem Beziehungstyp drückt man aus, für welche Capabilities eine Strategie Vorgaben zu deren Umsetzung definiert bzw. definieren soll.

Beispiel. Die IT-Strategie als Ausprägung des Objekttyps `Strategie` könnte definieren, dass Software für Querschnittsfunktionen wie Personal- oder Finanzwesen gekauft und nicht selbst entwickelt werden soll. Die dazugehörigen Capabilities wie z.B. `Personalverwaltung` oder `Finanzbuchhaltung` würden der IT-Strategie mit diesem Beziehungstyp zugeordnet werden, sodass die gewünschten Vorgaben damit dokumentiert wären. Abbildung A–29 zeigt das Metamodell für den Beziehungstyp 31.

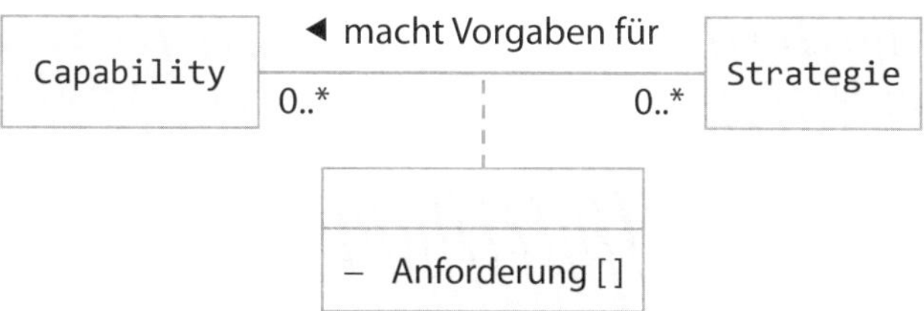

Abb. A–29: `Capability` ◄ macht Vorgaben für `Strategie` (Metamodell)

Attribute. Der folgende Aufzählungspunkt beschreibt ein mögliches Attribut des Beziehungstyps:

Anforderung [ ] – Um die strategischen Vorgaben spezifisch je Capability zu beschreiben, könnte man jeweils spezielle Anforderungen an die Beziehung hängen. **Anmerkung**: Eigentlich handelt es sich hier um eine dreistellige Beziehung zwischen Capability, Strategie und Anforderung. Zumindest ist das dann der Fall, wenn man die Anforderung als separaten Objekttyp betrachtet (vgl. Anhang A.2).

Beziehungstyp 32: `Capability` trägt bei zur Umsetzung von ► `Strategie`

Dieser Beziehungstyp dient zur Kenntlichmachung des Beitrags einer Capability zur Umsetzung einer Strategie.

Beispiel. Angenommen ein Unternehmen möchte sein Produktportfolio flexibel gestalten und hat eine Strategie definiert, die die Produktion und Vermarktung möglichst freier Kombinationen aus verschiedenen Produktbausteinen ermöglichen soll. Dann könnte man mit diesem Beziehungstyp alle Capabilities mit der Strategie verknüpfen, die in besonderer Weise zu dieser Flexibilisierung beitragen und daher besonderer Beachtung bei der Umsetzung der Strategie bedürfen. So könnte z.B. die Capability `Produktkonfiguration` zu dieser Menge zählen. Abbildung A–30 zeigt das Metamodell für den Beziehungstyp 32.

Attribute. Die folgende Aufzählung beschreibt mögliche Attribute des Beziehungstyps:

Beitrag – Um den Beitrag der jeweiligen Capability zur Umsetzung der fraglichen Strategie zu spezifizieren, kann man diesen als Attribut an die Beziehung anhängen. Je nach Anwendungsfall kann man diesen Beitrag rein quantitativ oder qualitativ angeben. Bei einer quantitativen Angabe kann man z.B. die Stufen »gering«, »mittel« und »hoch« unterscheiden. Bei einer qualitativen

Angabe lässt sich der Beitrag im einfachsten Fall freitextlich beschreiben. Alternativ könnte man verschiedene, qualitative Beitragskategorien definieren und zuordnen. Beispiele für solche Kategorien könnten »Kundenerlebnis«, »Effizienz« oder »Produktportfolio« sein.

Realisierungsstufe – Wenn mehrere Realisierungs- oder Ausbaustufen für eine Capability geplant sind, könnte man mit diesem Attribut angeben, in welcher dieser Stufen ein Beitrag zur Strategie realisiert wird bzw. werden soll.

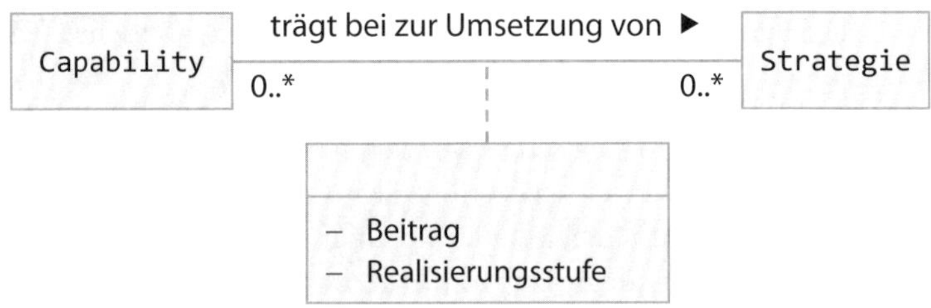

Abb. A–30: `Capability` trägt bei zur Umsetzung von ▶ `Strategie` (Metamodell)

A.21 Technologien

Allgemein verstanden steht Technologie als Überbegriff für technische (insbesondere elektronische) Verfahren und Hilfsmittel, die für bestimmte Zwecke gezielt wissenschaftliche Erkenntnisse und Eigenschaften von Materie nutzen. Die hier verwendete Definition ist enger gefasst und versteht unter einer Technologie ein (wie auch immer ausgeprägtes) Technologieprodukt oder -konzept, das der technischen Realisierung von Capabilities dienen kann. Der Begriff ist damit immer noch recht breit zu verstehen und umfasst Hardware, Software sowie Kombinationen aus beidem. Beispiele für Technologien in diesem Sinne sind relationale Datenbankmanagementsysteme (DBMS), die Blockchain, die Programmiersprache Haskell, Flash-Speicher, der Universal Serial Bus (USB), das Simple Network Management Protocol (SNMP), das Internet of Things (IoT) oder das Betriebssystem Linux. Wie an den wenigen Beispielen zu erkennen ist, eröffnet der Begriff »Technologie« ein ganzes Universum, in dem es inzwischen fast unüberschaubar viele Arten und Ausprägungen von Technologien gibt. Entsprechende Kategorisierungen und Unterscheidungsmerkmale können helfen, dieses Universum zu strukturieren, jedoch ist das nicht Gegenstand dieses Buchs.

Für die hier zu betrachtenden Beziehungstypen zwischen Technologien und Capabilities reicht es, eine Technologie als eine wohldefinierte Art von elektronischem Hilfsmittel in Hard- und/oder Software zu sehen. Sinnvoll ist die Unterscheidung, ob Technologietypen gemeint sind oder konkrete Ausprägungen solcher Typen. So ist beispielsweise »relationales Datenbanksystem« als Technologietyp zu betrachten, wohingegen »Oracle RDMBS«, »MS SQL Server« und »IBM Db2« Ausprägungen dieses Technologietyps im Sinne konkreter Produkte sind.

Verwandte Begriffe. Zur begrifflichen Einordnung und Abgrenzung führen die folgenden Absätze einige verwandte Begriffe von »Technologie« auf:

Technologietyp – Ein Technologietyp definiert eine Art von Technologie mit bestimmten technischen Mechanismen und Eigenschaften. Für einen Technologietyp kann es mehrere konkrete Ausprägungen (Umsetzungen, Implementierungen) geben. Beispiel: Wird ein Betriebssystem als Technologietyp betrachtet, dann sind u.a. Linux, MacOS und Windows Ausprägungen dazu. Für die hier aufgeführten Beziehungstypen zwischen Technologie und Capability sind sowohl Technologietypen als auch Ausprägungen dieser Typen geeignet.

(Technologie-)Produkt – Ein (technologisches) Produkt lässt sich als Ausprägung einer Technologiekategorie verstehen, wie in dem obigen Beispiel der Betriebssysteme oder Datenbankprodukte. Auch das »Produkt« ist im Kontext der Beziehungstypen synonym zu »Technologie« nutzbar.

(IT-)Komponente – Der Begriff »Komponente« ist ein generischer Begriff, der ähnlich wie ein »Modul« einen Bestandteil einer größeren Einheit, z.B. einer Applikation, bezeichnet. Einige EAM-Werkzeuge (wie z.B. LeanIX) nutzen IT-Komponenten als Repräsentation von Technologien oder Technologietypen.

Beziehungstyp zur Technologie. Es folgt ein möglicher Beziehungstyp zwischen Capability und dem Technologie-Objekttyp.

Beziehungstyp 33: `Capability` ◄ realisiert technisch `Technologie`

Eine Technologie kommt (real oder potenziell) zur Realisierung einer Capability zum Einsatz.

Beispiele. Auf einer groben Detailebene könnte man z.B. zwei wesentlichen Capabilities wie `Auftragsmanagement` und `Kundenbetreuung` Technologien in Form von Standardsoftwareprodukten (wie Salesforce CRM, Microsoft Dynamics u.v.a.) als Kandidaten zur Realisierung dieser benötigten Fähigkeiten zuordnen. Wird den Beziehungsausprägungen jeweils noch eine Bewertung hinzugefügt, lässt sich für jedes Paar von Technologie und Capability aufzeigen, wie gut die Technologie (= das Softwareprodukt) zur Realisierung der Capability geeignet ist.

Als zweites Beispiel könnte der Capability `Profitabilitätsermittlung` ein sogenanntes Data Warehouse (DWH) als realisierende Technologie zugeordnet werden. Da kein konkretes Produkt genannt ist, handelt es sich hier um die Zuordnung eines Technologietyps. Abbildung A–31 zeigt das Metamodell für den Beziehungstyp 33. Dieser Beziehungstyp kann in Bezug auf die Planung des Technologieportfolios nützlich sein, um Capabilities passende Technologien bzw. Kandidaten zuzuordnen.

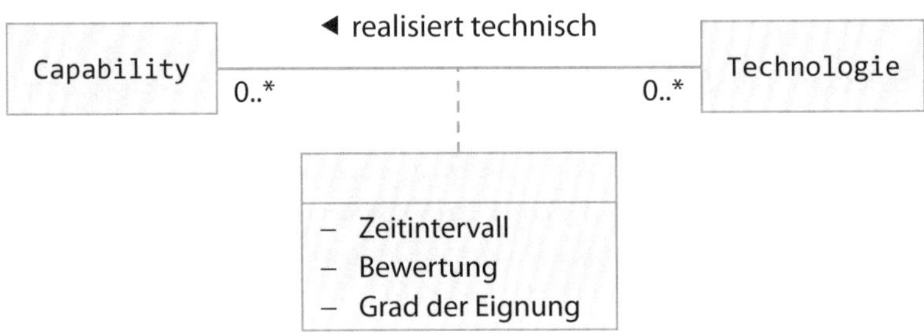

Abb. A–31: `Capability` ◀ realisiert technisch `Technologie` (Metamodell)

Attribute. Die folgende Aufzählung beschreibt mögliche Attribute des Beziehungstyps:

Zeitintervall – Der Beziehung lässt sich eine Zeitangabe oder ein Zeitintervall zuordnen, um zu definieren, ob es sich um eine vergangene (bereits abgelöste) Realisierungstechnologie, um die aktuell eingesetzte oder für die Zukunft geplante bzw. potenzielle Technologie handelt.

Bewertung – Des Weiteren kann man eine Bewertung anhängen, die die Eignung der jeweiligen Technologie für die Realisierung der Capability zusammenfasst, um Vergleiche zwischen verschiedenen Technologiekandidaten anzustellen.

Grad der Eignung – Mit diesem Attribut lässt sich angeben, wie gut eine bestimmte Technologie zur Realisierung der jeweiligen Capability geeignet ist oder ob sie als *Schlüsseltechnologie* sogar zwingend erforderlich ist. Beispielsweise könnte das Attribut die Blockchain-Technologie als Schlüsseltechnologie für eine Capability `Kryptowährungsmanagement` markieren.

A.22 Vorhaben

Ein Vorhaben repräsentiert im allgemeinen Sinne den Plan eines Unternehmens, etwas zu tun und diesem »Etwas« einen Namen und eine (wie auch immer geartete) organisatorische Hülle zur Verwaltung, Steuerung, Budgetierung usw. zu geben. Ein Vorhaben kann sich z.B. als Projekt, Programm oder eine Einzelmaßnahme ausprägen.

Verwandte Begriffe. Zur begrifflichen Einordnung und Abgrenzung werden im Folgenden einige verwandte Begriffe von »Vorhaben« betrachtet:

Projekt – Ein Projekt ist eine typische Art von Vorhaben in Unternehmen, die einem definierten Projektprozess unterliegen, zu dem u.a. eine (temporäre) Projektorganisation sowie die Steuerung durch einen Projektleiter gehören.

Teilprojekt – Ein Teilprojekt ist eine Untereinheit eines Projekts, für die gleiche oder ähnliche Verwaltungs- und Steuermechanismen (in einem kleineren Maßstab) gelten wie für das Projekt.

Programm – Ein Programm ist ein umfangreiches Vorhaben, das typischerweise über einen längeren Zeitraum läuft und ein übergeordnetes Ziel verfolgt, das in mehrere, einzelne Projekte aufgeteilt ist (Multiprojekt).

Maßnahme – Auch eine (einzelne) Maßnahme kann man als eine Art Vorhaben begreifen. Typischerweise sind Maßnahmen weniger umfangreich als Projekte, und somit fehlen eine Projektorganisation und die projekttypischen Steuerungsmechanismen.

Beziehungstypen zum Vorhaben. Nachfolgend sind nützliche Beziehungstypen zwischen Capabilities und Vorhaben beschrieben.

Beziehungstyp 34: `Capability` ◄ ändert Realisierung von `Vorhaben`

Ein Vorhaben ändert die Realisierung einer Capability, indem es diese z.B. erstmalig mit einer (neu eingeführten oder veränderten) Applikation implementiert oder die bereits bestehende Realisierung anpasst. Dieser Beziehungstyp erfasst somit den »Fähigkeitenfußabdruck« eines Vorhabens.

Beispiel. Das Projekt »Abrechnung 2022« eines Unternehmens löst die bestehende Altapplikation zur Abrechnung von Warenlieferungen durch Lieferanten mit einer neuen Applikation ab. Der Beziehungstyp ermöglicht die Verknüpfung des Projekts »Abrechnung 2022« mit den von Änderungen betroffenen Capabilities (aus den relevanten Applikationen). Hier könnte beispielsweise die Capability `Lieferantenabrechnung` Gegenstand von Realisierungsänderungen sein. Abbildung A–32 zeigt das Metamodell für den Beziehungstyp 34.

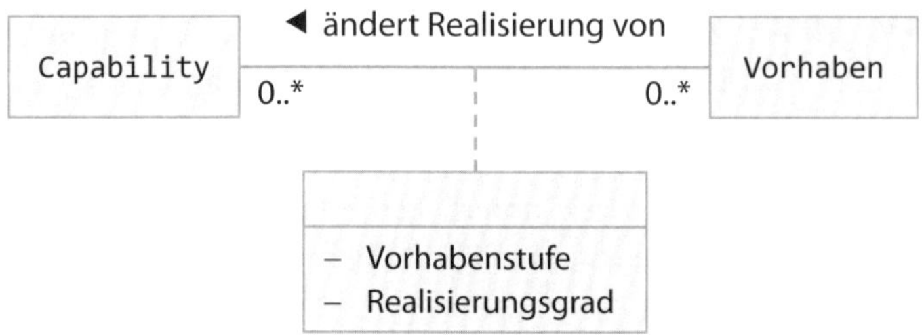

Abb. A–32: Capability ◀ ändert Realisierung von Vorhaben (Metamodell)

Attribute. Die folgende Aufzählung beschreibt mögliche Attribute des Beziehungstyps:

Vorhabenstufe – Wenn umfangreichere Vorhaben mehrere Vorhaben- oder Ausbaustufen haben, dann kann man diese als Attribut angeben, um die geplante Änderung an der Capability-Realisierung näher zu spezifizieren bzw. im Vorhabenkontext genauer einzuordnen.

Realisierungsgrad – Wenn das Vorhaben die Capability nicht vollständig realisiert, sondern nur teilweise bzw. mit bestimmten Einschränkungen, so kann man diese ggf. hier (z.B. in Form einer Ausbaustufe oder eines Reifegrads) spezifizieren.

Beziehungstyp 35: Capability ◀ migriert Vorhaben

Ein Vorhaben migriert eine Capability von ihrer aktuellen Realisierung in eine neue.

Beispiel. Eine noch im Produktionsbetrieb befindliche, eigenentwickelte Altapplikation zur Kundenbetreuung soll im Rahmen eines Projekts durch eine CRM-Standardsoftware abgelöst werden. Da die Eigenentwicklung als historisch gewachsene Applikation neben den CRM-Funktionalitäten noch weitere Funktionalitäten besitzt, soll ein anderes Vorhaben diese CRM-fremden Capabilities migrieren. Mithilfe der Beziehung lässt sich zuordnen, welches Vorhaben welche von der Altapplikation bisher realisierten Capabilities migrieren soll.

Dieser Beziehungstyp unterscheidet sich von 34 (Capability ◀ ändert Realisierung von Vorhaben) dahingehend, dass hier eine gezielte Migration einer Capability von einer Migrationsquelle zu einem Migrationsziel zum Ausdruck kommen soll, statt nur zu erfassen, *dass* sich die Realisierung der Capability durch ein Vorhaben auf eine durch den Beziehungstyp nicht näher beschriebene Weise verändert. Abbildung A–33 zeigt das Metamodell für den Beziehungstyp 35.

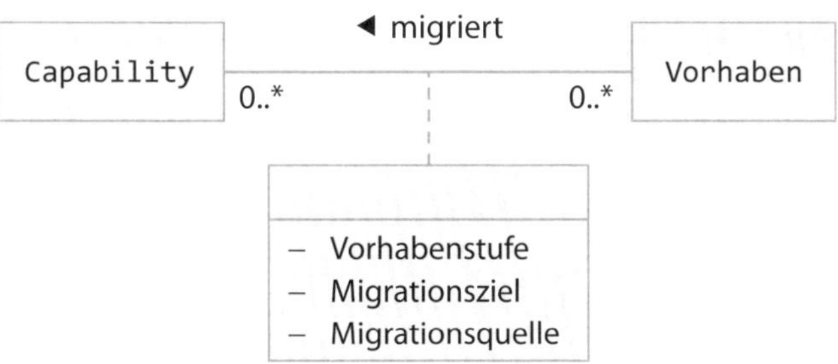

Abb. A–33: `Capability` ◀ migriert `Vorhaben` (Metamodell)

Die Kardinalität auf der `Vorhaben`-Seite ist als »0..*« angegeben, was auch mehrere migrierende Vorhaben je Capability zulässt. Sind es tatsächlich mehrere, so kann man die Frage stellen, aus welchem Grund eine Capability mehrfach migriert werden soll. Dies kann ein Hinweis auf mögliche Konflikte (z.B. inhaltliche Überschneidungen) zwischen Vorhaben sein oder auch bewusst geplant sein, wenn z.B. mehrere Realisierungsstufen definiert sind, die eine mehrfache Migration (nacheinander) erforderlich machen.

Attribute. Mögliche Attribute des Beziehungstyps sind in der folgenden Aufzählung angegeben:

Vorhabenstufe – Wenn umfangreichere Vorhaben mehrere Vorhaben- oder Ausbaustufen haben, dann kann man mit diesem Attribut angeben, in welcher Stufe die Migration der Capability geplant ist. Dies ordnet die Migration im Vorhabenkontext ein.

Migrationsziel – Mit dieser Angabe kann man die Migration der Capability näher spezifizieren, indem man das Ziel der Migration angibt. Dies könnte z.B. eine Applikation sein, die die Capability zukünftig realisieren soll. Statt als Attribut könnte man diesen Zusammenhang als dreistelligen Beziehungstyp zwischen Capability, Vorhaben und Applikation modellieren.

Migrationsquelle – Sofern die Migrationsquelle, d.h. die aktuelle Verortung der Realisierung, nicht anderweitig klar bzw. repräsentiert ist, kann man die Migrationsquelle hier angeben. In Kombination mit dem Attribut des Migrationsziels könnte man alternativ einen vierstelligen Beziehungstyp modellieren, der für jede zu migrierende Capability das Vorhaben und die jeweilige Quell- und Zielapplikation verbindet.

A.23 Wertketten

Eine Wertkette ist eine Abfolge von Aktivitäten eines Unternehmens, die Schritt für Schritt einen Mehrwert (für seine Kunden) schafft. Aus etwas weniger Wertvollem (z.B. aus einfachen Rohstoffen) schöpft das Unternehmen etwas mit einem höheren Wert (z.B. einen fertigen Gebrauchsgegenstand). Die Wertdifferenz zwischen zwei aufeinanderfolgenden Aktivitäten wird auch als *Marge* bezeichnet.

Wertketten sind als Konzept bereits seit Mitte der 1980er-Jahre durch Arbeiten von Michael E. Porter bekannt und als Werkzeug zur Analyse und Verbesserung der Effizienz und Wettbewerbsfähigkeit von Unternehmen im Einsatz [66, 69]. Die Analyse der wertschöpfenden Aktivitäten ermöglicht die Identifizierung von strategischen Ansätzen zur Kostensenkung und Wettbewerbsdifferenzierung.

Das Geschäftsarchitektur-Rahmenwerk BIZBOK (siehe Anhang B.1) nutzt Wertketten als wesentliches Element zur Beschreibung von Geschäftsarchitekturen.

Verwandte Begriffe. Die nachfolgende Liste führt einige verwandte Begriffe zur Wertkette auf:

Wertschöpfungskette – Diesen Begriff kann man als Synonym zu Wertkette nutzen. Der erste Wortteil »Wertschöpfung« betont den Vorgang der Erzeugung von Mehrwert.

Wertstrom – Die Begriffe Wertkette und Wertstrom haben sehr ähnliche Bedeutungen, denn beide bezeichnen die Schritte der Wertschöpfung von Produkten oder Dienstleistungen im Unternehmen. Der Begriff Wertstrom entstammt dem Kontext der Güterproduktion und Versorgungsketten sowie der zugehörigen Disziplin des Wertstrommanagements zur Vermeidung von Verschwendung in den Produktionsprozessen [71]. Wertströme betrachten sowohl Material- als auch Informationsflüsse. Der Begriff Wertkette ist allgemeiner zu verstehen und zielt in erster Linie auf die strategische Unternehmenstransformation ab, bei der es nicht in erster Linie um Effizienzgewinne geht, sondern um die generelle Fragestellung, womit und wie das Unternehmen (Mehr-)Werte schaffen möchte.

Wertkettenelement – Jede Aktivität einer Wertkette ist ein Element der Kette. Die Reihenfolge der Wertkettenelemente drückt die sequenziellen Abhängigkeiten bei der Wertschöpfung aus.

Wertstufe – Ein Element einer Wertkette kann man auch als Wertstufe bezeichnen. Mit jeder Stufe der Wertkette steigt sinnbildlich der Wert der erzeugten Ergebnisse bzw. Produkte.

Wertkettenstufe – Dies ist ein Synonym für die Wertstufe.

Geschäftsprozess – Eine Wertschöpfungskette ist eine Abfolge von Aktivitäten und ist daher eine Form von Prozess (vgl. Anhang A.15). Es ist dennoch sinnvoll, die Begriffe zu differenzieren. Ein Prozess ist (zumindest in den tieferen Prozessmodellebenen) ein detailliert spezifiziertes Vorgehen bis hin zu konkreten Handlungsanweisungen. Eine Wertschöpfungskette ist deutlich gröber definiert und fokussiert auf die wertschöpfenden Hauptaktivitäten. Eine Entsprechung zu Prozessen ist höchsten auf den obersten beiden Ebenen des Prozessmodells denkbar bzw. sinnvoll.

Kundenerlebnis – Die von einer Wertkette zu erbringenden (Mehr-)Werte sollen typischerweise den Kunden des Unternehmens zugutekommen und stellen in diesem Sinne ein Kundenerlebnis dar. Ein Kundenerlebnis ist eine Art von Wert, die eine Wertkette erbringen kann. Gleichzeitig steht der Erlebnisbegriff auch für die Abfolge der einzelnen Erfahrungen mit dem Unternehmen als Dienstleister oder Produzent aus der Sicht des Kunden.

Kundenreise – Dieser Begriff nutzt für das Kundenerlebnis die Metapher einer Reise. Ein Kunde beginnt seine Reise mit der ersten Wertstufe (z.B. dem Kennenlernen eines Produkts) und beendet seine Reise mit dem Erwerb des Produkts oder der Inanspruchnahme von Serviceleistungen.

Customer Journey – Englische Bezeichnung für die Kundenreise, die auch im deutschsprachigen Raum immer öfter zu hören ist.

Value Chain – Dies ist der englische Begriff für Wertkette und insofern als Synonym zu betrachten.

Value Stream – Dies ist das englische Wort für Wertstrom.

Value Stream Stage – Die englische Bezeichnung für eine Stufe bzw. ein Schritt eines Wertstroms, synonym zu Wertkettenstufe.

Beziehungstyp zur Wertkette. Im Folgenden ist ein Beziehungstyp zwischen Capabilities und Wertketten definiert.

Beziehungstyp 36: `Capability` ◄ benötigt `Wertkette`

Mit diesem Beziehungstyp lassen sich die Capabilities zu den Wertketten bzw. deren Elementen zuordnen, die auf die Capabilities zu ihrer Umsetzung angewiesen sind. Damit wird das Festhalten des erforderlichen Fähigkeitenportfolios für eine Wertkette möglich.

Anmerkung. Der Objekttyp `Wertkette` und somit der Beziehungstyp differenzieren zur Vereinfachung nicht zwischen der gesamten Kette und einzelnen Elementen der Kette. Eine Capability kann von einer gesamten Wertkette oder von einem Element der Kette benötigt werden.

Beispiel. Die redaktionelle Bearbeitung von eingereichten Zeitschriftenartikeln ist ein Wertkettenelement eines Fachzeitschriftenverlages. Benötigte Capabilities für diese Wertschöpfung sind beispielsweise `Rechtschreibkorrektur` oder `Textzusammenfassung`. Abbildung A–34 zeigt das Metamodell für den Beziehungstyp 36. Der Objekttyp `Wertkette` ist als hierarchisch angegeben, um das Verhältnis von einer gesamten Kette zu den einzelnen Elementen darzustellen. Der Beziehungstyp erlaubt so die Zuordnung von Capabilities zu ganzen Wertketten und zu Elementen. Die Annahme ist hier, dass jede Wertkette bzw. jedes Element mindestens eine Capability zur Erbringung ihres Wertes benötigt.

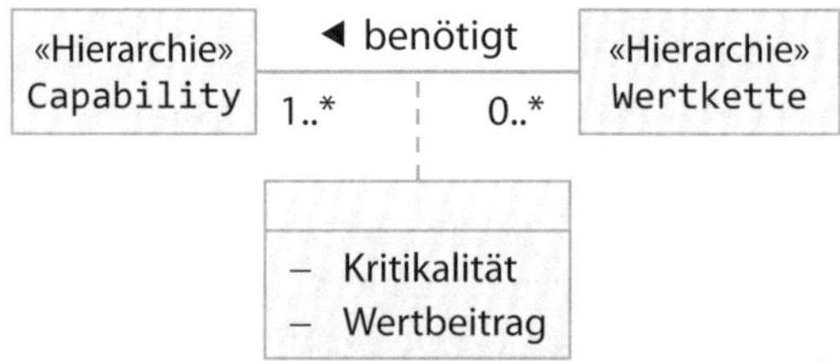

Abb. A–34: `Capability` ◄ benötigt `Wertkette` (Metamodell)

Attribute. Es sind analoge Attribute denkbar wie für den Beziehungstyp 14 (`Capability` ◄ benötigt zur Realisierung `Marktprodukt`) (siehe Anhang A.11). Die folgende Aufzählung beschreibt einige weitere bzw. alternative Attribute für den Beziehungstyp:

Kritikalität – Maß zur Angabe der Kritikalität der Capability, um zwischen verschiedenen Härtegraden von »benötigt« differenzieren zu können. Denkbar ist hier ein Aufzählungstyp mit Werten wie »zwingend«, »wichtig« und »unterstützend«.

Wertbeitrag – Wenn ein Wertkettenelement mehrere Capabilities benötigt, kann man mit diesem Attribut differenzieren, welche Capability welchen Wertbeitrag für das jeweilige Element erbringt.

A.24 Ziele

Ein Ziel definiert im weitesten Sinne einen zu erreichenden Zustand. Im Unternehmenskontext gibt es Ziele auf ganz verschiedenen Ebenen. Als übergeordnete Geschäftsziele könnte ein Unternehmen z.B. das Erreichen eines bestimmten Marktanteils, die Erzielung eines festgelegten Jahresgewinns oder die Übernahme eines Konkurrenten sein. Im kleineren Bezugsrahmen könnte beispielsweise für eine Arbeitsgruppe des Unternehmens das Ziel definiert sein, 50% ihrer Mitarbeiter im Rahmen einer Fortbildung für ein bestimmtes Thema bis Ende des Geschäftsjahres zertifizieren zu lassen.

Bei der Definition von Zielsetzungen können Unternehmen sich auf ganz verschiedene Elemente des Unternehmens (z.B. Finanzkennzahlen, das Produktportfolio, Projekte, Standorte, Mitarbeiter usw.) beziehen. Auch für Capabilities lassen sich Ziele definieren bzw. mit definierten Zielen in Beziehung setzen.

Ziele sollen »SMART« definiert sein [19]. Das bedeutet:

- »Specific« (spezifisch)
- »Measurable« (messbar)
- »Achievable« (erreichbar)
- »Reasonable« (angemessen)
- »Time Bound« (zeitlich festgelegt)

Verwandte Begriffe. Ziele können verschiedenste Bezugsgrößen haben, die sich als Teil eines Zielbegriffs ausdrücken lassen. Wegen dieser großen Vielfalt enthält die folgende Aufzählung nur einige exemplarische Zielbegriffe und erhebt keinen Anspruch auf Vollständigkeit:

Geschäftsziel – Ein Geschäftsziel ist ein übergeordnetes Ziel eines Unternehmens im Kontext seines Geschäftsmodells.

Projektziel – Die durch ein Projekt zu erreichenden Ziele werden als Projektziele bezeichnet. Ein Projekt ohne Ziel sollte man gar nicht erst starten.

Umsatzziel – Das Umsatzziel ist die (in einem Geschäftsjahr) zu erreichende Höhe des Unternehmensumsatzes.

Zielsetzung – Den Begriff der Zielsetzung kann man als Synonym von Ziel betrachten.

Nutzen – Auch wenn die Begriffe »Ziel« und »Nutzen« nicht synonym sind, so kann man einen zu erreichenden Nutzen(effekt) auch als Art von Ziel betrachten. Während ein Ziel im engeren Sinne eine Art (vorläufigen) »Endzustand« beschreibt, den es zu erreichen gilt, ist ein Nutzen etwas, das vor allem für fortlaufende, positive Effekte steht. So kann beispielsweise der Nutzeneffekt einer Optimierung einer Capability-Realisierung die (tägliche) Ersparnis bestimmter umständlicher, zeitintensiver Arbeitsschritte in einem Geschäftsprozess sein. Dieser Nutzen zahlt z.B. auf das Ziel ein, die Prozesseffizienz um 10% zu steigern.

Beziehungstypen zum Ziel. Dieser Abschnitt definiert zwei typische Beziehungstypen zwischen Capabilities und Zielen.

Beziehungstyp 37: `Capability` ◀ adressiert Realisierung von `Ziel`

Dieser Beziehungstyp drückt aus, dass ein Ziel die Realisierung einer Capability adressiert, d.h. deren Realisierung umfasst bzw. ändern soll. Ein Ziel kann dabei beliebig viele in ihrer Realisierung zu ändernde Capabilities umfassen (auch keine oder genau eine).

Beispiel. Ein Digitalisierungsprojekt im Kontext der Verarbeitung von Eingangsrechnungen in einem Unternehmen hat sich die Automatisierung verschiedener zugehöriger Vorgänge zum Ziel gesetzt, die heute noch mühevoll manuell durchgeführt werden müssen. Zur systematischen Beschreibung des Projektziels setzen die Projektverantwortlichen dieses in Beziehung zu den Capabilities, die das Projekt digital realisieren soll. Das könnten z.B. die Capabilities `Eingangsrechnungserfassung`, `Eingangsrechnungsprüfung` und `Eingangsrechnungsfakturierung` sein. Wenn die Realisierung der Capability `Rechnungsbegleichung` nicht Gegenstand des Projekts ist, auch wenn sie auf den ersten Blick inhaltlich zum Kontext des Projekts passt, dann kann der Beziehungstyp auch diese Information implizit erfassen, indem die letztgenannte Capability *nicht* in Beziehung zum Projektziel gesetzt wird.

Die Benennung zu ändernder Capabilities bietet eine systematische und zugleich anschauliche Möglichkeit, Ziele zu definieren bzw. diese näher zu beschreiben. Abbildung A–35 zeigt das Metamodell für den Beziehungstyp 37.

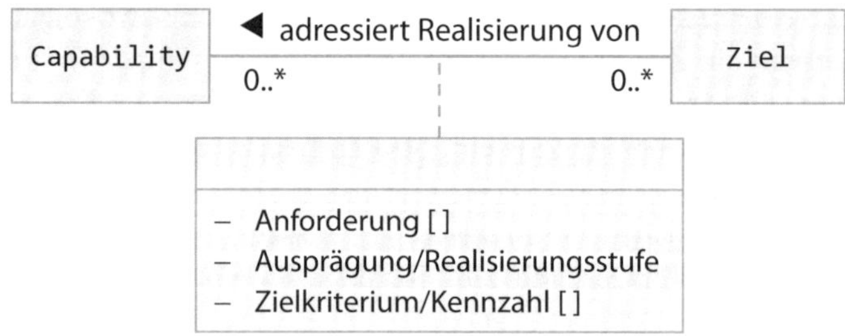

Abb. A–35: `Capability` ◀ adressiert Realisierung von `Ziel` (Metamodell)

Attribute. Die folgende Aufzählung beschreibt mögliche Beziehungsattribute:

Anforderung [ ] – Die mit dem Ziel verbundenen Anforderungen an die Realisierung der Capability kann man mit einem entsprechenden Beziehungsattribut darstellen. Sind die Anforderungen an eine Capability nicht an ein bestimmtes Ziel gebunden, dann sollten die Anforderungen separat definiert und (nur) mit der Capability in Beziehung gesetzt werden (siehe Anhang A.2). Auch eine dreistellige Beziehung zwischen Capabilities, Zielen und Anforderungen ist denkbar.

Ausprägung/Realisierungsstufe – Mit diesem Attribut kann man die gewünschte Veränderung an der Capability-Realisierung (Ausprägung) genauer spezifizieren. Dabei kann man auch auf zuvor definierte Realisierungsstufen (z.B. »manuell«, »halbautomatisch«, »vollautomatisch« o.Ä.) zurückgreifen. Während man in einem Anforderungsattribut (siehe oben) quasi beliebige Anforderungen an die Capability in Bezug auf das Ziel definieren kann, dient dieses Attribut eher der Kategorisierung von verschiedenen Ausprägungen der Capability-Realisierung im Sinne von Ausbaustufen.

Zielkriterium/Kennzahl [ ] – Im Sinne der Messbarkeit von Zielen kann man pro Capability eines Ziels ein oder mehrere Zielkriterien definieren, die zum Erreichen des Ziels erfüllt sein müssen. Dabei kann es sich beispielsweise um Kennzahlen handeln, die die Zielerreichung erfassen. Bei einem Digitalisierungsziel in Bezug auf die Capability `Eingangsrechnungsprüfung` könnte das z.B. ein Anteil automatisiert geprüfter Rechnungen im Höhe von 90% sein.

Beziehungstyp 38: `Capability` ◄ benötigt zur Erreichung `Ziel`

Mit diesem Beziehungstyp ordnet man einem definierten Ziel die zu seiner Erreichung erforderlichen Capabilities zu. Jede Capability kann für beliebig viele Ziele benötigt werden.

Beispiel. Ein Unternehmen hat sich als (ein) Ziel gesetzt, das bisherige »statische« Produktportfolio so zu erweitern, dass Kunden sich Endprodukte flexibel aus verschiedenen Basis- und Zusatzkomponenten zusammenstellen (»konfigurieren«) können. Dies erfordert (mindestens) die folgenden Fähigkeiten, über die das Unternehmen bisher nicht bzw. nur teilweise verfügt: `Produktkonfiguration`, `Produktstammdatenmanagement` und `Konfigurationsproduktion`. Kunden müssen in der Lage sein, Produkte zu konfigurieren. Dazu wird ein Management der zulässigen Produktkonfigurationen bzw. der zugehörigen Produktstammdaten benötigt. Schließlich müssen die verschiedenen Produktkonfigurationen (flexibel) produziert werden können. Mithilfe des hier definierten Beziehungstyps lassen sich diese Capabilities dem Ziel der Produktportfolioflexibilisierung zuordnen. In Abbildung A–36 ist das Metamodell des Beziehungstyps 38 dargestellt.

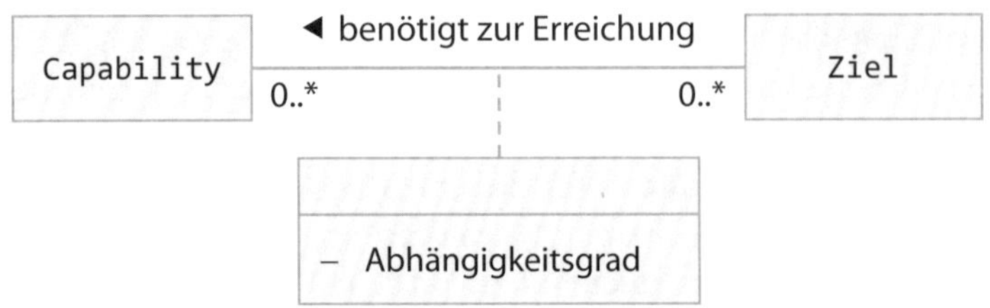

Abb. A–36: `Capability` ◀ benötigt zur Erreichung `Ziel` (Metamodell)

Attribute. Ein mögliches Attribut des Beziehungstyps ist in der nachfolgenden Aufzählung beschrieben:

Abhängigkeitsgrad – Mit diesem Attribut lässt sich angeben, wie hoch der Grad der Abhängigkeit der Zielerreichung vom Vorhandensein der Capability ist. Möglich ist hier die Angabe von Abhängigkeitsstufen wie »zwingend« und »optional«, um unterscheiden zu können, ob die Capability zwingend erforderlich ist oder nicht.

B Vertiefte Einordnung ausgewählter Rahmenwerke

Kapitel 4 hat eine Reihe von Rahmenwerken vorgestellt, die auf Capabilities als konzeptionelles Mittel zurückgreifen oder mit denen sich Capabilities anderweitig einsetzen lassen. Dieses Kapitel bietet eine detailliertere Betrachtung einer prominenten Auswahl dieser Rahmenwerke im Kontext der Capabilities. Neben einer erweiterten Einführung zu Umfang und Einsatzzweck des jeweiligen Rahmenwerks erfolgt eine Einordnung des Capability-Begriffs im Hinblick auf dessen Definition und Nutzung im Rahmenwerk. Der besseren Lesbarkeit halber wiederholen die Betrachtungen in diesem Kapitel einige der bereits in Kapitel 4 enthaltenen Beschreibungen der Rahmenwerke.

B.1 BIZBOK

BIZBOK ist ein von der *Business Architecture Guild* (BAG) gepflegtes Rahmenwerk für Geschäftsarchitektur, das in dem über 800 Seiten umfassenden, regelmäßig aktualisierten *BIZBOK Guide* dokumentiert ist [7]. Der Begriff *BIZBOK* steht als Akronym für »Business Architecture Body of Knowledge«. Ebenso wie bei BABOK (siehe Anhang B.4) ist der Anspruch von BIZBOK also, das verfügbare Wissen eines Themengebiets – hier der Geschäftsarchitektur – zusammenzutragen und aufzubereiten. Der BIZBOK-Guide steht zahlenden Mitgliedern der BAG zur Verfügung. Die BAG bietet neben dem BIZBOK-Guide als ausführlichem Leitfaden eine kürzere Einführung in den Themenkomplex der Geschäftsarchitektur an [6]. Außer dem Rahmenwerk an sich offeriert die BAG eine kostenpflichtige Zertifizierung zum *Certified Business Architect*. Den Begriff der *Geschäftsarchitektur* definiert die BAG wie folgt:

> »Business architecture represents holistic, multidimensional business views of: capabilities, end-to-end value delivery, information, and organizational structure; and the relationships among these business views and strategies, products, policies, initiatives, and stakeholders.«

Frei übersetzt bietet die Geschäftsarchitektur eine ganzheitliche, multidimensionale Sicht auf Geschäftsfähigkeiten, die Ende-zu-Ende-Wertschöpfung, Informationen und die Organisationsstruktur sowie die Beziehungen zwischen diesen Geschäftssichten und den Strategien, Produkten, Richtlinien, Initiativen und Anspruchsgruppen. BIZBOK nimmt eine klare Abgrenzung von Geschäftsarchitektur und *Operating Model* (Betriebsmodell) vor. Während die Geschäftsarchitektur den konzeptionellen Rahmen bildet, definiert das Betriebsmodell die Umsetzung der Geschäftsarchitektur mit Prozessen, Personen und IT/Technologie. Capabilities sind ein wesentliches Element, auf das sich das BIZBOK-Rahmenwerk stützt. BIZBOK definiert eine Capability wie folgt:

> »A particular ability or capacity that a business may possess or exchange to achieve a specific purpose or outcome.«

Sinngemäß ist eine Capability in BIZBOK demnach eine bestimmte Fähigkeit, die ein Unternehmen für einen konkreten Zweck oder ein zu erreichendes Resultat besitzt oder (mit passenden Partnern) einhandelt. Angestrebte Einsatzzwecke bzw. Nutzeneffekte von BIZBOK sind unter anderem:

- Schaffung von Transparenz über das Geschäftsmodell und die zugehörige Geschäftsarchitektur
- Verbesserung der Entscheidungsfähigkeit des Unternehmens
- Unterstützung bei der Definition und Umsetzung von Geschäftsstrategien
- Befähigung zur Entwicklung und Transformation von Geschäftsarchitektur und Betriebsmodell
- Etablierung einer gemeinsamen Sprache und Sicht auf das Geschäft zwischen Anspruchsgruppen und Beteiligten
- Beherrschen der Komplexität der Geschäftsarchitektur und ihrer Umsetzung
- Reduktion von Geschäftsrisiken
- Optimierung des Technologieeinsatzes

B.1.1 Bestandteile von BIZBOK

BIZBOK umfasst erprobte Praktiken und Methodikbausteine im Kontext der Geschäftsarchitektur, die mithilfe von drei wesentlichen Komponenten beschrieben sind:

- *Business Architecture Knowledgebase* – Wissensbasis der Geschäftsarchitektur
- *Business Architecture Blueprints* – Geschäftsarchitekturpläne
- *Business Architecture Scenarios* – Geschäftsarchitekturszenarien

Neben diesen drei Hauptkomponenten bietet BIZBOK einen Praxisleitfaden, Fallstudien sowie Referenzmodelle für verschiedene Branchen, unter anderem für Finanzdienstleister, verarbeitendes Gewerbe, Versicherungen, Gesundheitsversorger und Telekommunikation.

Wissensbasis der Geschäftsarchitektur

BIZBOK strukturiert die Wissensbasis der Geschäftsarchitektur in zehn sogenannte *Domänen*, von denen *Capabilities*, *Organization* (Aufbauorganisation), *Information* und *Value Streams* (Wertströme) als Kerndomänen deklariert sind. Die Domänen lassen sich als grobgranulare Strukturierung der einzelnen Unternehmenselemente verstehen, die im Kontext der Geschäftsarchitektur typischerweise zu betrachten sind. Die von BIZBOK verwendeten Unternehmenselemente, ihre Domänenzuordnung und Beziehungstypen sind im Metamodell beschrieben. Domänenstruktur und Metamodell ermöglichen einen strukturierten und standardisierten Aufbau der Wissensbasis mit den relevanten Unternehmenselementen, sodass diese sich leicht und nach einheitlichen Prinzipien für Analyse, Planung, Entwurf, Realisierung usw. der Geschäftsarchitektur nutzen lassen. Die Wissensbasis erfasst die Unternehmenselemente unabhängig vom jeweiligen Geschäftsarchitekturszenario und den zu erstellenden, konkreten Geschäftsarchitekturplanen.

Abbildung B–1 zeigt das BIZBOK-Domänenmodell, in dem zusätzlich die am besten passenden Objekttypen aus Anhang A für einen groben Abgleich zugeordnet sind. Bis auf die Domäne *Metrics* gibt es näherungsweise Entsprechungen.

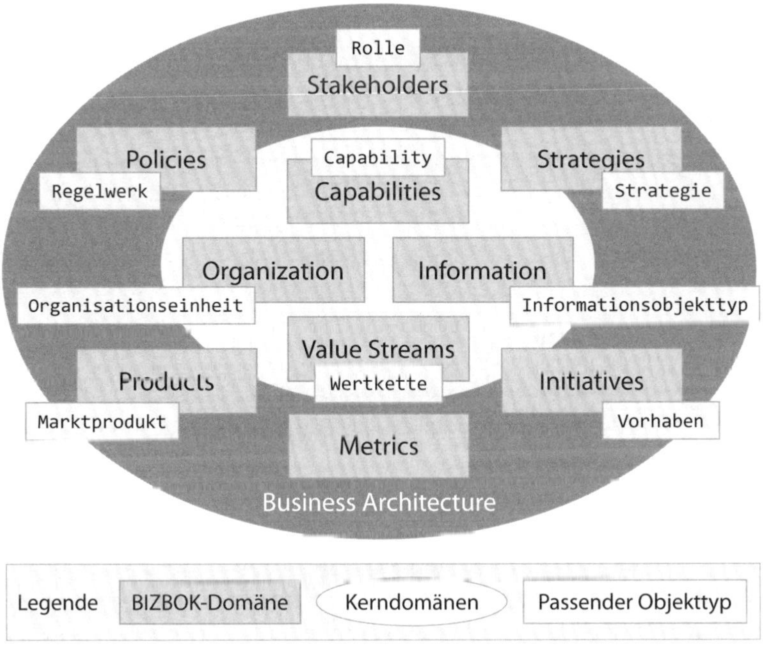

Abb. B–1: BIZBOK-Domänen und Zuordnung passender Objekttypen

Eine ausführlichere Betrachtung des Capability-Elements im BIZBOK-Metamodell findet sich in Anhang B.1.2. Capabilities bündeln Werteströme, die Organisation und die Unternehmensinformationen auf Basis der benötigten Fähigkeiten des Unternehmens und bilden in BIZBOK somit nach dessen Definition den »Brennpunkt« für die Kerndomänen der Geschäftsarchitektur. Die wesentlichen Bezugnahmen auf die Capabilities-Domäne durch die drei anderen Kerndomänen visualisiert Abbildung B–2.

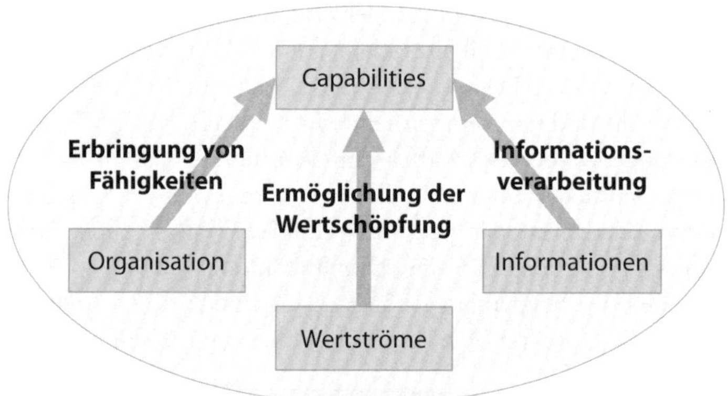

Abb. B–2: Fokussierung der BIZBOK-Kerndomänen auf Capabilities

Zusammengefasst bedeutet diese Fokussierung: Die Organisation erbringt die benötigten Fähigkeiten des Unternehmens, die wiederum die Wertschöpfung in Form von unterstützten Wertströmen ermöglichen. Capabilities sind ebenso die Basis der Informationsverarbeitung im Unternehmen.

Geschäftsarchitekturpläne

Die sogenannten *Business Architecture Blueprints* sind Geschäftsarchitekturpläne, die zur Erfassung sowie Visualisierung von Beziehungen und Abhängigkeiten jeweils eine kombinierte Sicht verschiedener Unternehmenselemente auf die Geschäftsarchitektur definieren. Mit Ausnahme der *Metrics*-Domäne gibt es je BIZBOK-Domäne einen korrespondierenden Geschäftsarchitekturplan. Der primäre Mehrwert eines Geschäftsarchitekturplans ist die Transparenz über die Geschäftsarchitektur auf Basis einheitlicher Unternehmenselemente der zugehörigen Domänen. Der Fokus der durch BIZBOK unterstützten Transparenz liegt auf den Aspekten der Strategie, Umsetzung und Leistungsfähigkeit der Geschäftsarchitektur.

Neben der Definition der Sichten umfasst BIZBOK für die Geschäftsarchitekturpläne auch einen methodischen Anteil, der die Erstellung und Nutzung der Sichten beschreibt und diskutiert. Die nachfolgende Liste skizziert die neun definierten BIZBOK-Geschäftsarchitekturpläne.

Business Strategy Mapping – Einordnung von Geschäftsstrategie und Zielsetzungen des Unternehmens

Capability Mapping – Erstellung des Capability-Modells und Zuordnung von Capabilities zu abhängigen Unternehmenselementen anderer Domänen wie z.B. zu Zielen (*Objectives*)

Organization Mapping – Einordnung der Organisationsstrukturen des Unternehmens in die Geschäftsarchitektur

Value Mapping – Analysieren der Wertströme inkl. Zuordnung zu Capabilities (siehe Beispiel in Anhang B.1.3)

Information Mapping – Identifizierung der relevanten Informationsarten, ihrer Bedeutung und Wertbeiträge in der Geschäftsarchitektur

Initiative Mapping – Analyse von Vorhaben und Initiativen im Hinblick auf ihren Beitrag zur Umsetzung von Capabilities, Wertströmen sowie zu den angestrebten Resultaten und Mehrwerten der Geschäftsarchitektur

Product Mapping – Analyse des Produktportfolios und Abbildung auf abhängige Elemente wie z.B. zur Produktrealisierung benötigte Capabilities (vgl. den in Abschnitt 5.7 beschriebenen Anwendungsfall)

Stakeholder Mapping – Identifizierung relevanter Anspruchsgruppen mit ihren Rollen in der Geschäftsentwicklung und Beiträgen zu Wertströmen

Policy Mapping – Ermittlung relevanter Regularien und Konzeption zur Berücksichtigung der Regularien in der Geschäftsarchitektur

Geschäftsarchitekturszenarien

Ein Geschäftsarchitekturszenario (*Business Architecture Scenario*) im Sinne von BIZBOK ist das übergeordnete Anwendungsszenario für den jeweiligen Einsatz des Rahmenwerks. Je nach Szenario sind spezifische Unternehmenselemente und Geschäftsarchitekturpläne zu betrachten. BIZBOK adressiert typische Arten von Anwendungsszenarien, von denen der BIZBOK-Guide einige naher beschreibt.

Merger and Acquisition Analysis – Analyse geplanter oder laufender Fusionen und Zukäufe von Unternehmen

Digital Transformation – Vorhaben zur Digitalisierung des Geschäftsmodells und seiner Realisierung

Business Capability Outsourcing – Auslagerung der Erbringung von Capabilities an externe Dienstleister

IT Portfolio Investment Analysis – Investitionsanalyse für das IT-Portfolio

New Product/Service Rollout – Einführung neuer Produkte und Dienstleistungen

Investment Analysis – Analyse geplanter Investitionen inkl. Abgleich mit den strategischen Zielen

Shift to Customer Centric Business Model – Wandel zu einem kundenzentrierten Geschäftsmodell

Globalization – Globalisierung des Geschäftsmodells bzw. seiner Realisierung
Supply Chain Streamlining – Rationalisierung bzw. Modernisierung der Versorgungs-/Lieferketten
Divestiture – Entflechtung von Unternehmen bzw. Herauslösung von Unternehmensteilen
Regulatory Compliance – Einhaltung gesetzlicher Vorschriften und anderer Regelwerke
Change Management – Unterstützung des Veränderungsmanagements
Operational Cost Reduction – Reduktion von Betriebskosten
Joint Venture Deployment – Realisierung einer gemeinsamen Unternehmung verschiedener Partner
Customer Experience Improvement – Verbesserung des Kundenerlebnisses

Für jedes Szenario wird ein Aktionsplan (*Roadmap*) definiert, nach dem die Initiativen die Geschäftsarchitektur bearbeiten.

B.1.2 Capabilities im BIZBOK-Metamodell

Zu den BIZBOK-Domänen gehören einige Objekttypen, die für das sogenannte *Cross Mapping* zwischen Domänen in Beziehung zueinander gesetzt werden. Das BIZBOK-Metamodell definiert die Element- und Beziehungstypen [21]. Das Capability-Element spielt in BIZBOK eine zentrale Rolle, was sich auch in einer Anzahl von Beziehungstypen im Metamodell widerspiegelt. Tabelle B–1 skizziert alle Beziehungstypen mit Beteiligung des Capability-Elementtyps.

Das Capability-Modell kann hierarchisch sein, d.h., Capabilities haben einen reflexiven Beziehungstyp zur Abbildung der Hierarchie (BIZBOK-Beziehungstyp *decomposes into*). Abbildung B–3 auf Seite 362 zeigt die BIZBOK-Beziehungstypen mit Capability-Beteiligung in der Übersicht.

Zum Abgleich mit den in Abschnitt 3.1 eingeführten und in Anhang A detailliert beschriebenen Objekt- und Beziehungstypen präsentiert die Abbildung jeweils Entsprechungen bzw. passende Näherungen. Es zeigt sich, dass es für alle Beziehungstypen zumindest Näherungen gibt.

BIZBOK-Beziehungstyp	Kurzbeschreibung
`Capability` ◀ impacts `Initiative`	Eine Initiative (Vorhaben, Projekt) beeinflusst eine Capability (bzgl. Anforderungen und Realisierung).
`Capability` ◀ delivers `Business Unit`	Eine Geschäfts-/Organisationseinheit erbringt eine Capability.
`Capability` enables ▶ `Product`	Eine Capability ermöglicht die Realisierung (Entwicklung, Produktion, Vertrieb usw.) eines Marktprodukts.
`Capability` modifies / uses ▶ `Information Concept`	Eine Capability modifiziert bzw. nutzt ein Informationskonzept. Der BIZBOK-Begriff »Information Concept« ist – vereinfacht – im Sinne von Geschäfts- oder Informationsobjekttyp zu verstehen. BIZBOK nutzt bewusst diesen Begriff mit etwas breiterer Bedeutung, um von konkreten Ansätzen zur Informationsmodellierung (wie Klassenmodelle, ER-Diagrammen usw.) zu abstrahieren.
`Capability` enables ▶ `Value Stream Stage`	Eine Capability trägt zur Realisierung eines Schritts einer Wertschöpfungskette bzw. eines Wertestroms bei.
`Capability` achieves ▶ `Outcome`	Eine Capability hat eine Auswirkung bzw. trägt zum Erreichen eines Resultats bei.
`Capability` ◀ influences `Policy`	Ein Regelwerk beeinflusst eine Capability (im Hinblick auf die Definition der Fähigkeit an sich oder auf konkrete Anforderungen ihrer Umsetzung).
`Capability` ◀ targets `Objective`	Eine Zielsetzung bezieht sich auf eine Capability, d.h., die Capability ist Gegenstand der Zielsetzung.

Tab. B–1: Capability-Beziehungen im BIZBOK-Metamodell

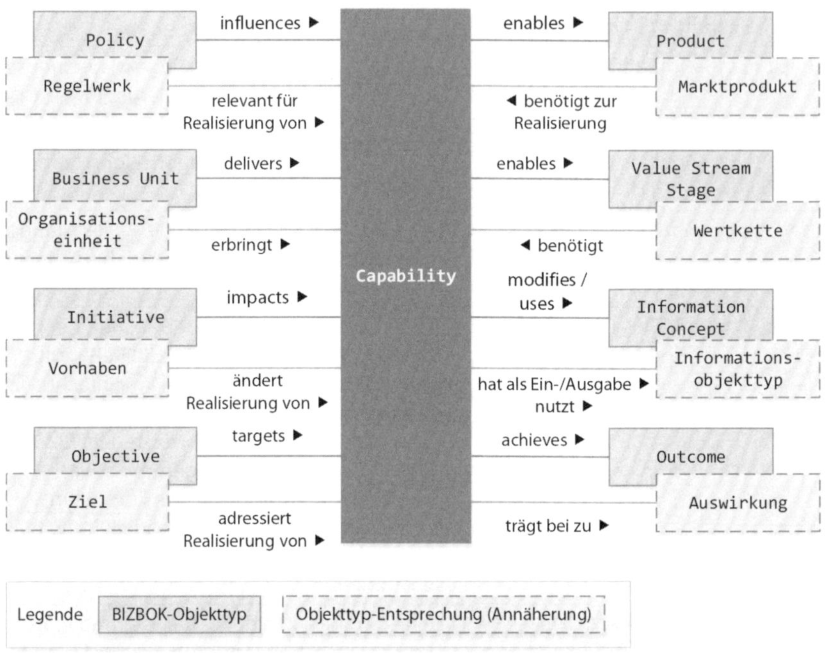

Abb. B–3: Capability-Beziehungstypen in BIZBOK mit Entsprechungen

B.1.3 Wertströme und Capabilities

Die sogenannten *Value Streams* (Wertströme) stellen ein wichtiges Element der Geschäftsarchitektur dar und sind Gegenstand des Geschäftsarchitekturplans *Value Mapping*. Ein Wertstrom erfasst einzelne Schritte der Wertschöpfungskette (*Value Stream Stages*) und beschreibt in einer auf die Kundschaft ausgerichteten Art die Wertschöpfung im Unternehmen. Im Gegensatz zu Prozessen sind Wertströme auf das Erlebnis und den Mehrwert der Geschäftsarchitektur im Hinblick auf die Kundschaft ausgerichtet und nicht auf die internen Abläufe im Unternehmen. Abbildung B–4 zeigt ein Beispiel für einen Wertstrom. Aus Platzgründen ist der Wertstrom in zwei Zeilen aufgeteilt.

Die Elemente des Wertstroms werden durch sogenannte Chevron-Symbole repräsentiert, wie sie typischerweise auch für die Darstellung von Prozessen Verwendung finden. Die Kästchen mit dem »Legostein«-Symbol sind die Capabilities, die einzelne Wertstromelemente ermöglichen (Beziehungstyp »enables«). Zudem zeigt das Diagramm einzelne, an einem kleinen Haussymbol zu erkennende Organisationseinheiten, die für bestimmte Wertstromelemente verantwortlich sind (Beziehungstyp »responsible for«).

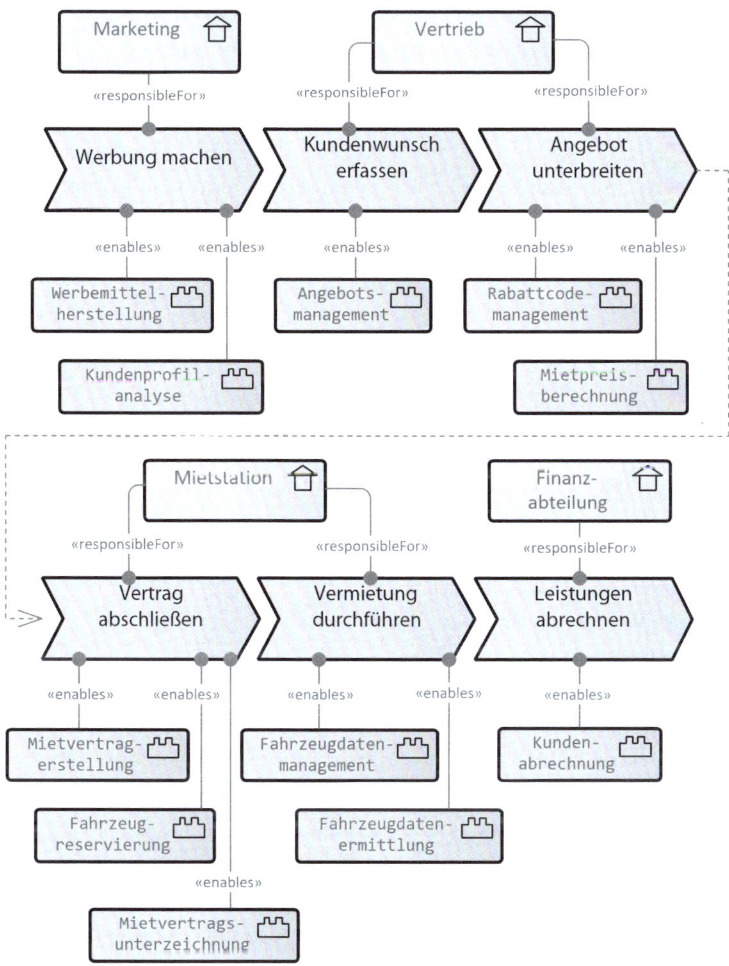

Abb. B-4: Beispiel eines Wertstroms in BIZBOK

B.1.4 Fazit

BIZBOK ist ein umfängliches Rahmenwerk für Repräsentation, Analyse und Gestaltung von Geschäftsarchitekturen, das durch die Domänen und die dazugehörigen Geschäftsarchitekturpläne gut strukturiert ist. Das Metamodell von BIZBOK ist stringent entlang der Domänen strukturiert und gut verständlich. Es bildet eine solide Grundlage für die Methoden und Inhalte von BIZBOK. BIZBOK deckt wesentliche Bestandteile und Aspekte von Geschäftsarchitekturen ab und bietet auch ohne vollständige, stringente Anwendung wertvolles Wissen und Anleitungen für die Disziplin der Geschäftsarchitekturgestaltung.

Die Capabilities-Domäne ist eine der vier BIZBOK-Kerndomänen und wird (wie oben beschrieben) als »Brennpunkt« der Kerndomänen bezeichnet. Kein Element des Metamodells hat eine höhere Anzahl von Beziehungstypen als die Capability. Die Capability ist somit ein zentrales Konzept von BIZBOK und der bearbeiteten Geschäftsarchitekturen. Das von BIZBOK verwendete Capability-Konstrukt ist mit der in diesem Buch verwendeten Definition kompatibel, sodass bei einer Anwendung des BIZBOK-Rahmenwerks die hier präsentierten Inhalte eine wertvolle Ergänzung für den Einsatz des Capability-Konstrukts darstellen.

B.2 TOGAF

TOGAF steht für »The Open Group Architecture Framework« und ist eines der umfänglichsten und bekanntesten methodischen Rahmenwerke für Entwicklung, Umsetzung und Pflege von Unternehmensarchitekturen. Die erste Version erschien bereits 1996 [55]. Im Jahr 2022 hat *The Open Group* die 10. Version von TOGAF veröffentlicht. Die Vereinigung The Open Group ist ein internationales Konsortium mit Hauptsitz in Großbritannien, dessen über 800 Mitglieder vor allem aus Wirtschaft und Wissenschaft stammen. Hauptsponsoren sind große Technologieunternehmen wie Intel, IBM und Huawei.

Ein Verweis auf TOGAF findet sich häufig in Stellenbeschreibungen oder Projektanfragen für IT-Architekten, in denen es als gewünschte oder geforderte Kompetenz genannt wird. Ohne hier auf empirische Belege zurückgreifen zu können, scheint TOGAF allerdings erfahrungsgemäß in der Praxis kein De-facto-Standard in dem Sinne zu sein, dass es flächendeckend und umfänglich eingesetzt würde. Ein Grund hierfür ist vermutlich die hohe Komplexität und der große Umfang des Rahmenwerks. TOGAF lässt sich beim besten Willen nicht anders denn als schwergewichtige Methode bezeichnen. Die aktuelle Version 10 des TOGAF-Standards ist über 500 Seiten lang [94]. Zählt man die ergänzenden Leitfäden (»TOGAF Series Guides«) mit, sind es mehr als 1.500 Seiten.

Ein wesentlicher Bestandteil von TOGAF ist die *ADM*, die *Architecture Development Method*. Neben vielen anderen Elementen des Rahmenwerks ist TOGAF auch und vor allem eine Methode für die Gestaltung und Umsetzung von Unternehmensarchitekturen. Die folgenden Abschnitte geben einen Überblick, inwieweit sich das Konzept der Capabilities in TOGAF wiederfindet. Der Anspruch ist weder, eine vollständige Zusammenfassung von TOGAF vorzunehmen, noch, das Rahmenwerk umfänglich zu bewerten.

B.2.1 TOGAFs Architecture Capability

Eine wichtige und nachvollziehbare Motivation für den Einsatz von TOGAF in Unternehmen ist die durch unzählige Beispiele schmerzhaft in Erfahrung gebrachte Erkenntnis, dass halbherzige Ansätze für Enterprise Architecture Management

(EAM) ohne konzeptionelles und methodisches Fundament nicht dazu taugen, die notwendige Architekturgestaltung für große Veränderungen in Unternehmen ausreichend zu unterstützen. TOGAF soll Unternehmen dazu befähigen, das Management der Unternehmensarchitektur planvoll und systematisch zu betreiben. Nach Empfehlung von TOGAF sollte ein Unternehmen die Architektur-Disziplin – wie andere Disziplinen auch – als integralen Bestandteil der Gesamtorganisation betrachten und operationalisieren. Zu diesem Zweck definiert TOGAF die sogenannte *Architecture Capability* als umfassende Fähigkeit, die Unternehmensarchitektur zu gestalten, umzusetzen und zu pflegen. Der hier von TOGAF verwendete Capability-Begriff passt somit zu der in diesem Buch verwendeten Definition: Es wird zunächst eine Fähigkeit benannt, etwas zu tun.

TOGAF identifiziert im konzeptionellen Überblick verschiedene Bereiche (»Areas«), in denen sich die Umsetzung der Architektur-Capability als gelebte Praxis niederschlagen sollte:

- Financial Management (Finanzmanagement)
- Performance Management (Leistungsmanagement)
- Service Management (Servicemanagement)
- Risk and Opportunity Management (Management von Risiken und Chancen)
- Resource Management (Ressourcenmanagement)
- Communications and Stakeholder Management (Management von Kommunikation und Anspruchsgruppen)
- Quality Management (Qualitätsmanagement)
- Supplier Management (Lieferantenmanagement)
- Configuration Management (Konfigurationsmanagement)
- Environment Management (Umweltmanagement)

Diese in TOGAF als Bereiche betitelte Management-Disziplinen ließen sich ihrerseits als Capabilities auffassen, was jedoch in TOGAF nicht explizit verfolgt wird. TOGAF definiert die für die genannten Bereiche sinnvollen oder empfohlenen Capabilities nicht explizit in einem Capability-Modell.

Leitfaden Architecture Capability. Mit der Etablierung der *Architecture Capability* befasst sich in TOGAF ein eigener Leitfaden, der einige der benannten Bereiche bzgl. der Architektur-Capability näher beleuchtet [92]. Andere aufgeführte Bereiche (z.B. Financial Management und Supplier Management) adressiert der Leitfaden nicht explizit.

Stattdessen definiert der Leitfaden ein *EA Capability Model*, das die Haupt-Capability in drei Bereiche herunterbricht, die teilweise weiter untergliedert sind:

- General Business Capabilities
- Purpose Capabilities
  - Architecture to Support Strategy
  - Architecture to Support Portfolio
  - Architecture to Support Projects
  - Architecture to Support Solution Delivery
- Foundational Capabilities

Abbildung B–5 zeigt dieses Capability-Modell, in dem einige Auffälligkeiten markiert sind, die nachfolgend anhand der nummerierten Punkte diskutiert werden.

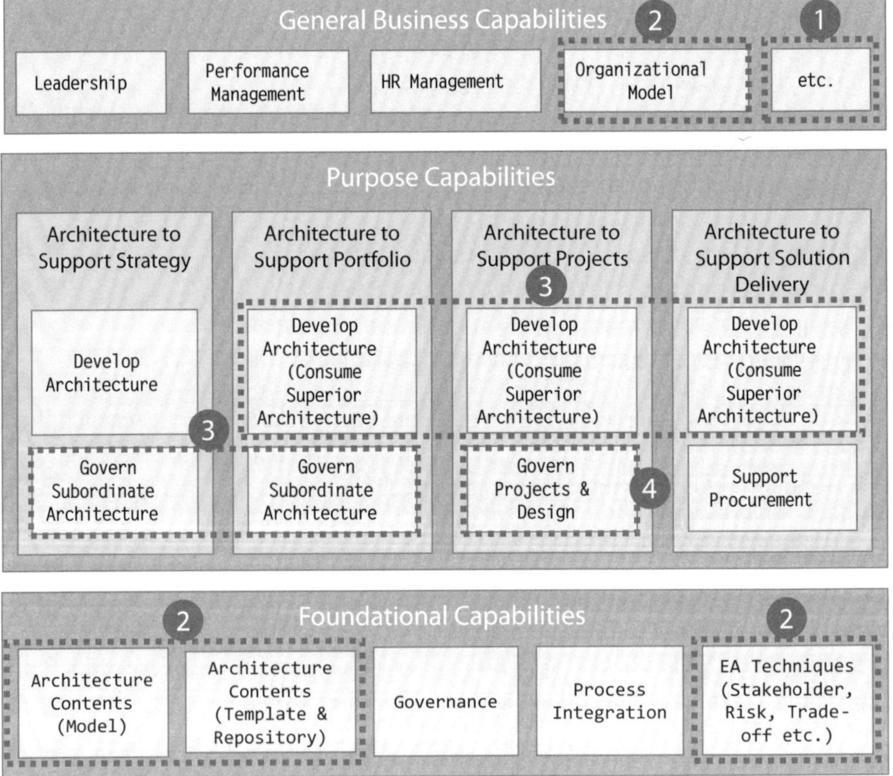

Abb. B–5: Modell der EA-Capability von TOGAF mit Anmerkungen

1. Ein Capability-Modell sollte – außer im Entwurfsstadium oder als Beispiel verwendet – keine Einträge der Art »`etc.`« enthalten. Dies widerspricht offensichtlich der benötigten Vollständigkeit. Als Platzhalter verstanden, könnte diese Capability für alles oder nichts stehen. Leser der TOGAF-Unterlagen sind hier gezwungen, zu interpretieren, welche weiteren allgemeinen Fähigkeiten (»General Purpose«) wohl benötigt werden.
2. Die markierten Einträge passen als Namen für Capabilities nicht, denn sie bezeichnen nicht Fähigkeiten, sondern »passive« Objekte wie das »Architecture Contents (Model)«, also Architekturmodelle. Ohne weitere Erläuterungen ist auch hier eine Interpretation erforderlich, welche Fähigkeiten rund um den Architekturinhalt wohl gemeint sind. Abschnitt 7.3.1 widmet sich (unabhängig von TOGAF) der Thematik unpassender Namen für Capabilities im Detail.
3. Hier tauchen jeweils dieselben Bezeichnungen mehrfach auf, was zumindest auf den ersten Blick der Überschneidungsfreiheit von Capability-Modellen widerspricht. Eine Differenzierung ist durch die unterschiedlichen Kategorien (»Architecture to Support Strategy« usw.) dieser gleichlautenden Capabilities gegeben, jedoch nicht weiter dokumentiert. Die Kategorisierung dient hier offenbar nicht nur dazu, Capabilities einzuordnen, sondern hat auch definitorischen Charakter, d.h. Einfluss auf die Definition der Fähigkeit.
   Hier bleibt die Leserschaft ebenfalls mit offenen Fragen zurück. Capabilities, die tatsächlich *unterschiedliche* Fähigkeiten repräsentieren, sollten auch immer unterschiedliche Bezeichnungen erhalten. Es ist sehr ungünstig, Capabilities nur anhand einer Kategorisierung bzw. der übergeordneten Capability differenzieren zu können, da diese nicht mehr alleinstehend, also ohne die zusätzliche Angabe des Kontexts, zuzuordnen sind.
4. Die Capability `Govern Projects & Design` benennt in ihrem Namen zwei zu lenkende Größen: Projekte und Design. Die erste Frage ist, was mit »Design« gemeint ist. Die Capability steht unter der Kategorie »Architecture to Support Projects« und Projekte sind die andere zu lenkende Größe – ist also lediglich ein Design mit Projektbezug gemeint? Die zweite Frage ist, ob das Lenken von Projekten dieselbe Fähigkeit ist wie das Lenken des Designs oder ob es sich um zwei unterschiedliche Capabilities handelt.

Die aufgeführten Capabilities erfahren im Leitfaden zur Etablierung der Architektur-Capability keine systematische Abarbeitung. Allerdings sind die Capabilities recht allgemein gehalten und werden somit implizit im gesamten Leitfaden adressiert. Das Capability-Modell deckt einige relevante Teilfähigkeiten für ein EAM ab, allerdings fehlen auch einige Capabilities, die in einem Modell für ein unternehmensweites Architekturmanagement zu erwarten wären.

Die folgende Aufzählung führt einige dieser möglichen Capabilities auf, ohne dabei jedoch den Anspruch zu haben, ein vollständiges, alternatives Capability-Modell für ein EAM bieten zu wollen:

- `Innovationsmanagement`
- `Business Capability Management`
- `Demand-Management`
- `Architekturprinzipienmanagement`
- `Portfoliomanagement` (statt lediglich als Kategorie)
- `Architekturänderungsmanagement`
- `Akzeptanzmanagement`

Insgesamt kann TOGAF dennoch als sehr weit ausgearbeitete und umfassende Anleitung verstanden werden, die als `Enterprise Architecture Management` zu bezeichnende Capability umzusetzen.

B.2.2 Das TOGAF-Metamodell und Capabilities

Business Capabilities sind im Rahmen der Anwendung der ADM ein Bestandteil von TOGAF. Das *TOGAF Core Enterprise Metamodel* definiert ein entsprechendes Element und ordnet es der Geschäftsarchitektur zu. Das Element `Business Capability` ist erst seit TOGAF 9.2 (Veröffentlichungsjahr 2018) expliziter Bestandteil des Metamodells. Der vorliegende Abschnitt gleicht das TOGAF-Metamodell mit Definitionen in diesem Buch ab und zeigt einige Ungereimtheiten innerhalb von TOGAF auf. Die Ausführungen sind im Wesentlichen für diejenigen relevant, die TOGAF im Zusammenhang mit Capabilities einsetzen wollen. Tabelle B–2 führt neben dem Objekttyp `Business Capability` die Elemente auf, für die das TOGAF-Metamodell eine Beziehung zur Business Capability definiert.

Die Beschreibungen sind die Originaltexte aus TOGAF (in Englisch), wobei hier eine Anmerkung erlaubt sei: Die Dokumentation zu TOGAF ist nicht vollkommen konsistent. Die konzeptionell gleichen Elemente werden zum Teil mit leicht abgewandelten Begrifflichkeiten verwendet oder sind in grafischen Modellübersichten bzw. Abbildungen enthalten, fehlen dann aber in der Liste der Begriffserklärungen. Beispielsweise ist der zentrale Begriff *Process* nicht in der Liste der Begriffsdefinitionen des Metamodells enthalten, sondern wird an anderer Stelle dokumentiert. Auch gibt es über die einzelnen Dokumente hinweg kleinere Abweichungen in den Begriffsdefinitionen. Diese leichten Inkonsistenzen sind vermutlich auch auf die Tatsache zurückzuführen, dass eine Vielzahl von Autoren verschiedener Mitgliedsorganisationen an TOGAF mitgewirkt haben.

TOGAF-Element	TOGAF-Beschreibung (Englisch)
`Business Capability` (Geschäftsfähigkeit)	A particular ability that a business may possess or exchange to achieve a specific purpose or outcome.
`Business Information` (Geschäftsinformation)	Any communication or representation of facts, data, or opinions, in any medium or form, including textual, numerical, graphic, cartographic, narrative, or audio-visual forms.
`Course of Action` (Handlungsweise)	Direction and focus provided by strategic goals and objectives, often to deliver the value proposition characterized in the business model.
`Function` (Unternehmens-funktion)	A set of business behaviors based on a chosen set of criteria. Functions are usually close-coupled to / with organizational units.
`Organization Unit` (Organisationseinheit)	A self-contained unit of resources with goals, objectives, and measures. Organization units may include external parties and business partner organizations.
`Process` (Geschäftsprozess)	A process represents a sequence of activities that together achieve a specified outcome, can be decomposed into sub-processes, and can show operation of a business capability or service (at next level of detail). Processes may also be used to link organizations, business capabilities, services, and processes. A process may realize one service and / or orchestrate subordinate services.
`Value Stream` (Wertstrom)	A representation of an end-to-end collection of activities that create an overall result for a customer, stakeholder, or end user.

Tab. B–2: TOGAF – Elemente mit Beziehungen zu Business Capabilities

Tabelle B–3 zeigt die Beziehungstypen, die im TOGAF-Metamodell zwischen Business Capabilities und anderen Elementen bestehen. Abschnitt 3.1 definiert eine Reihe von Beziehungstypen, die Capabilities mit anderen für Unternehmen relevanten Informationsobjekttypen verknüpfen. Um – wo vorhanden – die Entsprechung zu TOGAF aufzuzeigen, referenziert die Spalte »Entsprechung« den jeweiligen Beziehungstyp aus Abschnitt 3.1 bzw. der Vertiefung in Anhang A.

TOGAF nennt in seinem Leitfaden zu den Business Capabilities, mit dem sich Anhang B.2.4 näher befasst, die folgenden Komponenten als Elemente, die Capabilities unterstützen sollen:

- People (Menschen, Personen)
- Processes (Prozesse)
- Information
- Tangible Resources (materielle, greifbare Ressourcen)

Beziehungstyp TOGAF	Entsprechung Beziehungstyp
Course of Action influences ▶	*keine*
Organization Unit delivers ▶	16 (Capability ◀ erbringt Organisationseinheit) (siehe Anhang A.12)
Organization Unit uses ▶	17 (Capability ◀ benötigt Organisationseinheit) (siehe Anhang A.12)
Function delivers ▶	*keine*
Value Stream is enabled by ▶	*keine*
Business Information is used by ▶	10 (Capability nutzt ▶ Informationsobjekttyp) (siehe Anhang A.7)
Process operationalizes ▶	*keine*

Tab. B–3: TOGAF – Beziehungen zu Business Capabilities

Die Elemente Process und Business Information finden sich so benannt im Metamodell wieder. Einzelne Entitäten mit den Bezeichnungen People oder Resources gibt es hingegen nicht. Der Begriff *People* fasst laut Begriffsdefinition in TOGAF stattdessen die folgenden Elemente zusammen:

- Individual Actors (individuelle Akteure)
- Stakeholders (Anspruchsgruppen, Mitglieder von Interessengruppen)
- Business Units (Organisationseinheiten)
- Partners (Geschäftspartner)

Von diesen Begriffen findet sich ein Element Actor im Metamodell. Auffällig ist, dass es im Metamodell ein Element Organization Unit gibt, hier jedoch der Begriff »Business Unit« verwendet wird. Elemente, die zu »Stakeholder« oder »Partner« passen würden, enthält das Metamodell hingegen nicht.

Die Ressourcen sind gemäß Erläuterungen in TOGAF eine Zusammenfassung für folgende Entitäten:

- Information technology systems and applications (Infomationssysteme und Applikationen)
- Physical assets (buildings, machinery, vehicles) (physische Wirtschaftsgüter wie Gebäude, Maschinen, Fahrzeuge)
- Intangible assets (money, intellectual property) (immaterielle Wirtschaftsgüter wie Geld und geistiges Eigentum)

Bei den für Capabilities unterstützenden Komponenten sind nur materielle Ressourcen genannt; in der hier genannten Definition von Ressourcen sind auch »Intangible assets« mit aufgeführt.

Neben dem Element `Business Capability` enthält das TOGAF-Metamodell einen als allgemeines Element (*General Entity*) deklarierten Objekttyp `Capability`, der eine Beziehung *is delivered by* zum Element `Work Package` besitzt. Ein solches Arbeitspaket ist als eine Menge von Aktivitäten definiert, die zu einem Projekt oder Programm gehören. Demnach liefert ein Arbeitspaket eines Vorhabens eine Capability. (Kardinalitäten sind im TOGAF-Metamodell nicht angegeben.)

Das Capability-Element ist mit »An ability that an organization, person, or system possesses« beschrieben, was der Beschreibung für das Element `Business Capability` sehr ähnlich ist. Eine definitorische Abgrenzung erfolgt durch einen zusätzlichen Hinweis, dass die `Business Capability` eine Verfeinerung für die Geschäftsarchitektur darstellt. Inwieweit das Element `Capability` jedoch in TOGAF Verwendung findet, wenn es in seiner allgemeinen Bedeutung *keinen* Bestandteil der Geschäftsarchitektur darstellt, ist nicht offensichtlich. Auch wenn es ein paar Ungereimtheiten gibt, so berücksichtigt TOGAF die Capabilities an einer zentralen Stelle im Metamodell und gibt diesem Element inzwischen deutlich mehr Gewicht als in älteren Versionen des Standards.

B.2.3 Business Capabilities in der ADM

Einer der zentralen Bestandteile von TOGAF ist die *Architecture Development Method* (ADM), die Methode zur Entwicklung einer Unternehmensarchitektur. Eine Zusammenfassung der Methode soll an dieser Stelle nicht erfolgen. Stattdessen wird anhand einiger Phasen kurz skizziert, wozu Capabilities in der ADM im Wesentlichen zum Einsatz kommen.

Phase A: Architecture Vision – In dieser ersten Phase sieht TOGAF die Erstellung eines Capability-Modells vor und bezeichnet dieses als *Business Capability Map*. Dieses Modell ist eine erste vollständige Sicht auf das Geschäft des jeweiligen Unternehmens. Als wichtige Eigenschaft wird die Unabhängigkeit des Capability-Modells von den vorhandenen Organisationsstrukturen, Geschäftsprozessen, Informationssystemen und dem Produktportfolio genannt. Passend zu den in diesem Buch definierten Prinzipien betrachtet auch TOGAF Capabilities als Beschreibung von Fähigkeiten, ohne dabei unmittelbar deren Realisierung zu berücksichtigen. Ein Ergebnis dieser Phase ist das sogenannte *Capability Assessment*, mit dem sowohl Reifegrad und Leistungsfähigkeit der aktuellen Capability-Realisierungen untersucht als auch angestrebte Verbesserungen ermittelt werden. Daraus abgeleitet ordnet die Phase A den Capabilities erste grobe Anforderungen für die Realisierung zu. Wichtige Randbedingungen und Prinzipien für die Capabilities werden definiert.

Phase B: Business Architecture – Diese Phase nutzt die Capabilities zur Definition der Geschäftsarchitektur. Es kommen Techniken zum Einsatz, die auch Gegenstand eines separaten TOGAF-Leitfadens zum Thema »Business Capabilities« sind und in Anhang B.2.4 noch näher beleuchtet werden [90]. Nach der Modellierung der Capabilities findet eine Zuordnung von Capabilities zu Organisationseinheiten, Wertströmen und Geschäftsprozessen statt, um die Capabilities in den Unternehmenskontext zu setzen und die Basis für eine vertiefte Bewertung des Istzustands zu schaffen. Insbesondere findet eine Analyse statt, welche Lücken es in Bezug auf die Umsetzung strategisch wichtiger Capabilities im Unternehmen gibt. Diese Lücken stellen Ansatzpunkte für die Entwicklung der Zielarchitekturen auf den verschiedenen Ebenen dar.
Das Capability-Modell und die zugehörigen Analyseergebnisse fließen als priorisierter fachlicher Ordnungsrahmen in die weiteren ADM-Phasen ein, in denen sie mit weiteren Architekturelementen in Beziehung gesetzt werden.

Phase C: Information Systems Architecture – In dieser Phase erfolgt unter anderem die Zuordnung der Capabilities zu Applikationen und Datenobjekttypen, um die Informationsarchitektur näher zu beschreiben.

Phase E: Opportunities & Solutions – Die in den vorangegangenen Phasen identifizierten Lücken in der Capability-Realisierung fließen zur Ausgestaltung und Planung der Lösung in diese Phase ein. Phase E benennt zudem die Analyse der *Transition Capabilities* als einen der auszuführenden Schritte, um wichtige Erkenntnisse zur Veränderungsfähigkeit der Organisation zu gewinnen. Ebenso wie Phase A definiert Phase E nochmals ein *Capability Assessment* als ein Ergebnis, dessen spezifische Erstellung bzw. Aktualisierung für diese Phase jedoch nicht weiter beschrieben ist.

Die Capabilities werden iterativ in sogenannten *Increments* realisiert. Die *Capability Architecture* beschreibt laut Definition die Fähigkeiten, die ein Unternehmen besitzt. Somit ist dies die Teilmenge des Capability-Modells, die bereits realisiert ist. Die TOGAF-ADM schlägt vor, das *Business Capability Management* mit TOGAF zu koordinieren. Die ADM ist dabei der Ankerpunkt für verschiedene Methoden für Portfolio-, Programm- und Projektmanagement, Methoden für die Entwicklung von Lösungen und Methoden der Betriebsführung.

B.2.4 TOGAF-Leitfaden zu Business Capabilities

Seit 2018 gehört zu TOGAF ein eigener Leitfaden mit dem Titel *Business Capabilities*, der 2022 in der zweiten Version erschienen ist [90]. Der Leitfaden enthält eine ausführlichere Definition von Capabilities und bietet eine Einführung in die Modellierung von Capability-Modellen. Die *Business Capability Map* wird als eines der vier Kernelemente der Geschäftsarchitektur bezeichnet. Die drei weiteren Kernelemente sind die *Value Stream Map* (Wertstromkarte), die *Information Map* (Informationskarte) sowie die *Organization Map* (Organisationskarte).

Ebenso wie dieses Buch hebt TOGAF die Stabilität von Capability-Modellen und ihren Nutzen für ein einheitliches Verständnis der Geschäftsarchitektur hervor. TOGAF bezeichnet Capabilities als »coarse-grained concept« (grobgranulares Konzept). Für die große »Flughöhe« bzw. den hohen Abstraktionsgrad, den das EAM in der Regel mit sich bringt, erscheint das passend. Capability-Modelle können allerdings grundsätzlich auch feingranular definiert werden. Für den taktischen Einsatz von Capabilities sind solche detaillierteren Modelle sinnvoll bzw. notwendig.

Der Leitfaden erläutert grob die üblichen Modellierungsrichtungen »bottom-up« (Vergröberung bzw. Aggregation) und »top-down« (Verfeinerung bzw. Dekomposition), wie sie in Abschnitt 7.6 beschrieben sind. Im Leitfaden enthalten sind Vorschläge für Namenskonventionen und die implizite Empfehlung, einen objektorientierten Schnitt der Capabilities zu nutzen (vgl. Abschnitt 7.1.1). Hervorgehoben wird, dass die Geschäftsobjekttypen (»business objects«) in den Bezeichnungen der Capabilities einen direkten Bezug zwischen Capability-Modell und dem Geschäftsobjektmodell herstellen.

Der Leitfaden nennt zwei weitere Konzepte, um eine Menge identifizierter Capabilities zu einer logischen Struktur zu formen, die sie für wichtige Anspruchsgruppen verständlich und handhabbar machen.

1. *Stratification* (sinngemäß Gruppierung, Kategorisierung)
2. *Leveling* (sinngemäß Verfeinerung, Untergliederung)

Unter *Stratification* versteht TOGAF im Wesentlichen dasselbe wie das bereits in Abschnitt 3.2 vorgestellte Konzept der Kategorisierung von Capabilities. Zusätzlich zur eigentlichen Hierarchie des Capability-Modells werden Kategorien eingeführt, um die Capabilities nach einer für die wesentlichen Adressaten hilfreichen Perspektive zu gruppieren. Als eine sinnvolle Perspektive benennt der Leitfaden den Betrachtungsfokus typischer Anspruchsgruppen, die bei der Architekturentwicklung auf Unternehmensebene beteiligt sind. Als Startpunkt für ein übergreifendes Architekturmanagement erscheinen die drei definierten Kategorien sinnvoll:

- Strategic (Fähigkeiten für die Steuerung und strategische Ausrichtung)
- Core (kundenadressierendes Kerngeschäft)
- Supporting (unterstützende Querschnittsfähigkeiten)

Auf oberster Modellebene empfiehlt der Leitfaden 20 bis 30 Capabilities. Für ein Gesamtmodell eines Unternehmens erscheint bereits die untere Zahl 20 eine recht große Anzahl, die insbesondere gesamthafte Darstellungen für das Unternehmen umfangreich werden lässt. Ohne eine passende Kategorisierung leidet hier die Übersicht schnell. TOGAF bezeichnet des Weiteren drei bis sechs Ebenen als eine übliche Detaillierungstiefe eines Capability-Modells. Hier sei eine mathematische Betrachtung erlaubt: Startet das Modell mit 20 Capabilities auf oberster Ebene und sei angenommen, jede Capability der oberen fünf Ebenen besitze drei untergeordnete Capabilities, so ergibt sich auf unterster Ebene eine Anzahl von 4.860 Capabilities. Insgesamt hätte ein solches Modell 7.280 Capabilities. Bei angenommenen 30 Capabilities auf oberster Ebene und einem Detaillierungsgrad von jeweils vier Unter-Capabilities ergäben sich sogar 30.720 Capabilities auf der untersten Ebene. Das Modell hätte in Summe 40.950 Capabilities. Solche Modelle wären offensichtlich aufgrund der schieren Menge an Capabilities weder realistisch modellierbar noch zu handhaben.

Eine flächendeckende Tiefe von fünf oder sechs Modellebenen erscheint für Zwecke einer übergeordneten Unternehmens- bzw. Architekturentwicklung weder notwendig noch sinnvoll. Solche Detaillierungstiefen sind punktuell, für taktisch orientierte Vorhaben denkbar (vgl. hierzu die Fallstudie zum Thema System-Monitoring in Abschnitt 6.1.1).

Als weiteres methodisches Werkzeug stellt der Leitfaden das *Heat Mapping* für ein Capability-Modell vor, dem bei TOGAF dieselben Ideen zugrunde liegen wie dem in Abschnitt 5.10 vorgestellten Anwendungsfall zur Analyse und Bewertung von Capabilities. TOGAF nennt einige interessante Bewertungsaspekte für durch Heatmaps zu visualisierende Capabilities, ohne jedoch näher zu beschreiben, wie sich konkrete Bewertungen in Bezug auf eine Capability ermitteln lassen:

- Strategic Contribution (strategischer Beitrag)
- Performance / Effectiveness (Leistung / Effektivität)
- Revenue Contribution (Gewinnbeitrag)
- Cost Contribution (Kostenbeitrag)
- Coverage (Abdeckungsgrad im Sinne der Nutzung der Capability durch Organisationseinheiten)
- Criticality (Kritikalität)

Das Werkzeug *Relationship Mapping* (Beziehungsabbildungen) ordnet Capabilities drei verschiedene Objekttypen zu und schlägt einfache Visualisierungen vor:

Organization Units – Darstellung von Organisationseinheiten, die Capabilities ausführen. In der TOGAF-Darstellung werden die Zuordnungen zusätzlich bewertet. Dies entspricht im Wesentlichen Beziehungstyp 16 (`Capability` ◀ erbringt `Organisationseinheit`) mit einer Bewertung als Beziehungsattribut (vgl. Anhang A.12).

Value Streams – Abbildung von Capabilities zu den Elementen eines *Value Stream* (Wertstroms), zu dem die Capability einen Wertbeitrag leistet. Dies ähnelt dem Beziehungstyp 36 (`Capability` ◀ benötigt `Wertkette`) (vgl. Anhang A.23). Dem Thema der Wertströme ist ein eigener TOGAF-Leitfaden gewidmet [93].

Business Processes – Zuordnung von Geschäftsprozessen zu Capabilities, die die Geschäftsprozesse ermöglichen. Eine nahe Entsprechung ist der Beziehungstyp 22 (`Capability` ◀ nutzt `Prozess`) (vgl. Anhang A.15).

Neben dem Leitfaden beziehen weitere TOGAF-Veröffentlichungen das Konstrukt der Capabilities mit in ihre Konzepte ein, so beispielsweise bei der Entwicklung von Geschäftsszenarien (*Business Scenarios*) [91].

B.2.5 Fazit

Im Gegensatz zu früheren Versionen von TOGAF wird das Konzept der Capabilities deutlich stärker in der Methode zur Architekturentwicklung verwendet, was sich nicht zuletzt darin widerspiegelt, dass es inzwischen ein Element *Business Capability* im Metamodell sowie einen eigenen Leitfaden zum Thema gibt. Als wirklich umfänglich und stringent lässt sich der Einsatz von Capabilities in TOGAF allerdings noch nicht bezeichnen. Dafür findet deren Einsatz noch zu punktuell statt und ist oft zu wenig detailliert beschrieben. Hier besteht noch einiges an Potenzial. Nichtsdestotrotz sind die Ansätze vielversprechend und können insbesondere von den in diesem Buch vertieften Inhalten profitieren.

Insgesamt leidet TOGAF unter seinem Umfang, seiner Komplexität und den vielen kleinen Inkonsistenzen. Von einigen Enterprise-Architecture-Experten wird TOGAF sogar in recht drastischer Weise als mehr oder weniger nutzlos bezeichnet [44, 43].

Capabilities, wie in diesem Buch beschrieben, dienen vor allem als fachlich-funktionaler Ordnungsrahmen zur Beschreibung, Analyse und Bewertung von Bestandteilen der Unternehmensarchitektur. In TOGAF gibt es eine ganze Reihe von Metamodellelementen, die Teil einer funktional orientierten Architekturbeschreibung sein können. Dazu gehören insbesondere die Elemente *Capability*, *Course of Action*, *Value Stream*, *Business Capability*, *Function*, *Business Service*, *Application Service* und *Logical Application Component*. Auch wenn TOGAF selbstverständlich für alle diese Elemente eigene Definitionen bietet und sich Argumente für die Existenz jedes einzelnen Elements finden lassen, so erscheinen die Beschreibungselemente in Summe etwas zu umfangreich. Tatsächlich werden auf Basis des TOGAF-Metamodells erstellte Architekturbeschreibungen recht schnell umfangreich und komplex. Bei Betrachtung von TOGAF-Beispielen für Business Services fällt die Abgrenzung zu Capabilities zumindest auf den ersten Blick schwer, da die Bezeichnungen gleichartig wie die von Capabilities aufgebaut sind (vgl. Abschnitt 7.3). Für viele Anwendungsfälle, die im Kontext der Unternehmens- und Architekturentwicklung relevant sind, reichen Capabilities als Basis zur fachlichen Beschreibung aus, wie in Kapitel 5 illustriert.

B.3 CMMI

CMMI steht als Akronym für »Capability Maturity Model Integration« und ist eine Sammlung bewährter Praktiken, um Unternehmen bei der Verbesserung bestimmter Schlüsselfähigkeiten, dazugehöriger Geschäftsprozesse sowie ihrer allgemeinen Leistungsfähigkeit zu helfen [42]. CMMI bietet in der Version 2.0 Verbesserungsprogramme und attestierte Reifegradbestätigungen (sogenannte *Appraisals*) in fünf Prozessgebieten:

- *CMMI Development* – Produkt-, Teile- und Dienstleistungsentwicklung
- *CMMI Services* – Dienstleistungs- und Serviceerbringung
- *CMMI Acquisition/Supplier Management* – Management von Lieferanten und Dienstleistern sowie Lieferkettensteuerung
- *CMMI Security* – Informations- und Ressourcenschutz
- *CMMI Safety* – Unterstützung und Management von Sicherheit für Leib und Leben

Das Produkt *CMMI People* zur Optimierung von Personalprozessen wird seit 2022 nicht mehr angeboten.

CMMI ist als Reifegradmodell konzipiert, um den Reifegrad einer Organisation in Bezug auf die genannten Prozessgebiete zu messen und durch gezielte Maßnahmen zu verbessern. Seit 2016 wird CMMI von der *ISACA* (Information Systems Audit and Control Association) gepflegt. Die ISACA ist ein global agierender Berufsverband mit dem Fokus auf IT-Governance. Ursprünglich wurde CMMI bereits seit 1986 an der Carnegie Mellon University in Pittsburgh (USA) entwickelt – seinerzeit noch als *CMM* bezeichnet. Das *Capability Maturity Model* hatte die Reifegradeinschätzung und Verbesserung von Softwareentwicklungsprozessen zum Gegenstand. Im Jahr 2000 erschien der Pilot des CMMI, wobei das »I« zunächst für »Integrated« stand und zum Ausdruck brachte, dass verschiedene Modelle im Rahmen des CMMI-Projekts integriert wurden. Erst seit der Version 1.1, die 2002 erschien, steht das »I« für »Integration«. Der Integrationsbegriff passt auch insofern, als das Reifegradmodell mit anderen methodischen Bestandteilen integriert ist und sich die Verbesserungspraktiken in eine Organisation integrieren (müssen), um kontinuierliche Verbesserungen zu bewirken. Die integrierten Bestandteile von CMMI sind die folgenden:

Modell – Referenzmodell mit bewährten Praktiken zu den Prozessgebieten, Zielen und zugeordneten Reifegraden

Einsatzleitfaden – Hilfestellungen für Neueinsteiger in CMMI sowie für Unternehmen, die von Version 1.3 auf die aktuelle Version 2.0 umsteigen

Systeme und Werkzeuge – Online-Zugriff auf bereitgestellte Modelle, Dokumentation und Hilfsmittel mit dem sogenannten *CMMI Model Viewer*

Training und Zertifizierung – Modulares Programm für Schulungen und Zertifizierungen rund um CMMI. Die verschiedenen Kurse gliedern sich in drei

Stufen »Build«, »Advance« und »Master«. Sie decken die Unterstützung der CMMI-Anwendung im eigenen Unternehmen bis hin zur Ausbildung zum CMMI-Instruktor sowie zum sogenannten *Lead Appraiser* ab. Letzteres befähigt erfolgreiche Kursteilnehmer, CMMI-Reifegrade zu bestimmen und zu bescheinigen.

Reifegradbestätigung (*Appraisal*) – Methode zur Untersuchung und Bewertung des Reifegrads einer Organisation. Mit einem *Appraisal* kann ein Unternehmen sich den Reifegrad bestätigen bzw. von durch das CMMI-Institut zugelassenen Auditoren im Sinne eines Qualitätssiegels zertifizieren lassen. Insbesondere in den USA verlangen einige öffentliche Auftraggeber bei Ausschreibungen von Anbietern bestimmte Reifegrade als Teilnahmevoraussetzung.

CMMI ist in erster Linie ein Ansatz zur Verbesserung von Prozessen [81].

B.3.1 Modellstruktur und Reifegrade

CMMI definiert insgesamt sechs Reifegrade für eine Organisation, die in der nachfolgenden Auflistung kurz beschrieben sind:

0: ***Incomplete* (unvollständig)** – Ad-hoc und unbekannt; Arbeit wird erledigt oder auch nicht.

1: ***Initial* (initial)** – Unvorhersehbar und reaktiv; Arbeit wird erledigt, jedoch oft zu spät oder mit zu hohem Aufwand.

2: ***Managed* (geführt)** – Auf Projektebene geführt; Projekte werden geplant, durchgeführt, gemessen und überwacht.

3: ***Defined* (definiert)** – Mehr proaktiv als reaktiv; organisationsweite Standards leisten Führung über das gesamte Programm- bzw. Projektportfolio.

4: ***Quantitatively Managed* (quantitativ geführt)** – Gemessen und überwacht; die Organisation funktioniert datengetrieben mit quantitativen Zielen zur Leistungsverbesserung für interne und externe Anspruchsgruppen.

5: ***Optimizing* (laufend optimiert)** – Stabil und flexibel; die Organisation ist auf kontinuierliche Verbesserung fokussiert. Sie kann auf Veränderungen und sich bietende Gelegenheiten reagieren. Ihre Stabilität bietet eine Plattform für Agilität und Innovation.

Der Gesamtreifegrad wird auf Basis einer definierten Menge von *Practice Areas* (Praktikgebiete) festgelegt, die jeweils einzelne Praktiken (*Practices*) umfassen bzw. gruppieren. Aktuell sind 25 Praktikgebiete definiert, die insgesamt über 230 einzelne Praktiken umfassen. CMMI legt für jedes Praktikgebiet fest, welche der einzelnen Praktiken das Unternehmen umsetzen muss, um für das zugehörige Praktikgebiet einen bestimmten Reifegrad zu erreichen. Ein gewünschter Gesamtreifegrad ist dann erreicht, wenn alle zugehörigen Praktikgebiete den minimal definierten Reifegrad besitzen. Nur für den höchsten Reifegrad sind demnach alle Praktiken umzusetzen.

Die Praktikgebiete sind in 12 *Capability Areas* (Capability-Gebiete) zusammengefasst, die wiederum in die vier *Category Areas* (Kategoriegebiete) »Doing« (Durchführen), »Managing« (Steuern), »Enabling« (Befähigen) und »Improving« (Verbessern) aufgeteilt sind. Um einen konkreten Eindruck der Modellinhalte von CMMI zu ermöglichen, zeigt Abbildung B–6 die inhaltliche Struktur des Modells bis zu den Praktikgebieten. Für die Kategoriegebiete und die Capability-Gebiete ist jeweils eine Deutsche Übersetzung mit angegeben.

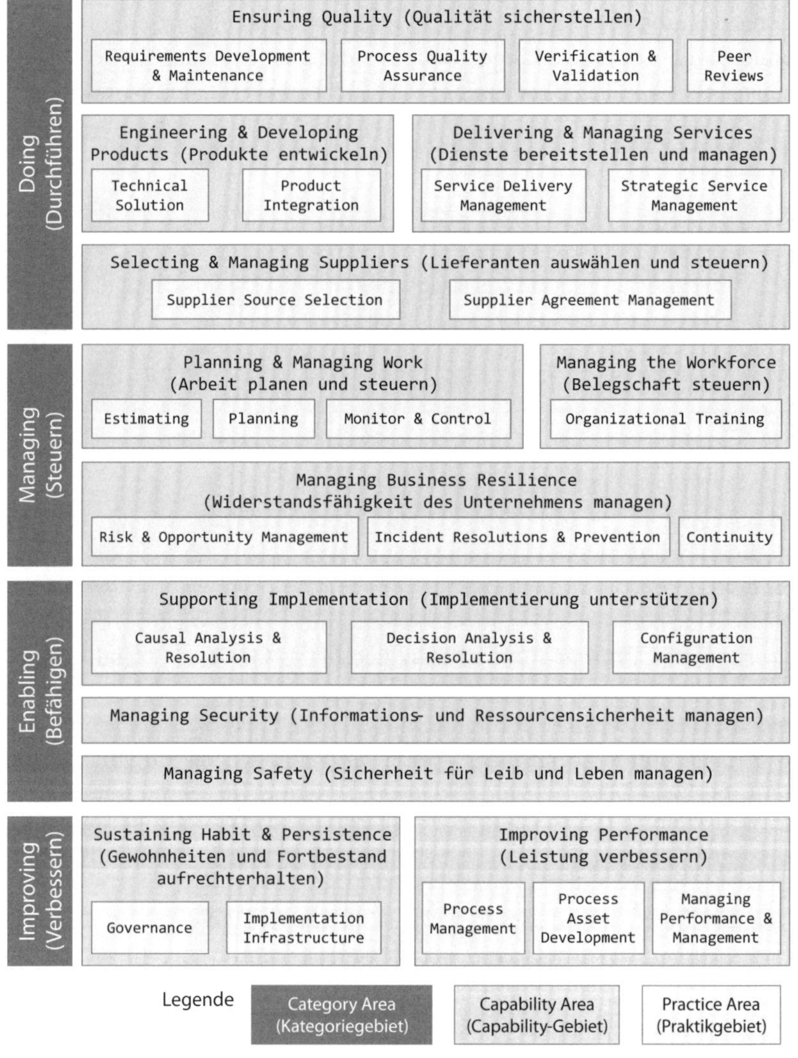

Abb. B–6: Struktur des CMMI-Modells

Die Capability-Gebiete `Managing Security` und `Managing Safety` haben keine untergeordneten Praktikgebiete. Seit CMMI-Version 2.0 gibt es nur noch ein gemeinsames Modell für alle Prozessgebiete. Tabelle B–4 zeigt als Beispiel die Praktiken für das Praktikgebiet `Causal Analysis & Resolution` mit den zugeordneten Reifegraden, die nur erreicht werden können, wenn die zugehörige Praktik umgesetzt ist.

Praktik (Englisch)	Reifegrad
`Identify and address causes of selected outcomes`	1
`Select outcomes for analysis`	2
`Analyze and address causes of outcomes`	2
`Determine root causes of selected outcomes by following an organizational process`	3
`Propose actions to address identified root causes`	3
`Implement selected action proposals`	3
`Record root cause analysis and resolution data`	3
`Submit improvement proposals for changes proven to be effective`	3
`Perform root cause analysis of selected outcomes using statistical and other quantitative techniques`	4
`Evaluate the effect of implemented actions on process performance using statistical and other quantitative techniques`	4
`Use statistical and other quantitative techniques to evaluate other solutions and processes to determine if the resolution should be applied on a broader scale`	5

Tab. B–4: CMMI – Praktiken für `Causal Analysis & Resolution`

Auch wenn die Praktiken sehr konkret definiert sind, beschreiben sie im Wesentlichen, *was* ein Unternehmen praktizieren muss, aber nicht *wie*. So sind beispielsweise keine technischen Werkzeuge, Datenstrukturen o.Ä. angegeben. Insofern passt die Art der Capability-Definition in CMMI zu der dieses Buchs, wobei es einige Praktiken gibt, bei denen die Grenze zum Wie mindestens angekratzt scheint. Als Beispiel sei die CMMI-Praktik »`Perform root cause analysis of selected outcomes using statistical and other quantitative techniques`« betrachtet, die sich ins Deutsche frei als »Grundursachenanalyse ausgewählter Resultate mit statistischen und anderen quantitativen Methoden durchführen« übersetzen lässt. Die bezeichnete Fähigkeit ist im Kern die Grundursachenanalyse bestimmter Resultate, die sich in einem Unternehmen (unerwünscht) ergeben haben. Der Hinweis auf zu verwendende statistische und quantitative Methoden ist durchaus als Beschreibung des Wie zu verstehen, auch wenn keine konkreten Methoden, Algorithmen oder technischen Werkzeuge genannt sind. Dies widerspricht bei rigoroser Auslegung der Capability-Definition der Eigenschaft, dass eine Capability nur das Was, aber nicht das Wie beschreiben soll.

B.3.2 Der Capability-Begriff in CMMI

Die Bezeichnung »Capability Maturity Model Integration« ist generisch und weist nicht darauf hin, dass im Fokus von CMMI nur ganz bestimmte Prozessgebiete stehen. Auch »Capability« als Namensbestandteil könnte als allgemeiner Capability-Begriff verstanden werden, so wie er in diesem Buch definiert ist. Doch CMMI definiert Capabilities nicht explizit als flexibel verwendbares Konstrukt zur Erfassung und Strukturierung von (beliebigen) Geschäftsfähigkeiten oder zur Schaffung eines dazugehörigen funktionalen Ordnungsrahmens. Vielmehr dient CMMI dazu, den bestehenden Reifegrad einer Organisation in Bezug auf eine der vordefinierten, konkreten Schlüsselfähigkeiten (*Key Capabilities*) initial zu messen und anschließend durch gezielte, praxiserprobte Maßnahmen zu erhöhen. Die Organisation soll in die Lage versetzt werden, kontinuierlich Verbesserungen bei der Umsetzung dieser Schlüsselfähigkeiten vorzunehmen.

In CMMI hat der Capability-Begriff eine nicht ganz scharfe Definition bzw. Verwendung. Einerseits ist der Begriff der Capability in CMMI als *Grad der Befähigung* zu verstehen, essenzielle Prozessbereiche professionell umzusetzen. Dies drückt sich unter anderem in der Art aus, wie der Capability-Begriff verwendet wird. So lautet beispielsweise der Untertitel eines Whitepapers des CMMI-Instituts »Why capability is the key to staying ahead of rapidly evolving expectations« [9]. In dieser Bedeutung ist mit »Capability« demnach keine konkrete Fähigkeit gemeint, sondern ein breiter zu verstehendes *Leistungsvermögen* des Unternehmens, seine Geschäftsziele zu verwirklichen. CMMI zitiert hier die Unternehmensberatung McKinsey & Company mit der Definition von Capability als »anything an organization does well that drives meaningful business results.«, auf Deutsch etwa »alles, was eine Organisation gut macht und das zu bedeutenden Geschäftsergebnissen beiträgt« [56].

Zum anderen verwendet CMMI den Capability-Begriff auch zur Benennung konkreter Fähigkeiten, die es in Unternehmen zu messen und zu verbessern gilt. In seiner Produktbroschüre für *CMMI Development V2.0* benennt das CMMI-Institut einige der Praktikgebiete explizit als Capabilities und bezeichnet diese als die größten Herausforderungen für alle Organisationen [10]. Diese zweite Art der Begriffsverwendung ist jedoch nicht ganz stringent bzw. nicht explizit ausgeprägt, denn wie in Abbildung B–6 gezeigt, verwendet CMMI spezielle Begriffe für seine Modellelemente. Der Capability-Begriff kommt in der Bezeichnung »Capability Area« zwar vor, jedoch gibt es kein explizites Capability-Element. Abbildung B–7 zeigt ein Metamodell für CMMI.

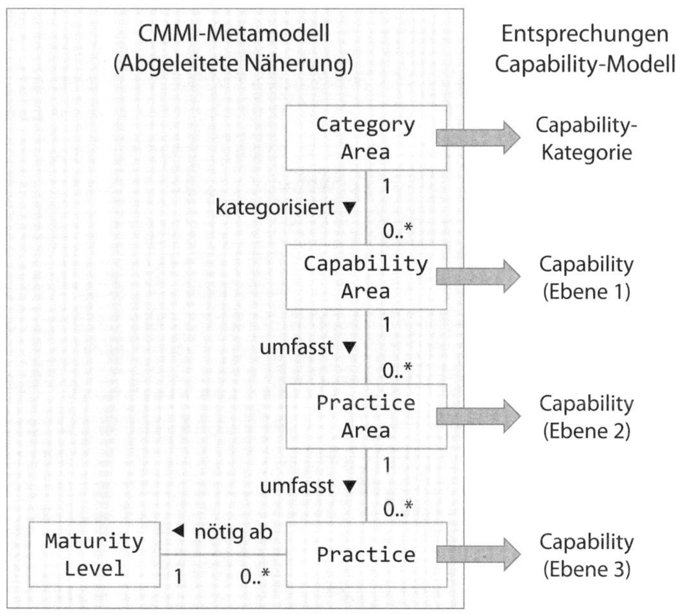

Abb. B–7: Capability-Entsprechungen der CMMI-Elemente

Dies ist kein offizielles CMMI-Metamodell, sondern wurde hier zu Zwecken des Abgleichs aus den CMMI-Modellelementen hergeleitet. Die Abbildung zeigt zudem, wie sich die CMMI-Elemente als Capabilities auffassen lassen. Die CMMI-Elemente `Capability Area`, `Practice Area` und `Practice` bilden (wie in Anhang B.3.1 erläutert) eine Hierarchie. Alle drei Elemente lassen sich als Capabilities auffassen, denn sie beschreiben mit unterschiedlicher Granularität jeweils, was ein Unternehmen im Sinne von Fähigkeiten umsetzen muss. Die Unterteilung der Capability-Gebiete (Element `Capability Area`) in die vier Kategoriegebiete (Element `Category Area`) kann als Kategorisierung gemäß Abschnitt 3.2 angesehen werden.

Somit lässt sich das CMMI-Modell (siehe Abb. B–6) als kategorisiertes Capability-Modell mit drei Ebenen verstehen. Es ist kein Widerspruch, dass das CMMI-Modell als Grundlage zur Optimierung der Unternehmensprozesse dient. Es passt im Gegenteil zu dem in Abschnitt 2.4.5 beschriebenen Zusammenhang zwischen Capabilities und Prozessen. Das CMMI-Modell mit seinen Capabilities beschreibt, was das Unternehmen für welchen Reifegrad tun muss. Diese CMMI-Praktiken muss ein Unternehmen in seine Prozesse integrieren und definieren, mit welchen Mitteln (Werkzeugen, Prozessrollen usw.) dies geschehen soll.

B.3.3 Fazit

CMMI ist ein prominentes und etabliertes Rahmenwerk zur Messung und Verbesserung bestimmter Unternehmensfähigkeiten bzw. der zugehörigen Geschäftsprozesse. Die Strukturprinzipien von CMMI können prinzipiell für alle Themengebiete bzw. Capabilities und Prozesse Verwendung finden, doch tatsächlich bietet CMMI eine Ausgestaltung bzw. Anwendung nur für eine kleine Zahl konkreter Prozessgebiete.

Wie im vorangegangenen Abschnitt diskutiert, ist der Capability-Begriff in CMMI überladen und entspricht nicht an allen Stellen der Definition in diesem Buch. In der Verwendung zur Benennung konkreter Fähigkeiten des Unternehmens gibt es nichtsdestotrotz eine weitgehende Übereinstimmung der Definitionen. Ein gutes Verständnis von Capabilities, zu dem dieses Buch beitragen kann, bildet somit auch eine gute Grundlage für das Verständnis von CMMI.

B.4 BABOK

Als *BABOK* (Business Architecture Body of Knowledge) bezeichnet das *IIBA* (International Institute for Business Analysis) sein Rahmenwerk für die Disziplin der *Business-Analyse*. Unter »Body of Knowledge« wird das gesammelte Wissen zu einem Themenkomplex – hier zum Gebiet der Business-Analyse – verstanden. Das IIBA ist ein im Jahr 2003 gegründeter, gemeinnütziger Berufsverband, dem etwa 300 Unternehmen, Bildungseinrichtungen und andere Organisationen angehören. Das IIBA bietet verschiedene Arten kostenpflichtiger Zertifizierungen im Bereich der Business-Analyse an. BABOK ist eine Sammlung bewährter Praktiken und hat den Anspruch, einen weltweit genutzten Standard für Business-Analyse zu schaffen. Das Rahmenwerk ist in einem über 500 Seiten umfassenden Leitfaden, dem sogenannten *BABOK Guide*, dokumentiert [34].

Capabilities sind ein wichtiges Beschreibungsmittel in BABOK mit einem entsprechenden Element im Metamodell. Eine Capability ist gemäß BABOK-Definition eine Funktion einer Organisation, die ihr das Erreichen eines Geschäftsziels ermöglicht. Auch BABOK sieht in einer Capability die Beschreibung des »Was«, jedoch nicht des »Wie« der Fähigkeitenumsetzung. Ebenso ist die Stabilität des Capability-Modells auch bei sich ändernder Umsetzung eine Grundannahme in BABOK.

Der Leitfaden führt über 50 fachliche Rollen auf, für die BABOK relevant ist. Bis auf die Programm- und Projektleitungsrollen finden sich in dieser Aufzählung auch die Rollen, für die dieses Buch gedacht ist:

- Enterprise Architect
- Solutions Architect
- Business/IT Architect
- Systems Analyst

- Technical/Functional Analyst
- Business Analysis Lead
- Line Management

B.4.1 Struktur von BABOK

Das BABOK-Rahmenwerk besitzt eine systematisch aufgebaute Struktur, die Abbildung B–8 im Überblick (mit deutschen Begrifflichkeiten) zeigt. BABOK definiert sechs sogenannte Wissensgebiete (*Knowledge Areas*) mit jeweils vier bis sechs aufeinander aufbauenden Aufgaben, die bei der Business-Analyse zu bearbeiten sind. Alle Aufgabenbeschreibungen sind einheitlich mit acht wiederkehrenden Elementen standardisiert.

Anhang B.4.2 betrachtet die Aufgaben näher, die Capabilities als Arbeitsmittel verwenden. In Abbildung B–8 sind die Aufgaben mit Capability-Bezug fett hervorgehoben. Der BABOK-Leitfaden beschreibt insgesamt 50 Techniken, von denen die Übersicht in der Abbildung nur eine kleine Auswahl umfasst.

BABOK-Schlüsselkonzepte

BABOK definiert als Bestandteile des *Business Analysis Core Concept Model* (BACCM) sechs sogenannte Schlüsselkonzepte (*Core Concepts*), die die Basis für alle Aktivitäten der Business-Analyse darstellen:

Veränderung (*Change*) – Auf Basis von Bedarfen ausgelöste Transformation des Unternehmens, die durch Aktivitäten der Business-Analyse gelenkt wird.

Bedarf (*Need*) – Ein zu behebendes Problem oder eine Anforderung zur Nutzung von Potenzialen und Möglichkeiten. Bedarfe sind für Anspruchsgruppen der Auslöser für Aktivitäten der Business-Analyse. Auch laufende Veränderungen können zu weiteren Bedarfen führen.

Lösung (*Solution*) – Gewählter oder potenzieller Ansatz bzw. Vorkehrungen zur Erfüllung von Bedarfen und abgeleiteten Anforderungen.

Stakeholder – Eine Anspruchsgruppe oder eine einzelne Person mit Bezug zu den Bedarfen, der Veränderung und der Lösung im jeweiligen Kontext.

Nutzen (*Value*) – Wertsteigerungen aller Art (Mehrwert, Nützlichkeit, Verbesserungen, Optimierungen usw.) sowie Wertminderungen (Risiken, Verluste, Kosten usw.). Der Nutzen kann konkret, materiell und diskret messbar oder aber abstrakt, immateriell und indirekt messbar sein.

Kontext (*Context*) – Umstände und Umgebung der Veränderung. Zum Kontext gehören alle relevanten Eigenschaften und Rahmenbedingungen, die sich aus der Umgebung der durchzuführenden Veränderung ergeben, z.B. Prozesse, Produkte, Technologien, Infrastruktur, Mitbewerber, Projekte, aber auch soziale Aspekte wie Kultur, Einstellungen, Sprachen und andere.

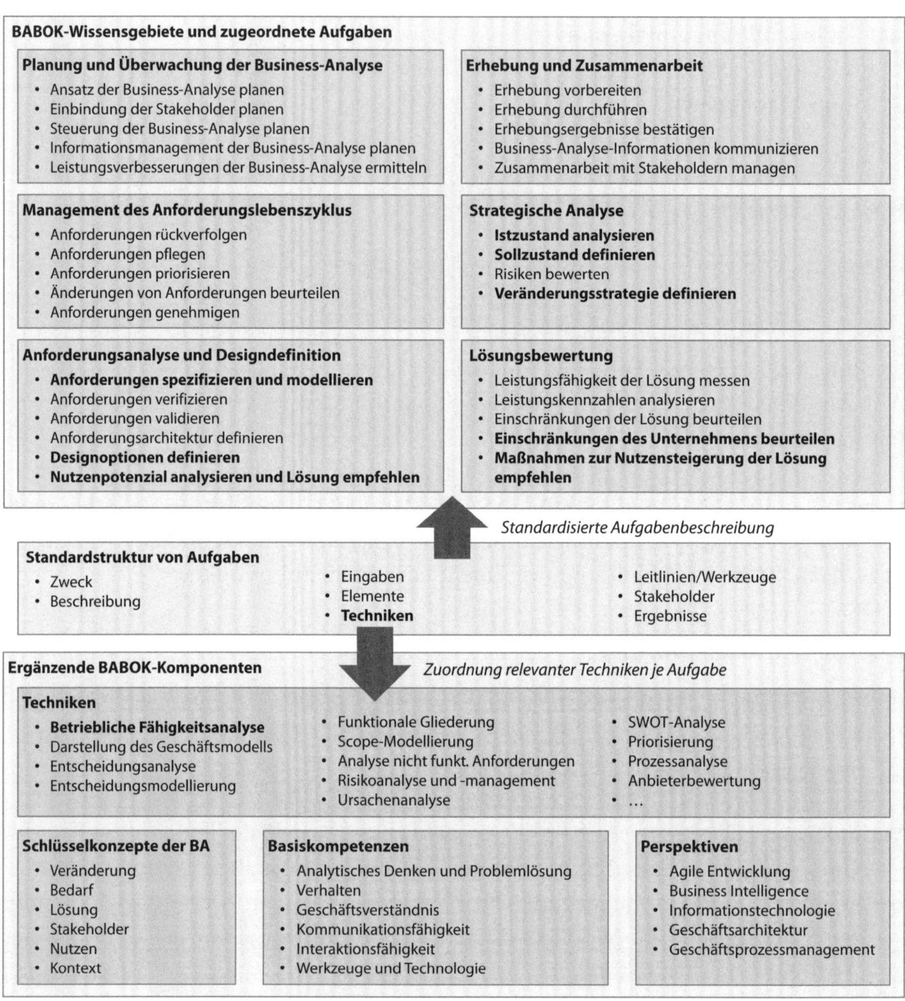

Abb. B–8: Struktur des BABOK-Leitfadens

Basiskompetenzen

Der BABOK-Leitfaden beschreibt die für die Business-Analyse benötigten Basiskompetenzen ausführlich. Jede Kompetenz ist durch einen Zweck, eine Definition und ein Maß für ihre Effektivität beschrieben.

BABOK-Perspektiven

Die Perspektiven helfen je nach Aufgabenstellung bei der Fokussierung der Business-Analyse-Aktivitäten. Jede Perspektive ist durch eine Reihe von Aspekten beschrieben:

- Umfang der Veränderung (*Change Scope*)
- Umfang der Business-Analyse (*Business Analysis Scope*)
- Methoden, Herangehensweisen und Techniken (*Methodologies, Approaches, and Techniques*)
- Benötigte Basiskompetenzen (*Underlying Competencies*)
- Auswirkungen auf die Wissensgebiete (*Impact on Knowledge Areas*)

B.4.2 Nutzung von Capabilities in BABOK

Einige der BABOK-Aufgaben nehmen direkten Bezug zu Capabilities, d.h. nutzen diese explizit als Hilfs- und Beschreibungsmittel. Die nachfolgende Aufzählung skizziert die Nutzung der Capabilities für diese Aufgaben. Die Einordnung in die sechs Wissensgebiete ist Abbildung B–8 zu entnehmen.

Istzustand analysieren – Nutzung von Capabilities zur hierarchischen, überschneidungsfreien Identifizierung heutiger Fähigkeiten, die als Ausgangsbasis für Veränderungen und Umsetzung von Bedarfen und Anforderungen dienen. Die Capabilities können daraufhin untersucht werden, inwieweit sich angestrebte Mehrwerte und Verbesserungen umsetzen lassen (*Gap Analysis*).

Sollzustand definieren – Identifizierung neu benötigter oder zu verbessernder Fähigkeiten für die angestrebten Veränderungen (z.B. Änderungen des Produktportfolios, Einhaltung von Regularien, Verbesserungen von Effektivität und Effizienz)

Veränderungsstrategie definieren – Identifizierung des Deltas zwischen Ist- und angestrebtem Sollzustand auf Basis von Capabilities (*Gap Analysis*)

Anforderungen spezifizieren und modellieren – Zuordnung von Anforderungen zu Capabilities als eine Möglichkeit bei dieser Aufgabe, Anforderungen mit einem funktionalen Fokus zu definieren. Das Capability-Modell als hierarchischer, funktionaler Ordnungsrahmen hilft bei der strukturierten und systematischen Erfassung von Anforderungen.

Abbildung B–9 zeigt ein mit dem Sparx Enterprise Architect erstelltes Anforderungsdiagramm gemäß BABOK-Notation. Die Modellierungssoftware Enterprise Architect ist in Abschnitt 8.3.4 näher beschrieben.

Designoptionen definieren – Identifizierung zusätzlicher Capabilities mit dem Potenzial, den Wertbeitrag des angedachten Lösungsdesigns zu verbessern. Die auf Capabilities basierenden Designoptionen können auch zukünftige Anforderungen adressieren. Eine gute Lösungsarchitektur bietet genau das: Antizipation und leichte Umsetzbarkeit zukünftiger Bedarfe und Anforderungen.

Nutzenpotenzial analysieren und Lösung empfehlen – Untersuchung, Bewertung und Vergleich von Lösungsoptionen in Bezug auf den verbundenen Aufwand und den zu erwartenden Nutzen bzw. Wertbeitrag. Einige von einer Lösung umzusetzende Capabilities bringen möglicherweise erst in Kombination einen signifikanten Mehrwert. Abhängigkeiten von Anforderungen können bei der Bearbeitung dieser Aufgabe auf Basis der Capabilities ermittelt und bewertet werden.

Einschränkungen des Unternehmens beurteilen – Untersuchung einschränkender Faktoren des Unternehmens außerhalb der Lösung, die den Wertbeitrag der Lösung beeinträchtigen können. Ein Teil dieser Aufgabe ist die betriebliche Analyse (*Operational Assessment*), die relevante Abhängigkeiten und Wechselwirkungen innerhalb des Unternehmens basierend auf dem Capability-Modell identifiziert und bewertet. Der Zweck der Analyse ist die Ermittlung möglicher Einschränkungen und Hindernisse für den erfolgreichen Einsatz einer Lösung. Neben der Betrachtung der Capabilities sind auch andere Aspekte wie Regularien, Ausbildung der Belegschaft, Technologieeinsatz u.a. bei der Beurteilung relevant.

Maßnahmen zur Nutzensteigerung der Lösung empfehlen – Empfehlung zusätzlicher Capabilities mit dem Potenzial, den Wertbeitrag des angedachten Lösungsdesigns zu verbessern (vgl. Aufgabe »Designoptionen definieren«). Auch hier ist das Ziel, zukünftige Anforderungen zu antizipieren und durch zusätzliche Capabilities bzw. einer erweiterten Art der Realisierung in der Lösung abzudecken.

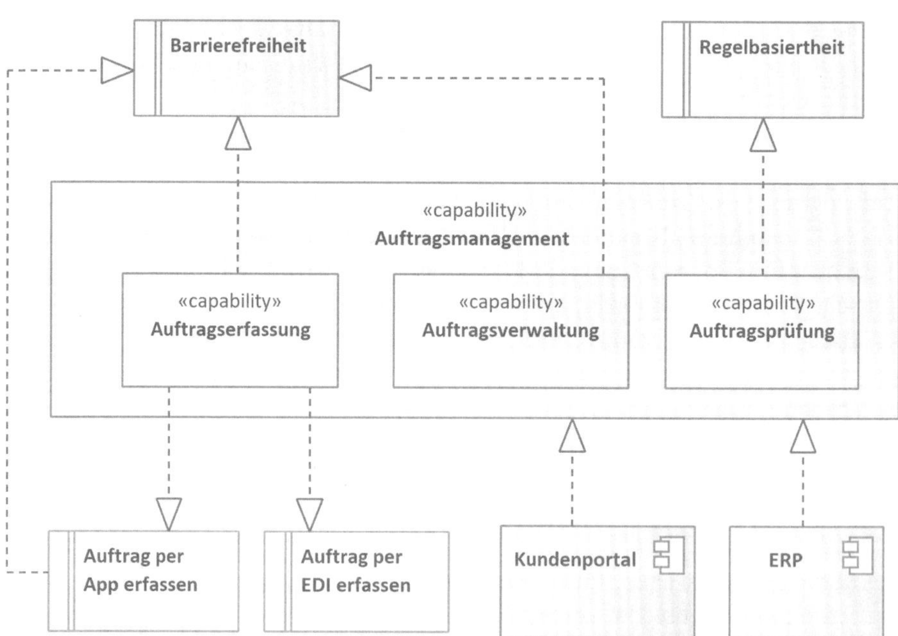

Abb. B–9: BABOK-Anforderungsdiagramm mit Capabilities

Das BABOK-Anforderungsdiagramm in Abbildung B–9 zeigt in der oberen Reihe zwei (nicht funktionale) Anforderungen mit Zuordnung zu Capabilities, die diese Anforderungen bei ihrer Realisierung umsetzen sollen. In der unteren Reihe stehen links zwei sogenannte *Features*, für die die zugeordnete Capability benötigt wird. Rechts sind zwei Applikationen (als Komponenten modelliert); beide realisieren die Capability `Auftragsmanagement`.

B.4.3 BABOK-Technik: betriebliche Fähigkeitsanalyse

BABOK definiert insgesamt 50 Techniken, von denen eine die sogenannte betriebliche Fähigkeitsanalyse (*Business Capability Analysis*) ist, die sich dediziert mit Capabilities befasst. Teil der Fähigkeitsanalyse ist die Ermittlung der Capabilities und die Erstellung des Capability-Modells für den relevanten Ausschnitt des Betrachtungskontexts. Das Capability-Modell bildet einen Ordnungsrahmen für die Untersuchung von Leistung, Wertbeitrag und Risiken des Istzustands sowie für die Ermittlung der Differenz zwischen erwarteter und erbrachter Leistung. Das Capability-Modell unterstützt die BABOK-Aktivitäten zur Erarbeitung von Lösungsoptionen und Empfehlungen sowie bei der Priorisierung von Investitionen.

Die strategischen Planungsaktivitäten in BABOK stützen sich (auch) auf Capabilities und zielen auf verbesserte Realisierung und Leistungsfähigkeit der kritischen Capabilities ab. BABOK definiert dazu die verbundenen Zielsetzungen Kostenreduktion, Umsatzsicherung, Verbesserung angebotener Leistungen sowie Konformität mit Gesetzen und Regularien (»Compliance«). Der BABOK-Leitfaden benennt einige Vorzüge von Capabilities als Hilfsmittel bei der Business-Analyse:

- Einheitliche Basis für den Ausdruck von Resultaten, Strategien und Leistung
- Hilfsmittel für den Abgleich und die Abstimmung von Geschäftsinitiativen zu verschiedenen Aspekten der Organisation
- Einsatz bei der Analyse der Fähigkeit eines Unternehmens, neue Produkte und Dienste anzubieten

Andererseits werden auch einige Einschränkungen der Capability-Nutzung aufgeführt:

- Erforderlichkeit einer organisationsweiten Einigung auf ein Capability-Modell
- Beschränkter Nutzen von Ergebnistypen bei unzureichender Abstimmung des zugrunde gelegten Capability-Modells
- Notwendigkeit einer breiten, funktionsübergreifenden Zusammenarbeit im Unternehmen

B.4.4 Fazit

BABOK ist ein umfangreiches Rahmenwerk für die Business-Analyse, das deren wesentlichen Aufgaben abdeckt und detailliert beschreibt. Eine der Stärken von BABOK ist seine stringente und logische Strukturierung. Aufeinander aufbauende Aufgaben und die Vielzahl zugeordneter Techniken bieten eine nützliche methodische Anleitung.

Der große Umfang des Rahmenwerks birgt allerdings auch Nachteile. Ähnlich wie bei TOGAF wird ein Vorhaben das Rahmenwerk in der Praxis von seinem methodischen Vorgehen her vermutlich niemals 1:1 umsetzen und auch nicht alle Techniken vollständig anwenden. Insofern birgt die Anwendung von BABOK immer auch das Herausfiltern der Bestandteile, die das Arbeitsteam nicht benötigt. Als umfangreicher und gut verständlicher Baukasten zur Unterstützung von Aktivtäten der Business-Analyse im Rahmen von (strategischen) Transformationsvorhaben kann BABOK von großem Nutzen sein.

Capabilities kommen als konzeptionelles Element bei wichtigen Aufgaben der Business-Analyse zum Einsatz, sind jedoch ein Element unter diversen anderen. Bei einigen Aufgaben sind Capabilities nicht als Hilfsmittel aufgeführt, könnten dort jedoch meiner Meinung nach zum Einsatz kommen, um so den Grad der Wiederverwendung des Capability-Modells zu erhöhen und für größere Einheitlichkeit von Ergebnistypen der Business-Analyse zu sorgen.

B.5 Scrum

Scrum ist ein weitverbreitetes, agiles Vorgehensmodell für Projekte, das ursprünglich für die Entwicklung von Softwareprodukten definiert wurde, sich jedoch auch für andere Arten von Produkten eignet. Die Grundlagen von Scrum definieren seine beiden Urheber Ken Schwaber und Jeff Sutherland im sogenannten *Scrum Guide* [83]. Die erste Version erschien im Jahr 2010. Verschiedene Organisationen bieten kostenpflichtige Kurse und Zertifizierungen für die verschiedenen Verantwortlichkeiten in Scrum an.

B.5.1 Eigenschaften von Scrum

Scrum richtet sich nach den 12 Prinzipien aus dem Agilen Manifest [5]. Ein wesentliches Merkmal agiler Methoden ist das sogenannte *Timeboxing*, mit dem Iterationen – in Scrum *Sprints* genannt – eine (maximale) Bearbeitungszeit eingeräumt wird, nach der das Scrum-Team die Arbeit unabhängig vom Fertigstellungsgrad des Ergebnisses beendet bzw. pausiert. Die iterative Arbeitsorganisation in Sprints stützt sich auf das sogenannte *Product Backlog*, aus dem sich das Team nach einer vorherigen Planung einen Arbeitsvorrat für den jeweiligen Sprint herausnimmt bzw. für den *Sprint Backlog* ableitet. Das Product Backlog umfasst zu Beginn keine vollständige, detaillierte Spezifikation des zu entwickelnden Produkts bzw. der zu erledigenden Aufgaben. Als ein wesentliches Merkmal der agilen Herangehensweise verändert sich das Product Backlog während des Projekts, indem sogenannte *Backlog Items* – die Einträge des Backlogs – ergänzt, gelöscht oder verfeinert werden. Im Gegensatz zu klassischen Ansätzen – insbesondere im Vergleich mit dem Wasserfallmodell – gibt es zu Beginn weder einen detaillierten Projektplan noch ein vollständig spezifiziertes Produkt.

Diese kurze Einordung soll keine Einführung in Scrum oder agile Methoden im Allgemeinen sein, sondern nur aufzeigen, wie ein Capability-Modell im Zusammenhang mit Scrum wertvoll sein kann. Einführungen in Scrum und Praxisanleitungen gibt es an anderer Stelle [17, 96].

B.5.2 Nutzung von Capabilities mit Scrum

Capabilities sind kein Element von Scrum. Der Begriff kommt beispielsweise im Scrum Guide kein einziges Mal vor. Dennoch kann ein Capability-Modell in agilen Softwareentwicklungsprojekten hilfreich sein, indem Capabilities als Basis für die Definition der Backlog-Einträge genutzt werden. Tabelle B–5 zeigt eine gängige, hierarchische Typisierung der Backlog-Einträge, wie sie auch Werkzeuge zur Entwicklungssteuerung wie Azure DevOps von Microsoft oder Jira von Atlassian verwenden [33, 70, 52].

Typ des Backlog-Eintrags	Beschreibung
`Epic`	Beschreibung eines umfangreichen Funktionsbereichs des zu entwickelnden Produkts. Epics bilden die oberste und gröbste Beschreibungsebene.
`Feature`	Definition einer wesentlichen Funktionalität, die das Produkt besitzen soll.
`User Story`	Detaillierung einer gröberen Funktionalität als eine nutzerorientierte Anforderung, die typischerweise in der Form »Als <Rolle> möchte ich <ABC> tun, um <Ziel/Nutzen> zu erreichen« formuliert ist.
`Task`	Detaillierte Aufgaben, die zur Realisierung einer User Story zu erledigen sind.

Tab. B–5: Verfeinerungshierarchie von Backlog Items für Softwareprodukte

Für die Entwicklung von Softwareprodukten muss das Backlog eine funktionale Beschreibung des Produkts umfassen. Auch Capabilities kann man als eine Form von Funktionen betrachten, wie z.B. die Abschnitte 5.4 und 7.2.4 gezeigt haben.

Tabelle B–6 zeigt ein Beispiel für einen zweistufigen Ausschnitt eines Capability-Modells, das sich gut als Grundlage für die funktionale Beschreibung in Form von Epics und Features eignet.

Epics/Capabilities (Ebene 1)	Features/Capabilities (Ebene 2)
`Angebotsmanagement`	▪ `Angebot zusammenstellen` ▪ `Angebotspreis berechnen`
`Kundenkontoverwaltung`	▪ `Kundenkonto anlegen` ▪ `Kundenkonto anpassen` ▪ `Kundenkonto löschen` ▪ `Kundenkonto sperren` ▪ `Kundenkonto entsperren`
`Bestellmanagement`	▪ `Bestellung aufnehmen` ▪ `Bestellung beauskunften` ▪ `Bestellung stornieren`

Tab. B–6: Capabilities als mögliche Epics und Features

Im Beispiel lassen sich die Capabilities gut als wesentliche Funktionalitäten einer mobilen App verstehen und ggf. direkt in das Backlog aufnehmen. Auf der nächsttieferen Stufe der User Stories kann der *Product Owner* die gewünschte Realisierung der Funktionalitäten genauer spezifizieren.

Anmerkung. Die dargestellten Capabilities sind objektorientiert geschnitten, was gut zum objektorientierten Programmierparadigma passt, sofern dieses bei der agilen Entwicklung zum Einsatz kommt.

Selbst dann, wenn kein passendes Capability-Modell als Grundlage existiert, lassen sich wichtige Modellierungsprinzipien für Capability-Modelle verwenden, um für das Backlog zu einer funktionalen Dekomposition zu gelangen: Auch die funktionale Dekomposition in Epics und Features stellt eine Verfeinerungshierarchie dar und sollte zumindest überschneidungsfrei sein. Auch die anderen Eigenschaften eines Capability-Modells (vgl. Abschnitt 2.3) sind für eine funktionale Dekomposition nützlich. Für das Product Backlog eines agilen Projekts muss das Team bei der Vollständigkeit eine Ausnahme machen, denn diesen Anspruch hat eine Produktbeschreibung nicht von Anfang an. Die Abgeschlossenheit ist zumindest insofern nützlich, als sich nicht offensichtlich unnötige Funktionen im Backlog befinden sollten. Aber sehr wohl ist es im agilen Kontext denkbar, dass vorhandene Features gestrichen werden, weil sie im Verlauf der Entwicklung als überflüssig bzw. nicht gewünscht erkannt werden.

B.5.3 Fazit

Scrum ist ein sehr erfolgreiches agiles Vorgehensmodell, das von seiner Definition her keinen Bezug zu Capabilities herstellt. Wie in diesem Abschnitt aufgezeigt, lässt sich das Capability-Konstrukt jedoch als Hilfsmittel zur Beschreibung von Anforderungen an Produkte nutzen und ist insofern komplementär zur agilen Produktentwicklungsmethode einzuordnen.

B.6 SAFe

Das *Scaled Agile Framework* (kurz *SAFe*) ist ein agiles Rahmenwerk, das die Skalierung von agilen Projekten auf mehrere Teams adressiert. Beschränken sich die Prinzipien und Arbeitsweisen von agilen Methoden wie *Scrum* oder *Extreme Programming* (XP) auf jeweils ein einzelnes Team, so definiert SAFe Leitlinien für die Koordination mehrerer agiler Teams, die parallel nach agilen Methoden arbeiten. Die maximal empfohlene Größe agiler Einzelteams beträgt sowohl für Scrum als auch für XP zehn Personen, was einerseits für Beherrschbarkeit der agilen Entwicklung im Team sorgt, jedoch andererseits der Größe zu entwickelnder Produkte Grenzen setzt [4]. Für die agile Entwicklung größerer Produkte oder komplexer Systeme sind daher Methoden wie SAFe erforderlich, die die Koordination vieler Teams ermöglichen.

SAFe wurde vom amerikanischen Unternehmen Scaled Agile entwickelt und erstmals im Jahr 2011 veröffentlicht [41, 54, 77]. Die aktuelle Version 5.1 erschien 2021. Wie bei prominenten Rahmenwerken üblich, bietet auch Scaled Agile verschiedene kostenpflichtige Kurse und Zertifizierungen für SAFe an. Weitere Skalierungsrahmenwerke für agile Entwicklung sind beispielsweise *LeSS* oder *Nexus* [63].

B.6.1 Eigenschaften von SAFe

SAFe bietet vier sogenannte *Konfigurationen*, die jeweils eine Teilmenge der sieben im Rahmenwerk definierten agilen Kompetenzen abdecken und die bestimmen, wie die einzelnen agilen Teams zusammengefasst und koordiniert werden:

Essential SAFe – Basiskonfiguration mit Einführung des sogenannten *Agile Release Train* (ART) zur Koordination und Synchronisation mehrerer parallel arbeitender, agiler Teams

Large Solution SAFe – Erweiterte Konfiguration für die Entwicklung komplexer Lösungen mit mehreren ARTs mittels des sogenannten *Solution Train*

Portfolio SAFe – Minimale Konfiguration mit Fokus auf die agile Organisation, mit der eine agile Sicht auf das gesamte Portfolio von Lösungen im Unternehmen erreichbar ist

Full SAFe – Vollausbau der Agilitätsskalierung auf das gesamte Unternehmen (inkl. Fokus auf die agile Organisation sowie Abdeckung komplexer Lösungen und Sicht auf das gesamte Lösungsportfolio im Portfolio-Backlog)

Der ART fasst mehrere agile Einzelteams zusammen und synchronisiert deren Iterationen, sodass alle Teams ihre Sprints gleichzeitig beginnen und beenden. Jeweils 8 bis 12 Iterationen bilden ein *Program Increment* (PI). In den Konfigurationen »Large Solution SAFe« und »Full SAFe« wird das sogenannte *Solution Backlog* für den Solution Train gepflegt, in dem für die wesentliche Art von Einträgen der Capability-Begriff Verwendung findet. Capabilities sind in SAFe wie folgt definiert:

> »A Capability is a higher-level solution behavior that typically spans multiple ARTs. Capabilities are sized and split into multiple features to facilitate their implementation in a single PI.«

Frei übersetzt bedeutet das, dass eine Capability ein übergeordnetes Lösungsverhalten ist, dessen Entwicklung sich typischerweise über mehrere ARTs erstreckt. Capabilities werden in mehrere *Features* aufgeteilt, um ihre Umsetzung innerhalb eines Programminkrements zu ermöglichen. Da Capabilities im Sinne von SAFe komplexe und umfangreiche Lösungsbestandteile darstellen, sind typischerweise mehrere ARTs erforderlich, um die zugehörigen Features in Gänze umzusetzen. Die SAFe-Definition impliziert einen direkten Lösungsbezug von Capabilities und passt somit nicht zu der in diesem Buch ansonsten verwendeten Beschränkung von Capabilities auf die Erfassung des Was, ohne das Wie (durch eine konkrete Lösung) zu beschreiben. Capabilities sind in SAFe demnach keine reinen Geschäftsfähigkeiten, sondern haben eine weiter gefasste Definition, da ihre Ausprägungen lösungsbezogen formuliert werden und auch nicht funktionale Anforderungen umfassen können. Sie können als umfangreiche Funktionalitäten oder Lösungskomponenten definiert sein, wie beispielsweise eine mobile App oder eine umfangreiche Service-API. SAFe unterscheidet zwei Arten von Capabilities:

- Business Capability
- Enabler Capability

Eine *Business Capability* bietet einen direkten fachlichen Nutzen für das Unternehmen oder die Kundschaft. Eine *Enabler Capability* ist hingegen eine befähigende Capability mit indirektem Nutzen, die das Funktionieren anderer, abhängiger Capabilities oder Features (beispielsweise durch Schaffung technischer Basisfunktionen) ermöglicht. Für jede Capability ist eine Beschreibung mit den folgenden Komponenten vorgesehen:

Identifier (Bezeichnung) – Eindeutiger Name der Capability
Phrase (Kurzbeschreibung) – Kurze verbale Beschreibung zu Funktionsumfang und Eigenschaften (z.B. nicht funktionale Anforderungen)
Benefit Hypothesis (Nutzenhypothese) – Angabe des gewünschten bzw. erwarteten Nutzens der Capability (nach deren erfolgreicher Umsetzung)
Metrics (Metrik) – Eine oder mehrere Metriken zur Messung der Effektivität und Wirksamkeit einer umgesetzten Capability

Capabilities ihrerseits werden aus *Epics* abgeleitet, die die gröbste Beschreibungseinheit für Anforderungen darstellt, die ganze Initiativen oder größere Investitionen repräsentieren. Epics werden jeweils durch einen *Epic Owner* verantwortet.

Das Portfolio im Unternehmen besteht gemäß SAFe aus einem oder mehreren *Value Streams*, die die Abfolge der Wertschöpfungsschritte repräsentieren. Jeder Value Stream ist eine Wertkette zur Entwicklung von Lösungen zur Nutzung durch eine Kundschaft außerhalb oder innerhalb des Unternehmens. In SAFe gibt es zwei Arten von Wertketten:

- Development Value Streams
- Operational Value Streams

Ein *Development Value Stream* ist eine Entwicklungswertkette, mit der das Unternehmen Lösungen konzipiert und umsetzt. Lösungen sind beispielsweise:

- Fachliche Applikationen zur Nutzung im Unternehmen (z.B. CRM-, ERP- oder andere Applikationen)
- Produktionsressourcen (z.B. Maschinen, Fertigungsanlagen, Roboter)
- Marktprodukte (z.B. Fahrzeuge, medizinische Geräte, digitale Dienstleistungen)
- Digitale Anwendungen für Kunden (mobile Apps, Webapplikationen u.Ä.)

Ein *Operational Value Stream* ist eine Wertkette des operativen Geschäftsbetriebs, die Nutzen für die Anwenderschaft der Lösungen generiert, die die Entwicklungswertketten zur Verfügung stellen.

B.6.2 Möglicher Einsatz von Business Capabilities in SAFe

Wie bereits aufgezeigt, sind Capabilities in SAFe anders definiert als das Capability-Element in diesem Buch. Der vorliegende Abschnitt soll aufzeigen, wie sich die beiden Konstrukte zusammenführen lassen bzw. wie ein Capability-Modell bei der Umsetzung von SAFe zum Einsatz kommen kann. Um Verwechslungen vorzubeugen, benutze ich für das Backlog-Element in SAFe in diesem Abschnitt den Begriff SAFe-Capability.

Die Backlogs in SAFe beschreiben mit ihren Einträgen die zu schaffenden Lösungen bzw. die umzusetzenden Anforderungen auf verschiedenen Abstraktions-

und Detailgraden. Capabilities sind ein funktionaler Ordnungsrahmen, und auch die zu entwickelnden bzw. zu betreibenden Lösungen im Sinne der SAFe-Wertketten prägen Funktionalitäten auf eine spezifische Art und Weise aus. Die Capabilities eines Capability-Modells sind daher eine geeignete Grundlage zur Definition von Epics, SAFe-Capabilities, Features und User Stories. Abbildung B–10 zeigt schematisch, wie ein Capability-Modell mit den Wertketten und SAFe-Backlogs zusammenspielen kann.

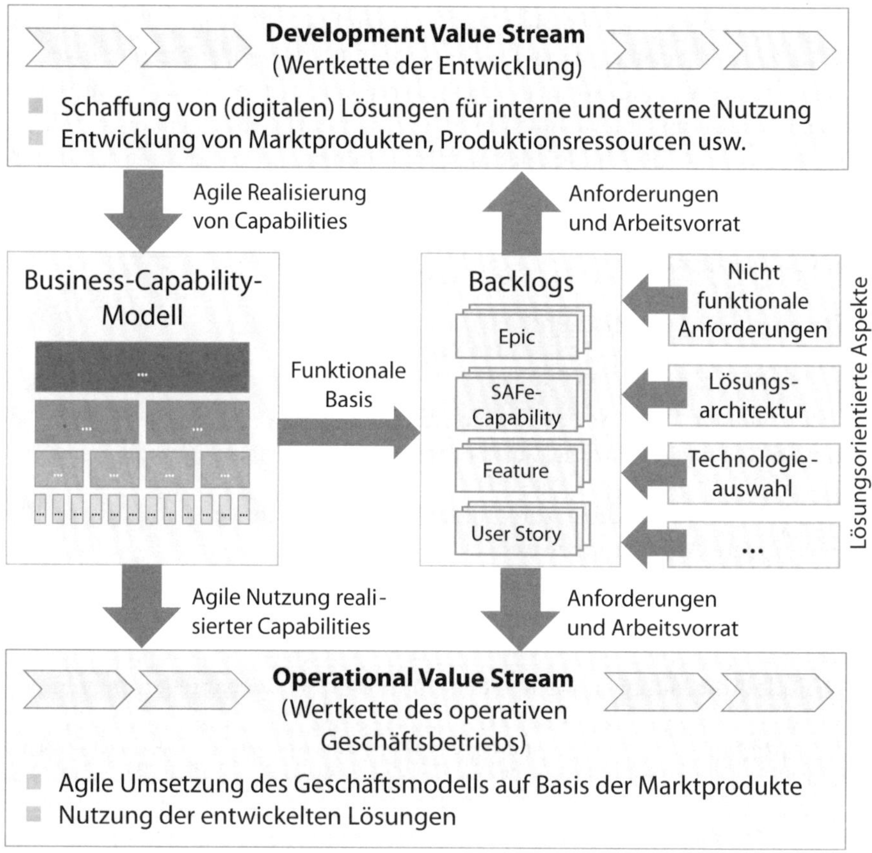

Abb. B–10: Mögliche Nutzung von Capability-Modellen mit SAFe

Eine Entwicklungswertkette setzt Capabilities in Form von (technischen) Lösungen um. Eine Wertkette des operativen Geschäftsbetriebs nutzt die Lösungen und somit die realisierten Capabilities.

Für die Definition der Backlog-Einträge gelten die gleichen Grundsätze wie die in Anhang B.5 für Scrum. SAFe definiert zehn Muster für die Dekomposition von SAFe-Capabilities bzw. Features, auf die an dieser Stelle nicht weiter eingegangen werden soll [50]. Auch ein Capability-Modell stellt durch seine Hierarchie eine

Form von Dekomposition dar – die jeweils tiefer gelegene Ebene ist eine funktionale Dekomposition der übergeordneten Ebene. Insofern können Capabilities als Vorlage für den funktionalen Kern von Backlog-Einträgen dienen oder ggf. direkt als Backlog-Eintrag eingesetzt werden. Die in einem Capability-Modell bereits vorgenommene Dekomposition kann sich in der Backlog-Hierarchie widerspiegeln. Wie ein Capability-Modell sollten auch die Backlogs überschneidungsfrei sein, um nicht Lösungsbestandteile mehrfach zu realisieren. Neben den funktionalen Anteilen der Backlogs sind lösungsspezifische Aspekte wie Architektur- und Technologievorgaben sowie nicht funktionale Anforderungen zu berücksichtigen. Die Hierarchie der SAFe-Backlogs und das mögliche Einbringen von Capabilities ist in Abbildung B–11 skizziert.

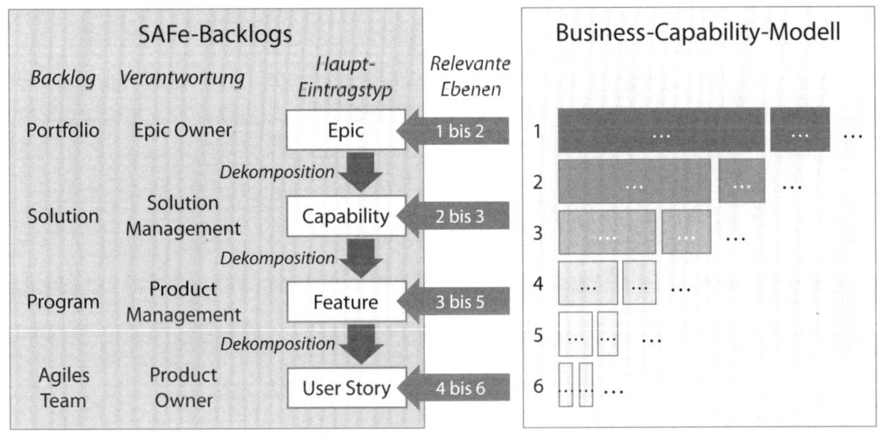

Abb. B–11: Capability-Modell-Ebenen für SAFe-Backlog-Einträge

Je nach Backlog müssen die Einträge eine andere Granularität besitzen. Bei der Nutzung eines Capability-Modells als Ausgangsbasis für die Definition von Backlog-Einträgen ist daher die passende Ebene zu wählen. Abbildung B–11 gibt an, welche Ebenen sich für die einzelnen Backlogs aufgrund ihrer Granularität voraussichtlich am besten eignen.

Außer dem hier skizzierten Ansatz, ein bereits vorhandenes Capability-Modell als (eine) Basis für die Definition von SAFe-Backlogs zu nutzen, ist auch der umgekehrte Weg denkbar: Aus den in den Backlogs beschriebenen Lösungen bzw. Einträgen kann ein lösungsunabhängiges Capability-Modell entstehen, indem aus den Backlog-Einträgen jeweils die funktionalen Kerne extrahiert werden und eine Beschränkung auf das reine »Was« im Sinne der Geschäftsfähigkeiten erfolgt.

B.6.3 Fazit

SAFe hat den hohen Anspruch, die agile Entwicklung für ein ganzes Unternehmen mit seinem Portfolio komplexer Lösungen zu ermöglichen. Ein erfolgreicher Wechsel in das agile Paradigma setzt auch eine Verankerung in der Organisation und den Köpfen der Belegschaft voraus, die oftmals noch nicht gegeben ist [62]. Das in SAFe verwendete Capability-Element entspricht nicht dem in diesem Buch definierten Capability-Konstrukt, doch lässt sich Letzteres (analog zu Scrum) als Basis für Anforderungs- und Lösungsbeschreibungen auch im Kontext von SAFe einsetzen.

Abbildungsverzeichnis

Tabellenverzeichnis

Literaturverzeichnis

[1] Thomas Abel, Dominik Schori: *Der Capability-Ansatz in der Gesundheitsförderung: Ansatzpunkte für eine Neuausrichtung der Ungleichheitsforschung.* Österreichische Zeitschrift für Soziologie, 2009.

[2] Claire Agutter: *ITIL 4 Essentials.* ITGP, 2020.

[3] Nicholas Argyres, Teppo Felin, Nicolai Foss, Todd Zenger: *Organizational Economics of Capability and Heterogeneity. Organization Science*, 23:1213–1226, 10 2012.

[4] Kent Beck: *Extreme Programming. Das Manifest.* Addison-Wesley, 2000.

[5] Kent Beck u.a.: *Manifesto for Agile Software Development*, 2022. *https://agilemanifesto.org/* (Zugriff 26.1.2023).

[6] Business Architecture Guild: *The Business Architecture Quick Guide: A Brief Guide for GameChangers.* Meghan-Kiffer Press, 2018.

[7] Business Architecture Guild: *A Guide to the Business Architecture Body of Knowledge (BIZBOK Guide), Version 11.0.* Business Architecture Guild, 2022.

[8] Peter Pin-Shan Chen: *The entity-relationship model – toward a unified view of data. ACM Transactions on Database Systems, Volume 1, Issue 1*, 1976, S. 9 36.

[9] CMMI Institute: *Thriving in the Age of Disruption.* CMMI Institute, 01 2017.

[10] CMMI Institute: *CMMI DEVELOPMENT V2.0 – Driving Performance Through Capability*, 2018.

[11] Ronald H. Coase: *The Nature of the Firm. Economica. New Series*, 4.386-405, 11 1937.

[12] Chief Information Officers Council: *Federal Enterprise Architecture Framework, Version 1.1*, 1999.

[13] Martin Curley: *Managing Information Technology for Business Value.* Intel Press, 2004.

[14] Martin Curley, Jim Kenneally, Marian Carcary: *IT Capability Maturity Framework (IT-CMF): The Body of Knowledge Guide.* Van Haren Publishing, 2016.

[15] Digital.ai: *15th Annual State Of Agile Report*, 2022. *https://stateofagile.com/* (Zugriff 28.1.2023).

[16] DIN – Deutsches Institut für Normung e.V.: *DIN-Normen*, 2021. *https://www.din.de/de* (Zugriff 26.1.23).

[17] Rolf Dräther, Holger Koschek, Carsten Sahling: *Scrum kurz & gut.* 2. Aufl., O'Reilly, 2019.

[18] Andreas Drescher: *Business Process Model and Notation (BPMN).* AV Akademikerverlag, 2016.

[19] Peter F. Drucker: *People and Performance: The Best of Peter Drucker on Management.* Harper's College Press, 1977.

[20] Dudenredaktion: *Duden – Die deutsche Rechtschreibung.* Bibliographisches Institut, 2017.

[21] Lloyd Dugan, Teresa Garcia-Holm, Paul Lyndon, Hermann Schlamann, William Ulrich: *The Business Architecture Metamodel Guide V2.0.* Business Architecture Guild, 2022.

[22] Nadine Ebel: *Basiswissen ITIL 4.* dpunkt.verlag, 2021.

[23] FNT GmbH: *Configuration-Management-Lösung von FNT*, 2022. *https://www.fntsoftware.com/loesungen-uebersicht/configuration-management* (Zugriff 28.1.2023).

[24] Christian Foltin: *FreeMind – free mind mapping Software*, 2022. *https://freemind.sourceforge.net/wiki/index.php/Main_Page* (Zugriff 28.1.2023).

[25] Nicolai J. Foss, Brian J. Loasby (eds.): *Economic Organization, Capabilities and Co-ordination: Essays in Honour of G.B. Richardson.* Routledge studies in business organization and networks. Routledge, 1998.

[26] Gartner Research: *Gartner Magic Quadrant for Enterprise Architecture Tools*, 2022. *https://www.gartner.com/en/documents/4022077* (Zugriff 4.2.23).

[27] Michael L. George: *Lean Six Sigma: Combining Six Sigma Quality with Lean Production Speed.* McGraw-Hill Education, 2002.

[28] Martin Glinz, Hans van Loenhoud, Stefan Staal, Stan Bühne: *Handbuch für das CPRE Foundation Level nach dem IREB-Standard.* IREB e.V., 2022.

[29] GP+S Consulting Gmbh: *Business Capability Mapping mit CAPAMAP*, 2022. *https://www.gps-consulting.com/leistungen/software-capamap/* (Zugriff 31.1.2023).

[30] Ralph Grossmann, Günther Bauer, Klaus Scala: *Einführung in die systemische Organisationsentwicklung.* Carl-Auer Verlag GmbH, 2021.

[31] Dominik Häußer, Kim Lauenroth, Hans van Loenhoud, Anja Schwarz, Patrick Steiger: *Handbuch Requirements Elicitation.* IREB e.V., 2022.

[32] Andreas Holschulte: *Praxisleitfaden IoT und Industrie 4.0: Methoden, Tools und Use Cases für Logistik und Produktion.* Carl Hanser Verlag, 2021.

[33] Richard Hundhausen: *Professional Scrum Development With Azure Devops (Developer Reference)*. Microsoft Press, 2021.

[34] International Institute of Business Analysis: *BABOK v3 – Leitfaden zur Business-Analyse BABOK Guide 3.0*. Verlag Dr. Götz Schmidt, 2017.

[35] ISO: *ISO 25010 – Systems and software engineering – Systems and Software Quality Requirements and Evaluation (SQuaRE) – System and software quality models*. International Organization for Standardization, 2011.

[36] ISO: *ISO 29148 – Systems and software engineering – Life cycle processes – Requirements engineering*. International Organization for Standardization, 2018.

[37] ISO: *ISO Standards Catalog*. International Organization for Standardization, 2021.

[38] Mike Jacka, Paulette Keller: *Business Process Mapping: Improving Customer Satisfaction*. John Wiley and Sons, 2009.

[39] Christoph Kecher, Ralf Hoffmann-Elbern, Thorsten T. Will: *UML 2.5 – Das umfassende Handbuch*. Rheinwerk, 2021.

[40] Wolfgang Keller: *IT-Unternehmensarchitektur*. 3. Aufl., dpunkt.verlag, 2017.

[41] Richard Knaster, Dean Leffingwell: *SAFe 5.0 Distilled: Achieving Business Agility With the Scaled Agile Framework*. Pearson Academic, 2020.

[42] Ralf Kneuper: *CMMI: Verbesserung von Softwareprozessen mit Capability Maturity Model Integration*. 2. Aufl., dpunkt.verlag, 2007.

[43] Svyatoslav Kotusev: *The Critical Scrutiny of TOGAF*. BCS – The Chartered Institute for IT, 2016.

[44] Svyatoslav Kotusev: *Enterprise Architecture is not TOGAF*. BCS – The Chartered Institute for IT, 2016.

[45] Svyatoslav Kotusev: *Fake and Real Tools for Enterprise Architecture: The Zachman Framework and Business Capability Model*. *Enterprise Architecture Professional Journal (EAPJ)*, 2019.

[46] LeanIX GmbH: *Business Capability Map*, 2023.

[47] LeanIX GmbH: *Enterprise Architecture Suite (EAS) – Für eine zukunftssichere IT-Landschaft*, 2023.

[48] LeanIX GmbH: *Der ultimative Guide zu Business Capabilities*. LeanIX GmbH, 2022.

[49] LeanIX GmbH: *LeanIX Product Roadmap*, 2023. *https://roadmap.leanix.net/* (Zugriff 4.2.2023).

[50] Dean Leffingwell: *Agile Software Requirements: Lean Requirements Practices for Teams, Programs, and the Enterprise*. Addison-Wesley, 2010.

[51] Klaus Leopold: *Agilität neu denken*. 2. Aufl., dpunkt.verlag, 2021.

[52] Patrick Li: *JIRA Agile Essentials*. Packt Publishing, 2015.

[53] Alvar Lundberg: *Erfolgreich mit dem agilen Spotify Framework: Squads, Tribes und Chapters – der nächste Schritt nach Scrum und Kanban?* BoD – Books on Demand, 2020.

[54] Christoph Mathis: *SAFe – Das Scaled Agile Framework*. dpunkt.verlag, 2018.

[55] Dirk Matthes: *Enterprise Architecture Frameworks Kompendium*. Springer-Verlag, 2011.

[56] McKinsey & Company: *Building organizational capabilities: McKinsey Global Survey results*, 2010.

[57] Almut Melzer: *Six Sigma – kompakt und praxisnah: Prozessverbesserung effizient und erfolgreich implementieren*. Springer Gabler, 2019.

[58] Modeliosoft: *Modelio 5.1*, 2022. *https://www.modelio.org/featured-information/155-modelio-5-1-released.html* (Zugriff 26.1.2023).

[59] Taiichi Ohno: *Das Toyota-Produktionssystem*. Campus, 1993.

[60] OMG – Standards Development Organization: *UML 2.5 Specification*, 2015. *https://www.omg.org/spec/UML/2.5/About-UML* (Zugriff 26.1.23).

[61] Edith Penrose: *The Theory of the Growth of the Firm*. John Wiley & Sons, 1959.

[62] Christoph Peters, Benedict Simmert, Karen Eilers, Jan Marco Leimeister: *Future Organization Report 2019*. Institut für Wirtschaftsinformatik der Universität St. Gallen, Campana & Schott Business Services GmbH, 2019.

[63] Thorsten Petry, Christian Konz: *Agile Organisation – Methoden, Prozesse und Strukturen im digitalen VUCA-Zeitalter*. Verlag Dr. Götz Schmidt, 2021.

[64] Wolf Pfannenstiel: *Besser verstehen – Digitalisierung beschleunigen mit Capabilities. iX – Magazin für professionelle Informationstechnik*, 2020, S. 112-115.

[65] Klaus Pohl, Chris Rupp: *Basiswissen Requirements Engineering: Aus- und Weiterbildung nach IREB-Standard zum Certified Professional for Requirements Engineering Foundation Level*. 5. Aufl., dpunkt.verlag, 2021.

[66] Michael E. Porter: *Competitive Advantage: Creating and Sustaining Superior Performance*. Free Press, 2004.

[67] Project Management Institute: *The PMI Guide to Business Analysis*. Project Management Institute, 2018.

[68] George B. Richardson: *The Organisation of Industry. The Economic Journal*, 82(327):883-896, 1972.

[69] Xavier Robben, Amicie de Quatrebarbes: *Die Wertkette nach Porter: Wettbewerbsvorteile erkennen und ausbauen (Management und Marketing)*. 50Minuten.de, 2018.

[70] Joachim Rossberg: *Agile Project Management with Azure DevOps: Concepts, Templates, and Metrics*. Apress, 2019.

[71] Mike Rother, John Shook: *Sehen Lernen: Mit Wertstromdesign die Wertschöpfung erhöhen und Verschwendung beseitigen*. LMI Forum GmbH, 2015.

[72] Winston Royce: *Managing the Development of Large Software Systems. Proceedings of IEEE WESCON 26*, 1970, S. 328–338.

[73] Uwe Rühl: *Quick Guide Erfolgreiches Business-Continuity-Management*. Springer Gabler, 2021.

[74] Kurt Sandkuhl, Janis Stirna: *Capability Management in Digital Enterprises*. Springer-Verlag, 2018.

[75] Kurt Sandkuhl, Matthias. Wißotzki, Janis Stirna: *Unternehmensmodellierung – Grundlagen, Methode und Praktiken*. Springer-Verlag, 2013.

[76] Alan Sarsby: *SWOT Analysis*. Spectaris Limited, 2016.

[77] Scaled Agile Inc.: *SAFe 5 for Lean Enterprise*, 2022. *https://www.scaledagileframework.com/safe-for-lean-enterprises/* (Zugriff 26.1.2023).

[78] Maik Scheele, Manuel Marsch: *Agil skalieren mit dem Spotify-Framework: Wie Sie erfolgreich Squads, Tribes und Chapters mit dem richtigen Mindset einführen und eine agile Transformation starten*. mmdp – Manuel Marsch digital products, 2020.

[79] August-Wilhelm Scheer: *ARIS – Vom Geschäftsprozess zum Anwendungssystem*. Springer-Verlag, 2002.

[80] August-Wilhelm Scheer: *Leitfaden EAM – Enterprise Architecture Management*. 2011.

[81] Jürgen Schmied, Paul-Roux Wentzel, Michael Gerdom, Uwe Hehn: *Mit CMMI Prozesse verbessern!* dpunkt.verlag, 2008.

[82] Ken Schwaber: *SCRUM Development Process*. In: Jeff Sutherland, Philip Patel, Cory Casanave, Glenn Hollowell, Joaquin Miller (eds.): *Business Object Design and Implementation – OOPSLA '95 Workshop Proceedings*, 16 October 1995, Austin, Texas. Springer-Verlag, 1997, S. 117-134.

[83] Ken Schwaber, Jeff Sutherland: *The Scrum Guide – The Definite Guide to Scrum: The Rules of the Game*. Scrumguides.org, 2020. *https://scrumguides.org* (Zugriff 26.1.2023).

[84] Jeff Scott: *Business Capability Maps: The Missing Link Between Business Strategy and IT Action. Architecture & Governance Magazine*, 5:1–4, 09 2009.

[85] John Sowa, John A. Zachman: *Extending and Formalizing the Framework for Information Systems Architecture. IBM Systems Journal*, 1992, S. 590-616.

[86] Steven Spewak, Steven Hill: *Enterprise Architecture Planning: Developing a Blueprint for Data, Applications, and Technology*. John Wiley & Sons, 1995.

[87] The Document Foundation: *Libre Office*, 2022. *https://de.libreoffice.org* (Zugriff 26.1.23).

[88] The Open Group: *The TOGAF Standard, Version 9.2*. Van Haren Publishing, 2018.

[89] The Open Group: *Archimate 3.1 Specification*. Van Haren Publishing, 2019.

[90] The Open Group: *TOGAF Series Guide, Business Capabilities, Version 2*. The Open Group, 2022.

[91] The Open Group: *TOGAF Series Guide, Business Scenarios*. The Open Group, 2022.

[92] The Open Group: *TOGAF Series Guide, The TOGAF Leader's Guide to Establishing and Evolving an EA Capability*. The Open Group, 2022.

[93] The Open Group: *TOGAF Series Guide, Value Streams*. The Open Group, 2022.

[94] The Open Group: *The TOGAF Standard, 10th Edition*. The Open Group, 2022.

[95] Stefan Voß, Kai Gutenschwager: *Unternehmensmodellierung*. Springer-Verlag, 2001, S. 149-202.

[96] Robert Wiechmann, Sven Röpstorff: *Scrum in der Praxis*. 3. Aufl., dpunkt.verlag, 2022.

[97] Wikipedia: *Ordnungsrahmen – Wikipedia, Die freie Enzyklopädie*, 2022. *https://de.wikipedia.org/wiki/Ordnungsrahmen* (Zugriff 26.1.23).

[98] Matthias Wißotzki, Kurt Sandkuhl: *Elements and Characteristics of Enterprise Architecture Capabilities*. In: Raimundas Matulevičius, Marlon Dumas (eds.): *Perspectives in Business Informatics Research*, Cham, 2015. Springer International Publishing, 2015, S. 82-96.

[99] Peter Wolters: *Forward Sourcing – Entwicklungsbegleitende Lieferantenauswahl*, Gabler Verlag, 2002, S. 337-348.

[100] James Womack, Daniel Jones, Daniel Roos: *Die zweite Revolution in der Autoindustrie*. Campus, 1992.

[101] John A. Zachman: *Business Systems Planning and Business Information Control Study: A Comparison. IBM Systems Journal*, 21(1):31-53, 1982.

[102] John A. Zachman: *A Framework for Information Systems Architecture. IBM Systems Journal*, 1987, S. 277–293.

[103] Konrad Zuse: *Der Computer – Mein Lebenswerk*. Springer-Verlag, 2010.

Index